谢稚柳《倚春图》

谢稚柳《柳荫泛舟图》

谢稚柳《坐看峨眉》

谢稚柳落墨山水《夏山图》

谢稚柳落墨荷花

谢稚柳《红霞万朵》(1973)

谢稚柳《松鹰图》(1975)

谢稚柳、陈佩秋为潘伯鹰作《翠蕖鸳鸯》

文汇传记

江南画派第一人

谢稚柳传

文汇传记

郑重 著

文匯出版社

目　录

第一章　谢家双玉树

谢 氏 家 族

中华姓氏探源,谢氏在历史上算不上大姓,也称不上是名门望族。到了西晋的“八王之乱”,在历时持久的同室操戈中,开启了“五胡乱华”,琅琊临沂王氏与陈郡阳夏谢氏随晋室南渡,中朝名士为南朝所用,在残山剩水中得到发展。王、谢两家互相扶持与提挈,在乌衣巷聚族而居,代代有人,朝朝为官,贯穿晋、宋、齐、梁、陈,历时三百年,与南朝相始终,可谓“五朝风流”。麈尾扇是王、谢家物,已经成豪门华宗的象征。直到三百年后,唐代诗人刘禹锡还不无感慨地吟唱:“朱雀桥边野草花,乌衣巷口夕阳斜。旧时王谢堂前燕,飞入寻常百姓家。”但谢氏与王氏显然南风不竞,二者家风也有别,古诗有云:“乌衣巷在何人住,回首令人忆谢家。”

随着生态环境的改变,谢家所仕宦的朝廷衰亡了,他们自身也败落了,那种倜傥风流、钟鸣鼎食的气象也烟消云散。谢氏子弟走出乌衣巷,在漫长的历史岁月中,他们像蒲公英一样,在空中飘荡了一阵之后,又落在泥土中,在适宜的环境中求得生存与发展。其中有一朵飘到当今称之为常州的地方,生育繁衍,成为常州“新出门户”,有着蒸蒸日上的气象。

谢稚柳20世纪20年代旧居(常州天皇堂弄)

常州谢氏家族,一门风雅,工诗善文,历代不坠其家学。这一支脉的始祖谢春堂有三个儿子,梦葭最长,“才气俊迈,于诗尤长”。举秀才,因暴疾突发,死于京师,著有《剪红轩诗稿》一卷。

谢祖芳在《剪红轩诗稿跋》中说："盖公幼而颖悟，有神童之誉，九岁为文章，曾大父春堂公见而叹之曰：'吾家千里驹也。'"梦葭的两个弟弟玉阶、香谷，皆受学于梦葭，因家计困难，兼治商业，但未肯废读，性喜为诗，玉阶有《吉祥止止室诗》一卷，香谷有《运甓小馆吟稿》一卷。兄弟之间，"每有所得，必相与商榷，一门之内，怡怡相唱酬，至乐也。"

谢以之，字景熹，又字养田，号祖芳，为谢玉阶的长子，少年时代即以诗鸣于乡里，是清朝举人，著有《寄云阁诗钞》四卷。他的诗多得天籁妙趣，深博时人好评。金武祥在《谢氏家集·寄云阁诗钞·序》中云："养田著学官弟子籍，即不乐仕进，李紫璈太守所谓'潜曜是邦，夙膺盛誉，谢尘中之栖屑，寄物外之婴敖者，故其为诗不事藻绘，妙契自然，盖得乎乾坤清气为多'。"

崇尚自然的谢养田，仍然传承着谢氏的文化精神，把"乌衣巷"的遗风带进常州青果巷，一方面遨游山林，一方面又做着小官，过着"朝隐"生活。他早年仕途，奔波于东北黑龙江漠河等地，尝从江南出发，乘舟北去，经奉天到黑龙江。中日甲午之战，养田作诗述怀，悲愤之情，跃然纸上，放达而不失爱国的热情。他的妻兄钱响杲曾赠诗与他，诗云："江南谢氏尽诗豪，东晋多才冠六朝。君更放怀臻绝顶，固应笔底走风涛。"

谢稚柳20世纪30年代旧居（常州青果巷）

养田的两个儿子仁卿、仁湛皆为秀才，以诗词见长。仁卿著有《青山草堂诗钞》和《青山草堂词钞》各一卷，仁湛著有《瓶轩诗钞》和《瓶轩词钞》各一卷。谢家父子兄弟时相以诗唱和，钱蕙荪五十大寿时，全家赋诗酬唱，其乐融融。

谢仁湛，字柳湖，娶宜兴傅宾用之女傅琼英（字湘纫）

谢稚柳母亲傅琼英

为妻。为生活计，仁湛远游于楚。其表兄钱振锽有文记载：“仁湛身长貌晰而多病，顾以无财，不乐家食，遂游于楚，始客濮上，继客萍乡，又客湘潭。”仁湛的《思亲篇》诗云：“家贫谋衣食，橐笔走四方。频岁楚赣游，堂上鬓已霜。”仁湛、琼英夫妇感情甚笃，因长期分别，异地而居，更增添了无穷的思念。仁湛的《鹧鸪天》词，透露他们夫妻恩爱的情意。其词序云：“内子书来，以尺幅笺折叠至寸，封缄甚密，戏得一解，书之函背：‘亲手裁书托远鸿，香痕钤口印泥红，料因怕与别人拆，故意从头密密封。　愁叠叠，思重重，天涯一纸抵相逢，休嫌方寸无多物，百样心情在个中。’”琼英体弱多病，仁湛《沪上寄内》诗为证：“怜君病体竟如何，愁听骊驹叠叠歌。寄语闺中珍重好，旅人心事近来多。”为生活所迫，他已没有乌衣巷谢家的轻松潇洒。

1910年5月8日，暮春的江南，草长莺飞，正是风物宜人的时候，谢仁湛和傅琼英最小的儿子诞生了。他就是我们传记的主人公谢稚柳，初名覲禹，字子棪，后来因为父亲的号为柳湖，即改名为稚或稚柳了。

这一年，谢仁湛三十二岁，傅琼英三十岁，他们已经有五个孩子。长子谢覲虞（字玉岑）十一岁，大女儿谢汝眉（字青若）九岁，二女儿谢亦眉（字缄若）八岁，三女儿谢月眉（字卷若）六岁，四女儿谢介眉（字蟠若）三岁，按排行，谢稚柳是老六。

按照宿命论的观点来看，谢家老六福大命大，使谢家无法承受。谢稚柳出世的第二年，父亲在湖南湘潭患腹病，1月开始腹痛，给他服用滋补膏药，虽不想咽，但仍勉强服用。3月而痢，4月抵家，虽经名医诊治服药，但腹泻不止。因为久痢，不能不补，偶服甘温燥剂，则腹部痛如刀刮，添补不进，到了5月，竟以虚脱而去世。父亲去世不到一个月，伯父仁卿又患了痢疾，汗流不止，每天要换三次衣服，遗泄心跳，手按着腹部，经诊断，舌苔黄而薄，脉微弱，服药无效，于农历七月初八病逝。不到百日，父亲和伯父相继亡故，使祖母失去儿子，母亲失去丈夫，儿女失去父亲，这对蕙荪、琼英婆媳是何等沉重的打击！祸不单行，父亲去世不久，家里又遭火灾，是母亲把谢稚柳从大火中抢救出来。房子全部烧毁，不得不另外择地而居，这时，谢氏的家境完全破落了。

文化传承

家庭连续遭难，还在襁褓之中的谢稚柳当然一无所知，更不知道什么是悲哀，他对父亲的印象也是极为模糊的。他从表伯钱振锽帮助刻印、出版的《谢氏家集》中才知道自己家庭的文化传承关系，那是他读书之后的事了。从父亲的诗句中，谢稚柳知道父亲是很喜欢他们兄弟姐妹的，诗中说："稚子聪明喜可知，吟诗识字性娇痴"，"最爱膝前三岁女，笑啼能解阿娘愁"。父亲也写了许多怀念母亲的诗："唱罢阳关唱懊侬，羡他牛女又相逢。茫茫一片长江水，更比天河远几重。"父母如此情深，父亲英年早殒，母亲的悲痛该是何等深重！尤其是父亲的《愤世吟》一诗，让谢稚柳了解到父亲的为人，也了解到当时的社会。这首诗给他的印象太深了，好多年以后，他还能背诵出来：

四座且勿哗，听我《愤世吟》，废书掷笔仰天叹，拔剑画柱悲填膺；红尘昏昏白日暮，梦中蝼蚁何时醒？天壤虽大，出门一步即荆榛。儒生经济直刍狗，饿死沟壑空无闻。读书但学干禄法，握管欲续《钱神论》。座中有人长太息，千里无端来乞食。置身龌龊涂炭中，愤气欲伸伸不得。举扇自障元规尘，倚门怕售冯煖铗，途穷思回阮籍车。青山山下寻吾庐，不如归营十亩田。携万卷书，羹藜饭菽岂云苦。养亲课子聊自娱，何须落落不偶合，寄人篱下空踟躇！

从这首诗中，他感到父亲是个志洁行廉、正直、有学问、卓尔不群的人。他不肯随俗浮沉，他自甘淡泊清贫。同时，他也看到诗中反映的遍地荆榛、纸醉金迷、文化人备受摧残的社会现实。每一次吟诵，在他心中都会产生新意，时而想到父亲傲岸而亲切的形象，像出淤泥而不染的清荷，时而想到父亲的慷慨悲歌，感到他的横溢才气有如江河。他崇敬，他欣羡，他遐想，他觉得自己也该像父亲那样……

他对父亲了解最多的，还是从表伯钱振锽的诗文中。仁卿、仁湛逝世，钱振锽写了《哭表弟谢仁湛文》《哭表弟谢仁卿文》与《哭柳湖》《哭仁卿》及《伤二谢》诗。在诗文中，钱振锽对两位表弟的才情表示了极为钦佩。比振锽小三岁的仁湛，少年时代即常与他在一起嬉戏诵读，振锽哭表弟说："凡余所读书，仁湛靡不读；予所议论，仁湛靡不力赞；予为文字，仁湛靡不喜而记诵；而仁湛积为诗词，予见之未尝不欣然而喜也。"称赞仁湛"惟尔作诗好才笔，飒若天风吹快翮"。对父母长期分离，他们兄弟姐妹享受不到天伦之乐，表伯也表现出极大的伤感："汉水湘江纪客程，长将客馆度平生。伤心儿女离爷惯，未改长年笑语声。""人生何事客他乡，世上天伦孰肯忘。十首新诗九伤别，一开君卷断人肠。"谢稚柳读了这些诗，何止是肝肠欲断。

从表伯钱振锽的诗中，谢稚柳对伯父仁卿也有所了解。伯父和他们所好略同："仁卿少予一岁，幼相爱，至亲中无与比。诗词清丽，好蓄书籍玩物、书画古董，客到门无虚日，书画友至，则备纸墨，授笔以写，布纸满地。予尝以其居为风雅之林。仁卿既笃志好古，是时为时事之学，皆足以博多金，或为仁卿惜，仁卿曰：'吾能食粥。'君弟仁湛虽就食于外，或以世所谓学堂教习者，辄拒之。嗟呼，君之兄弟，今世其可复得哉。仁卿为人，急公好义，凡予事皆得其助。而仁湛尤纯孝。昔吾姑母病目几盲，仁湛为母舐目一月，乃愈。"

谢稚柳出生在这样有着深厚文化背景的家庭中，血管里自然流动着诗、书、画的血液，火以薪传，谢氏家风传递的重担也就自然地落到了他的肩上。

谢玉岑——谢家玉树第一枝

常州谢氏家风，最先是从谢稚柳的哥哥谢玉岑身上表现出来的。玉岑是谢稚柳哥哥的号，原名觐虞，字子楠，出嗣其伯父谢仁卿，当时有

谢玉岑像

钱素蕖像

"江南才子"之称。

钱振锽看到谢家破落，一方面受姑母之命刻印《谢氏家集》，一方面又把谢玉岑接去读书。他认为玉岑比稚柳年长十二岁，是全家的支柱，应该先把书读好。他爱玉岑过人的聪慧，在玉岑十四岁时，即以长女钱素蕖许之。素蕖是一个聪明美貌的姑娘，出生的时候，庭院中白莲盛开，因以素蕖名之。素蕖善音乐，好读书，特别是对《资治通鉴》读得很熟，而且写得一手好字。两人结婚后，谢家无室可居，就住在钱家。谢玉岑先在温州的浙江省立第十中学任教，和当代词人夏承焘同事，两人交谊甚厚。当时两位学生蔡雄、苏渊雷，在1927年"四一二"事件中被捕入狱，蔡雄被杀害，玉岑深感伤怀，作诗云："黉学常传月下歌，清游前梦堕银河。绛纱子弟才如许，槛风囚鸾可奈何。"

后来，谢玉岑到上海南洋中学教书，和夏承焘仍然是书来信往，商讨清词流派。玉岑病逝后，承焘清理其遗札"共百余通，每札必诉病"。学人陆丹林评论玉岑的文章诗词云："玉岑驭俪文探源徐、庚而能驭以奇气，议论闳辟，与袁随园为近。诗清丽似王渔洋，沉俊如龚定庵。词则出入两宋，在清真、梦窗之间，万口争传，信非私誉。"他擅长多种书体，尤以隶真行造诣精深。有一幅隶书，节临汉碑《杨淮表纪》，该碑的书法以朴茂奇肆、参差古拙而为世所称道。在这幅作品中，作者的临摹除基本上反映出原作的形貌外，多汇入个人的书艺意识。作者用笔方圆兼具，于腴润流动中寓生涩朴拙；字势时而方整峻茂，时而颀长疏宕，皆因笔势的疏密变化和错落移位，生发新姿；布局上颇得原作的参差形式，意象奇肆流荡，纵敛自如，在朴茂雄逸中又见冲和雅健、顾盼流连的风韵。这件作品非同一般的临摹复制品，其新理异态，足见作者恣肆不拘、难为牢笼的创作才情。其妻素蕖的书法亦秀逸清雅。这一对才子才女，十分相得，可惜二人皆体弱多病。

玉岑患的是肺病。在那个时代，没有特效药物，他靠教书负担一家人的生活，经济十分拮据。肺病是富贵病，全靠吃得好，他根本无此条件，加上性格内向，郁郁寡欢，更将病体推向绝境。在上海教书时，经常咯血，就写信给钱名山商讨医药事宜，钱素蕖得知，仓皇赶至上海。平时，素蕖把荤菜留给玉岑，而她又正在哺乳孩子，虽已疲惫憔悴不堪，但仍强作支撑。不料这一来，素蕖的病比玉岑的病势更重。但家中子女幼小，需要她，只得告别丈夫回去。

这时，谢稚柳也常从常州来陪侍兄长。病榻之前，兄弟俩谈诗文，论书画。兄长看到弟弟的文章写得好，书画很有才气，感到宽慰。他怕影响弟弟的学业，总是劝弟弟："你回去吧，好好念书。"稚柳凄然惨然，哪忍别去。

钱素蕖生第五胎时，得一女儿，她很高兴，可是，不几天，这个女儿就夭折了。这时的谢玉岑仍在上海，妻子生产，他工作丢不开，没能回去。后来，他又接到家书，说是素蕖患病，情况不祥，要他速归。谢玉岑船行两宿抵家，钱素蕖耳聋便泄，盗汗咳喘，不思饮食。原来，她患的是同他一样的病。谢玉岑在《亡妻行略》中记述其妻临终时的情景："……吾入他室方就枕，而环侍者惊呼，则妻已终气矣。妻死时，诸儿女方酣睡，吾怜其娇小，不忍命之起，默然独抚妻发，视其颓然若入睡，不

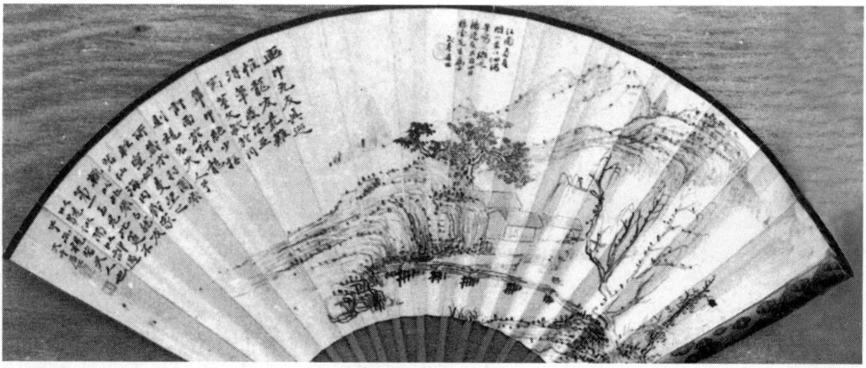

谢玉岑山水扇面

谢玉岑书法扇面

知何为悲苦，何为心灵，惟觉别一世界而已。”

妻子病逝，谢玉岑署别号“孤鸾”。他曾经对人说：“报吾师惟有读书，报吾妻惟有不娶。”他填悼亡词《小重山·遣怀》一阕，词意凄切，好友书法家王蘧常读罢，深为所动，对玉岑说：“你这样把心肝都吊起来，太伤神了！”玉岑说：“难以忘怀啊！”夏承焘有挽联悼素蕖。

自妻逝后，谢玉岑独自携带稚子弱女，生活艰难，而肺病日沉，药物不断。他的好友张大千为他作《天长地久图》，以此作为玉岑心中永恒爱情的纪念。玉岑在《天长地久图》上题诗道：

平生不好货与色，犹恨书画每成癖。
因贪生爱爱更怜，陶写哀乐难中年。
季公健笔任诛索，醉我河止酒十千。
金刚黄山买无价，驱使清湘走八大。
尺绡亲许剪春波，当日归帆此中挂。
百年真见海扬尘，独往空惜江湖心。
风鬟雾鬓夸绝世，玉箫吹断红楼春。
还当移棹入银汉，乞取天荒地老身。

张大千除了为玉岑作《天长地久图》外，还为他作了《白荷丈幅上睡老鸳鸯不嫁人》悼念素蕖。谢玉岑也在画上题诗寄情。

张大千《天长地久图》

“我是从寄园走出来的”

谢家最小的孩子谢稚柳，受到全家的宠爱，特别是他那聪颖之中带着几分淘气，更是讨人喜欢，家人事事总是让着他，任其发展。谢稚柳倒是很守家规家教，除了喜欢画画之外，别无他好。

画画使他到了入迷的境界。在他家墙壁上、桌子上、院子里的砖地上，到处都留有他的画痕。他东涂西抹，家中很少有干净的地方。为了画画，他的书包会不胫而走，帽子会不翼而飞，手被墨汁染黑了，嘴唇和两腮也都是黑一块红一块的。

祖母除了给他讲优美动听的故事外，其他的事都不大管。哥哥及姐姐对待幼弟的事，当然也不愿多管。他们都知道，管不好还会给自己带来麻烦，他要是把发怒和撒娇交织在一起，谁拿他也没有办法，反而会遭受祖母和母亲的数落。只有母亲，有时带着怜爱的目光，问他：“你的书念得怎样？”他会把书本掏出来，倚在妈妈的胸前说：“妈，我背给你听。”抑扬顿挫，像音乐，像流水，像春蚕在咀嚼桑叶，像雏莺在吟唱春天，一口稚嫩的童音，好听极了。每逢这样的时刻，母亲疲惫阴郁的脸上，便绽出了明亮的笑影，精神也一下子振奋起来，眼里闪着希望之光。

妈妈要操持那样多的家务，哪里有那样多的时间听他背书呢？有时只是轻声地关照：“别耽误念书。”他也只是漫不经心地说：“知道了。”

老师对他是不客气的。

一天，谢稚柳背着书包来到学校，启蒙老师一看到他那个样子，像个墨猴儿一样，就知道他又在无法无天地画画。老师的脸色往下一沉，叫他站在书桌旁，把教过的书都背出来。“背书就背书！”对谢稚柳这个有着特殊记忆力的人来说，背几行书还不是像吃饭一样平常得很！

他把书本往老师的桌子上一放，就哼哼哈哈地背了下去，他从前往后背，也可从中间抽出一段来跳着背。老师的两眼盯着书上每一个字，想找到他疏漏的地方，可是他背得一字不差。

“再背一遍！”老师命令着。

他又从头到尾背了一遍，老师还是找不到他的差错。

“把书包拿来给我看！”老师又命令着。

他睁大了眼睛，有些不情愿了。“背书就背书，还要看我的书包干什么？”

天地君亲师，老师的位子虽然排在最末一排，但是对谢稚柳这个刚刚开蒙的学生来说，还是至高无上的。师命不可违，他乖乖地把书包送到老师的面前。老师不看则已，一看他的书包，便勃然大怒，拉开他的手掌，狠狠地在他的手心上打了几戒尺。

他闭着眼睛忍受了。

接着，只听得“嘶”的一声。他睁开眼睛一看，大事不妙，藏在书包里的画被老师撕得粉碎。这简直是撕裂了他那幼小的心。他暗暗地反抗着：“背书就背书，不该把我的画给撕了！”他既没有把话说出来，也没有哭，更没有向老师讨饶。回到家中，他一口气画了二十张画，以加倍的努力，表示对老师的“报复”。这是一个多么天真而又纯洁的“复仇”举动啊！

“吃了戒尺还画画？”小同学劝他不要再画了。

“我喜欢画嘛。因为你喜欢吃糖，老师打了你，你就不吃糖了？”他的比喻是幼稚的，但是，谁又能驳倒他的比喻呢？

谢稚柳十一岁学诗，先学平仄声韵，学对偶，然后五言、七言、古诗、长短句。学诗不久，谢稚柳便自作七言绝句，有景有情，出手不凡，老师为他的才气叫好，说他和他兄长谢玉岑是“谢家双玉树”，将来必成大器。

1925年，十五岁的谢稚柳，带上书箧行囊，到他兄长

寄园一角，钱素蕖（后排中）和姐妹及长女谢钿（前排左三）

谢玉岑求学的地方——寄园，拜表伯钱名山为师。

常州地区的园林，历史悠久，数量众多，明清之际曾盛极一时。据史书记载，隋炀帝曾在城东南建筑离宫，集十郡数十万兵，在周围十二里内建离宫二十六座，离宫建筑仿照洛阳西苑，华丽却超过西苑，最有名的是毗陵宫。这是常州历史上记载最早的园林。常州地区，先后有园林四十五座。其中，城南有绮丽奢华的毗陵宫，山明水秀的蒹葭庄，城东有"桃花千树绕，疑是武陵中"的桃园和寄园，城北有规模宏大的青山庄，城内有林壑幽美的沩园，幽畅明瑟的近园，以山石取胜的半园，种竹千枝的竹叶园。总体来看，常州的园林，不亚于苏州、扬州，有着江南园林建筑的共同特点，只不过又都具有各自地方的文化风情特色而已。

寄园既是钱名山著书处，亦为他讲学的地方。

寄园是谢稚柳艺术生涯的摇篮。

钱名山，又名钱振锽，字梦鲸，号谪星，后号名山，又号庸人。早岁曾自署"星影庐主人"，晚年自署"海上羞客"。生于清光绪元年(1875)，世居阳湖菱溪。光绪十六年(1890)，他十五岁，中秀才。光绪十九年(1893)，他十八岁，中举人。光绪二十九年(1903)中进士，时年二十八岁。当时，正是义和团反帝爱国运动失败、八国联军进犯北京、《辛丑条约》签订之后，他激于义愤，以"刑部主事"的冷官，上书言事，但根本不被重视。次年(1904)，他因"丁父忧"回乡。到宣统元年(1909)，他服满入都，又上书都察院，仍无结果。同年八月，他毅然弃官回乡，曾赋小词言志:"可怜一梦十年迟，何处晓风残月酒醒时……"

从此著书讲学于寄园，开始了三十余年的隐士生活。辛亥革命后，钱名山绝意仕途，束发作道家装，以读书、教书为业，也就在这个时候，为姑母出《谢氏家集》，并把玉岑接到寄园就读。他在诗中说:

> 村边纵酒陶元亮，泽畔行吟屈大夫。
> 不要温公入《通鉴》，自家留得几行书?

他自己作诗书以自娱，只愿"藏之名山"，不求闻达，高风亮节，视富贵如浮云。他有大悲大痛，有热血赤诚，这种感情都寄托在他的教书生涯和诗、书作品之中。

钱名山的学风开明，很少体罚学生。学生多的时候，寄园住不下，便住到他的家里去。他对教学是认真的，每天晚饭后，总要查看一下学生自修的情况。深夜里，听到学生读诗平仄不调时，他即使已经躺在床上了，也要起来纠正。在一般的情况下，他每天都是摇铃上课，给学生讲书，教学生做诗，主张“诗要有理、有意、有味，并要有声、有色”（《与郑生曼青书》）。讲完了书，他就去做自己的学问了，时间安排得很紧。学生怎样读书，能背诵多少，读些什么书，他是不大过问的。但是对学生的文章，他却有着严格的要求，每隔七天出一个作文题目，学生的文章做得不好，他就要找学生谈话。谢稚柳的文章，经常受到老师的称赞，在他的作文本上，老师会画上许多红圈圈和红杠杠，表示称赞。可是有一次，他的文章没有做好，被老师叫了去。

“你最近读些什么书啊？”老师问。

“读了韩愈的文章。”谢稚柳很喜欢韩愈的辩论文，他知道老师也有些喜欢。

“韩愈的文章还是少读些，多读读我的文章。”老师说。

谢稚柳知道老师的文章做得很好，他读了不少，但不知道老师为什么要他少读韩愈的文章。

“你的文章为什么没有写好？是因为读韩愈的文章？”老师的话打断了他的思路。

为什么没有把作文写好呢？那不是因为“读韩愈的文章”，而是去捉了许多蟋蟀。

“捉蟋蟀给耽误了。”他不喜欢说假话，还是老老实实招认了。

“要把文章做好！”老师只是轻轻地说了一句就算了。

最使谢稚柳感兴趣的就是和老师聊天。每天晚上，学生们除了念书之外，就是陪着老师闲聊。天南海北，想到哪里就聊到哪里。有时，老师也让学生猜谜语。有一次，老师出了一个谜语：“千不是，万不是，都是小生的不是。”谜底是打《孟子》中的一句。

钱名山像

这一下子，学生们都傻了眼，谁也猜不出。最后，还是由老师告诉学生说，谜底是《孟子》中的“平旦之气”，像演京剧的一样，小生惹得旦角生了气，然后又向旦角赔礼道歉，这不就是“平旦之气”吗？这时学生们才恍然大悟。这样的生活，给谢稚柳智慧，也给他乐趣。

在寄园读书时，谢稚柳除了做论说文之外，还跟老师学做诗填词。他很喜欢读李贺和李商隐的诗，做诗时也学习“二李”的风格。谢稚柳不喜欢读“经书”，他感到枯燥无味；作文时，也不喜欢写骈文，他觉得骈文只注重形式，不大讲究内容。

对南朝的山水诗，谢稚柳表现出特别的热情。他从家中找到一本《谢康乐集》，那是中国山水诗开山之祖谢灵运的诗文集。在谢氏家族中，谢灵运是一位重要人物，承担着族叔谢锟交给他的“风流由尔振”的重任，期望能重振祖上开创的门风。但由于他的疏狂，在政绩上未能重振，而是“将穷山水迹，永绝赏心悟”，到山水佳秀的永嘉作山泽之游，人们称之为“山水侍中”，特别是回归生活与精神家园的会稽后，更是纵情山水。他专门设计了一种“曲柄笠”，带有弯曲的柄，可以系在脖颈上，既能遮蔽风雨阳光，又不易被山风吹掉，上山下山俯仰低昂也不会脱落，看上去既有樵人农夫的野趣，也有高士名流的雅致。他还设计了登山的木屐，上山时去掉前齿，下山时去掉后齿，既省力气，又保持身体的平衡，当时人们称之为“谢公屐”。对这位祖先，谢稚柳也是极为欣赏的，在寄园中也学着作“山泽之游”。

老师看到这些，就对他说：“你还小，不要太迷恋这些东西。”

看得出来，青少年时期的谢稚柳，既善于形象思维，又善于逻辑思维；既重视内容，又讲求内容与形式的统一。他思想活跃，思路开阔，文思敏锐，极有个性。才华横溢而不轻浮，讲究实际而不板滞。这些，都为他后来的书画艺术和书画鉴定事业，奠定了别人难以拥有的坚实的基础。北伐战争胜利的时候，谢稚柳和同学去游行，表示庆贺。游行回来，老师问他：“你们到哪里去了？”

“北伐成功了，我们去游行。”谢稚柳告诉老师。

“现在出了一个新人叫蒋介石，这个人不行。‘介于石，不终时。’”老师引用了一句古书，表示对蒋介石的不满。他不拥护当时的国民政府。

辛亥革命以后，钱名山仍然留着辫子，不过他不再把辫子拖在背脊上，而是盘在头顶上，像一个道士。他虽不是满族，还是忠于清朝。后来，溥仪在东北成立伪满洲国时，曾给钱名山来信，要他走上仕途，但钱名山不予理睬，依然过着他隐居的生活。

钱名山的书法颇负盛名。他初学颜鲁公，后来又学汉隶、北碑，晚年学怀素。他又非常喜欢王羲之的《兰亭序》，求其神韵、情致，而不求形貌。他作书不主张悬腕，认为会影响到力的运行，不能做到沉着痛快。钱名山的行书，写得没有一点火气，情绪轻松自如，似不经意。笔致遒润浑涵，力量藏而不露，运笔留放有则，结字纯朴峻密，顺势顺手而成，变化极其自然有趣，通篇气象朴茂醇和。他这种看似平淡无奇实则意蕴深厚的艺术创作，具有高层次的审美价值。

钱名山不轻易卖字，他常说："以瓦注者巧，以黄金注者昏。"他给人写字，很注意对象。一次，一同乡从北京转来两副对联请他作书，一副上款是"亦农"，一副上款是"尚同"。他写好了，有人才告诉他："亦农"就是殷汝耕，"尚同"就是池宗墨，这两人当时都是汉奸。他一听，不禁勃然大怒，立即将对联撕得粉碎，感到一种被玷污的痛苦，表现了他凛然不可侵犯的民族尊严和强烈的爱国心。一些著名的艺术家也喜欢他的字。康有为年轻的时候，看到他的字，便认为除了自己以外，就数钱名山的字好。张大千也曾模仿过他的字，从张大千的大字上还能看到钱名山的痕迹。徐悲鸿要收集他的字，写信给谢玉岑说："但求精品，不嫌其多。"谢玉岑的书名很大，他是直接受钱名山的指点教诲。胞兄、老师的笔墨，对谢稚柳的影响最大，他可以不学而得，何况他天资敏锐，还偶一学之呢？

钱名山晚年喜欢画竹。元赵孟頫说："石如飞白木如籀，写竹还与八法通。若也有人能会此，须知书画本来同。"他的画竹，既是他书法的另一表现，也是他性情的另一种流露。古代文人有感于生不逢时，寄悲愤于笔墨，或取梅兰竹菊之傲霜凌寒，或取残山剩水的荒凉寥落，干笔皴擦，浅绛点染，有一种苍凉沉郁、简澹高古的情味。也有人把竹子画得娟秀、飘逸，以抒发自己的闲情逸趣。他不是旧调重弹，而是取其高尚的气节，取其挺拔的风骨，取其不同流俗的天机雅态。他的一首《金缕曲·咏竹》，道出了此中真意：

老去真无赖。终日把几枝退笔，横涂乱写。写出霜筠三十幅，也复风流潇洒。离不脱个人介介。一笑衰翁年七十，有几竿留作千秋挂？但自喜，不堪卖。文、苏墨迹原无价。我岂有胸中成竹，自矜宗派？只是天机随处发，无复四旁上下，却也是名山心画。留得此君真相在，比西山二子斯其亚。顽与儒，一时化。

钱名山一生清贫，平时热心于救灾、助人，又喜欢旅游、印书。因此教书、鬻字的收入往往“不过岁”。他的妻子出身名门，待人宽厚。为了支持钱名山，她私下借了债也不说。在他四十七岁那年，四十四岁的妻子就积郁死去。为了纪念她，钱名山一直没有续弦。在上海时，钱名山老师的一个女儿表示愿意和他做伴，他写了一首诗婉言辞谢，诗曰：

半世孤栖一布衾，怪君交浅太言深！
哀鸿况是同遭难，死鹿原知不择音。
大患有身怜汝苦，得情勿喜谅予心。
申江鱼腹何堪问，欲慰娥眉口又喑。

何等委婉恳挚！

十六岁那年，谢稚柳住在老师的小房间里，画了一张梅花，老师看了，笑着对他说：“你画得太‘散’了。”随即把收藏的古代字画拿出来给他看，让他临摹。这使稚柳大开眼界，书画水平大进。老师写字，他给磨墨拉纸。用笔用墨，这是直观的教导。最使他不能忘怀的是老师给他看的那张令他一见钟情的陈老莲的《梅花》，决定了他书画的半世生涯。这张绢本《梅花》真迹，凌空铁骨、荡胸云气、炫目明霞，给他传来缕缕清香，传来一派春消息，令他惊诧，令他叹息，令他爱不释手。更使他感到奇怪的是在梅花老根的旁边，三条嫩枝破土而出。在这种奇僻的情调面前，他不禁拍案叫绝。他说：“想不到还有这样的好画！”这幅梅花的强大魅力，像磁场一样吸引着谢稚柳年轻的心，连同那上面的书法。他爱其秀逸之气，从此，一往而情深，迷上了陈老莲的书画。后来，他的书画，与陈老莲的已达到乱真的地步。

钱名山的人品书品，道德文章，执着深情，都是学生的榜样，谢稚柳对他是绝对尊敬的。可叹的是，钱名山逝世时，谢稚柳远在重庆，噩耗传来，悲痛欲绝，只恨关山阻隔，不能灵前吊唁，只有对着滔滔东流的嘉陵江水，把哀思倾洒。他永远忘不了钱名山在书画道路上对他的支持、帮助、教导。

六年的寄园生活，为谢稚柳的学识及艺术打下了坚实的基础。人们问及他的艺术道路，他总是说："我是从寄园走出来的。"

人生之路，也漫长，也短暂。倏忽之间，谢稚柳已进入古稀之年。所幸的是，他身体健壮，书画艺术臻于妙境；所遗憾的是，他虽然收藏丰富，却缺少老师钱名山的墨宝。为此，心中总像悬着块石头。老天不负有情人，1985年，正当他七十五岁的时候，几经周折，他终于买到了钱名山的一副对联，他非常激动，犹如六十年前见到老师一样亲切，仿佛又回到那个青春少艾的梦幻年代。他又高兴，又感慨。高兴的是弥补了他的收藏空白，感慨的是墨迹出现了虫蛀，纸已破旧不堪。岁月啊，你带走的东西太多了！他请人重新装裱，悬挂在画室里和他朝夕相伴。这既是对老师的纪念，也是作为自己的座右铭。这副对联的联语为：

钱名山对联

绚烂归平淡
真放本精微

这副五言联，放笔宽宏，内敛有矩，仿佛有一种能使遒古、从雅、寄美、纵情、众妙归一的意志力量，在驾驭着笔法、笔势，在汇合着趣致、精神。它以汉隶方笔为本，下穷魏晋，沟通南北，融会方圆，自成一家。

谢稚柳这棵玉树，就是这样，在武进这块土地上问世，在优美的寄园里萌发出青枝绿叶，成长得倜傥风华。

第二章

石头城上月如钩

从花鸟向山水的转变

1929年，十九岁的谢稚柳，告别寄园，告别恩师，到南京谋生。由族叔谢仁冰推荐，入国民政府财政部关务署，从事管理档案工作。

谢仁冰（1883—1953），原名谢冰，笔名冰心，和谢稚柳的父亲谢仁湛同一曾祖父。仁冰十四岁应童子试，成绩优异，名列前茅，中秀才，弱冠负笈京师，毕业于译学馆，攻英国文学。曾任宋子文的秘书，此时在财政部关务署任主任秘书。后历任沪江大学教授、商务印书馆副经理。新中国成立之后，任商务印书馆经理、华东军政委员会委员、上海市书业同业公会主任、上海民主促进会会长。谢仁冰对谢稚柳表现出极大的欢喜，并热心地栽培他。

谢仁冰在南京有两个家。一个家是第一夫人孙璇带领次子谢启群，女儿谢端如、谢惠如居住，长子谢启泰已经在清华大学读书，后又留学美国，在美国加入中国共产党，也就是后来做了外交部副部长的章汉夫。另一个家是谢仁冰和第二夫人带领儿子启美、启民、启文居住。谢仁冰把谢稚柳留在身边，住在第二个家中。孙璇善良好客，谢稚柳也经常到那里去玩，启群、端如、惠如兄妹也喜欢稚柳到那里去，和他谈诗论画。后来，谢仁冰的子女都分别去清华、金陵等大学读书，有的学数学，有的学医，有的学农，有的学经济，谢端如在上海大夏大学师范专科学英文。谢端如豪放直爽，善跳舞，在学校有“舞后”的美誉。渐渐地，谢稚柳和谢端如彼此有了更亲近的好感。谢端如毕业后即留在大夏大学，从事幼儿教育的教学工作。每到假日或星期日，谢端如都从上海回南京和谢稚柳相会。谢氏一门的这对青春男女彼此互为倾倒了。

1975年，谢稚柳六十五岁时，写了《绘事十首》，描述了他所走过的艺术创作之路。其中第一首为：

春红夏绿遣情多，欲剪烟花奈若何？
忽漫赏心奇僻调，少时弄笔出章侯。

章侯就是陈洪绶(老莲)。谢稚柳的绘画艺术追随陈老莲,虽是萌发于寄园,经过多年的努力,无论是绘画或书法,对陈老莲几乎都可以乱真。到了南京之后,他依然徜徉在陈老莲的书画轨迹上。

明陈老莲,以画名掩书名,其实,他书画俱佳。清吴修《昭代尺牍小传》评说:"章侯书法遒逸。"

陈老莲作画,善于夸张,求得一种怪诞的审美价值。所谓怪诞,即是对世俗的反叛。其书法一如他的绘画,以不平正的怪诞面目出现,不但具有极强的个性,更代表着这一时期新的书法思潮的发展。

谢稚柳学陈老莲,书画皆得其精髓。陈老莲行草中那种率真恣肆的韵味,那旋转生动的运笔之中浑然有太古风,那具有丰富的想象趣味及一定的艺术夸张和变形的书法风格,那线条的遒逸、结体的瘦长,那鲜明的个性,这些,谢稚柳皆深得其三昧。但是,世界上没有绝对相同的东西,即使双胞胎,亦有其不尽相同之处。这不同之处,便是各人自家的面目。谢稚柳的行草书,与陈老莲比,风华尤著。它洋洋洒脱,飘如杨柳,漾若春风,在意趣盎然中洋溢着自然的一派天真。

这时,谢稚柳已经意识到,作为一个画家,只会画几笔画是不够的,还必须读书,要研究。研究要由近及远,先从自己最熟悉的进行研究。从此,他开始搜集陈老莲的资料。直到1934年,他发表第一篇研究论文《陈老莲》,足见其对这位古代画师的一片深情。在画史上,没有人专门为陈老莲作传,虽有些资料,也散见于各家笔记之中,"然率皆语不能详,事多乖误,乃至其生年卒月,各记岁月,万不可证"(谢稚柳语)。谢稚柳的《陈老莲》是中国画史上为陈老莲写的第一篇传记。文章的前一部分,谢稚柳考证陈老莲的生卒年月,家室情况。文章的后一部分,生动地记叙了陈老莲的诗书画艺事、道德品质、性格特点,很富传奇色彩。这篇文章在谢稚柳的鉴定生涯中也许并不重要,但可以看出此时他已经有着严谨缜密的学风。

在绘画上,谢稚柳对陈老莲固然是一见倾心,但使他怦然心动的还是巨然的《秋山问道图》。

南京是历史名都,六朝胜地,古来书画家云集,人称书都。谢稚柳竟能在此从事书写职业,又正当年华,能不令人钦羡!可是,他不愿与俗人结交,只在书画场中转悠,与书画家往来密切。他白天在关务处抄写，晚上就在关务处的职工宿舍里画画。这时，他还是迷恋陈老莲，到处寻找陈老莲的画迹。当时的南京，经常举办书画展，也有许多古旧书摊，他趁假日去参观，拣便宜的买，不知不觉，搜集了许多。1933年，故宫博物院在南京有分院。那里虽然也办些展览会，但看了展览会上的那些画，谢稚柳还嫌不足。他有位好朋友叫朱余清，即朱家溍哥哥朱家济，在故宫博物院工作，朱余清利用工作之便，把他带到故宫博物院的库房里去浏览。这儿藏画极丰，他如进宝山，不禁心旷神怡。走马观花是不行的，他反复地看，多次地看。后来，他到北平去玩，便又到北平的故宫去看画。这次他看到了《玉溪看书图》，他说，这也是他很难看到的古画。

谢稚柳（23岁）像

在南京、北平看到的书画很多，极大地开阔了谢稚柳的眼界，他感到中国的书画世界太丰富浩瀚、珍奇瑰丽了。他是属于这样一种人：天生有一双艺术的眼睛、一种艺术的感觉，望着星星，便感觉到它的纯洁、冷静、深远；看着山鹰，便觉得它高傲、自由，“背负苍天而莫之夭阏者，抟扶摇而上者九万里”（《庄子・逍遥游》）。在这样广博深邃的艺术殿堂里观光，他怎能不感到扑朔迷离、浮想联翩、美不胜收呢？给他印象最深的是巨然的《秋山问道图》。

巨然是钟陵开元寺和尚，宋朝画家，工于山水。他的这幅《秋山问道图》笔墨秀润，布景天真，烟岚气象，平淡趣高，深深扣动了谢稚柳的心弦。谢稚柳从米芾的《画史》上，虽然知道巨然学江南画派的开山祖师董源，少年时代多作矾头，但是巨然的风格到底是什么样子，从未见过。他仔细辨认，觉得这帧画“意在言外”，达到了宋代美学的高度。再看，画上没有巨然的落款，但是有“蔡京珍玩”印及“纪察司”半印，他鉴定这帧画系自宋到明流传的真迹，乃国之瑰宝。

由巨然而上溯其师董源，他不辞辛劳，寻幽探秘，终于又逐一看到了这位南唐山水画家的传世之图。巨然、董源的画无疑给谢稚柳以巨大影响。他临的第一张山水就是巨然的《秋山问道图》。他原来是画花鸟的，所以巨然的《秋山问道图》也是他由花鸟转向山水的一个转捩点。当然，这是二十七岁以后的事了。

谢稚柳一生都痴迷董源和巨然，不只表现在他最早的山水画风格是从巨然而来，直到晚年，他对巨然仍是难以忘情。1982年，在他七十二岁时，他为画家编全集，第一本就是《董源、巨然合集》。经他一生鉴定，巨然的传世画作都没有逃脱他的眼睛，曾被推为真笔的有八图：《秋山问道图》《溪山图》《万壑松风图》《山居图》《层岩丛树图》《萧翼赚兰亭图》《溪山兰若图》《湖山清晓图》。后经过他多年的研究，直到编全集时才明确裁定前四图为巨然的真迹。在前四图中，又以《秋山问道图》最为著称，推为巨然画笔的典范，并以此图裁定其他三图，"风骨性情，纯属一致，同出一人手笔，昭然可见"。"《层岩丛树图》《萧翼赚兰亭图》《溪山兰若图》三图，与《秋山问道图》风貌有别，可以说是纯属二事。"《湖山清晓图》已是刘道士的画笔了。

对某一个画家的研究，谢稚柳会用心几十年之久，足见其精心与慎重了。

除了绘画，谢稚柳对六朝及唐宋诗词也都是下了功夫，做深入研究。这从他的诗风及词格上都可看出他接受前人的影响，用他自己的话说："在唐诗宋词中洗过澡的。"1931（辛未）年，他为仲钧作了一幅扇面，扇的一面画了桃花流水双燕，一面写着论词绝句二十四首中的五首。在文学和艺术批评史上，有论诗、论画的诗，但是写论词的诗却是少见。今天已经无法读到谢稚柳二十四首论词绝句的全貌，仅从他在扇面上题写的五首，我们也可大概了解他对词的见解了。为此，把这五首论词绝句录之于后：

屯田词笔擅春风，子野柔情与柳同。
不是月来云破句，枉教千古说"三中"。

知音千载更无人，两字粗毫为怆神。
漫笑髯公无格调，人间天籁几回闻。

长忆新清绝妙词，郴江流水下迟迟。
少游死后闲情在，肠断坡公扇上辞。

野塘花落妙生情，更有狂歌咳吐成。
清水沧浪缨可濯，凄凉千载楚骚声。

梅溪秀逸是名家，幽景柔情擅物华。
最爱《玉楼春》一阕，重门狂雨听梨花。

第一首是讲了柳永（屯田）和张先（子野）的词。柳永初名柳三变，其词：“杨柳岸晓风残月。”曲折委婉，状难状之景，达难达之情，是使宋词由小令转向长调的开派人物。谢诗中涉及张先的“云破月来花弄影”之句，作词常写“心中事，眼中泪，意中人”，时人称之为“张三中”。谢稚柳常以他们的词意入画。第二、第三两首是写苏轼和秦少游。秦（观）少游虽然和东坡有着师生之谊而其词风近柳永，写出了“杜鹃声里斜阳暮”的名句，东坡说：“不意别后，公却学柳士作词。”后秦观流放于郴州，在旅舍写下了“郴江幸自绕郴山，为谁流下潇江去”，使谢稚柳很受触动，故诗中有“郴江流水下迟迟”句。第四首写周邦彦（清真），词史称他是词的“知音”。前收苏、秦之终，姜（白石）后开史（梅溪）之始，乃花间派词人之大家。第五首写史达祖（梅溪），论其词的首韵，颇

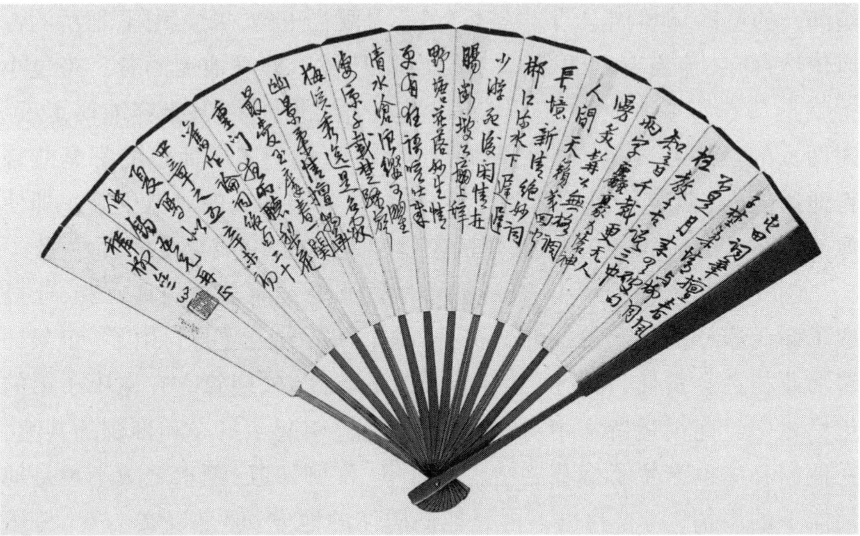

谢稚柳论词诗扇

有李贺之风度。由此可以看出，谢稚柳钟情于《花间词》和他痴爱李商隐、李贺的诗是一脉相承的。

乌衣巷的斜阳

谢稚柳在南京的日子，除了写字、画画、寻访书画，就是欣赏戏曲。其实，这也是由寻访书画派生出来的一种乐趣。闻说南京人喜欢逛夫子庙，他暇时也去逛逛。夫子庙是当时南京文化萃集之地，有各类闲书野史、旧书画，各种各样的名小说。秦淮河在庙前静静流淌，流来流去了多少繁华，多少金粉，多少兴亡！

嫂嫂钱素蕖亡故之后，哥哥谢玉岑也由上海转移到南京。这时的南京是中国的政治、经济、文化中心，文人雅士都经常云集在此。谢氏兄弟的许多朋友如张大千、徐悲鸿等都在这里会聚雅集。谢稚柳也希望哥哥能在南京生活，解脱一些丧妻的痛苦与寂寞。

玉岑到了南京，自然也要去逛夫子庙的。大成殿、得月楼、江南贡院，无不留下他们流连的足迹，但谢氏兄弟最向往的还是乌衣巷。在一个晚霞满天的黄昏，他们走上了朱雀桥，虽不是雕栏玉砌，朱染斜阳，那桥的古风依然存在，流溢着六朝金粉的秦淮河，从桥下静静地流淌着。跨过小桥就是乌衣巷了。他们无法想象，这条仄隘的小巷，怎能容纳得了王、谢两家的豪华与气派。他们慢慢地走着，和他们摩肩而过的都是些普普通通的人，西装革履的摩登青年，代替了身着乌衣的风流子弟。即使像他们谢氏的后代，也是从破落的家境中走出的，变成寻常的百姓了。

谢安长久盘桓的东山、建立勋业的淝水及钟鸣鼎食的乌衣巷，已经成了谢氏家族的三个象征性的符号，一个象征着逍遥与自由，一个象征着功业与社会责任，一个又象征着历史的丰碑，长期耸立在谢氏子弟的记忆之中。谢灵运诗文中对这三者的神往，引起了玉岑和稚柳的共鸣，在他们心中也产生了孺慕之情。但玉岑、稚柳知道，淝水之战不再是他们能干的事情，乌衣巷也不再是他们居住的地方，但是以文会友、诗酒流连、乐山乐水的东山之乐，他们还是应该有份的。

工作之余，逛夫子庙是他们的一大乐趣。

当时的夫子庙是文化萃集之地，不但能买到各类的闲书野史、旧画，尝到各种各样的小吃，还能听到各类角色的戏。如小彩舞、刘宝权、白云鹏、小黑姑娘等许多名角，都在夫子庙唱戏说书。谢玉岑、谢稚柳、钱小山和关务处的一些青年朋友，经常到夫子庙去吃晚饭，吃了晚饭就在那里听戏。

一天，谢玉岑和谢稚柳、钱小山在夫子庙听方红宝的梅花鼓词，回来后，三人诗兴勃发，谢玉岑作词《清平乐》："明朝五月，愁向江城说。何处关山无玉笛，随例落梅成雪。　　羽衣入破惊夸，繁忧羯鼓能挝。一日须来百遍，此情那为如花。"谢稚柳、钱小山依韵唱和。方红宝的鼓词，当时唱红上海。谢玉岑在上海居住时，就和符铁年、钱小山、赵苇佛同往观赏，曾用吴梦窗韵作词《珍珠帘》，一时海上胜流，继声咸起，争相唱和，"排日传笺，有子阳旗鼓之意"。方红宝由上海唱到南京，玉岑、稚柳曾几度作词赞颂，有着"白门歌舞，曾被青山妒，仗马京尘天尺五，输尔冰弦能语"的名句。

1934年12月，张大千在北平东方饭店与杨宛君举行婚礼，娶杨为第三夫人。婚礼之时，汤尔和曾集一联相赠："举世愿为夫子妾，昔时同赏沁园春。"一时传诵北平，成为佳话。杨宛君（1917—1987），是北平人，家境贫寒，原名花秀舫，天桥青之阁唱京韵大鼓的艺人。张杨结合，曾摄照片一张，经于非闇将此照片在《北京晨报》登出，一时天下尽知。1935年1月，张大千婚后，即偕杨宛君到日本旅游。谢玉岑得到这一消息，遂与1935年1月7日在《中央日报》发表《寄大千居士》："半年不见张夫子，闻卧昆明呼寓公。湖水湖风行处好，桃根桃叶逐歌逢。吓雏真累图南计，相马还怜代北空。一笑殷勤气缣素，看归斋壁合云龙。"《玉岑遗稿》中末二句改为："只恨故人耽药石，几时韩孟合云龙。"2月下旬，张大千、杨宛君日本旅游归来，杨宛君留在北平，张大千返苏州网师园时路过南京，与谢稚柳相遇。谢稚柳亦很高兴地写了一首诗《赠大千》：

大千谈笑如芳酒，雨雪相逢白下门。
底事桃根成小别，孤枕无梦夜销魂。

谢稚柳的打油诗，逗得张大千笑得长髯飘起。

玉岑、稚柳兄弟致大千的诗中，都用了“桃根桃叶”的典故，这典故说的是东晋有美女桃叶、桃根姐妹，姐姐桃叶为书法家王献之的爱妾。宋张敦颐《六朝旧事·桃叶渡》：“桃叶者，王献之爱妾名也；其妹曰桃根。”这段风流佳话，历史上不乏吟咏。宋人周邦彦的金陵之行，有着“燕子不知何事，向寻常巷陌人家相对，如说兴亡斜阳里”的感慨，他的《点绛唇》一词更是语意明了：“凭仗桃根，说与凄凉意。”他的《三都乐·雪梅》词更说：“倩谁摘取，寄赠情人桃叶。”清代诗人对这段往事多有伤感之作，陈世宜有“斜阳寂寞乌衣巷，便是桃根也泪零”。秦淮河畔的“桃叶渡”就是以此而得名，宋人辛弃疾词云：“宝钗分，桃叶渡，烟柳暗南浦。”后人渐渐地把它诗化了，元人周德清云：“题诗桃叶渡，问酒杏花村。”谢氏兄弟用此典，不只是让大千开心，此中也隐含着他们对乌衣巷前朝旧事的寻梦。

至此，稚柳把大千与宛君的良辰美意也诗化了。

在谢稚柳的朋友中，有一位叫杨畹农的，原是上海复旦大学经济系的学生，他不但喜欢听戏，而且喜欢唱戏。他还建立了一个票房叫“阳春社”，经常组织一些朋友登台唱戏。那形式有点类似今日的卡拉OK，只不过当初是扮演成角色，化了装，像正经唱戏一样。谢稚柳虽然不能登台唱戏，但他也是“阳春社”的一员，在里面跑前跑后，为票友们做些打杂的工作。在“阳春社”票房前有一间空房子，他在里面摆了一张书案，他不高兴听戏的时候，就在那间屋里作书画。无论怎样玩，无论玩得多晚，他都要伏案挥洒几笔才肯休息。他听戏的兴趣，总是归结在书画之中。

谢稚柳（二十七岁）像

到北平去玩，其实也为的是寻访书画。同去的杨畹农，对此兴趣不大，老是拉他看戏，而且他最想见到的是梅兰芳。他和谢稚柳商量，谢稚柳打趣地说：“给他写封信如何？”杨畹农觉得此言有理，便当了真，要谢稚柳立即书写，因为他的字写得好，闻说梅兰芳颇有些雅兴。稚柳做事利索，顿时一挥而就，书罢掷笔，哈哈大笑。

信寄出了，他们没有抱什么希望，只不过闹着玩玩。因为像梅兰芳这样的名角，恐怕是不会给他们回信的。殊不知事出意料，他们在寓所竟然收到梅兰芳的复信，并约定时间在他的家里相见。真叫人喜出望外！那天夜里，杨畹农翻来覆去睡不着，一会儿哼着《贵妃醉酒》，一会儿唱着《霸王别姬》，一会儿西皮，一会儿二黄，谢稚柳倒有点宠辱不惊，高兴一阵子便沉沉入梦。他梦见台子上挂着一幅折枝的《梅花》，疏影横斜，老干新枝，他直叫"陈老莲、陈老莲……"

谢稚柳在南京栖霞山

"还陈老莲呢，现在是梅兰芳。"杨畹农唤醒他。

两人起床。谢稚柳着西装，蓄着大包头，宽阔的前额，挺直的鼻梁，伟岸的身躯，举止高雅，浑身艺术家气质。

他们按时前往，梅兰芳已等候着了。梅兰芳的客厅很雅致，墙壁上悬挂着名人字画。当谢稚柳和友人杨畹农就座的时候，梅兰芳打量着他们。在梅兰芳看来，觉得杨畹农善于应酬，而壮实的谢稚柳则文质彬彬，有些腼腆，两人皆一表人才。他想，两位青年慕名而来，莫非他们是戏迷？这时的梅兰芳完全不是舞台上的形象，长袍便履，他对青年人很重视，闲谈一阵之后，就很客气地问杨畹农："你能不能唱几句让我听听？"杨畹农有些紧张，谢稚柳也担心他出洋相。梅兰芳又把琴师王凤卿请来给杨畹农操琴。一切安排就绪，梅兰芳就离开客厅到别处去了。杨畹农和着琴声放开嗓子唱完，梅兰芳走了进来，高兴地说："你唱得不错，只有几个字咬得不准。"这不啻一次严峻的考试，它证明杨畹农的京戏是合格的，又好像一块金牌，是当代头号京戏表演艺术家发给他的。此后，他练习演唱更加起劲。接着，梅兰芳为他们唱了一段《醉玉仙》,又给他们讲了许多戏的唱腔要诀。他们感到梅兰芳是个十分热忱的戏剧大师。梅兰芳又问谢稚柳:“你唱戏吗?”“我画画,喜欢听戏。”谢稚柳机灵而坦率地回答。梅兰芳更高兴了,他说:“那好嘛,你喜欢听戏,我喜欢画画,咱们可以交个朋友了。”他随即指着壁上的一幅,请谢稚柳指点。谢稚柳觉得颇有功力,连声说好。告辞时,谢稚柳说:“梅先生,今后我要多听你唱戏。”梅兰芳也说:“你也可以多教我画画。”他们都很真诚,说的都不是客套话。

在北平期间,梅兰芳给他们送了几次票,请他们去听戏。

谢稚柳的兴趣爱好中除了色彩,又添上音乐,不只好京戏,还喜昆曲。从南京开始,到北平进入高潮,这种情趣,伴随着漫长的书画生涯。有时作书作画,似觉有锣声鼓声,情绪为之振奋。

与梅兰芳会见之后,他获得了艺术的通感。

谢张之交

论资排辈,在画家中谢稚柳和张大千、徐悲鸿虽是同辈,但谢稚柳是最年轻的。

张大千比谢稚柳大十一岁。他们的交往是顺理成章的事情,正如谢玉岑与张大千的交往一样,由兄及弟。谢玉岑以诗书名重一时,张善孖是当时的著名画家,两人作画赋诗,在当时的文坛传为佳话。张善孖的弟弟张大千,便因乃兄的关系与谢玉岑交好。谢稚柳又因乃兄谢玉岑的关系,与张大千结为至交。

玉岑见弟弟很有艺术天才,又痴迷于绘画,曾多次对他讲起张善孖、张大千兄弟,告诉他善孖擅画虎,大千仿石涛可以乱真。还说,张大千食量大,很会说笑话,他的画室叫大风堂,他们是四川人,居上海、苏州两地,当时正住苏州网师园,园内饲有老虎。

1930年5月21日至23日,张大千在上海宁波同乡会四楼举办画展。二十岁的谢稚柳正在谢玉岑那里,玉岑便带着他前往参观。这天,风雨交加,参观的人却络绎不绝。张大千见谢玉岑前来,非常高兴,更

谢玉岑和民国海上书画家合影（郎静山 摄）
第三排右起：第一人谢玉岑、第二人贺天健、第三人马骀、第四人陆丹林、第六人郑午昌、第八人王师子
第二排右起：第二人夏丏尊、第五人黄宾虹
第一排右起：第二人王个簃、第三人张善孖

高兴他还带来了谢稚柳，因为，他也曾闻说谢稚柳才情过人。他看稚柳人才出众，文采风流，一见即知为笔墨中人，相见恨晚，羡慕地说："玉岑兄，你好有福气，有这么个好弟弟！"稚柳看大千，果然长髯浓密，潇洒非凡。张大千向他问长问短，一口四川腔。他陪谢家兄弟参观。谢稚柳看那满堂的墨彩，为石涛、八大、渐江、髡残风貌，豪迈奔逸，才藻新奇，采各家所长而自成面目，不胜欣喜。这次见面，拉开了张大千、谢稚柳友情的序幕。

今天的张大千，名满全球，但谢稚柳初识的张大千，并没有今天这样的名气。这时谢稚柳粗略知道张大千，又名季爰，落款又常用张爰，四川内江人。其父张忠发、母曾友贞，生有九男二女，张大千排行老八，其母以没骨法写生名于世。仲兄善孖少时从母习绘事，母亲要求甚严，因以得六法之秘。母亲有时生病不能执笔，往往由善孖代画，世人辨别不出。张大千的姐姐也精绘事，他八九岁时跟着姐姐学画，十三岁时负笈求精中学，次年入上海基督公学，又拜曾熙、李瑞清为师学画。1917年赴日本西京习染织，十九岁返国，任母校图画英文教席。在上海任教期间与玉岑结友。

曾熙晚号农髯，光绪进士，工诗文，善书，自称南宗，与李瑞清之北宗相颉颃，世称“北李南曾”。1915年始于上海鬻字，书法得力于《夏承碑》及《张黑女墓志》等，以汉隶圆笔为本，下穷魏晋，沟通南北，融会方圆，自成一家。其行楷各体，宽博纵逸，颇具篆隶笔意。李瑞清号梅庵，入民国，自署清道人，光绪进士，入翰林。工书，少习北碑，工于大篆，汉碑下笔坚实，博通兼习籀篆之意行于北碑，自成面目。擘窠大字，尤为磅礴有力。行、草得力于黄山谷，其书出自晋唐。李瑞清与曾熙知交最深，辛亥革命后改穿道服，以遗老自居，寓沪鬻字自给。曾农髯喜爱石涛，李梅庵喜爱八大。当时海内名迹，多汇聚上海，必得二老精鉴，以别真赝。张大千常在二老身旁，目游神悟，悉心揣摩。张大千初学八大花卉，后好石涛山水，旁及老莲写生人物，博览明季诸贤之作，得之于迹象之外，天才横溢，迈绝时流，故谢玉岑见他的作品，惊叹为不世之才，许以将来必霸画坛。

谢稚柳与张大千相识之后，有时也到苏州的网师园中去住几天。与张大千同住网师园的还有叶恭绰。叶恭绰比谢稚柳长三十岁，比张大千长十九岁，是著名的书法家，工真、行、草书，主张以出土竹木简及汉、魏、六朝石刻、写经为宗。他的行书，以赵孟𫖯《胆巴碑》为基础，兼取颜真卿、褚遂良及魏碑之优长，形成个人风格。尤善以大笔作小字，故其书结构茂密，笔力充足，真气弥漫，极有魄力。

据说，苏州的网师园是南宋史弥远所兴建，清康熙年间归瞿氏所有，因而又称“瞿园”。太平天国之后，又为四川中江人李鸿裔所得。李鸿裔字眉生，曾入曾国藩幕府。到了张大千兄弟住网师园时，主人为与张作霖颇有渊源的张锡銮，其子师黄是张大千的朋友。他知张氏兄弟喜居园林，因以借出。张大千只借住前半部，后半部为叶恭绰所住。张大千以“丈人行”尊之，谊在师友之间。在叶恭绰眼里，谢稚柳只不过是“小朋友”，但是这位“小朋友”常常使他感到惊讶，因为他看出稚柳年少才高，他会与张大千一样，叱咤画坛。

在网师园，谢稚柳也挥毫作画。这时，陈老莲的风格也从他的画上表现出来。张大千看出他的路子，就把自己收藏的陈老莲作品悉数拿给谢稚柳看，谢稚柳踏破铁鞋无处寻的如此多的陈老莲精品，竟能在此处蓦然相逢，欣喜至极。张大千看谢稚柳如此喜欢陈老莲，画陈老莲又那样逼真，就把陈老莲的画送给他。张大千画石涛，谢稚柳画陈老莲，互为渗透，互不干涉。张大千见到陌生人，开始总是沉默寡言，熟悉之后，他就摆起四川的“龙门阵”来。他对待朋友坦率、真诚，无话不谈，闲暇之时，他给谢稚柳讲了许多自己画石涛以假乱真的故事：

某日，著名的山水画家黄宾虹持箧到李瑞清家观摩石涛真迹。黄宾虹的鉴赏力同绘画水平一样威震全国。他一边看，一边赞不绝口。看到后来，黄宾虹兴致更好，他从自己箧中取出一卷画来，对李瑞清说：“梅庵公，今天我买了一幅石涛，花钱不多啊！”他随即将画铺展在画案上，面有矜色。李瑞清打开画卷，正在沉吟，一旁的张大千毕竟年轻沉不住气，开腔说：“老师，这不是石涛的真迹，是学生仿作的。”黄宾虹一听，俯身盯视，摇头说：“这怎么可能呢？”张大千气盛，但也彬彬有礼地请他们看宣纸的右下角，在那不起眼的右下角里，果然有一个小小的“爰”字。那“爰”字的写法与众不同，千真万确是张大千的手迹。鼎鼎大名的黄宾虹，做梦也没料到会栽在二十多岁的张大千手里。李瑞清为了下台，连忙厉声说：“季爰，休得无礼！”张大千在长者面前，礼节周到，闻声停止了话题。黄宾虹毕竟是长者，惊诧之余，又复啧啧称赞，觉后生可畏也！

张大千生性坦荡，磊落不羁，只服从真理，不迷信权威，深信后辈可以超迈前贤，对后起之秀谢稚柳非常器重，所以对他敞开胸怀。他侠骨柔肠，他的“龙门阵”是有意无意地勉励谢稚柳走自己选定的道路。

谢稚柳在网师园堂伏虎

张善孖画虎养虎，传为奇谈。他养的那只虎就在网师园里。一天，谢稚柳和张大千坐在花坛边闲聊，那只老虎从他们后面走过来，把一双前爪搭在谢稚柳的双肩上。谢稚柳哪里见过，顿觉毛骨悚然，不敢动弹。这时，张大千站了起来，用手拍拍老虎的前额，唤着："虎儿，虎儿。"老虎竟温驯地把双爪从谢稚柳的肩上抽了下来，驯服地卧在地上，望着他俩交谈。张大千告诉谢稚柳如何同老虎玩耍的诀窍，还告诉他张善孖以虎为题，集《西厢记》的十二名句，画了十二幅虎。此事谢稚柳是知道的，当时全国为之轰动，只是作品未能谋面。他来迟了，这十二幅画没有见到。

尽管这十二幅虎只留下传说，不无遗憾，谢稚柳在网师园还是看过不少张善孖画虎、张大千补景的画幅。

张善孖笔下的虎一改山中的凶暴习性，大概是他家养的老虎变得温驯可爱的缘故。说来也怪，那些常来网师园的人它都认识，它在院子里走动，不但不伤人，有时还要和人亲热一番。这只虎成了张家的一个成员。张大千出家未成，便让这只老虎出家，请引光法师为老虎受戒，给老虎起法名为"格新"。后来，这只老虎死了，张善孖、张大千昆仲为老虎造墓碑埋葬，直到张大千病逝前一年，他还为这只老虎写了墓铭。

谢稚柳重游网师园，在当年张大千的客厅里和郑重、谢定琦谈初到网师园的往事

老虎墓在网师园一个假山石花坛的旁边，墓文题为“虎儿之墓”，落款“张爰”。于今，过往游客，经过这里，既凭吊张大千兄弟，又为这种人虎情谊感喟。噫，张氏兄弟，以其对艺术之执着深情，竟然感化猛虎！天地之间，精诚所至，金石为开，诚可信矣！

从网师园以后，张、谢切磋艺事，过从甚密。

1985年，谢稚柳重游网师园，看了张大千当年在此居住的居室、画室、客厅。坐在网师一株古树下的石凳上，娓娓道来当年在院里与虎儿相戏的情景，然后再到张氏兄弟为虎儿立的墓碑，拨开杂草，读着碑文，声音怆然。

1932年，谢稚柳认识了徐悲鸿。此时徐悲鸿任南京中央大学艺术系教授，比他年长十五岁。未见面之前，谢稚柳认识徐悲鸿夫人蒋碧薇，从她那里听到徐悲鸿少年时代如何刻苦好学，以及他们如何离家出走的故事。由是，谢稚柳对徐悲鸿非常钦佩。

徐悲鸿曾东游日本，留学法国，并赴德国研习美术，回国后执教于中大，后任北平国立艺术专科学校校长等职。徐悲鸿在艺术上的素养全面而深厚，在绘画、书法、诗文各个领域都有杰出的成就，但平常给人留下最深刻的印象还是绘画。一谈到徐悲鸿，人们就想起他的奔马。他曾从康有为学书法，对《郑文公碑》《石门铭》《张猛龙碑》《爨宝子碑》等下过苦功，书课甚勤。他的字似疏朗而实茂密，似婀娜而含刚劲。行草超脱奔放，转折有度，调高韵逸。在徐悲鸿的创作中，既能以书法入画，又能在书法中蕴含画意，诗情则统领书画，使诗书画熔于一炉，故能韵趣隽永。

徐悲鸿对玉岑、稚柳兄弟很有了解，从交往中，认识了他们的才华。徐悲鸿后来曾作诗记述谢氏兄弟，诗中流露出爱惜赞叹之情。

谢稚柳与徐悲鸿的见面是在上海。当时是张大千三十四岁寿辰之日，徐悲鸿、郎静山、吴湖帆、李祖韩、李秋君、郑曼青、吴一峰等为张大千祝寿，谢稚柳也从南京赶去参加。徐悲鸿将自己在北平所作的一幅张大千画像作为贺礼，赠给张大千。徐悲鸿在画上题诗：“其画若冰雪，其髯独森严，横笔行天下，奇哉张大千。”之后，谢玉岑为这张画像题了一首长诗，其中有：“画树当画松，龙髯张天风；画人当画髯，虬客吐长虬。”“张侯天下事，峨眉家青穹。远数轼辙美，近见须眉浓。解衣一磅礴，墨雨霏鸿蒙。髯张既气怒，髯垂永雍容。”这些名句，对张大千充满了友情的赞美。

玉树第一枝的早折

在南京工作了几年，谢玉岑的病日渐严重，即移居常州家中养病。张大千当时住在上海、苏州，每隔几天，就乘火车到常州探望谢玉岑。每次探望，都带着自己的画作，请谢玉岑指点。当时张大千的名气还不大，而谢玉岑已名播江南。但谢玉岑对张大千独具慧眼，认为张大千来日必叱咤画坛，张大千亦以兄尊之。每每张大千作画，总是请谢玉岑在画上题诗。张大千跟着谢玉岑学作诗词，即使在往来探病之际，张大千也未放过向他学习的机会。这段时间大千的画，多由谢玉岑题诗。现在能看到的有《题大千仿渐江山水》《题大千黄海三十六峰》《题大千山水》《题大千居士仿戴鹰阿浮槎图》《题大千作团扇仕女图》诸诗。谢玉岑心知张大千来日必主画坛，而他却自叹命蹇等不到那一天。在自知沉疴不起的时候，以长子伯子（名宝树）相托。伯子幼小失聪，宜于学画。张大千含泪允诺，收伯子为门下弟子。张大千没有辜负好友的嘱托，伯子也实现了乃父的期望，伯子的山水、花鸟、人物，都是出手不凡。其叔父谢稚柳从张大千处看到钱选（字舜举）的《杨妃上马图卷》，谢稚柳要伯子作一临摹。《杨妃上马图卷》原为清宫中故物，后由

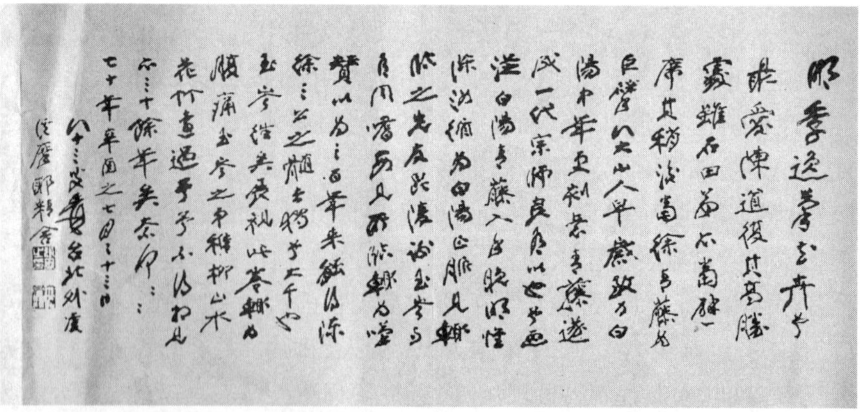

张大千题谢玉岑画卷

溥仪携至长春，散出，流落市肆，叶恭绰曾见到，并劝诸收藏家收藏，无人响应，后为张大千所得。谢伯子摹本的线条笔力与钱选酷似。谢稚柳见侄儿有此功力才气，非常高兴，欣然在卷尾作了题识：

钱舜举《杨妃上马图卷》真本，丁亥蜀人张大千得之北平，予从大千处假归，嘱宝树为摹此一本。

谢稚柳觉得意犹未尽，复题于卷尾道：

玉勒雕鞍宠太真，年年秋后幸华清。
开元四十万匹马，何事骑驴蜀道行。

笔者曾见过谢伯子摹临的《杨妃上马图卷》。伯子所画的荷花，再现张大千的风神。

1935年3月18日，谢玉岑溘然长辞，时年三十六岁。

谢稚柳作《先兄玉岑行状》，复作《哭兄玉岑》，以悼感怀，诗曰：

岑兄自去冬患怯症，在里幽居数月，卒不起，时三月十八日夜十时也，姜被忽寒，悲怀何极。余年来困于衣食、文字久荒，后二十一日始歌一解，以哭之。天迷迷，地黝黝，别君二十日，薰风浓如酒，相思一去不归来，家人梦折青青柳。离鸾别语破空碧，客枕幽单断鬓发。谁怜苦节皱青阳，不见桃花发肌骨。那知阊阖裁银诏，玉兔团光愁独照。齐州思望几微尘，鸾珮相逢天亦笑。惟君之秀卧氛垢，零落楼迟心已朽。离骚乐府杂床头，梦泣今朝生白首。瞑朝相对常不足，读画听歌几断续。偏怜笺上几行书，小雁文翰生叠玉。枉辱称知犯君口，那管时人笑衰偶。天荒地老不相看，使我才华落人后。不须泪落如红雨，洒湮菱溪一抔土。还当待旦事长鞭，我亦有怀与君语。

谢月眉作《悼岑哥》诗，是写张大千为谢玉岑画白荷悼念往事。诗前序曰：

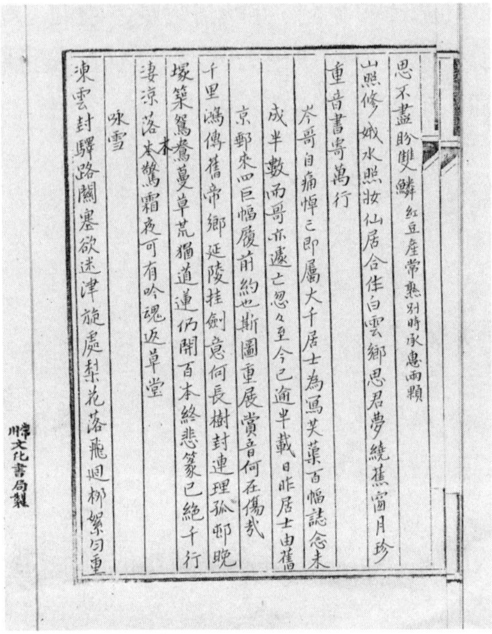

思不盡盼雙鱗 紅豆產常熟別時承惠兩顆
山照修娥水照妝仙居合住白雲鄉思君夢繞蕉窗月珍
重音書寄萬行
岑哥自痛悼亡即屬大千居士為寫芙蕖百幅誌念未
成半數而哥亦遽亡忽忽至今已逾半載日昨居士由舊
京郵來四巨幅履前約也斯圖重展賞音何在傷哉
千里鴻傳舊帝鄉延陵挂劍意何長樹封連理孤邨晚
塚築鴛鴦蔓草荒猶道蓮仍開百本終悲篆已絕千行
淒涼落木驚霜夜可有吟魂返草堂
詠雪
凍雲封驛路闌塞欲迷津旋處梨花落飛迴柳絮勻重

谢月眉悼谢玉岑诗

岑哥自痛悼亡，即属大千居士为写芙蕖百幅志念，未成半数而哥亦遽亡，忽忽至今，已逾半载，日昨居士由旧京邮来四巨幅，履前约也。斯图重展，赏音何在？伤哉！

千里鸿传旧帝乡，延陵挂剑意何长。
树封连理孤村晚，冢筑鸳鸯蔓草荒。
犹道莲仍开百本，终悲篆已绝千行。
凄凉落木惊霜夜，可有吟魂返草堂。

玉岑在世时，曾致书王蘧常并附上扇页三面嘱书。此时，王蘧常忙于教学，未能即刻书成，而玉岑突然病逝，王蘧常心痛欲裂，感到对不起玉岑，随即写成汉简、章草寄往常州，于灵前祭焚，并写了一首诗哭玉岑：

论交四海尚谁贤，如此奇才老一毡。
犹有青山埋骨肉，应无长恨限人天。
眼前岁月诸雏在，身后文章几卷传。
断肠遗书虚宿诺，寄诗能不到重泉。

谢玉岑英年早逝，张大千自是十分悲恸。他为谢玉岑灵堂画了许多画，特别画了荷花多幅，这是玉岑生前最为欢喜的。1941年，在《玉岑遗稿》的序言中，张大千记述了谢玉岑逝世前后的情景，读之令人凄然伤心：

庚辰之秋，王君曼士自海上运书抵蜀，谓《玉岑遗稿》将付剜，不可无言以序之。数月来萦绪万端，而下笔呜咽，辄不能成一语，今当岁暮，伤逝念旧，情不能已。予谓曼士与玉岑交好，乃逾骨肉生死之间，岂仅缟纻之情！玉岑殁在乙亥三月十八日，时予客吴门网师园。其日午夜，先太夫人闻园中双鹤频唳，惊风动竹，若有物过其处，意必玉岑魂魄来相过我。后数月，予有北游，车中梦与玉岑遇荒园中，坐棠梨木下，相与咏黄水仙花诗，时寒风飒飒，玉岑畏缩，意颇不乐，予问所苦，逡巡不答。数年来时相梦见，梦中谈笑如平生欢，岂知有幽明之隔？予方识得玉岑，俱当妙年，海上比居，瞻对言笑，惟苦日短，爱予画若性命，每过斋头，徘徊流连，吟咏终日。玉岑诗词清逸绝尘，行云流水，不足尽态，悼亡后务为苦语，长调短阕，寒骨凄神，岂期未足四十，遽尔不永其年乎！当其卧病兰陵，予居吴门，每间日一往，往必为之画，玉岑犹以为未足。数年来，予南北东西，山行渐远，读古人作日多，使玉岑今日见予画，又不知以为何如？故人一去，倏忽六年，必有新声，离绝人间，意其鸾珮相逢，鹿车云路，当不复为凄神寒骨之辞。自返蜀中，不复一垂梦，巫峡惊波，青天蜀道，玉岑其忧于太白歌诗，以为果不飞渡乎？今昔又将西出嘉峪，瞻佛敦煌，便当假宠山灵，润色画笔，安得起九泉为我歌吟，人间天上，守兹同心。大千张爰。

张大千这篇序言，字字呜咽，声声血泪，裂人心肺，简直就是一篇肝肠寸断的祭文，它比之于古代的几篇著名祭文，毫不逊色，而其想象之突兀，思路之奇崛，犹有过之。序言写出了他们两人的生死之交已逾骨肉之情；奏出的书画知音，胜似钟期伯牙的高山流水。得一知己死而无憾，谢玉岑能得张大千这位知己，当告慰于九泉；张大千有谢玉岑这位知己，彩笔生辉！张大千从谢玉岑的鼓励中汲取力量，无论玉岑活着还是死去，作画时总想到玉岑对他画图的珍爱，总想到玉岑的厚望，总要有所进益以酬答知交知遇。

玉岑的早逝，徐悲鸿也深为哀恸，他写诗悼念："玉岑稚柳两兄弟，书画一门未易才。最是伤心回不寿，大郎竟玉折兰摧。"玉岑生前，与徐悲鸿也是莫逆之交，同声相应，书画往来，交往甚密。玉岑在病中曾请悲鸿画扇。扇成，悲鸿并信一封寄玉岑：

玉岑贤兄足下：弟自平归，知兄大病，深以为念。上月赴沪，欣悉尊体日就复原，弥觉快慰。今得手示，如闻謦欬，益令我雀跃无已也。弟生平不画扇，花卉尤非所长。尊命二难兼并，实深惶悚，使兄不在养疴，必不献丑而贻讥大雅，恳勿示人，传作笑柄。

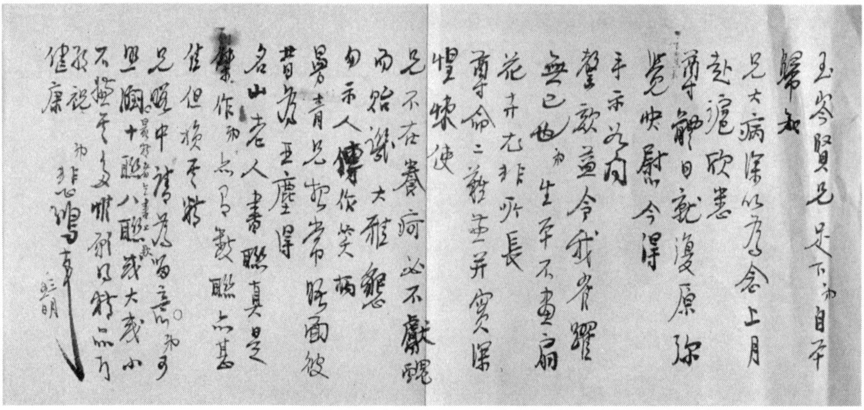
玉岑贤兄足下：弟自平归，知兄大病，深以为念。上月赴沪，欣悉尊体日就复原，弥觉快慰。今得手示，如闻謦欬，益令我雀跃无已也。弟生平不画扇，花卉尤非所长。尊命二难兼并，实深惶悚，使兄不在养疴，必不献丑而贻讥大雅，恳勿示人，传作笑柄。

徐悲鸿致谢玉岑信

徐悲鸿对谢玉岑的莫逆之情，尽在其中。凡与玉岑相认识的，无不称赞他才情横溢。

可惜，谢家的这棵玉树，未秋先凋。

谢月眉——江南花鸟一支笔

谢月眉（1904—1998）在谢家女孩子中排行老三，谢稚柳的三姐，晚辈都称她为三姑。她出生于农历中秋，故以月眉为名。谢月眉虽然

谢月眉（中）与谢介眉、谢汝眉

谢月眉、冯文凤、顾飞、陈小翠在评选书画

先天跛足，行动不便，但她早慧聪颖，是一位闺阁画家。江南学人钱名山在《题谢月眉画例》中称她的画："得气之清，如月之曙，沐诗书之泽，写卉木之华。六法之精，一时无两。"

又说她的画："取法南田，尔宁静不佻，自然独到。"当时张示她的润格如下：

堂幅六尺六十元，五尺五十元，四尺四十元，三尺三十元。横幅同堂幅。屏条每方尺六元。册页每方尺六元。扇页每页六元（过大者倍之），点景加倍，先润后墨，约日取件，随封加一。二十四年十日订。

民国二十四年，即1935年，正值谢月眉三十一岁，她开始以卖画为生。也正是她的胞兄谢玉岑逝世同一年，钱素蕖、谢玉岑先后逝世，家徒四壁，断了经济来源。谢稚柳虽已在南京就业，但还是无力接济家庭。母亲傅琼英已经五十七岁，面对着五个待养的孙儿孙女，又有待字闺中的女儿谢月眉，凄苦艰辛就可想而知了。此时，纵然家有女佣，但谢月眉是总管，以其售画得来补家用。抗日战争爆发后，谢稚柳去了重庆，侄女谢钿也到那里读中学，由他照料。谢月眉携带老母和侄儿女们从常州避难上海。她还写了《避兵南乡》的诗致女友镜蓉。诗曰："渔台鸿雁隔重城，流水无情照月明。帐望遥天烟埃极，几时红烛话升平。"

谢月眉《海棠小鸟》

谢玉岑幼子谢叔充回忆说:“三姑谢月眉,终身未嫁,为人直爽、清高,耻为沦陷区‘良民’,悄然带着一家五口,辗转进入上海租界避难。当年物价上涨,民不聊生,月眉姑不得不开始卖画赚钱,供养一家人的生活。这样熬了八年,直到抗日胜利为止,说来真不容易。”

谢月眉从何时开始学画,我们已经无从知道了。但从《玉岑遗稿》中,可以读到《题月眉工笔花鸟四首》,此诗作于1924年,此外还有题谢月眉画《芙蓉花鸭》《芙蓉乳鸭》《紫白菊小鸟》《山茶鹦鹉》。此时月眉是十八岁。玉岑题诗中有“谁将画派溯南田,真谛惟应静中传”。这诗透露出她的画曾宗法恽南田,笔墨清静。张大千题她画的《紫芍药图》也说:“月眉画仿南田,盖毗陵正宗也。”谢月眉是上海中国女子书画会重要成员,1940年、1941年、1943年,陈小翠、冯文凤、谢月眉和顾飞共同举办了三次“四家书画展览会”。1939年,张大千在上海大新公司举办展,同时陈列了谢月眉两幅作品。

从现在流传在世的谢月眉的作品来看,在20世纪30年代,效法恽南田没骨花卉,40年代即追随宋元,画风表现出自家的面貌。在她的花鸟画中,主要表现花卉禽鸟和蛱蝶,如她画的《海棠小鸟》,由张大千、溥心畬作题。今人对谢月眉的绘画再认识,称之为“花鸟圣手”。

黄山归来不看岳

1936年，第一次全国美术展览会后，张大千、谢稚柳、于非闇一起去游黄山。

黄山是我国东南名山之一。秦代原名黟山。据说，轩辕黄帝曾在此采药炼丹，山中流传着许多有关黄帝的神话。唐天宝六年（747），遂改名黄山。历代名人画士在此留下了许多诗画。唐李白曾登黄山凌歊台，饮酒赋诗，留下了“太白洗杯泉”。明代江阴徐霞客曰：“五岳归来不看山，黄山归来不看岳。”黄山更是画家争相描摹的题材，在山水画方面，逐渐形成了一个黄山画派，石涛就画过许多黄山图。张大千、谢稚柳、于非闇这些山水花鸟画家自然也向往黄山。

到了黄山，正好遇到徐悲鸿，就结伴而行。徐悲鸿拄一根木棍。

入黄山门，从汤口向半山寺，一路山峰峭立，云雾迷蒙，时值春天，野花烂漫，奇卉馨香。清奇古瘦的劲松，嶙峋突兀的怪石，还有流水、岚气、鸟语，到处是诗是书是画，叫人灵感丛生。黄山有一条石径直达山顶，石径很陡很窄，容不得两人并列。徐悲鸿自恃有棍，拄着走在前面，又贪看山景，殊不知雾重路滑，一个跟头，竟摔了下来，紧跟在后面的谢稚柳，正好被他撞倒，也一个跟头往下滚。谢稚柳年轻体壮，反应敏捷，一翻身就势抓住石崖，立稳了脚跟，连忙去扶起徐悲鸿。张大千在下面哈哈大笑，脱口说出一副对联：“徐悲鸿金鸡倒立，谢稚柳鹞子翻身。”大家回头看他，他还在那里观山望景，人们也都各自搜集着山中的奇画。

山中气候无常，突然下起暴雨来。他们事前毫无准备，只好冒雨一个劲地往上爬。而这一段山路又特别艰险，要到文殊院方可住宿。好在文殊院已经不远，又登上一个山崖，再翻上去，终于抵达文殊寺院。他们在此驻足，一个个像落汤鸡。寺内僧人迎着他们，可是谁也没带衣服，他们便把湿外衣脱下来，晾在栏杆上，每人只穿一条湿淋淋的短裤，大家相视而笑。

文殊院背倚玉屏峰。院前山崖上的松树姿态特异，像张着羽翼般的双臂迎接客人，人称迎客松。凡是登黄山的人，没有不为黄山松叫绝的。凡是画家，只要去过黄山，没有不画迎客松的。怪石、奇松、云海、飞瀑，构成了黄山独特绝妙的景观。

不知不觉，体温把短裤焐干了，山风把衣服吹干了，雨也停了，他们又都倚着栏杆看风景。但见天都峰如插天之剑，旁有鼠状山峰向着天都跳跃；莲花峰若巨型的莲瓣，在雾里摇曳；七十二峰也都在云海里飘动着秀发。黄山最险为天都峰。有道是，登黄山不上天都等于未上黄山。大凡勇敢的登山者，都是冲着天都而来的。时间向晚，天都路遥且险，只有暂宿一宵，来日上天都。住宿处没有纸笔，无法作画，大家逗乐子，请张大千摆“龙门阵”。张大千肚子里有许多笑话。

张大千青年时代，到中国的文化艺术故都——北京一游。到了北京，他就听说山水花鸟画家陈半丁新得到一本石涛册页，传为精品。张大千视石涛如性命，像陈半丁这样画了几十年石涛风格的大家，收藏石涛的画肯定不会错的。经过中国画学研究会会长周肇祥介绍，张大千结识了陈半丁，约好第二天下午六点到陈半丁家吃饭看画。

张大千心里惦着看画，翌日午后，他老早就到了陈半丁的家里，表明自己看画的迫切心情。陈半丁一向架子很大，又比张大千年长二十岁，没有答应张大千要求，说是等人来齐了，大家一起看。在艺术面前，张大千既急迫，又耐心，碰软钉子也不在意，一个人坐在那里等着，只是觉得时间怎么那样慢，老是不到点，那些人也真沉得住气，怎么还不来？客人到得差不多了，陈半丁这才从书房里捧出一个画箱，于是大家围在画案四周。陈半丁把画箱轻轻打开，好家伙，果然是一本装裱极精的画册，扉页上有日本汉学家、鉴赏家内藤虎次郎题的“金陵胜景”四字。张大千心切手也快，随手将画册一翻，立即又合拢起来。他问：“是这本册子吗？”大家的眼睛都盯着他，看他有什么高论。他说，“这本册子我知道！”陈半丁对他一来就要求看画，已经不太高兴，这会儿刚开箧又如此盛气凌人，更是看他不顺眼，但是，他毕竟是有修养的前辈，不好与之计较，正沉吟时，张大千当众宣告：

“是我画的！”

这话一出口，大家都惊呆了。旋即，有人投以质疑的目光。他一言既出，也顾不得他人的情绪，闭着眼睛在那里一页一页地说下去：第一页画的什么，何处落款，落款的内容是什么，钤用的印章、印文，有几枚。他边说，别人就边翻着册页验证，毫发无爽，说得满堂色变，陈半丁心中的滋味自不必说。

说到这些，张大千也颇有感慨，觉得那时是“年少气盛”，所以才干出让人家煞风景的事情来。

翌日，湿漉漉的山石、松树发出清香，他们已经爬行在登天都峰的峭壁之上。张大千已不是初来乍到，谢稚柳才是头一回。鲫鱼背是天都峰的险绝处。那路就如鲫鱼的背脊，窄得只能容一人通过，石级特陡，两边是万丈深渊，山高风巨，挟人欲飞，那时又没有栏杆，无处攀援，望之叫人丧胆。他们临到鲫鱼背前，正当有人从对面过来，那过来的人双手双脚着地，其匍匐爬行之状，让人战栗。张大千爱开玩笑，这时又卖起关子来：“此处很险，不过去了吧？”徐悲鸿先前摔了一跤，此时有点踌躇。谢稚柳却正在观望，一转脸，不料张大千已经过去了，在那边对着他们挥手，山风吹拂着长髯，仿佛一云中仙者。谢稚柳青春年少，何惧艰险，便也壮着胆子走了过去，接着便都过去了。天都峰下来，复经玉屏登莲花峰，上面有棵蒲团松，石涛曾画了棵蒲团松，所以张大千一见即振奋起来，攀上去坐在松顶拍照。照毕，把穿的一双日本五脚趾分开的布袜子脱了，大讲其笑话，声音在山顶上回荡。下午五点看云海。春天的黄山，在落日余晖中，翻滚着橘红色的万顷波涛，壮观极了。

这次黄山之游，谢稚柳受到的启示很多。从黄山山体的劈地摩天，石峰峥嵘，阳刚劲露，他感到亢奋，获得一种雄浑峻峭的意境。黄山松依势而长，与山石相映成趣，从中，他感受到一种奇崛的墨趣。云海是黄山的生命力所在，如果黄山失掉了云海，那些山峰便僵硬了；正是在云涛的流动中，黄山才忽隐忽现，尤其在红日出海之际，白云、红日、青峰，何等瑰丽壮观，他从中悟出线条、构图艺术中的布白的重要，用墨的诀窍。他认识到大自然的美，是艺术家的乳汁，它同现实生活，构成艺术生命的源头。他决意要“行万里路，读万卷书”，“搜尽奇峰打草稿”。

从游黄山以后，谢稚柳开始画山水，以宋人为格。

1971年2月，八十二岁的张大千忆旧游，作《黄山云门峰图》，题辞曰：

> 遥天突兀耸双峰，云气冲门午不溶，
> 可惜少陵看未得，并刀祗解剪吴淞。

可见黄山留给他印象之深刻。

谢稚柳看了山水风景，当时不描绘，而是经过积淀，去粗取精地创造出来。在他以后的画卷中，常有黄山的影子，特别是他的《松瀑鸣琴图》，那石、那松、那瀑流，都令人想到黄山。

东西南北之人

黄山归来次年（1937），谢稚柳又和张大千、于非闇、黄君璧、方介堪四人，到雁荡山游览。雁荡之游，张大千、谢稚柳在以后的画图中，三致意矣。他们先到了杭州，找到一辆小汽车，向雁荡山进发。

雁荡山在浙江省东南部，分南北两个山组：南雁荡山在平阳县西，主峰九峰尖海拔一千二百三十七米；北雁荡山在乐清县东北。北雁荡山背倚括苍山，面对东海，山顶有荡（浅水湖），芦苇丛生，碧波荡漾，常年不涸（现已干涸），湖高向阳，气候较暖和，相传秋雁南飞，常栖宿于此，因而得名。雁荡山在大约方圆六百里内，有一百零二峰、六十一岩、四十六洞、十三瀑等奇景。

“东西南北之人”游雁荡（1937）。右起：谢稚柳、黄君璧、于非闇、方介堪、张大千

雁荡山向以峰岗雄伟严峻著称，其瀑布“大龙湫”则以宏伟奇丽享誉，自古以来，就成为诗人、艺术家抒情写意胜地。根据西域书中记载，有一位名叫诺矩罗的罗汉，曾在我国东南大海边的雁荡山芙蓉峰的龙湫居住过。唐代和尚贯休在他写的《诺矩罗赞》诗中，有“雁

荡经行云漠漠，龙湫宴坐雨濛濛”的诗句。

这次雁荡之游，张大千在雁荡草就《雁荡大龙湫》图画稿，回到上海创作始成。画面清幽奇颖，气象博大高远，是画家这一时期的得意之杰作。画心高三尺七寸，宽一尺七寸，纸本。笔者在编《谢稚柳系年录》时，曾与王贵忱先生联系，他将《雁荡山》图上的抄录相赐。纪旧游事，题词长达二百余言：

石栋飞虹，砉然匹练垂天际。跳珠委珮，迤逦沾衣翠。荡涤烟云，人在蕊宫里。空凝睇，明朝吟思，梦掬银潢水。

雁岩山奇、水奇，惟苦无嘉树掩映其间耳。此写西石梁瀑布，因于岩石上添写一松，思与黄山并峙宇宙间也。图成更倚《点绛唇》题之。春间与蓬莱于非闇、南海黄君壁、武进谢稚柳同游兹山，永嘉方介堪为向导，下榻雁影山房。乐清县令索予辈作画。其时诸人皆无印，乃由介堪急就镌一章，文曰“东西南北之人”。迄今诸人风流云散，惟予与非闇犹得朝夕相见耳。偶忆及之，因书画上。丁丑秋九月，蜀郡张爰大千父。

此图书画俱佳，又倚声《点绛唇》，写景抒情，并臻其妙，堪称词、书、画三绝。此画左下角钤二印，一是朱文印“山水因缘，等于婚媾”，一是白文印“大风堂”。

何谓东西南北之人？

著名花鸟画家于非闇来自北京，算是代表北方。于非闇是满族，久居北京，清朝贡生。他自幼随父学画习字，能治印，会种花，会养鸟，会钓鱼，著有《都门养鸽记》《都门钓鱼记》《都门艺兰记》。被徐悲鸿称为“画名久已与云平”的山水画家黄君璧是广东人，代表南方；张大千是四川人，代表西方；谢稚柳和方介堪，来自江苏和浙江，他们是东方的代表。

人事倥偬，书卷飘零，张大千此一画卷，经广州商承祚收藏，是从琉璃厂画肆购得，后商承祚赠送友人王贵忱。

1976年春，王贵忱曾将此画题词录寄温州方介堪。方介堪回信说：“承示所藏张大千画雁荡山记游题句，是三十九年前事也。岁月匆匆，岂胜慨念。”后三年，谢稚柳南往广州，王贵忱出示此画。谢稚柳略微思量，遂即加题：

丁丑之春，蜀人张大千、蓬莱于非闇、永嘉方介堪与予相会于白门，因同作雁荡之游。回首四十余年矣。顷来广州，贵忱同志持示此图，恍如梦影。此数十年间，非闇久已下世，大千长客海外，介堪老病乡居，往事如烟，旧游零落，对此慨然。己未春初，稚柳观因题。

书题笔意醇厚娴雅，与张大千原题适相对称，不仅为画面平添墨彩，又补述旧游故事，相得益彰，使当代画坛佳话连绵。

1980年12月，台湾历史博物馆编辑出版之《张大千画集》(第二集)，收录张大千新作《雁荡大龙湫》一画，笔墨苍健美妙，构图与王贵枕藏件略同，而以无人物、巨松为少异。题画句与谢稚柳所题大同，只详略稍别。旧作题有《点绛唇》一词，新画则别录《谒金门》词：

岩翠积，映水渟泓深碧。中有蛰龙藏不得，迅雷惊海立。花草化云狼藉，界破遥空一掷。槛外夕阳无气力，断云归尚湿。

除此词外，题词中复忆旧事：

四十年前同南海黄君璧、蓬莱于非闇、永嘉方介堪、武进谢稚柳游雁荡山观瀑大龙湫，倚此辞(指《谒金门》)曾为县令作图，当时俱无印章，介堪磨小凿刀，即席刻“东西南北之人”印钤之，为一时乐事。

张大千这幅新作的成因，正如题词最后所云：

回首前尘，真如梦寐……箧中得此词，遂作图并记于上。

当时张大千八十一岁，对四十余年前往事记忆犹新，连旧作风貌亦未尝忘怀，雁荡云漠漠，龙湫雨濛濛，跃然纸上，可见对故人印象之深，萦怀之切。此事在谢稚柳以后的诗词中，屡有述及。

他们从雁荡山下来，经过绍兴东湖。东湖有船，船身狭长，不能并坐，而且是用脚划船，这就是浙江有名的乌篷船。张大千建议上船，泛舟湖上，众人皆应，唯于非闇总觉不是，骂张大千："张八，大胡子，你想置我们于死地啊！"张大千说："这可是你钓鱼的好地方啊！"这是因为，他们上了乌篷船，船身狭长，人坐在船上又不能动，动则船身就摇晃欲翻。这下子苦了来自北方的于非闇，他坐船很不习惯，何况又是这种乌篷船，对张大千的建议很不高兴，只好说浙江落后，用脚划船，很不文明。此时，谢稚柳历数张大千的故乡四川内江的风俗习惯还不如脚划船文明，张大千只好生闷气。下船后，大家惊魂甫定，埋怨此行之险。此行是张大千约他们来的，就纷纷责怪张大千。这样，张大千更加生气，任凭谢稚柳逗他发笑，他也不开腔了。

几十年后，谢稚柳谈起这段往事，仍然感叹："大千心中可贵的乡情，那是任何东西都无法代替的。"

谢稚柳从雁荡归来，对东湖之游，颇有兴味，请方介堪为他治一印"渔饮溪堂"，印文取李贺"譬诸清溪鱼，饮水得自宜"句的意思。同时又用"年来持镜颇有须"，也是李贺的诗句，有着青春叹老之感。这是因为和他在一起的，都比他年长，他也希望自己能"老气"一点。

这段友情，似乎参与其事的人都没有忘记，一直蕴藏在心底，无时不在回味着。1985年，方介堪由温州来上海，向谢稚柳出示所写《雁荡山色图》，谢稚柳看了又是往事如昨，感慨万千，随即在画上题曰：

昔年曾与方介堪、张大千、黄君壁、于非闇同游雁荡山，晚在客舍作画，介堪临时治一印为"东西南北之人"。时余年二十六，忽忽已四十年，非闇下世，大千、君壁远离海外，余与介堪吴越间隔亦十年不相问闻。顷来海上，握手如梦寐，出示所写《雁荡山色图》，峰峦竞秀，如逢故人，率为题二十八字于其画上：

曾揽浓光雁荡春，萍浮暂聚旧交亲。

画图犹认当年屐，已散东西南北人。

第三章

嘉陵江上客

烟水云山共风流：二谢结婚

1937年，卢沟桥事变，抗日战争全面展开。随着日本侵华战争的步步推进，南京处于危险之中。谢稚柳随关务署机关撤离，溯江而上，西上武汉。

谢稚柳在重庆（29岁）

谢仁冰和第二夫人留居上海，把夫人孙璇安排去了扬州。当时他的一个学生在扬州任县长，以为扬州安全，学生安排照顾孙璇。不久，扬州形势也紧张起来，孙璇带着启群、端如、惠如及启文，也乘船西上，向大后方撤离。到了武汉，他们与谢稚柳相遇。谢稚柳为他们做了非常周到的安排。他们在武汉住了一段时间，就随关务署机关及家属继续西撤，船行江中，穿越三峡，两岸江山如画，唐代大画家吴道子画嘉陵山水图的故事，时时萦绕在脑际。在以后的岁月中，谢稚柳对这个江行片段，总是难以忘怀，曾作《武陵春》词，抒发对此的感受。词前小序及词曰：

曩予客重庆，每舟行江中，望两岸山色如画，作《嘉陵江图》。因忆吴道子写嘉陵江水于大同殿壁事，戏赋此词：

烟水云山空彩壁，赢得盛名留。惹梦丹青尽已休，犹说旧风流。曾作嘉陵江上客，鼓棹几经游。怪石奔滩认昔游，三百里图画收。

谢稚柳、徐悲鸿、黄君璧、张聿光在重庆嘉陵渡船上

作《嘉陵江图》，谢稚柳也曾多少次思念吴道子，神往于他在敦煌所见到的壁画，神往于吴道子画嘉陵山水时的情景，联想到吴道子照人的双眼，非凡的气度。凭史料记载，他想象中吴道子的形象：总是穿一件宽松轻柔的绛纱袍，没扎腰带；前胸敞得很低，露出了黑茸茸的一团胸毛；头上只随便挽了一个发髻，用一根长长的玉笄绾住；那一绺青须飘飘然地从略略显长的方脸上撒下来似随风拂动。他不知怎的，对吴道子开元二十三年（735）春天那件事情特别感兴趣。那天，吴道子伴驾玄宗皇帝巡幸东洛，被裴旻将军厚封金帛，外加上张旭长史的一封信，请到天宫寺为其丧母绘一幅壁画。吴道子封还金帛，一无所受，仅要裴将军舞剑壮气以为酬谢。裴将军乃天下剑器名手。吴道子观罢他那电光石火、走马如飞的剑舞，一跃而起，大笑着操起笔走到画壁前，一挥而就，如有神助。连同张旭长史的草书，号称"三绝"。那时，吴道子头戴一顶白鹿皮尖顶弁，那鹿皮各个缝合处缀着一行行闪闪发光的小玉石，看上去像星星一样，这顶皇族的华冠何等耀眼！他身着一件狐裘，上罩一件黄软缎裼衣，腰身左右各悬着一套珮玉，当他在画壁前挥舞着旋风似的画笔时，这珮玉的冲牙和两璜相触，发出铿锵悦耳的声音。

唐代大画家吴道子的许多故事，牵动着谢稚柳艺术家的神经。

在这首词里，谢稚柳赞扬吴道子的横溢才气、艺术魅力产生的轰动效应和深远影响。

谢稚柳忆吴道子，想嘉陵江，写《嘉陵江图》，意味深长、意义深远啊！

到了重庆，谢稚柳就和谢端如他们住在一幢宿舍里，他仍然在关务署上班。谢端如脱离大夏大学到重庆后，即失业在家，国难家愁，惆堪无尽。稚柳与端如朝夕相对，互诉心事，在原来相互倾慕的基础上，终于产生了恋情。他们的恋情被端如的兄弟姐妹们发觉后，就闹起了风波，惠如虽然暗中支持姐姐，但二哥启群和小弟启文则坚决反对，其理由是没出五服的堂兄妹相恋，违反伦理，发展到后来，启群、启文兄弟对稚柳不客气起来。稚柳无奈，只好从那幢宿舍中迁出，在重庆仓平街租赁下12号一家照相馆二楼的十平方米房间来居住。但是端如对稚柳仍然是一片痴情，不顾家庭的反对，在一个狂风暴雨的夜晚，从家中出走，奔进稚柳居住的小房间里，不久就在报上刊登结婚启事。在他们结婚四十多年之后的一天，我去溧阳路看望谢端如时，她对稚柳仍然是痴情不减，找出那张刊登着他们结婚启事的报纸给我看，并找出一把木质梳子，对我说："你是稚柳的老朋友了，这是我从家中私奔时带出来的梳子，还有这张报纸，是我和稚柳爱情的见证。"这时，她也是六十多岁的人了，仍然是那样痴情得如同初恋，给人一种爱情不走的感觉。稚柳、端如的结婚，当时引起社会的震动，褒贬不一。特别是留在上海的谢仁冰，从报上看到这一消息，认为他们的结合违反伦理，就登报声明，和端如脱离父女关系。孙璇毕竟是母亲，心肠软，很快就原谅了他们。

谢稚柳、谢端如在重庆

对谢稚柳的这段生活，他的侄女也就是谢玉岑的女儿谢锢有这样一段回忆："1938年暑假时，我随我原来就读的汇文女中到了重庆（原南京汇文女中并入同一教会的重庆求精中学），住进了他们新婚的房间，重庆仓平

谢稚柳在重庆大德里寓所(二十九岁)

街12号一家小照相店二楼的十来平方米的房间,原来不宽畅的房间便拥挤了,在原来一张双人床外再添了两张小竹床——大床靠墙头横放,床头床脚分别竖放两张小竹床,中间有二尺来宽的空地。叔叔睡大床,婶婶和我各睡一小床。当时我无知无觉,睡得自由自在,成人后回忆起来,也深感他们尤其是婶婶对我的厚爱与宽容。当时叔叔的经济十分拮据,八十来元工资维持两人生活已不容易,再加上我,真难为他们。我整整住了一个暑假,到求精中学开学,我才搬到学校去住。”“1938年10月后,婶婶到内江一所中学教书,寒假回重庆,到春节后她回学校时已经怀孕,所以1939年暑假后学校便不再聘任她了。”“1940年上半年,日机对重庆狂轰滥炸。正带着家属在成都青城山作画的张大千先生特邀谢稚柳把夫人和女儿送上青城山去避炸又避暑,于是婶婶和小璎在青城一住半年多,到冬季‘雾重庆’时才回重庆。往后日机轰炸不断,婶婶和小璎又被疏散至重庆近郊农村居住。大约1941年又生了小珏。婶婶和二女住郊区好几年,叔叔东奔西走,无暇照顾他们,只由监察院当差的按月送去一家人的平价米和叔叔的部分工资,生活十分清苦。”“婶婶不是画家,但她为叔叔‘写生’了很多花卉素描,尤其是一到冬天,便养了很多盆水仙花,从含苞到开放,单株式成丛,千姿百态,她能把它逐一描绘出来,栩栩如生,给叔叔下笔提供了蓝本,给了灵感。张大千称赞谢稚柳花卉画得比他

谢稚柳在重庆大德里寓所

好，这中间包括了婶婶的铺垫功夫。”稚柳初到重庆，先住枣子岚垭，被敌机轰炸了，又住上清寺，又遭轰炸，最后到江北，租了三间农房。当时养了许多花，但竹子养不活，栽了死，死了栽，如此几年都未能成活。故名斋号“苦篁斋”。

稚柳婚后，就脱离关务署，到《中央日报》担任副经理。此时，钱振锽的女婿程中行担任中央日报社社长。端如在内江一所中学任教，只有在假期时，夫妻才得以团聚。一年之后，长女出世，取名璎。为了家务，谢端如即辞去教师工作。小璎长到两岁时，张大千为她画像，沈尹默、潘伯鹰在画像上各题了一首诗，潘诗题曰：“题稚柳长女璎璎十五月画像。平阳东鲁见诗篇，憨态争如画笔传。弟妹他时应共笑，纵非最小也堪怜。”这年的冬天，次女出世，无名，稚柳戏曰：“两块玉嘛，就叫小珏吧。”长女小璎，次女小珏，皆从玉。“文化大革命”期间，笔者曾见到张大千为小璎画的像，可惜的是，张大千的题款及沈、潘的题诗被谢端如剪去，只有一张画着头像的纸片。“文革”结束后，小璎的画像经重新装裱，稚柳作了长题。

在老年人的圈子里

程中行，字沧波，江苏武进人，钱名山弟子。娶了钱素蕖的妹妹，和谢玉岑有着连襟之姻。程中行调往监察院任秘书长，谢稚柳也到监察院任秘书。以国民党元老于右任为院长的监察院，是一个老人世界，章士钊、汪东、沈尹默、乔大壮、潘伯鹰等都在这里。因此，也可以说监察院是一个独特的文化世界。谢稚柳在监察院工作，感到像“又进了一次寄园”（谢稚柳语），从老人那里学到许多东西。

于右任，原名伯循，以字行，号骚心，又号髯翁，晚号太平老人。清末以来杰出的书法大家，擅诗文。光绪举人，后入同盟会，追随孙中山从事民主革命活动。辛亥革命前后办《民呼报》《民立报》《神州日报》。其书初从赵孟頫入，旋改攻北碑，以魏碑为基础，将篆、隶、草法入行楷，独辟蹊径。中年变法，专攻草书，参以魏碑笔意，自成一家，时称“于体”。于

1931年发起成立草书研究社，创办《草书月刊》，首倡《标准草书》，整理字形，方便学者，集成《标准草书》千字文行也。他著述颇丰，除诗文著作外，有《右任墨存》。其遗墨辑入《于右任书法》《于右任墨迹选》多种。

于右任很爱才，他的属下，聚集了好些书法名家，沈尹默是监察委员，其他还有章士钊、潘伯鹰等人。把谢稚柳从关务署调过来，自然是看中了他的书画才气。强将麾下无弱兵，他秘书出手的字还能差吗？

如果说，南京八年，是他绘事大进时期，那么，重庆八年，则是他书艺探索嬗变时期。因为，谢稚柳到了重庆，接触更多的是名书家。

书法家沈尹默比谢稚柳大三十岁，时年三十的谢稚柳与他建立了深厚的友谊，成为忘年之交，那基础就是书法诗词。

沈尹默原名君默，字中，号秋明，浙江吴兴人。早年留学日本，“五四”运动时期，曾任《新青年》编委，倡导白话诗，亦精擅旧诗词。历任北京大学、中法大学教授，北平大学校长。工正、行、草书，尤擅行书。崇尚二王，初学欧阳询、褚遂良，后遍习晋、唐诸家以及北魏、汉碑，对宋代苏、黄、米等也多有留心。精于用笔，清秀圆润中有劲健秀逸之姿。著述颇丰，书法方面，著有《历代名家学书经验谈辑要释义》《书法论》《二王书法管窥》《沈尹默行书墨迹》《沈尹默法书论》等。

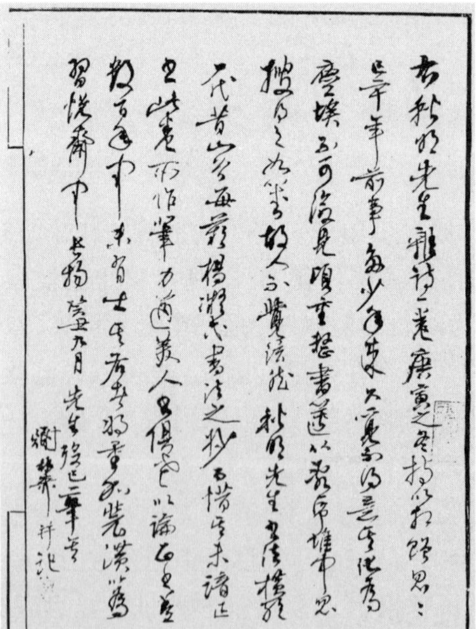

谢稚柳为出版沈尹默诗序

在山城的陶园（当时监察院、考试院办公地），谢稚柳与沈尹默相识相交。谢稚柳住的地方，与沈尹默只隔两间屋，是沈尹默的学者气质吸引了他。他看到沈尹默像一个小学生那样早起晚睡地操持笔墨，心想，鼎鼎大名的大教授、大书家竟能如此勤奋，难得！心里油然而生仰慕之情。沈尹默也很注意谢稚柳，听说

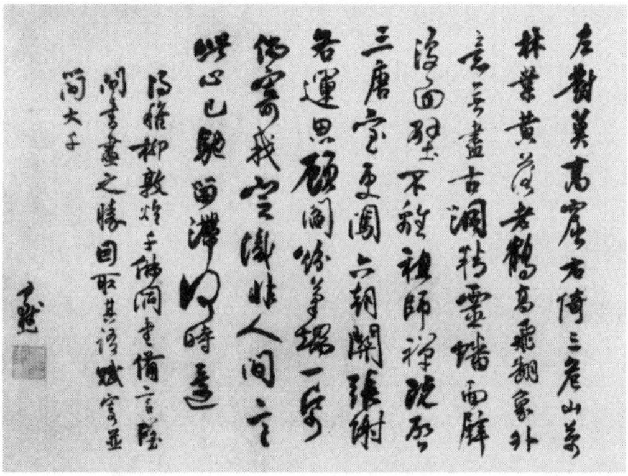

沈尹默简稚柳并给大千诗稿

这位年轻人出手不凡，书画皆精，是个人才。

两人交谈最多的话题是关于诗词、书法。沈尹默极喜谈诗论书，谢稚柳青少年时在寄园学习，已有很好的诗书功底。两人谈得非常投机。谢稚柳当时又是春风杨柳的壮年时代，诗风近李长吉、李义山。谢稚柳将自己所作诗请沈尹默指教时，沈尹默见他诗才横溢，喜欢得很，并且说道：“要研究一些宋人的诗，吟咏一些自己深切的感受。”沈尹默经过“五四”到抗战，生活阅历丰富，偏爱宋诗的哲理也很自然，当然，也包含着一种爱才的心理。所以两人虽然相差三十岁，却相知甚深。

沈尹默先生几乎每天都作诗词，并且以秀美工整的楷书抄写在自己的诗稿上，积下了几厚册。七十岁时，谢稚柳为他祝寿，为他印了一册宣纸线装本的《秋明室诗词》手迹。沈尹默认为谢稚柳是最有发展前途的画家，为他写了题画诗：“罗胸万象总清新，活现毫端意态真。异异同同各如分，不将虚构费精神。”

对沈尹默，谢稚柳总像对待长辈那样尊敬。他在敦煌期间，把那里的情景写信告诉沈尹默。沈尹默给他回信，就用诗代信。现在能找到沈尹默写给他的诗，如：

左对莫高窟，右倚三危山。万林叶黄落，老鹤高飞翻。象外意无尽，古洞精灵蟠。面壁复面壁，不离祖师禅。既启三唐室，更闯六朝关。张谢各运思，顾阎纷笔端。一纸倘寄我，定识非人间。言此心已驰，留滞何时还？

得稚柳敦煌千佛洞书，备言壁间书画之盛，因取其语赋寄，并简大千。

此诗表达了对谢稚柳的思念。

这两位朋友忘年相交四十年，直到1971年6月2日，谢稚柳的一位学生来告诉他:“沈尹默逝世了。”当时谢稚柳卧病在床,未能去做临终告别,蓦然听到这个消息,不禁清泪涔涔,百感交集:“一代爱国大诗人、大书家,就这样地离开人间了!”他以诗纪念这位前辈。

沈尹默与谢稚柳平生讨论得最多、最经常的是二王、张旭的书法。谢稚柳的书法艺术摆脱陈老莲,转向张旭,与沈尹默交谈讨论时所产生的影响是分不开的。

西方把一切艺术归本于音乐,东方则可以把一切艺术归本于书法。谢稚柳在书法上的造诣越深,就越促进他绘画的发展。他说:“与沈尹默先生谈诗论书,我是获益匪浅的。”大致就是这个意思。

1981年,香港三联书店将出版《沈尹默论书丛稿》一书,邀请谢稚柳作序,往事历历,故友已生死之隔,他噙着泪写了这本书的序言,作为对沈尹默的怀念:

诗书老去颂生民,健笔纵横意态新。
放眼江山风物美,忆公何止念平生。

1971年6月2日,我的一个学生奔来告诉我:沈尹默先生于昨天去世了。当时我卧病在家,竟未能去临终告别,蓦然听到这个消息,不禁清泪涔涔,万感交集。一代爱国大诗人、大书家,就这样地离开人间了!事实上,我与尹默先生虽同居一地,自1966年以后,直到他去世,这六年中,都未能相见。学生走后,我写下了这四句,在当时,人们看了此诗,以为我的“放眼”未免是违心之论。但是我确实是把眼放得远一些的,如果尹默先生现在还在世,以他的纵横健笔,又会写下许多河山壮丽与歌颂人民的诗篇,这是无可置疑的。全国解放后的二十年中,尹默先生所写的诗,特别是歌颂人民的诗,就我所见到的,长歌短什,不下百余篇,他曾经给我看过原稿,就有一厚本。十几年过去了,前几年我还能背诵得几首,近来脑力衰退,再三回想,也再记忆不起来。而那本如在眼前的淋漓潇洒的墨迹,恐怕也已散失,或者竟归于烟灭,惋惜之情,恐非我一人如此。

我与尹默先生相识是在重庆,当时我才三十岁。尹默先生是前辈,他要比我大三十岁。当时我与尹默先生同住在重庆陶园,仅有两间之隔,几乎是朝夕相见,谈诗论书,我是获益匪浅的。记得我当时很爱读李长吉诗,有时也学着长吉体胡诌几首，尹默先生曾告诫我，不要专学长吉，还是要研究一些宋人的诗，吟咏一些自己真切的感受，这对我是有深切的感受的。

……

抗战胜利，我与尹默先生同回到上海，又与尹默先生对巷居，还是能朝夕相见，他经常对我论陈简斋的诗和晏小山的词。谈书法，讲笔法，列举唐宋之间的一些名家的书体和笔势。写了许多书法的理论文字，如二王、张旭笔法十二意的解释等等。还有一些，没有来得及出版，据说也都散失，无可寻觅。这在书法史上是一个极大的损失。

尹默先生经常对人谈书法，首先要能悬腕，他说，黄山谷说"腕要随己左右"，当他谈到此时，就以手做执笔的形势向左右摇摆，以示腕要灵动。事实上尹默先生的原意，只是说明腕要灵活，而真正执笔临笺，只是立正了笔，提按自如，左右灵动，而并不是把笔左右摇摆，而悬腕也不是写字从头至尾腕都不许着桌，只是应该悬就悬。例如写小正书，就用不着完全把腕悬起，作大书时就根本不可能不悬腕。我所见尹默先生作书时，就是如此。有人遂以为作书时必须把笔在纸上左右摇摆，也必须从头至尾不许着桌。这完全是误解了尹默先生当时解释悬腕与"腕随己左右"的原意。

尹默先生数十年的临池，真做到了得心应手，随意自如，各体具备，自成一家。他的书体，风靡了全国，为后学所宗仰，得其片纸只字，珍如拱璧。尹默先生有一千七百度的近视，离眼一尺远就看不清了。他曾为人书写一幅七八尺大的直幅，将近一寸大小的行书，几乎有二三十行，每行直下竟无一丝歪斜的地方，行气亦非常均匀，这已经不是依靠视力，而完全是凭着自己得心应手的熟练功夫。这幅字现在还保存在我的一位朋友那里，每一展视，真令人惊叹！近百年来，书家林立，盖无人能出其右者。

……

谢稚柳这篇序言，对沈尹默一生艺事，做了高度的概括和评价。文中以大量笔墨追叙沈尹默书法的临帖、用笔、书论，虽是对这位前辈的深情缅怀，也是他本人对书法的真知灼见。

这篇序言，应看作谢稚柳论书的专著。

在重庆，谢稚柳经常交往的还有潘伯鹰（1903—1966）。潘伯鹰和沈尹默一样，每天也只是写写字，做做诗。谢稚柳开始并不认识潘伯鹰，潘比他年长七岁。谢稚柳的一位朋友冯若飞认识潘伯鹰。

一天，冯若飞走了进来，对谢稚柳说："潘伯鹰要请你画张画。"

"好！"谢稚柳答应下来，并马上画了一幅工笔梅花。

梅花画好了，谢稚柳还写了一首诗题在画上，并钤了一方他最喜欢的印章，印文为太白诗句："问君西游何时还？"潘伯鹰接到这幅梅花图，非常高兴，马上写了四首诗回赠。其中一首为：

笔端慧业定中因，径上寒苞客里身。
更有水仙分韵色，绡衣罗袜各生尘。

谢稚柳在敦煌时，也给潘伯鹰通信，潘以诗代信，给谢作为回复："奉答稚柳敦煌手简，备言石窟壁画之盛，非顾恺之、阎立本所及。君侯传写何精妍，兴酣落笔无古先。西行万里入石窟，始叹阎顾非其难。仙人吸露三危山，老鹤唳天天下寒。兹游盛事端不朽，莫放半日浮生闲。"

潘谢之交，持续几十年。

章士钊（1882—1973），字行严，笔名黄中黄、秋桐、孤桐、烂柯山人，湖南长沙人。曾游学日本及英国，清末主笔《苏报》，民国后主编《甲寅杂志》，影响很大，著作颇丰。其书法丰富多姿，行书时有智永气象，有文化素养，高迈绝谷，儒雅之中，不时透露出慓悍俊逸之风貌。稚柳每有新作，必请章士钊题咏。章氏著《柳文指要》，曾签名赠稚柳。

于右任是谢稚柳的上级，谢稚柳当然不能像和沈尹默、潘伯鹰、章士钊等交往那样随便。谢稚柳生性无拘无束，所以总是避免多接触。有时，于右任请他的下属吃饭，到他那里，也不好随随便便的。于右任很器重谢稚柳，觉得他不但才气俊迈，且对书法很有鉴赏力。一次，谢稚柳和别人一起到他那里去吃饭，餐厅里挂着一副他用小篆自书的对联。

"稚柳，你看这对联写得怎样？"于右任问。

"于老的书法是……"

谢稚柳看着于右任从长髯中流露出来的微笑，想说一句含含糊糊的话。对上级的作品他是无法评述的，但是，于右任知道他很有眼力，一定要他做出评价。

“你说说和我的草书相比怎样?”

谢稚柳旋即坦然道:“各有各的艺术情趣。”

这当然有点令于右任失望。不过于右任也觉得此说有理,他只好说:“大家都说我的草书写得好,实际上我的小篆比草书写得好。”谢稚柳和饭桌上的人也都点点头。

谢稚柳虽说当面无法品评上司的作品,但是他的确说的也是心里话。他觉得于右任青少年即治北碑,功力极深。这副小篆自书对联,正是表现了他深厚功力的精品。但是,他的草书,犹如少林长拳而入太极,变雄疾而出圆润,缓慢迅疾中见深厚。其风格犹之乎黄河竞天奔地,实在是一个血肉有情男儿,实在是大宗师胸怀。这正是他以篆入草才树立起自傅山、徐渭、王铎之后的又一座丰碑。

山水画家黄君璧在中央大学任教,与谢稚柳也经常相见,在重庆,为躲避日寇的轰炸,谢稚柳把家由市区搬到江北的农村。重庆的夏天是奇热的,当时有一位朋友杨君,住在南岸的凉风垭,那里与谢稚柳的住处虽是一江之隔,气候却凉爽得多。这位杨君是徐悲鸿的朋友,于是就约徐悲鸿、黄君璧和谢稚柳到他家去避暑,他们到杨家去住了几个星期。离住的地方不远,有一片松林,那里很幽静,每天傍晚,谢稚柳和黄君璧就在这松林中散步。有一次,黄君璧突然指着前面一棵松树对谢稚柳说:“你看,你看……”谢稚柳一看,原来这棵松树从树根起骈生着两干。黄君璧告诉谢稚柳,他曾为别人画了一幅山水,画中的一棵松树正如前面的这棵松树一样,是骈生的。那人收到了他的画,曾批评他画的松树错了,认为松树不会从根起骈生两干的。谢稚柳说,这有什么可非议的呢,黄山上的松树都离奇得很,棕榈树,从来只生一根主干,可是在青城山上却有一株棕榈树从树根起骈生了两根主干,这是自然界的真实。

后来,黄君璧去了香港,最后在台湾定居了下来,自此海天相隔,两人三十多年没有见过面。1981年,谢稚柳去香港中文大学讲学,黄君璧也在香港,听说谢稚柳来了,两人在电话中诉说了阔别之情。因为黄君璧第二天要去美国,故未能见面。从此以后,他们互赠佳作,联络友情。

词人汪东(字旭初),是章太炎的大弟子,此时也是监察院监察委员,作为秘书的谢稚柳,要经常到他的办公室去。汪东早年留学日本,为最早的同盟会员之一,追随孙中山先生从事革命。曾参加辛亥革命,他担任过《民报》《大共和日报》总编辑，中央大学文学院院长，礼乐馆馆长等职。汪东是著名词人，著有《梦秋词》，谢稚柳经常和他在一起切磋词艺。汪东对谢稚柳的艺术极为欣赏，作《探春令·谢稚柳折枝蝴蝶》词："小桃含露，海棠烟带生香，拗断细思量。猩色屏风畔，也曾惹，云鬓乱。　谢家池沼春谁管，把丹青闲看。最怜他蝴蝶眠香惯，错寻认，当时半。"

此外还有诗人、教育家叶元龙，词人、篆刻家乔大壮都在这里，朝夕相见。

寄园是谢稚柳求学的地方，而在监察院工作的几年，在老人的圈子里，对中国文化可谓三沐三浴，扩大知识领域，无疑是谢稚柳的另一个学堂。

为张大千代赋题画诗

抗日战争爆发，张大千听了叶恭绰的劝告，由苏州到北平去接家眷。他没有离开北平就发生了"廊房事件"，日本人占领了廊房车站。此时，张大千的家眷还在颐和园，连北平城也进不了。接着就是北平的沦陷。1938年4月，日本侵略军为了粉饰"东亚共荣"，发起组织中日艺术协会，将黄宾虹、张大千等列为发起人，在报上公布。未几，又强迫张大千担任北平艺术专科学校校长。张大千固守民族气节，坚辞不就。月底，方介堪从上海寄给张大千剪报一束，内有消息说张大千已被枪毙。5月初，张大千的弟子胡若思听信流言，仿作张大千画一百张，在上海法租界举办了"张大千遗作展"，展出后即被抢购一空。张大千闻知此事，天天找日本方面与文化机构负责联络人原田隆一，要求回上海办画展，公开露面。原田隆一勉强同意后，给张大千开了一张由北平到上海的通行证。6月10日，张大千只身乘火车离开北平，经赴天津，然后搭乘"盛京"轮赴上海，与船王董浩云同船，两人闲话沧桑，由此交深。

张大千到了上海之后，匿居在李秋君家，深居简出，不敢露面，与夫人杨宛君，子心亮、心智暗中相见。以后就由上海秘密去了香港，又由香港乘船至梧州，再到桂林，与徐悲鸿相晤。看了徐悲鸿的收藏，其中有一张五代董源的巨幅山水《溪岸图》和佚名《八十七神仙卷》。看了这两张画，比“风景甲天下”的阳朔山水更使张大千动心。他带着对这两张画念念不忘的思绪离开桂林到了重庆。

张大千与张善孖、谢稚柳相晤，畅叙途上颠沛流离之苦，眷属也已安全到达，心中自是有着莫大的安慰。整理行囊中，捡得扇面一片，将自己在北平作的“三十九岁自画像”画在扇面上，赠给谢稚柳。画自己头戴东坡高帽，身着汉装，表情严肃而有苦相，坐在巍巍铁干劲松之下，身前有一溪潺潺清澈流水，水中有几块石头，水在石边有流动的漩涡。画完之后，张大千在扇子的另一面题一首《浣溪沙》小令：

十载笼头一破冠，峨峨不畏笑寒酸，画图留与后来看。　久客渐知谋食苦，还乡真觉见人难，为谁留滞在长安？

此图此诗，道尽了张大千的心情，辛酸苦辣，向老朋友谢稚柳尽情倾吐。谢稚柳深知张大千的苦衷，相对唏嘘，对他安慰了一番，又在一起画画作诗了。张大千在重庆盘桓数日，就携眷去了成都，然后在青城山住了下来。

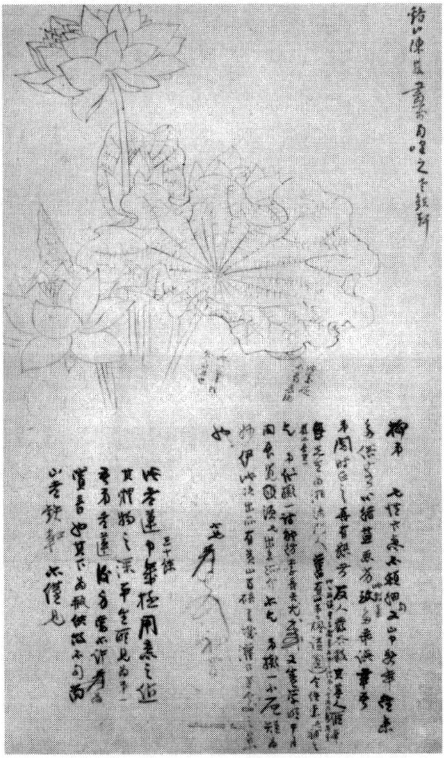
张大千勾摹陈老莲荷花并信致谢稚柳

张善孖、张大千兄弟与谢玉岑、谢稚柳情同手足，张大千常把谢稚柳当小弟看待，除了关心谢稚柳画艺的进步外，有时也不客气地请谢稚柳为他撰文赋诗，这本来是谢玉岑生前干的事，现在却由谢稚柳来承担了。

1939年，谢稚柳接到张大千从青城山寄来的一封信，展开一看，是一张四尺整张宣纸，张大千在宣纸上用白描双勾了一幅陈老莲的荷花，画上题款“溪山陈洪绶写于南峰之老铁轩”。此幅荷花为插在供瓶中之折枝，张大千勾摹时，把供瓶省去，在那供瓶空下来的地方写了一封信给谢稚柳，信云：

柳弟：

兄性下急，不赖细勾，又山中新年，往来多俗客，心绪益恶劣，此数稿致多乖误，幸吾弟阅时正之。再有恳者，友人严谷声其尊人雁峰先生为湘绮门人，此公好读书与藏书，为陕之渭南人，今海内数藏书者，严亦居其一。旧有《山寺讽读图》今佚，索兄补之，乞弟代拟一诗，能仿李长吉尤感。又盛学明于日内展览，须先出名介绍，亦乞弟拟一小启，短为妙。伊此次出品有黄山、北碚、青城、灌口等处之景也。小兄爰顿首初四日

信尾又附言：“此老莲中岁（三十余）极用意之作，其体物之深，平生所见为第一，吾弟老莲后身，当亦许爰为赏音也。其下为瓶供，故不勾，南山老铁轩亦仅见。”

张大千居青城山时，往返成都或重庆时，路过成都即住在严谷声家。有一次，张大千与黄君璧在严家相遇，为黄作一幅《洗桐图》。谢稚柳不违张大千的心愿，随代拟长吉体绝句及时寄去。

张大千和黄君璧同游峨眉，回到青城山，接到谢稚柳代拟的另一首词，甚为高兴，随即又致信谢稚柳：

稚柳吾弟左右：

峨眉归，读手教并大词。忻感无极，谢甚谢甚。兹更有请求，此词系仲坚索和清真原韵，写时忘却告弟，兹将仲坚和词乞用其韵，仍以登峨眉为题意，企盼万千。又仲坚送刘君惠《虞美人》二折（林君山腴弟子，能词，常与山腴及兄同捧黄玲莲。竹畹比应金大之聘来别，兄值留峨未归，留书索画出峡图，爰拟和仲坚题画上），并恳他作，为爰装缀。又自作《满江红》，知不堪入吾弟之目，然终须献丑，乞改后掷寄。弟所需纸已命儿辈清如六侄月内可东下，则随身带呈。如果不行，由航寄也。专叩大安爰顿首九、十六日

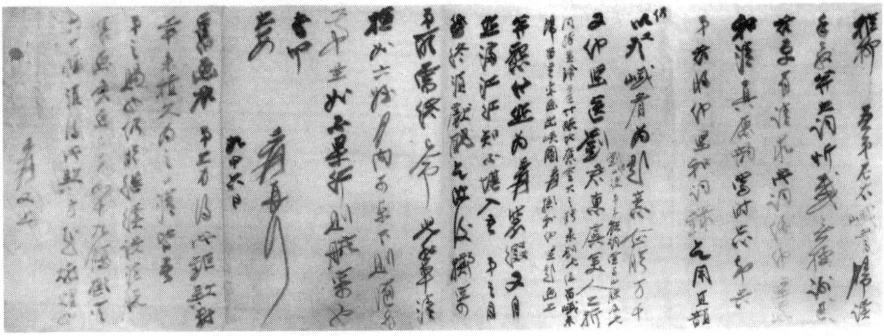

张大千致谢稚柳信

旧画承弟出力，得此巨款，数年来积欠为之一清。皆吾弟之赐也。仍盼继续设法脱售。画展已去四十九幅，拟定六十幅，须得此款方赴敦煌也。爰又上。

为张大千代笔赋诗撰文是很不容易的事，不只是要限定内容，还要限定韵律或词牌，还要做得好。谢氏兄弟为张氏兄弟的代笔真是一件辛苦的差使。

张大千信中提到的严谷声（1899—1976），原名式海，又名谷孙，其父严雁峰（1855—1918）为陕西盐商，移居四川成都，建贲园，膝下无子，从陕西老家族人子弟中过继了一个儿子，这就是严谷声。严雁峰、严谷声父子都好藏书，对目录学、版本学颇为精通，贲园藏书曾达三十万卷，被称之为成都“天一阁”。严雁峰著有《贲园诗钞》《读〈晋书〉笔记》，别号为贲园居士。严谷声求学虽晚，但他蛰居书斋，埋头读书，须臾不怠，在张森楷的耳提面命下，经年累月浸染和研究古籍目录及版本之学，成为远近闻名的学人。严谷声不只是和张大千有着生死之交，在贲园经常留下于右任、谢无量、沈尹默、叶浅予、谢稚柳的身影，深入贲园看书的还有顾颉刚、陈寅恪、马季明、朱少宾、林思进、庞石帚等。新中国成立后，川西图书馆（四川图书馆前身）接受贲园图书三十万卷，其中由蒙文通、杨啸谷、严谷声共同圈定的善本五万卷。张大千给这样一位文化背景的朋友作画，不敢等闲视之，所以要由谢稚柳为他代笔作题画诗。

1939年，谢稚柳应严谷声之请，作《绿萼梅图》相赠，在画题《瑞鹧鸪》词：

岁华浑似掷，送清明，过却蓝啼红泣。春迟懒残客，付飘华梦雨，染衣虚迹。交车指陌，对新鞶，愁蛾翠钿。乞笋盟拟结，千丝人挹，送春行色。　　还忆旧时王谢，墟墓龙蟠，士华凝碧。南拔破寂。疏影荡，玉箫咽。怕淡妆轻委，分钗残钿，流怨裁水象华。休唤醒沉梦，逋仙旧情总别。

三年前明陵看梅作，乡关一别，倘成火去，离念伤远，情不能已，谷声自成都书来索画，率题因记。己卯春暮，弟稚柳在渝州。

谢稚柳的蜀人朋友还有谢无量。谢无量(1884—1964)，四川圣乐人，四岁随父到了安徽芜湖。少时拜浙江著名学者汤寿潜为师。1901年考入南洋公学特科班，1902年随父回四川。参加推翻总督赵尔丰的活动，后因《苏报》牵连逃到日本。回国后任存古学堂监督，和吴之英一起创办了四川国学院，培养了郭沫若、李劼人、周太定、蒙文通一批人才。谢无量不但是学人，而且是书法家，林山腴称他的书法为"康南海后第一人"，于右任称谢无量"笔挟豪气"，感叹"自愧弗如"。谢无量曾为谢稚柳写了一副唐人陆龟蒙诗句"天寒夜漱云牙净，雪坏晴梳石发香"对联。笔者在谢稚柳处见此联，真是气宇轩昂，超凡脱俗，自然天成。新中国成立后，谢无量历任四川省博物馆馆长、中央文史馆副馆长。

抗战期间，在重庆等地宣纸购买不到。四川的夹江宣纸质量又差，几乎无法作画。张大千到四川后同样遇到了这样的问题，就在夹江定制了"大风堂用纸"。信中所说的"纸"即是这种宣纸。

对敦煌壁画，张大千寓居上海时就有所闻，也曾见过零散的敦煌写经及绢画，对这些古代名迹，甚为惊讶，心向往之。到了四川之后，听到去过敦煌的马文彦的描述，兴趣更浓，决心去敦煌一游。但此时手中没钱。为了筹备款项，一方面开画展卖画，一方面托朋友卖画。此时谢稚柳利用关务处及在《中央日报》任经理时的朋友关系，为张大千销售了不少画。对此，张大千深表感谢。

在这期间，谢稚柳在巴蜀大地作逍遥游，游眉山，谒三苏祠；游峨眉，登金顶；游嘉州，拜大佛。有时也到青城山张大千的住处，小住数日。1939年夏天，重庆酷热，张大千邀谢稚柳夫人谢端如去青城山消夏。谢稚柳夫妇到山上住了，住下后，一天下午张大千突然不见了。问其原因，他与夫人们因事争吵而发怒出走。日落还不见归来，他的三位夫人曾正容、黄凝素、杨宛君十分着急。这时易君左、张目寒也住在山上，他们会同上清宫的道人，持着火把，去山中寻找。直到天已大亮，才在一座幽静的岩洞里把他找到。此时的张大千正盘腿而坐，面壁"修炼"，三位夫人不由分说把他拖出来，连忙用一滑竿，像抬菩萨一样把他抬回上清宫。

找回张大千的第二天，谢稚柳要回重庆，张大千说："你忙个啥子吗，多住几天。"

谢稚柳说："你再出走，我们如何住得下去嘛。"

张大千哈哈大笑起来："和她们闹气，关你啥个事嘛。"

谢稚柳在青城山住了半个多月。他和张大千重叙许多旧的话题，也观赏了山景。一日，蓦然发现一种白头黑身子鸟，谢稚柳感到稀罕，心里记下了。

上清宫雄踞青城山之巅，环抱在古柏苍松之中。不远处有观日亭。晴天的黎明前他们看到了日出，夜晚望到了佛光。他感到这里山雀的声音特别美，有的发出一种女高音似的悠扬啼叫，有的学着女中音的雄浑。那蝉声、蛙声，与风声、瀑流声形成的大合唱，简直就是二胡与箫笛的交响乐，汇成了青城悠远的山音。谢稚柳是戏曲爱好者，他称这是川戏的伴奏。"青城天下幽"果然名不虚传，青城山的绿，层层叠叠，深深浅浅，绿得浓郁，绿得厚重，绿得缤纷，绿得温馨，像清泉在山间吟哦，像和风在水面的柔情，像碧云在蓝天堆砌的隐隐春山，像海底绿色植物的透明……然而，他感到这里最殷勤的还是晚来雨，朝来风，风吹衣袂飘飘举，雨为游客洗俗尘。尽管雨多，但一路上不用打伞，绿荫遮天蔽日，也就代替了雨伞。

青山夜雨记下了这两位国画大师的绵长情意。

书 画 红 娘

1938年，徐悲鸿由内地撤退到了桂林，得遇董源《溪岸图》，在危难之中，还是将它购下。画已经乌黑，他送到裱画店去冲洗，才去掉若干霉迹，可看清画面。张大千从北平逃出后，这时也到达桂林，见到此图，欣喜无比，遂借去携之入川，而徐悲鸿则去新加坡。1939年，徐悲鸿从新加坡寄给朋友的信中说:“弟得董源水村图巨幅,恐为天下第一北苑。大千惊奇不已,必欲携之入川。弟即托之作番考证(有款及宋内府的印,贾似道、柯九思藏印),绢本破损,但画极佳,人物、界画、山树、水泉均极好。”

徐悲鸿从新加坡回到重庆后,张大千马上从青城山赶到重庆,借去的《溪岸图》并无归还之意,只是感谢徐悲鸿在桂林对他的招待。张大千另一个动作就是要通过谢稚柳去换徐悲鸿的董源《溪岸图》。这时,张大千的画风已由石涛转向宋人,对董源的那张巨幅山水,他是萦怀于心,难舍难分。

“稚柳,你去和悲鸿说把那张宋人画换给我吧。”张大千说。

“悲鸿能愿意换吗?”谢稚柳说。

“我给他金冬心的画,再加上其他的画。”张大千说。

“这样,也许悲鸿会同意的。”谢稚柳说。

谢稚柳知道,徐悲鸿这时正迷上金冬心,要他用宋人画换金冬心的画,也许他会同意的。谢稚柳觉得这样不会使徐悲鸿勉为其难,于是愿意去当这个说客。

谢稚柳和徐悲鸿一说,果然徐悲鸿一口答应下来。但张大千的金冬心的《风雨归舟》迟迟没拿来,直到1944年,张大千才托张目寒把《风雨归舟》图带给徐悲鸿。

张大千这个画迷,他和徐悲鸿换了《溪岸图》并没有就此罢休,心中还老是惦念着他在徐悲鸿那里见到的《八十七神仙卷》。为此,他把谢稚柳请到青城山小住数日,实在忍耐不住了才对谢稚柳说“换他的《八十七神仙卷》,他要什么我给什么”,倾家荡产也欲换到此画。

“如果说宝玉是贾宝玉的命根子,那么,《八十七神仙卷》就是徐悲鸿的命根子。大千,你要《八十七神仙卷》,与要徐悲鸿的命无异。”这是谢稚柳当时对张大千说的话。

佚名《八十七神仙卷》堪称国宝。“七七事变”后,徐悲鸿逃往香港。一天,他由许地山介绍到一位德籍夫人家中看收藏的中国画。这位德籍夫人的父亲曾在中国任公职数年,收藏了四箱中国画。在这里,徐悲鸿看到了这幅国宝,以一万元再加上自己七幅作品的代价买了下来。这是一幅白描人物图,人物列队行进,飘飘欲仙。徐悲鸿在上面作了题跋。张大千说,他清楚地记得,那跋上提到他和胡小石,并记得上面的书法。

如果说《八十七神仙卷》有如一曲由流畅线条所构成的美妙音乐，那么，书法与跋文则是这乐曲中的和声。这篇跋的书写倾注了徐悲鸿对这件瑰宝的热爱，画上有“悲鸿生命”一方印记。这是一种最真挚的情，也是一种最深厚的民族之情。徐悲鸿认为《八十七神仙卷》，“其规模之恢宏，岂近代人所能梦见，此皆伟大民族，在文化昌盛之际所激起之精神，为智慧之表现也”。从书法艺术上看，全篇精神贯注，一气呵成，即使纤如毫发的连笔也没有一丝懈怠。跋文一开始叙述自己对这一杰作购买的经过，逐渐论及作品之艺术价值，称之为“销魂之作”，书写的情感由平稳渐趋激越。特别是写到他自己对这件作品的审美感受时情感的振奋达到高潮，“张九韶于云中，奋神灵之逸响，醉余心兮，余魂愿化飞尘直上，跋扈太空，忘形冥漠，至美飚举，盈盈天际，其永不附耶”。跋文在书法上也表现出翰逸神飞。情感激发想象，想象又深化情感，运笔更为舒展奔放，力度也显著加强。字句间所留的空白较大，表现出一种鼓舞性的节奏感。跋中接着又讲到自己能“典守兹图，天与殊遇，受宠若惊，敬祷群神与世玉平，与我福绥，心满意足，永无憾矣”。表现出徐悲鸿已完全沉醉在一种幸福的浪漫幻想之中。其中“永无憾矣”的“憾”字写得特大，作为高潮的结束。最后，落款书写“题于独秀峰下美术学院，先一日倭寇炸毁湖南大学，吾书至此，正警报至桂林”。这是一个含蓄的结尾，情绪平定下来，由天国回到现实，书写也渐收敛成为全跋尾声。全跋作为书法作品看，有序曲，有高潮，有尾声。随着感情的发展，字之舒敛、轻重快慢亦随之变化，确为一支“心曲”。颜真卿的《祭侄文》情感是悲剧性的，王羲之的《兰亭序》是轻快抒情的，而这篇跋则是对艺术珍品的赞赏，体现了幻想与现实交织。由于徐悲鸿能以汉隶入行草，字体劲健而流畅，把情感写得淋漓尽致，因此，这篇跋文可称现代书法行草中之神品……

提到这些，张大千的声音压倒雨声，情绪亢奋。这时，他们说起了关于这幅画的流传故事。

当时徐悲鸿带着这张画，流离奔波，历尽艰辛。在云南大学的时候，因为突然发生空袭警报，日本的轰炸机结队而来，他和许多人跑进防空洞。警报解除后，他回到住所，竟发现门锁被撬开，《八十七神仙卷》被盗！后来到了重庆，徐悲鸿的学生卢阳寰给徐悲鸿来信，说在成都发现《八十七神仙卷》。徐悲鸿托一位刘将军以二十万元现款和十多幅自己的作品，使《八十七神仙卷》“完璧归赵”。拿到这张画时，画上面“悲鸿生命”印章已被挖去，题跋已被割掉，但画卷还很完整。徐悲鸿当即写了一首七绝：

得见神仙一面难，况与伴侣尽情看。
人生总是葑菲味，换到金丹凡骨安。

张大千虽然打消了换画的念头，但心中的遗憾是长久的，他相信物各有主，相见无缘，直到此时还很眷恋《八十七神仙卷》。

谈《八十七神仙卷》直到深夜，他们在雨声中不知什么时候和衣卧倒，进入梦乡。

1948年，徐悲鸿将《八十七神仙卷》重新装裱，请张大千和谢稚柳写了跋。谢稚柳写的跋为：

悲鸿道兄所藏《八十七神仙卷》，十二年前见之于白门，旋悲鸿携往海外，乍归国门，骤失于昆明，大索不获，悲鸿每为之道及，以为性命可轻，此图不可复得，越一载，不期复得之于成都，故物重归，出自意表，谢傅折屐，良喻其情。此卷初不为人所知，先是广东有号吴道子《朝元仙杖图》，松雪题谓北宋时武宗元所为，其人物布置与此卷了无差异。以彼视此，实为滥觞。曩岁，予过敦煌观于石室，揣摩六朝唐宋之迹，于晚唐之作，行笔纤茂，神理清华，则此卷颇与之吻合。又予尝见宋人摹周文矩《宫中图》，风神流派，质之此卷，波澜莫二，固知为晚唐之鸿裁，实宋人之宗师也。并世所传先迹，论人物如顾恺之《女史箴》、阎立本《列帝图》，并是摹本，盖中唐以前画，舍石室外，无复存者，以予所见，宋以前惟顾闳中《夜宴图》与此卷，并为稀世宝，悲鸿守之，比诸天球河图，至宝是宝，良足永其遐年矣。

谢稚柳的跋为《八十七神仙卷》的历史价值及其在中国绘画史上的地位做了充分肯定。张大千和谢稚柳沐浴在敦煌的艺术王国里，对魏晋南北朝及隋唐线描画风的演变做了全面的、系统的考察。

《玉岑遗稿》出版

谢玉岑去世后，人们不只是珍爱赏玩他的书画，更关注他的诗词文章。夏承焘在《玉岑遗稿·序》中说："爱玉岑者必并爱其文辞，尺纸寸札珍之如球璧也。"谢之姻亲王春渠（字曼士）藏弆其稿草尤多，玉岑去世后，他又刻意搜存，准备付梓出版。但刚刚开始，常州就陷落，家藏尽毁，独携《玉岑遗稿》，冒兵火之险，逾江淮，出徐泗，经开封郑州，经历湖北、湖南而至九龙，水陆数万里而至上海。喘息未定，重理此事。在谢稚柳及玉岑之好友的协助下，编成诗文各一卷，词二卷。但人事卒卒，未能刊之以木，1941年，谢玉岑逝世五周年以铅字印成《玉岑遗稿》，王春渠请张大千为此集写序。张大千在"萦绪万端，下笔呜咽，辄不能成一语"的悲痛中，还是写了一篇叙生死之情的序。

张大千序文作成后，念及当时物价暴涨，玉岑身后萧条，家中生活困难，遂将自己在成都卖画所得，以六百元大洋寄赠玉岑遗孤，这在当时是一笔十分丰厚的赠仪。4月29日，张大千写信请王师子办理此事，信中说："稚柳在上海方面需用六百元甚急，问曼士兄当知之。如尚未筹得，可先于弟润资中为偿之，但不令稚柳知之可也！"玉岑的岳父钱名山为此非常激动，赋诗代谢云："远寄成都卖卜金，玉郎当日有知音。世人解爱张爰画，未识高贤万古心。"

这年5月，张大千率夫人杨宛君、次子张心智，再赴敦煌。

谢稚柳在《玉岑遗稿·序》写道：

岑兄既殁，越二载而世有沧桑，江南沙鹤。岑兄之殁以乙亥三月，余奔走衣食，不遑宁处，搜其遗箧，得诗文若干，悉付曼士。曼士又从而搜集增益之。当乱离之际，东西流转，独岑兄遗稿实附行迈。又一载，遂有斯集之谋。然其平生所作，零乱散漫。点校之劳，永嘉夏君瞿禅、姊丈钱君小山并佐其成。当岑兄之未殁，哀乐中人，死生萦抱，长言嗟咏，劳者自歌，岂复预计传世行远之事？则有故旧高情，百年同好，感逝川之无拾，哀清晖之渺然，灵珠荆玉，宝此一编，池塘春草，生死感零。予零落独西，栖迟蜀道，巴山秋雨，鹡鸰群飞。思亲有泪，姜被无温。生离死别之情，盖人生之至极者矣。岑兄之殁，忽忽五载，往事凄迷，人间寥落，长啸行吟，飘零悴困生者之日而已！弟稚。

为《玉岑遗稿》作序的，除了张大千，还有王伟、陈名珂、陆丹林、唐玉虬。叶恭绰、夏承焘、唐鼎元、钱名山为遗稿题了诗。其中叶恭绰诗云：

雁影长空去不留，百年身世付浮休。
人间忧患纷如织，说与孤鸾更自愁。

鬼才世早推长吉，乡彦名应抗两当。
如此清标付修夜，更谁身手较堂堂。

叶诗中所说“两当”即指常州诗人黄仲则，其居名为“两当轩”。玉岑、稚柳都熟读黄仲则诗。夏承焘还请谢玉岑为他刻印，印面内容也是黄仲则的诗句：“我近中年惜友生。”叶恭绰编《全清词钞》，收入谢玉岑词数首。1989年，玉岑子女重新汇辑，印刷了《谢玉岑诗词集》，在《玉岑遗稿》基础上，不仅增收了他的遗佚之作，而且附录了金松岑、夏承焘、唐圭璋、王蘧常、徐悲鸿和钱仲联等人的题赠与伤悼之作。

第四章

戈壁滩上看壁画

张大千沙海来鸿

经过充分准备，张大千于1940年9月，由青城山返成都，拟去敦煌。11月上旬，张大千行至广元，参观千佛岩石刻，正欲动身去甘肃麦积山，忽接重庆发来的报丧电报：张善孖在渝病逝。张善孖殁于10月20日上午，时年五十九岁。张治中送了挽联曰："载誉他邦，画苑千秋正气谱；宣劳为国，艺人一代大风堂。"于右任挽联曰："名垂宇宙生无忝，气壮山河笔有神。"对张善孖的溘然长逝，这年12月4日，谢稚柳致简琴斋的信中略道一二，说："……善孖二兄自入国门未及经月，遽然溘化，远近相知，靡不震悼。大千适有北征，行至广元，闻耗驰回渝州，连枝之恸，当何以堪……"

11月上旬，张大千抵重庆，住大德里寓楼谢稚柳处。治丧完毕，为晏伟聪写《寒枝白头图》。有人为谢稚柳送来缅甸纸，张大千作荷花一幅，灯影飘忽，哀痛之深，写写停停，画一夜竟未完成。直到四十三年（1982，壬戌）后，谢稚柳才把张大千这幅未完成之作补成，并题识曰："庚辰十月，大千以其仲兄善孖之丧自成都来重庆，住予大德里寓楼，灯下试缅甸纸，作此一图，未竟而去。匆匆已四十三年，东西流转，此图遂失所在，三年前偶从乱纸中检得之，如逢故人，不觉惘然。余与大千别且三十四年，流光容易把人抛，曾作诗云'休问巴山池上雨，白头去日苦方遒'。顾瞻此图，惜其未竟，因为足成之，以付装池，不独出于相知之情，亦珍惜故人笔墨之意，使他日如相见，披图共赏，为一解颐。壬戌十月壮暮翁稚柳时年七十有三，大千八十有四矣！"

"他日如相见，披图共赏"，已成为谢稚柳未能实现"共赏"的梦愿。

12月4日，谢稚柳致简琴斋信说：

大千临行匆遽，未及奉书，兹有一事属奉白于下：善孖二兄在港时曾有美金若干存聚兴诚，并折法币一万四千元属雷竺笙君汇至渝蓉两处（当系善孖托雷君以美金折换，与存聚兴诚存款无关）。自善孖殁后，雷君致张家信，始终含混其词，且言并无法币。又善孖来渝机票系杜月笙先生所赠，雷君则言为善孖自买，此款被扣除去云云。雷君致张家书抄本奉上，乞就近与之婉谈，俾得从速解决。善孖身后萧然，其夫人子女生活之资，胥赖于此耳。近法书忙否，有暇能见惠一联，不敢请耳。弟自秋间改入监察院，来书请寄重庆市曾家岩陶园监察院弟收为叩。

简琴斋（1888—1950），名经纶，别署万石楼主，广东番禺人。工各体书法，是著名金石学家，著有《甲骨文集古诗联》《简琴斋印存》，以甲骨文入印而载誉印史，所篆之印能“以小见大，以少胜多”，好撷经史子集的名句入印，以刀当笔，直接在石面上节临历代金石文字成《千石楼印识》，篆刻最活跃时期几乎在民国。谢稚柳在重庆用印，多为简琴斋所镌，在谢致简的信中多有提及此事。在另一封致简琴斋的信中，谢稚柳请简为治印多枚，并附印文如“谢稚”、“稚柳”、“柳白衣”、“谢子棪”（此印白文，请刻，并请弗大）、“还如何逊在扬州”、“抱雨飘烟一尺腰”。

1941年5月，张大千率夫人杨宛君、次子心智再赴敦煌。张大千本来准备到敦煌走马观花，流连三个月即回成都。但是当他走进莫高窟时，即被满壁古代绘画、精美彩塑所惊倒，遂决定将观摩时间由三个月改为半年，半年不够，再往后延长。

敦煌艺术之美，张大千要与朋友分享，他首先想到的是谢稚柳，于是就给谢稚柳写信描述敦煌的光辉艺术，并请他到敦煌来共同研究壁画。

接到张大千的信，谢稚柳心想，凭着大千的才识、眼力，对那里的艺术价值的判断肯定是不会错的。否则大千怎会带着妻子、儿子、厨子等十多人，行李好几百斤，到那里去？

谢稚柳毕竟是江南才子，凭着自己的艺术感觉，觉得那是一个神秘的艺术海洋，是一部博大雄奇的巨著，是他谱写艺术生涯新篇章的好地方。大千的邀请信，使他感到一个人生最幸福并最富意义的时刻挽住了他的胳膊。一个辉煌而神秘的事业，一本伟大而深邃的人生启示录，在召唤着他去探索，去找寻……

谢稚柳决意西行。当他把自己的抉择告诉徐悲鸿的时候，徐悲鸿报以钦佩和羡慕的目光，可惜他不能去。他能做到的是替谢稚柳安排课，鼓励他放心地去。系主任吕斯百倒有些惑然，劝他：“你还是别去了，我们已把位子留给你。”要知道，在当时的情况下，能在中央大学谋一个教授职位多么不易，要不是他的才气和名气，中央大学是不会虚位以待的。可是谢稚柳还是婉谢了，他追求的境界已经远远超出了名利的范畴。好心的朋友有的也担心他到那里受苦。他说，他走的是丝绸之路，那里曾经是丝绸路上的明珠，古代商旅络绎，集市繁华，湖畔苇芦丛生，胡杨茂密，黄羊、野鹿成群出没。驮着丝帛、茶叶、陶器的骆驼队和带着珠宝、葡萄、玉石的马队在那里经过，中原文化、希腊文化、波斯文化、阿拉伯文化在那里交会。只是由于西汉和匈奴连年征战，久而久之，丝绸之路上的明珠敦煌便在历史的扉页上失落了，沼泽变成了沙漠，河道干涸，已经废弃的古城垛和烽燧记录着这个历史的悲剧。

怀着对艺术的执着追求，怀着对那个神秘地方的向往和憧憬，谢稚柳不谋于家人，携着行囊，踏上去敦煌的漫漫长途。

去敦煌的路上

谢稚柳抵达兰州，已是傍晚时分，天又正在下雨，他就随便找了个旅店住下。那天夜晚，雨声一阵紧似一阵，虽说已经到了端午，但兰州的夜晚仍然是寒气袭人。旅店老板送来的被子，又潮又脏，在灯影下还能看到虱子在爬动。谢稚柳就这么睡了下去，真不知这一夜是怎么过的。

第二天，天蒙蒙亮，他就起身，搭上玉门油矿拉油的大卡车，开始向敦煌进发。第一站是永登。当汽车到永登时，天已薄暮。他一天没吃饭，又渴又饿又冷。找到旅馆，放下行囊，没有洗脸，也来不及掸去身上的灰尘，就跑到街上去吃饭。这时，几家饭馆都关门了，好不容易才找到一个还在营业的小饭馆，一个老人正在团面。谢稚柳走了进去就问：“有猪肉吃吧？”

“这里是清真馆！”老人头也不抬，声音低沉地说。

在兰州住宿时，就有人告诉他，西北地区回族的教规是很严的，当你说了违背教规的话，就要对你不客气，轻则对你冷落一通，重则还要把你揍一顿。他一听这位老人的回答，就知道触犯了教规，自己闯进清真饭馆，还要吃猪肉，这还了得。他拔腿就跑，那香味可口的拉面没有吃成。可是，永登街上只有这一家饭馆还在开门，其他地方再也找不到吃东西的，他只好回到旅馆，啃着从兰州带来的干粮。

第二天清晨，天还没有亮，汽车就从永登出发了。汽车进入了戈壁滩，一望无际的黄沙细石，时时被风卷起一大片，在地面上滚动着，有的被风卷得很高，就好像顶天立地的大柱子，在戈壁滩的上空辗转移动，然后又落了下去，有时远远看见一湖明净的湖水，使人的情绪兴奋起来。但汽车开到近处，仍然是一片沙漠，抬头远望，那一片湖水又出现在前面很远的地方。原来这是沙漠经过光的反射，形成的美妙的海市蜃楼。可是那辆烧木炭的老掉牙的汽车，在戈壁滩上行进的时候，哼哧哼哧地喘着粗气，简直像在爬行。有时它长长地喘了一口粗气，干脆熄火开不动了。他们就得跳下车来，用力推着汽车，让它再点火发动。就这样停停走走，走走停停，两三千里的路，差不多走了一个月，好不容易到了酒泉，休息了一天，然后他们又换车向敦煌进发。

从酒泉到敦煌，要经过安西，这里依然一片萧疏。到了敦煌城，才开始看到一掌绿洲，这里可称是世外桃源了。千佛洞在敦煌东南，坐落于鸣沙山麓，与三危山遥遥相对，处在戈壁沙漠的中心。千佛洞自何时建起，已经无从查考。如果从苻秦时代沙门乐僔算是开始，到现在已有一千六百多年了，从隋朝算起，约有一千四百年，自唐代算起为一千三百余年，自五代起为一千年，自宋代算起也已经是九百多年了。因为历史久远，史籍上又很少有记载，所以对这样的灵严净域，很少有人知道。

汽车在戈壁滩上颠簸着，谢稚柳两眼看着窗外，也许是眼睛老是盯着一个地方，他感到疲劳了，渐渐地闭起双目，进入了一个历史的梦境……

风渐渐停了，戈壁滩上一片安静，稀疏的驼铃声，细脆悦耳，一队长长的骆驼，晃动着多肉的灵峰，像船一样在沙海里飘动，一条丝绸之路向前伸展着，丝绸、瓷器、波斯商人的队伍在路上行进着。乐僔和尚的木鱼声、念经声、祈祷声，使马帮驼队流连不去……顿然又响起了西夏入侵者的号角，彩旗大纛迎风猎猎，铁骑扬起漫天黄土，马嘶人嚎，混响成一片，声震大漠。1035年，北宋的百姓纷纷向嘉峪关逃去。西夏人的铁蹄声快要逼近莫高窟，和尚们忙将历代经卷、画幅、手抄本、契约等三万余件物品藏在一个洞窟内，然后用土块把洞口堵塞，再在上面画上救苦救难的菩萨像。历史渐渐远去，藏宝者也一去不复返，宝藏有幸躲过西夏人的抢掠……

“好啊！”谢稚柳兴奋得抡起拳头，向车厢捶了去。他醒了。原来，从敦煌到千佛洞的二十公里，要换牛车。敦煌城外，仍然是一片沙漠，黄沙逆风，不见茎草。这时，谢稚柳被张大千的信唤起的热情，去朝拜千佛千祖的虔诚的心有些悲凉了。他想：千佛洞啊千佛洞，你到底藏在什么地方？你能哺育出高超的艺术吗？

正当谢稚柳苦苦搜寻之际，前面突然出现了一片绿洲，白杨成林，在沙海中时隐时现。那是千佛洞，还是沙漠中的海市蜃楼？他已多少次被这样的海市蜃楼所迷惑。当牛车一停下来，他惊叹了：“啊！千佛洞到了。”

“我看到了什么？”

张大千在洞前已经盼望了多日了。他一袭长衫，美髯飘洒。见到一辆牛车摇摇晃晃而来，心知是稚柳到了。张大千激动地奔了过来，把他迎接下车，接着为他备酒洗尘。谢稚柳感觉犹同梦境，感觉这一切是不可思议的创造奇迹的地方！这天晚上，这一餐饭菜，比过去任何时候都美味可口。他已经两个多月没吃过一餐好饭了。

入夜，方桌上三支红烛高烧，照着谢稚柳饱经风沙后变得黝黑的脸膛，显出一种粗犷的成熟的阳刚之气，一洗往日的文雅风流。张大千还是那样幽默、诙谐，乡音还是永远不改的。他一会儿说，是他害得谢稚柳这个中央大学教授来受罪，一会儿又问谢稚柳重庆的情况怎么样。怎么样呢？谢稚柳一阵苦笑。说起重庆的风风雨雨，他心中的苦况比戈壁沿途的更难消受。虽说来此一路艰辛，但总比那战乱纷纷、干戈扰攘之地安宁得多。他沿途的见闻，单纯、质朴、原始，他对大千嘘着长气说，难得一番清静啊！

此时此刻，他已经把重庆抛诸脑后，把一切疲惫辛苦抛诸脑后。他看大千的情绪振奋，生活得很自在，他只想着如何尽快亲手撩起敦煌神秘的面纱。

第二天，张大千便领他看千佛洞。

千佛洞是敦煌莫高窟的俗称，西接鸣沙山麓，与三危山遥遥相对。窟向着东面，壁高十余丈，有一里多长。碧树层层叠叠遮蔽着山崖，绿水曲曲弯弯环抱着石窟。它是沙漠中的一颗珍奇的明珠，是人间的一大胜迹！窟的东面，有上、中、下三寺。上、中寺为僧刹，下寺为道观。上、中寺，开始是唐的三界寺，清道光时，始分为二。光绪年间，道士王圆箓以藏经致富，以下寺为中寺，道观为下寺。寺后曾有巨流，名岩渠，发源于南山，广及十余丈。沧桑变迁，此时只余细流数湾，不复成渠了。

当谢稚柳投身石窟时，他突然感到，一千五百多年保存下来的敦煌艺术，明显地呈现出艺术在明、清时趋向没落。明、清的艺术，在敦煌壁画面前，何等地相形见绌！

望着敦煌壁画中人物的千姿百态，端详着每个塑像的安详、自尊、宁静、超脱的气概，那摇曳的霓裳，那一朵朵轻轻开合的云霞，他感到仿佛置身于一个无与伦比的崇高境界。

在敦煌壁画面前，他不复感觉自己的存在，而仅仅是感到这无边的骚动，或者永恒的宁静。他也不再感觉到心潮的起伏，而仅仅是感觉到一种紧张的生命力按照宇宙的旋律，不自觉地调整着运动的节奏……他感到不仅自己的心灵，而且自己的整个生命，都和敦煌艺术结为一体了。

不到园林，怎知春色如许？难怪大千把自己的整个生命投入敦煌！难怪大千殷切地邀请他来！

“花外春来路，芳草不曾遮。”可是没有上下求索精神的人，是不会到沙漠中来发现这世外桃源、蓬莱仙境的。不到敦煌的画家，有如只是拥挤在一条狭窄的路上；不到敦煌的画手，是进入不了中国广阔深邃的艺术海洋的。

夏日，戈壁之夜，莫高窟的高树繁枝，在晚风中沙沙沙，萧萧萧，瑟瑟瑟；天幕上划动着颗颗流星，宁静中更添神秘。

“看来我是要住一段时间了！”谢稚柳对张大千神色凝重地说。

“太好了，要得！”大千为谢稚柳的决定非常激动。

原来，谢稚柳来时并未打算长住，一是为了猎奇，二是为了看看久别的大千在这里的生活情况，不料敦煌壁画，使他一见倾心，他是整个儿地被迷住了。

然而，谢稚柳自小就喜欢走自己的路，决不跟着别人亦步亦趋。大千搞临摹，我呢？他想，我要揭开敦煌的秘密，就应该告诉世人，敦煌有些什么，它的价值何在。

敦煌有什么呢？他觉得万象纷呈，眼花缭乱。看到的是陈老莲？不是的。看到的是董源、巨然、范宽、燕文贵？不是的。这里壁画上的一切都是在宋元绢本上看到的，还是在明清的纸本上看到的？都没有。这是他过去从来都没有看到的。他觉得，此刻正徜徉在艺术的大海里，而过去看到的只不过是沧海一粟。他长长叹了一口气："唉，用过去的眼光来看千佛洞，是无法看懂的喽。"谢稚柳这时的心境，在他离开敦煌十二年之后，在写《敦煌艺术叙录》时才有所透露：

在整理石窟叙录的这些日子里，仿佛又回到了"莫高窟"。从北魏到赵宋，绚烂高华的千壁丹青，都浮现到心目中来，当我到敦煌，经过了一段时期之后，我逐渐惊心于壁上的一切，逐渐发现个人平时熟悉于一些明、清以及少数宋、元绢或纸上的绘画，将这种眼光来看壁画，一下子是无法妥洽的。这正如池沼与江海之不同。平时所见的前代绘画，只是其中一角而已。今天要论祖国的传统艺术，循着当时的历史与社会背景，来认识和辨析它的变迁和盛衰之迹，因而对莫高窟自北魏到赵宋，这唯一的、有系统的人民艺术，是更能得到较全面的理解的。

走自己的路

从何处着手呢？像张大千一样搞临摹？他又有些不情愿。这个自小就喜欢走自己路的人，别人走过的路，他不想继续再走了。他想另辟蹊径，对敦煌进行研究。

他的思路还没有理出一个头绪，张大千走了进来。

“你看了这些洞子，觉得怎么样？”大千对他特别关心。

“我还没有看懂。”谢稚柳说得很坦率。

“是啊，开始来的时候，我也有些眼花缭乱，看了那样多的古人名迹，到这里就看不懂了，那时才知道山外有山，楼外有楼。哪里能找到这样悠久众多的名人古迹？我们是雷门布鼓，要格外细心啊。”张大千说得非常深沉。

接着，张大千就告诉谢稚柳他们在临摹中遇到的几个问题：从成都带来的绢、布和纸，不能临摹大型壁画，一些画布需要缝制，技术没有掌握，一道明显的缝痕，把人物从中分开；带来的颜料也不行，那米红、青丝、石青、石绿，看起来富丽堂皇，但同原画颜色相比又不尽相同；更使人不解的是，北魏早期的壁画，人物面部表情非常丰富，但脸上色彩极不协调，鼻梁、眼珠等高光处是纯白色，低凹处都是深黑色，一黑一白，刺人眼目。能画得这样气韵生动的画匠，肯定不会用这样的色。

“原画的颜色是什么？是什么原因使原色变成这个样子的呢？”张大千历数了临摹中遇到的难题，用沉思的目光看着谢稚柳，想让谢稚柳帮他揭开莫高窟的迷雾。

“这个……”谢稚柳也沉吟起来。他没有临摹壁画，还没有遇到这样的难题，不知如何回答，但是，他向张大千建议：“入乡问俗嘛，既然敦煌能产生这样的艺术，那就会有产生这种艺术的条件和技巧，不妨向当地人做些了解。”

这个意外的提醒，张大千放在心上。没有过几天，张大千就告诉谢稚柳，缝制画布的能人找到了，青海西宁的塔儿寺的画喇嘛既会画宗教壁画又会缝制画布。塔儿寺是喇嘛教格鲁派著名寺院，历史悠久。既然莫高窟的壁画题材主要取自佛教故事，又是由东来弘法、西去取经的高僧倡导修建的，二者必然会有相通的地方。但是，塔儿寺在青海，敦煌在甘肃，根据当地的教规，青海的喇嘛不能到甘肃来，甘肃的喇嘛也不能去青海。张大千东去兰州，通过黄河水利委员会主任赵恒惕和西北军阀鲁大昌的关系，将甘肃的关系打通。尔后又请青海省主席马步芳出面，解决了青海方面的问题。张大千委派其子张心智，与其他两人一起，千里迢迢去西宁请画喇嘛来当助手。

这时，谢稚柳也开始了对敦煌的研究工作，他没有像张大千那样去临敦煌的壁画，而是单枪匹马，对敦煌的每一个佛窟进行记录与考证，这是对敦煌研究的最基础的工作。首先，他对每一个佛窟进行测量。没有皮尺，也没有铁的卷尺，就找了一根木条做了一把土尺。每天吃过饭，他就进洞，请一个当地人当他的助手，一窟一窟地测量、考察，做下详细记录。

要逐窟测量记录，第一个问题是用哪一家的编号做记录的根据。

谢稚柳开始工作时，发现莫高窟已有三种编号，首先是法国人伯希和于二十世纪初为莫高窟编号，共编一百七十一号，完全是随拍照顺序而来，杂乱无系统。但因其编号最早，在当今世界亦有所影响。其次是二十世纪三十年代甘肃省官方也为莫高窟编了号，共编三百五十三号，因少使用，标志大部分脱落，故影响甚微。张大千是为莫高窟编号第三人。张大千按照从祁连山来的流水方向，从南至北，由低而高，复由北

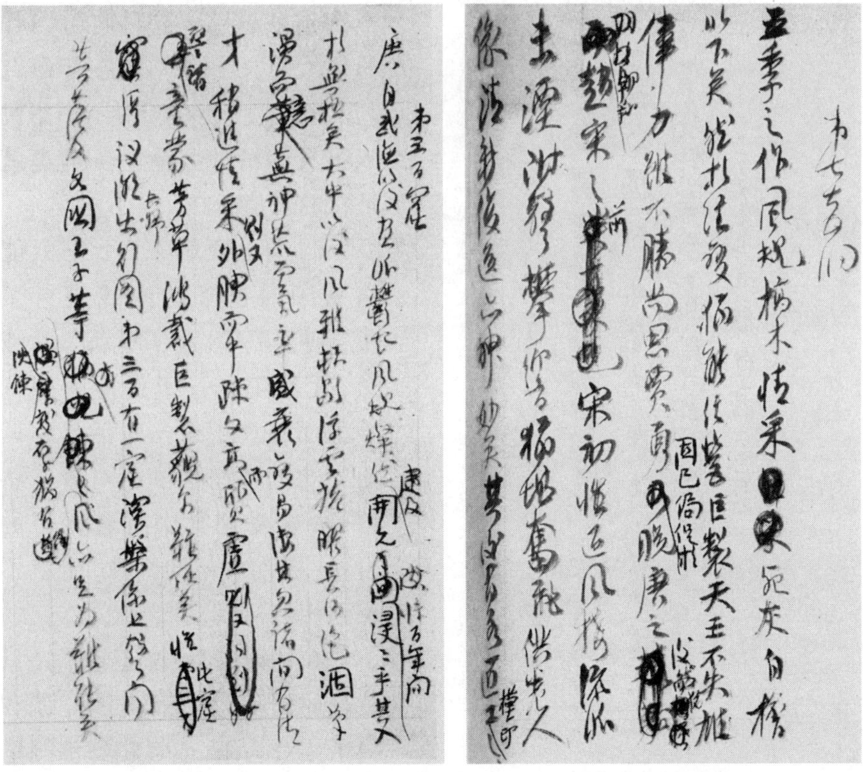

谢稚柳敦煌石窟记录手稿

至南，再由下至上往复进行编号，共三百零九号。为了和张大千的工作协调一致，谢稚柳决定用张大千的编号。

千佛洞雄踞在高耸的峭壁上，坐西向东，南北长一里多，从地到顶，高十余丈，有四百余窟，大小错综，鳞次栉比，最高的地方筑洞四层，皆须一窟一窟量下去，一笔一笔记下来，日复一日。这样的工作，一般人看来，未免枯燥乏味，而于谢稚柳看来，则是在收获许多宝藏的秘密，仅一百九十窟，就记录了八十三个条目。他感到用汗水赢得这么多宝藏的秘密，他付出的代价是不足挂齿的。

谢稚柳记录工作一开始，就确定了工作宗旨，记录一定要详细，每项记录都进行核对，以免发生错误，否则以后事隔多年，就很难再弄清楚，自己也不会有再来的机会，给人留下错误，那将是永远的遗憾啊！

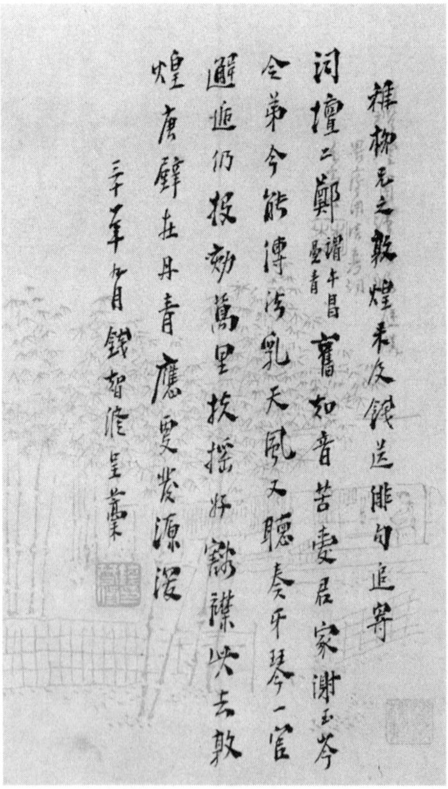

钱智修致谢稚柳简

在敦煌工作的日日夜夜，谢稚柳越来越感到这种自觉工作的伟大意义——不仅在于研究艺术的历史，还在于揭示中华民族强大的精神力量——这也就是它的价值所在。

洞子坐西朝东，上午只能靠太阳射进来的光线进行工作；到了下午，洞子里就一片漆黑，无法工作。于是他就回到寺里面整理记录。生活是单调而乏味的。谢稚柳面对着这些壁画，感受到其中有着无穷的力量，震动着他的胸膛，也就不感到疲劳、单调和乏味了。

在住地，谢稚柳还养了一只黄色的野鸭，休息的时候，就和鸭子相戏为乐，或者爬到佛洞里去掏野鸽子。

为张大千辩诬

有一天，谢稚柳正在房子里整理记录，张大千走了进来，拉着他就往外走，边走边说："稚柳，你快看！"

谢稚柳不知道什么事情，跟着他到前面一看，藏族画喇嘛缝制的画布，再用石膏加胶水涂于布上，这样和古代画布相差无几。那几幅长达十二丈六尺的特大画布，巧夺天工，使人叫绝。磨制的颜料与壁画颜色相同，烧制的几十盒木炭条，细如发丝，宽如面条，刚柔适度，得心应手。同样的金粉，一经喇嘛的手，用在画上就辉煌空前。他们使用复笔重色的本领娴熟自如，胜过许多专业画家。

经过年长的画喇嘛昂吉格朗的解答，壁画上迷惑不解的情况便一目了然。

"是啊，硬是不简单。昂吉格朗画喇嘛他们制色和运用重彩胜过中原画师，好多传统方法经他们的手，一代一代地流传下来。"张大千带着几分感慨。

这时，谢稚柳就向张大千建议："大千，你画人物的线条，让画喇嘛和其他人为你着色，这样要快得多。"

张大千果然接受了谢稚柳的建议。在临摹时，自己勾勒人物的线条，让别人着色，大大加快了临摹的进度。

张大千采用的是大兵团作战法，这时几位夫人也都来到敦煌，而匹马单枪的谢稚柳就不像张大千那样潇洒轻松了。

一天，谢稚柳正钻进洞子里量啊，写啊，记啊，想啊，忽听张大千在洞口喊他："稚柳，你出来。"

谢稚柳拿着尺子、本子、笔，从洞子里走了出来，看到有一个陌生的人正在和张大千说话。

"这是我的好朋友谢稚柳。"张大千向来人介绍。

谢稚柳很有礼貌地点点头，打了招呼。

"这位是敦煌县政府的。"张大千又把来人向谢稚柳做了介绍，然后一转身，一抬手，说，“请，我们到屋里歇歇。”

客人走进屋里，站着不动了，脸色阴郁，单刀直入地说：“张先生，有人说你们不爱惜壁画，毁坏壁画！”

来人用不大友好的目光瞅了瞅张大千，又瞅了瞅谢稚柳。

“什么？我不爱惜壁画，毁坏壁画？”张大千一下子站了起来，手一伸，“拿证据来！”

客人也不含糊，从怀里掏出一张电报纸，递给张大千。张大千迅速地把电报看了两遍，勃然大怒，把电报往桌上一甩，大声喊着：“不把伯希和、斯坦因当强盗，反而把我们当贼人，有意找我们的麻烦，岂有此理！”

谢稚柳拿起扔在桌上的电报，这是甘肃省政府主席谷正伦拍给敦煌县长陈儒学的电报：

“张君大千，久留敦煌，中央各方，颇有烦言，敕敦煌县县长，转告张君大千，对于壁画，毋稍污损，免兹误会。”

谢稚柳看完电报，知道是怎么一回事了，他没有做任何解释，用嘲讽的口吻质问来客：“怎么？弥天大罪？我们排除了窟前的流沙，这是破坏？我们为洞窟编了号，这是污损？他们坐在万里之外，夏啃西瓜，冬吃火锅，那就是对壁画的保护？”

受到一连串责问的客人，脸色反而开朗了。大千和稚柳带领客人看看画室，客人看到室内都是宣纸、画布和那刚刚临摹的壁画：一尊仪容端庄的菩萨，静立在五彩莲台上，头束高髻，身着飘拂的锦绣霞帔，腰肢柔软，体态丰满。菩萨的身边，围绕着盛开的鲜花，含苞的花蕾，飞扬的花絮，璎珞下垂，她不像威严至尊的菩萨，倒像一个秀丽的少女，站立在花丛里，谛听远处传来的仙乐……

客人站在那里看得入神，不用过多的解释，他心里已经明白了。

谢稚柳站在那里，总觉得这是事出有因，否则，怎会发来这样的电报呢？他想起了，这可能是和他到来之前，张大千在第二十号石窟干的事情有关……

那天下午，张大千率领学生们在第二十号石窟临摹，注意力集中在东壁左面的一幅宋代壁画上，目光偶然落到右下角，看见早已剥落的那小块壁画下面，内层隐隐约约有颜色和线条。他赶忙蹲下去，靠近一看，果然是斑斑点点的颜色和线条。啊，原来是画下还有画！

当天晚上，张大千到寺上的老喇嘛处请教，老喇嘛想了一阵才告诉他："我幼年进庙时，有一次老法师带我观壁画，曾经对我说，莫高窟到处是宝，画下有画，宝中有宝，其他我就不知道什么了。"

张大千和学生们反复商量，决定剥掉那层壁画，重现内层壁画的旧观。剥落前，他们将上层壁画照原样临摹下，然后再剥掉那幅宋代壁画，下面果然是一幅敷彩艳丽、行笔敦厚的唐代壁画。

谢稚柳向客人讲述了这样的过程，就说："要是你在这里搞临摹，遇到这样的情况，你也会把外层壁画打掉的。"

谢稚柳对张大千介绍的第二十窟，作了详细考查，内层的这幅壁画，是唐开元、天宝年间所作，为研究唐代绘画艺术提供了直观材料。谢稚柳在笔记上写着："天宝之唯一可证者，为第二十窟。"

后来，张大千自己在他的《临摹敦煌画展览目次》中也叙述了这件事："剥落处，见内层隐约尚有画，因破败壁，遂复旧观，画虽已残损，而敷彩行笔，精英未失，因知为盛唐名手也。东壁左，宋画残缺处，内层有唐咸通七年题字，犹是第二层壁，兼可得知逢唐咸通至宋，已两次重修。"

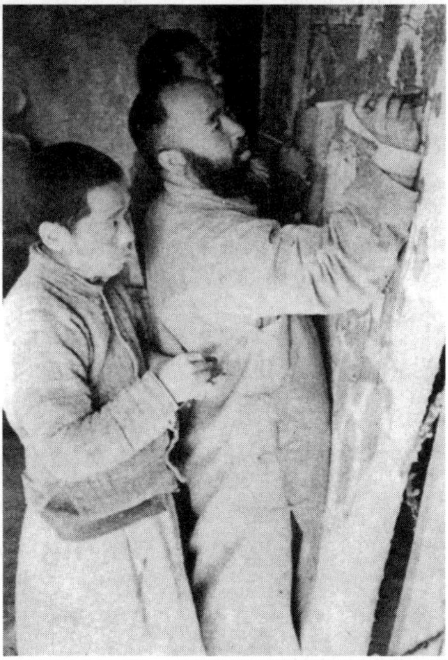

张大千在敦煌临摹壁画

敦煌壁画曾三次遭到破坏：一次是清朝同治年间，陕西回民响应太平军的号召举行起义，清廷调左宗棠率湘军前往镇压，回民义军退入敦煌，驻扎莫高窟三个多月，与清军激战，失败后进入新疆。第二次是俄国十月革命后，部分白俄流入我国新疆扰乱。1921年，五六百名被解除武装的沙俄军人被送到敦煌安置，遂将他们转入莫高窟居住。这群人在莫高窟内设灶挖坑，生火做饭，长期烟熏火燎，塑画壁彩遭严重破坏，第二十窟即当时关押白俄的洞窟之一。第三次是1924年，美国人华尔纳用化学方法，以树胶布粘取壁画偷走二十余方，另有已涂药水，尚未窃走者十余处。

对张大千剥落壁画之事，人们一直记在心中，而且是一个已解之谜。1982年，谢稚柳香港之行，新闻界再次提及张大千打掉壁画之事。谢稚柳说："要回答这个问题，得先讲敦煌壁画的结构，敦煌的墙壁是戈壁滩的石子，一块块砌成的，墙壁不平，要在上面画画，先要在墙壁上涂上泥巴、石灰，把墙壁铺平。敦煌壁画，由北魏至宋。历代前来祝福求神的人很多，敦煌的墙壁前人画满了，后人再在墙壁上图一层泥巴，一层石灰，继续再画，经历若干朝代，目前敦煌的墙是厚厚的，由好几层壁画组成。张大千打掉的两幅壁画，外层画的是五代作品，内层是唐代天宝年间的壁画。我到敦煌之前，张大千将这两幅壁画的外层打掉了，没有亲眼看他打掉的过程，要是你在敦煌，也会同意打掉的，既然外层已被剥落得无貌可辨认，又肯定内层里还有壁画，为什么不把外层去掉来揭发内层的精华呢？"

谢稚柳对第二十窟，作了精心周到的研究。他在1949年2月完成的《敦煌石室记》及1955年完成的《敦煌艺术叙录》中，都有记述：

天宝之唯一可证者，为第二十窟，此窟高八丈五尺，深二丈四尺，广五丈三尺，塑像亦高七丈零八寸，营造之大，仅次于第四十四窟，洞口南北壁间，供养人像高可六七尺，兼作花柳绿茵，为园林之境，北壁男像四身，后有持杖佛等四人。南壁女像三身，后女侍九人，北壁男像第一身，乌纱帽、青袍、束带、须髯甚美，手持长柄香炉，高六尺七寸，前题名两行，石青底，字作三寸大，立粉堆金。

"朝议大夫使持节都督晋昌诸军事守晋昌郡大守兼墨离军使赐紫金鱼袋上柱国乐庭瑰供养时"

南壁女像第一身。钗细、簪花、锦衣、红裙、罗带垂肩际，高四尺八寸，题名一行："都督夫人太原王氏一心供养"

乐庭瑰史籍无可考。案《旧唐书·地理志》："河西道瓜州都督府下，天宝元年（742）为晋昌郡，乾元元年（758）复为瓜州。"《旧唐书·职官志》:“武德改郡为州,置刺史,天宝改州为郡,置太守,乾元元年复改郡为州,置刺史。”晋昌郡自天宝元年置,乾元元年底废,凡十六年,乐庭瑰守晋昌,要当在此十六年间,墨离军不知始于何时。按:《新唐书·地理志》瓜州晋昌郡下,但言“西北千里,有墨离军”。《张守珪传》:“王君奂死,诏以守珪为瓜州刺史,墨离军使。”王君奂卒于开元十五年(727)。又《王忠嗣传》:“讨吐谷浑于墨离,平其国。”“天宝五年,王忠嗣为河西陇右朔方河东节度使,讨吐谷浑在领节度使时。是乐庭瑰之守晋昌郡,兼墨离军使。又当在天宝五年(746)后。天宝十四年(755),安禄山变乱,肃宗(李亨)在灵武,尽召西河戍卒,收复两京,以一郡守,自不能在出师收京之时,悠然自营功德窟。至德二年(757),西京收复,明年为乾元元年,而晋昌郡废,是此窟当始于天宝五年后,成于十四年前。”

历史带来的忧郁

调查研究走上正规之后,谢稚柳的心也就静了下来。因资料关系,除了大量记录之外,在莫高窟无法对莫高窟进行系统的研究。但利用他在窟内抄录的碑文、发愿文及题记,可对一些小的问题进行研究。

为什么叫莫高窟?

谢稚柳研究的结果,作了这样回答:

莫高窟之名,始自何时,无可考。案石室所出《唐右军卫十将使孔公浮图功德铭》:“谨选得敦煌郡南三里孟受渠界,负郭良畴,厥田上上。凭原施砌,揆日开基,树果百株,建浮图一所,莫高窟龛图画功德二铺。”又《大蕃故敦煌郡莫高窟阴处士修功德记》“将就莫高山为当今圣主及七代凿窟”云云。《孔公功德铭》与《阴处士功德记》皆唐时物。莫高窟(莫,又作漠)盖就山名,因以为窟名者。

莫高窟建始于苻秦建元二年(晋海西公太和元年,366)。案《唐李怀让重修莫高窟碑》(在第十四窟内):“莫高窟者,厥前秦建元二年,有沙门乐僔;戒行清虚,执心恬静,尝杖锡林野,行至此山,忽见金光,状有千佛,因就此山造窟一龛。次有法良禅师,从东届此,又于僔师窟侧,更即营造。伽蓝之起，滥觞于二僧。复有刺史建平公、东阳王造作相仍（中略），乐僔，法良启其宗，建平、东阳弘其迹，惟甲子四百余岁，计窟至一千余龛。”

《唐李怀让重修莫高窟碑》，立于武周圣历元年（698），其时已至一千余窟，此四百余年间，可谓盛极一时。圣历以后，至五代、赵宋，并有营造，或系新建，或就旧窟更新。世异时移，兵燹相仍，崩毁至多，其尚有壁画者，今惟余四百有余窟。

此四百余窟，栉比相连，绵亘一里许，其高处有筑洞至四层者。据张氏之编号，为三百零九窟。其编次自南而北，复自北而南。其间小洞若干，俱附属于大洞，为某号耳洞，不再另立号。其上层诸窟，窟前原均有走廊。盖每窟窟内互不相通，自甲窟至乙窟，非借走廊不能达。清同治时，敦煌白彦虎起义，走廊尽毁，上层诸窟，遂不可登。光、宣之间，道士王圆箓招工将窟内凿穿，俾窟与窟间得相贯通。

敦煌石室被发现，是一件非常偶然的事。

在清朝光绪年间，有一个叫王圆箓的湖北人，原来是行伍出身，在肃州当过兵，以后就当了道士。他既无师承，亦无寺观，云游化缘为生。他西出嘉峪关，到了敦煌，穷得没有办法，见沙垅之中，有一片绿洲，便投宿于一百四十三窟，在那里居住了下来。

敦煌寺院俱为红教，念的是番经。独有王圆箓念的是道经，讲的是汉话，这样找他求签祈祷的人不少，收入不错，生活也渐渐地富裕起来。王圆箓雇了一个姓杨的人，帮助他抄写经卷。这个姓杨的就在一百五十一窟通道间放了一张台子。抄经空下来的时候，就吸水烟。兰州出产的水烟丝是很有名的，所以河西一带都吸水烟。杨某每次吸烟，都用芨芨草点燃。芨芨草像芦苇一样尖硬，点了烟之后，杨就把芨芨草插在壁缝之中。有一天，杨某又在吸烟，用的芨芨草较长，点烟之后，余下来的还很长，他仍然插在那个地方，觉得壁很松软，把芨芨草插进去很深，毫不费力气。杨某想莫非墙壁后面是空的，于是他找块石头上下左右敲击，从声音中判断，这的确是一段空了的墙壁。

杨某把这件事告诉了王道士，他们清理了积沙与石块，发现一道用土砖封住的门。他们用力打开，是一个小洞，有一丈多宽，洞里有无数的白色包裹，排列得非常整齐。他们打开一看，每一包里有经十卷，其他还有佛帧绣像，平铺在白包下面。这是光绪二十六年（1900）四月二十七日的事情。

这个消息传了开去，敦煌城中的绅士都来观看。那些人不知道这些经卷的宝贵，都认为这些经卷流落到外面，会引起不吉利的事情，就叫仍然放在窟内。王道士很机诈，他想拿这些经卷去换钱。于是，他私下里就运几箱经卷至酒泉，献给安肃道道台廷栋。廷栋也不知道这些经卷的可贵，他看了几卷，就说："这些字还不如我写的，要它干什么？"王道士很沮丧，他把一箱经卷扔在酒泉，只好带着其余经卷，化缘回去。他西行到嘉峪关，向一个外国人去化缘。

这个比利时人有一个中国名字，叫林以镇，曾任嘉峪关税务司司长，娶的也是一位中国夫人。他见王道士化缘，就送给王道士几两银子。王道士回赠的经卷当然也不少。后来，林以镇辞官回国，取道新疆。经伊犁时，他将这些经卷送给伊犁将军长庚。这时有一个原籍匈牙利、移民英国而为印度官员的斯坦因，由印度总督派到新疆来调查西北地理，去拜会长庚时看到了这些经卷，主人给他讲了这些经卷的来历。斯坦因听到这件事，就借调查地理为名，带了一个翻译悄悄地到敦煌去了。

斯坦因见到王道士，甜言蜜语，给王道士讲唐僧取经的故事，说这些经卷本是唐僧从西方取来，现在仍然要归还西方，并说："只要你答应下来，给你白银三百两。"王道士怕城里的绅士知道，最初不敢答应，当他看到白银，就一口答应了。在莫高窟近处，斯坦因在沙漠里架起了帐篷。每天晚上，王道士就悄悄地拿出几卷经文交给翻译蒋资生，然后拿到斯坦因的帐篷里。

斯坦因所看到的宝藏，大约有三种。第一种是用坚硬的纸张所写的汉文佛经，经卷尾端写有年代，算来约在纪元后第五世纪初，此为陶渊明归隐、南朝由宋而齐、东昏侯被杀的一百年间；北朝则正是北魏倾心汉化，发展"太和文化"时期。

第二种是藏文写本。

第三种，也就是最令斯坦因"高兴"的，是"一些古画"，绢上画的"全是美丽的佛像，颜色调和，鲜艳如新"。

他们怕外人知道，盗宝工作每天在晚上进行，而且由蒋资生亲自搬运。他们连续盗了七个晚上，完整经卷，一无孑遗。据谢稚柳调查，完整的经卷近万卷，完好的画近五百件。斯坦因雇了四十头骆驼才把这些经卷全部运走。

这些经卷，斯坦因将它分为两部分，一部分留在印度，成立西域博物馆，其他精品则入藏伦敦的大英博物馆。这件事情轰动国外，法国的汉学家伯希和等，不久接踵来敦煌。再说王道士，这时他才知道藏经之可贵，不肯轻易答应，伯希和没有办法，就以银元宝重金购买，至于赠银多少，敦煌人没有说得清楚的。伯希和到了北京，见到梁启超，说："吾载十大车而止，过此亦不欲再伤廉矣。"谢稚柳进一步考察，发现在外国人盗宝之后，中国的学部委派新疆巡抚何彦昇代表接收此项经卷，用大车装运到北京，只有八千卷了。当大车到北京附近的打磨场时，何彦昇的儿子何震彝先将大车接到自己家中，约同其岳父李盛铎及刘廷琛、方尔谦等，将精彩的经卷挑选出来，公然盗窃，再把较长的经卷，一拆为二，以充八千之数。事发之后，学部侍郎宝熙准备上章参奏，但是不知为什么，结果是不了了之。

李、刘、方三人，都是当时学术界的名流，方尔谦是扬州人，是袁世凯儿子的家庭教师，后与袁克文为儿女亲家。李盛铎是江西人，曾任驻日公使，为有名的藏书家。刘廷琛则为首任京师大学堂监督，为人师表者如此！

敦煌盗窃案已经成为历史，它给谢稚柳带来的一种忧郁的心情，实在无法排遣，这段历史就像伤痕一样留在他的心中。

艺术链条上少了一环

窟内壁画，错综繁密，要仔细无遗地记下它们的部位，很难做到，特别是佛窟的文字，诸如"发愿文""题记""题名"等，由于年代久远，剥落残缺，大半都隐约不清，抄录更加困难。谢稚柳采取了谨慎的态度，实在看不出的文字，都用一个个方框表示，而不愿杜撰。这是一个艺术家严谨的治学态度。

最使他感到为难的，还是那些反映佛教生活的“经变”之类壁画。他不懂佛经，更弄不懂画的是哪个故事。有一堵壁画上的佛像，其手的大拇指和食指之间，有一层薄薄的皮粘连着，像鹅蹼一样，他觉得很奇怪。他想：“既然壁画的作者这样画，不会没有根据的吧？”根据在哪里呢？

他去问张大千，这位信过几天教的大千居士说：“我也不知道。”

他又去请教从塔儿寺请来的画喇嘛，喇嘛们也不知道。

整个敦煌，就找不到人能解释清楚这个难题。

有一天，外地来了一个巡礼的和尚，谢稚柳又虚心去请教，这个和尚一时也答不出来。过了几夜，和尚临行时，特来告诉他，佛经上有一段记载：“佛手还如鹅五足。”

又是一天的工作开始了，谢稚柳在阳光的护送下来到第一百九十窟，还像往日一样，又是测量，又是记录。当他去量北壁下男供养人像第三身时，隐隐约约地看到题名，因为蒙上灰尘，不大容易辨认出来了。他掏出手帕，轻轻地擦去灰尘，“幽州总管府”几个字清晰地呈现在眼前。对于专心研究敦煌的谢稚柳来说，一个年月，一个名字，都是无价之宝，凭着这些年月、题名，他就能断定这个壁画的年代，对研究壁画的分期及画风的继承与演变，都是极为可靠的根据。

这个“幽州总管府”的主人是谁？幸好，他这位做学问的人，来敦煌时什么都没有带，却带来了一套《资治通鉴》，以备手边随时查阅所用。这时果然用上了。他就凭着这部《资治通鉴》来查敦煌的政治沿革：隋炀帝（杨广）大业元年（605）废诸州总管府，至唐高祖（李渊）武德元年（618），边塞要州复置总管，武德七年（624）后，复改总管为督，此窟的题名当是在武德元年至七年间的事。

“唐代早期壁画！”谢稚柳为之一阵高兴，但当他把第一百九十窟和第九十四、九十六诸窟比较时，发现了一个问题：隋朝自文帝（杨坚）开皇至哀帝（杨侗）皇泰（581—619）先后四十年，为时不长，画派初承西魏，唯骨体稍圆。而开皇以后的第九十四窟（开皇四年）、第九十六窟（开皇五年），画风则凝厚纯正，肆野之气已绝，温婉之风渐生。自唐皇武德（618—626）以后，画派郁起，风规灿然，建及开元（713）将百年间，唐代壁画达到高峰。武德年间与开皇以后，陶染所凝，风沿波接，区别很小。

为什么从隋开皇到唐武德短短几十年间，画风突然有个飞跃的变化，中间为何没有过渡阶段？这在绘画发展的规律上是不可思议的。

谢稚柳感到：这里似乎缺少一环。为什么会这样，他感到百思不得其解。他想把这一想法告诉张大千。

此时，张大千正急匆匆地来找他，说："稚柳，棒老二来咯！"

谢稚柳听张大千的四川土话，"棒老二"就是土匪。土匪来了，他心中也是一震。他知道，张大千来这里搞临摹时，曾有一些士兵来作保护，昨天这些保护的士兵撤离了，今天土匪就来了，真是无巧不成书。这时，人们也围了上来，大家都盯着张大千，要他拿主意。

"怕也不行啊，看来我们要学诸葛亮，唱一出《空城计》了。"张大千捋着长髯，对谢稚柳说，"你带着大家去躲一躲。"

"好！"谢稚柳一招手，带着大家就往第三百零五号石窟里走。

对三百零五号石窟，谢稚柳是很熟悉的，这是千佛洞最高的一个窟顶。有一次，为测量这个石窟的高度，需要爬上去。当时通道已经塌陷，没有路可走，他的帮手擅长于爬这种没有路的峭壁，就先爬了上去，然后再拉着他的手，沿着洞壁，硬是把他拉到窟顶。刚到窟顶，他就看到一只老鹰蹲在那里。老鹰看人来了，突然展开翅膀，像飞机在跑道上起飞一样，就地跑了几十步才腾空而去。谢稚柳画过许多鹰，但看到老鹰起飞还是第一次。老鹰翱翔长空，蓝天白云，地面上因风吹而飞动的流沙，真好似一幅绝妙的图画。这一景象牵动了谢稚柳的心，触发了他的灵感，使松鹰图又进入了新的创作天地。几十年后，谢稚柳对这一景象仍然是念念不忘，他还说："艺术的感受有时就像闪电一样，从你的眼前一掠而过，有的人能感受到它，抓住它，有的人则是不知不觉地放过了它。有时看到的虽然是偶然的景象，但它会潜伏在那里，给创作带来某些深刻的启示。"

在第三百零五号窟内，谢稚柳和一些人静静地待在那里，偶尔听见两声砰砰的枪声，很快就安静下来了，只听到那房檐上铁马铃声，在风沙中发出叮叮当当的声音，响彻了广袤的沙漠。谢稚柳在里面等得不耐烦了，就自己走了出来，看看到底发生了什么事情。

他来到住处一看，张大千正和他的夫人在那里拌嘴呢。

"我说不要来，你偏得要来，使人担惊受怕的！"大千的夫人把嘴噘得老高。

“你，你，我的拳头晃了一晃，他们不是就走了？”张大千在夫人面前，总是这样嘻嘻哈哈的。

“大千兄，你到底是在唱《空城计》，还是在唱《连环计》啊？”谢稚柳又和大千逗起趣来。

“先唱《空城计》，后唱《连环计》。”大千说着，又转了话题，说，“这正是你的老师给你猜的谜语，这叫‘平旦之气’。”

谢稚柳听了，哈哈大笑起来。

刚才来的并不是什么土匪，而是一支哥萨克的队伍，从这里经过，在洞子前面绕了几圈，向空中鸣放了几枪就走了。

再见了，莫高窟

来到敦煌，谢稚柳已经度过一个新年。1943年的春天，谢稚柳和张大千要告别莫高窟，去安西万佛峡的榆林窟。熟悉敦煌地理的人都知道，安西榆林窟、莫高窟，以及离莫高窟十余里的西千佛洞，是三座独立的石窟群，由于它们所藏的壁画和雕塑的时代特点与艺术风格均属一个系统，所以总称为“敦煌石窟”。

过了一个冬天，这时正是莫高窟的好季节，溪边的小草发青了，白杨也在抽出绿色的嫩芽，淙淙的溪水也欢唱起来。一年的生活，使他们对莫高窟产生了一种无限眷恋之情。

临行，张大千将张君义将军的断手用木匣装好，谢稚柳将在测量各洞时捡到的敦煌遗书碎经残页贴好，交给常书鸿转交敦煌艺术研究所保存。在于右任的倡议呼吁下，准备成立敦煌艺术研究所，由常书鸿负责筹备工作，张、谢对常书鸿说：“这都是国家的宝贝，还是让它留在敦煌。”张君义将军断手是张大千初到敦煌时发现的，外裹以墨“告身”：张君义为唐代征西将领，奉命西征，历建奇功，谁知朝廷昏庸，竟令责罚，张君义愤极，砍下右手，埋入地下，以示抗议。此系唐睿宗李旦景云二年（711）之事，距今已有一千二百余年。因敦煌沙漠干燥，断手还未损坏。

临行的前两天晚上，张大千的兴致很好，他展纸挥毫，为谢稚柳画了一幅荷花。谢稚柳的诗兴也很好，写了一首诗题在画上：

来时香柳绿当风，去日梨花雪满丛。
静对莫高山下窟，虚怜画笔泣神工。

后来，谢稚柳回到重庆，忆及敦煌沙漠风物画了一幅《沙州冬果花》，再次将此诗题于画端，诗后又题数语："此沙州冬果花，春间南行，正此花如雪，时已临别莫高窟，一绝句漫书其右。"

由敦煌去榆林，要绕道安西。安西有一句民谚"一年一场风"。谢稚柳和张大千及大千的子侄、学生们都坐在马车上，同行的还有范振绪。范振绪工于诗，精于词，长于画，因为与沈钧儒同庚、同榜、同在日本留学，又同是矮个子和大胡子，所以被人称为"六同"二老。稚柳看着这位老人不畏风沙，同车西行榆林，心中很是感动。

离开敦煌，黄沙大漠中又是一片萧索景色。但是，谢稚柳并不像来的时候那样感到寂寞了，千洞的诸佛和菩萨都活动在他的心中。就这样，他走着想着，想着走着，突然发现天空中的喜鹊都挺着翅膀，顶着逆风，很快地向后退飞。他想到小时候读《左传》有"六鹢退飞过宋都"的话，当时都认为是宋都的灾难。鹢是水鸟，哪有退飞的道理？喜鹊虽然和鹢不同，但如今毕竟亲眼目睹鸟的"退飞"了。

从安西去榆林的途中，谢稚柳还写了一首诗：

乍发斜阳下，黄尘上客裾。
大风西汉道，昏月六朝车。
拱柳颓云重，丛山暝黛虚。
渡头青未遍，寂寞尚春初。

到了榆林窟，谢稚柳看到那里的壁画和莫高窟的壁画大体接近。窟中自唐到宋、回鹘、西夏，俱有壁画，而以五代和宋为多，谢稚柳觉得难能可贵的是，他在这里看到了西夏的艺术。过去论画，他没有看到过西夏的绘画史料。西夏的画派，远宗唐法，和宋代绘画风格极不相似，妙能自创，俨然成家。谢稚柳对西夏绘画的评论是：“画颇整饬，气宇偏小，少情味耳。”

对榆林窟和水峡口，谢稚柳在记录中写道：

榆林窟（俗称万佛峡）。去安西城南一百六十里，当三危山之麓，树木苍茂，急湍中流，其境至类千佛洞。窟仅二十有九，据张氏编号，为东壁二十窟，西壁九窟，每窟分里外窟，中有甬道，可与他窟相连。元时曾重修，其始建于何时无可考。今窟中自唐至宋、回鹘、西夏，俱有壁画，而以五代、宋为多。

水峡口，在安西至榆林窟之间，奔流壮激，南北峭壁，有佛窟若干，然崩毁垂尽。今所存者，据张氏编号，仅北壁一窟，南壁五窟耳，亦作里外窟，审其旧迹，盖亦长数里，绵延与榆林窟相接，壁画虽俱出宋人，然按诸窟形状，当亦建始于元魏间。

张大千、谢稚柳在榆林窟期间，谢稚柳为刘芳画了《红叶寒雀图》，并自题曰：“癸未（1943）四月榆林窟畔为刘芳女士雅教。”张大千在此图上题曰：“此寒雀也，丙子（1936）春日见于莫干山中，山中人呼之曰白头郎，思欲笼致之而不可得也。及之海上，复见宋人集册有画之者。明年‘七七’变起，阻兵故都，戊寅（1938）夏始间关还蜀，借居青城，稚柳亦自渝州来，复见此鸟翔及林间，俱欲图写而未得也。顷来渝林窟，寄梅道兄索稚柳为其夫人刘芳女士写此。展对咨嗟，令人有流离之感矣。其画笔直逼崔赵，又不仅陈老莲已也。稚柳初师老莲，三年已突适元人。昔沈尹默赠诗云：‘昔

谢稚柳临榆林窟壁画

日老莲今稚柳，要留姓氏与人知。’似非知言也。大千居士爰题记。”

张大千跋语除了说明谢稚柳绘画的渊源不仅师陈老莲，又继承宋人画的写生传统，复得元人韵致。大千跋语中提到“寄梅”的罗寄梅，受画者为其夫人刘芳，又名刘先。罗寄梅又名罗吉梅，湖南长沙人，是著名摄影家、新闻记者，先后任职于中央社及国民党中央党部。曾在敦煌考察写生，拍摄了两万多张有关敦煌的照片，亦是著名敦煌学家。1949年后，去美国，在堪萨斯大学任教，为学生讲授敦煌学。1985年，谢稚柳赴美，在堪萨斯大学博物馆鉴定书画，与罗寄梅、刘芳夫妇久别重逢。2013年，笔者通过儿子郑海歌携《谢稚柳系年录》及《谢稚柳传》去拜见罗、刘二位，罗寄梅已不幸逝世，刘芳老人仍很健谈。

历时一年，谢稚柳对莫高窟、西千佛洞、榆林窟、水峡口四个地方作了全面的考查、研究，记录了几大捆笔记本，连一张敦煌的壁画也没有临摹过。最后，他和张大千一起离开了榆林窟，经破城子返回兰州。他把那只精心喂养的黄鸭子装在木笼子里，系在汽车的后面，要把它带回重庆的家中，但是到了兰州，才发现黄鸭子不知在什么地方丢了。直到很久以后，提到那只黄鸭子，他还深情依依地说：“大概是饿死了。”

从榆林回兰州，谢稚柳才注意到沿途的景色，回首惊心，这一年的时间也不知是怎么过来的。一路上仍是风沙相伴。他觉着戈壁的天，像倒扣过来的锅盖，离地面特别近，星星特别多，月亮和太阳特别亮，一天气候三变，“早穿皮袄午穿纱，怀抱火炉吃西瓜”诚为真实写照。他想到唐僧上西天取经的许多故事，沿途与妖魔鬼怪殊死斗争，历经浩劫，九死一生，终于把经卷取到了。他此次走的也是唐僧西行之路，不也正是去取艺术的经卷吗？往事越千年，西域那块神秘的土地，隐藏了多少的宝贝，就看你有没有胆识，敢不敢去领取啊！他望着低垂的天穹，猛地挥着双臂，像是要揪住大漠的耳朵。

一天拂晓，车过破城子，谢稚柳写了一首诗：“破城如斗障轻阴，倦客经过尽美襟。芳陌晓蒸红柳雾，暖沙风茁碧莎簪。乞怜驼褐持寒体，惜别尘蹄托去心。重上西南千里路，巴山雾雨日沉沉。”

对石窟考察的结束，给稚柳带来的是一种寂寞，他有些想家了。

到了兰州之后，张大千忙着办“张大千临抚敦煌壁画展览”，谢稚柳也忙着帮助作许多应酬，结识了一些新朋友，为朋友画了一些画，但思家之心使他的情绪不佳，感慨良久，这在他的《八月一日夜坐作，时在兰州，行将还蜀》诗里，有着淋漓的体现：

身是孤蓬心是筝，十年痴绝冷虚名。
巴山苦恋云兼雨，何似人生雾里行。

在兰州盘桓几天，谢稚柳就告别张大千，“重上西南千里路”，回到“巴山雾雨日沉沉”的重庆去了。他坐着滑竿，回到家里，家里的人都用陌生的目光看着他：“啊，这是哪里来的又黑又脏的大胖子！”

1943年6月中旬，榆林的工作告一段落，要返兰州了。临行前，张大千、谢稚柳遥对榆林窟，无比留恋。张大千作《别榆林窟》诗：“摩挲洞窟纪循行，散尽天花佛有情。晏坐小桥听流水，乱山回首夕阳明。”谢稚柳也写了一首《榆林窟》的诗：

清俭丛山一脉黄，天荒大漠约春光。
野桃寂寂花如豆，飞燕翾翾水作梁。
客里展书枫叶老，灯边埋梦柳丝长。
何缘净土消尘垢，虚对青莲散妙香。

张谢二人的诗功力不同，风格之不同，在此自见分晓了。与此同时，张心智亦在榆林窟弥勒小坐佛空白处题字留念：“癸未五月，蜀郡张大千及次子心智、门人肖建初、刘力上、旧友常州谢稚柳、同行画师五人及李福，来此作画，共十九幅。”

张大千回到成都照觉寺，继续完成他还没有完成的临摹工作，谢稚柳埋头于他的笔记整理。到1943年11月，成都和重庆的报纸报道，画家张大千由敦煌返蓉，携来临摹敦煌千佛洞壁画一百多幅，将在蓉展览。在展览会展出之前，张大千征询谢稚柳的意见：

“稚柳，把你的名字也写上去吧？”

“千兄，我一张画也没临摹，这就不需要了吧。”稚柳说。

知稚柳者，大千也。谢稚柳是自尊心极强的人，张大千没有勉强谢稚柳。展览会的作品上，张大千和他的子侄、学生及喇嘛们的名字都写了上去。

在敦煌,谢稚柳和张大千各有追求。张大千追求的是临摹,想把自己的人物画升华到一个新的境界;谢稚柳追求的是研究敦煌绘画艺术的风格流派,两人各有所得。张大千临摹敦煌画展开幕之时,谢稚柳的情绪还沉浸在他那堆笔记之中。后来,他著有《敦煌石室记》和《敦煌艺术叙录》两本著作,是研究敦煌艺术与印度佛教的关系很有权威性的著作。台湾学者在评论谢稚柳和张大千的敦煌之行时说:"最后谈到艺术上,也就是绘画的实务与学说上,张大千所获不如谢稚柳之多。"就连张大千自己也说:"我认为历史考证之价值,重过艺术之欣赏。"确实是这样,隋唐人物的衣冠、乐器歌舞等,从壁画上所获得的了解,可补隋唐五代史之不足。

第五章

几时重见蜀山青

画风丕变

敦煌之行，谢稚柳虽不像张大千那样临摹壁画，但耳濡目染，铭之于心，画风亦大变，而且开始画人物。他的绘画艺术已极为引人注意。

1944年秋，谢稚柳在昆明举行画展。展出作品六十一幅。《谢稚柳画展目次》是他自己写的前言：“翠海朝红，太华夜碧，乍经尘履，初濯虚衿，实畏炎景于三巴，始接青飙于上郡。薄言情悟，小住为佳，高情宠之以香醪，同好促迫其能事。及中年之哀乐，对老笔之婆娑，丹青自笑，疏阔奚如。”

昆明画展作品被爱好者订购一空，谢稚柳的收入也甚丰，但是到回重庆的时候，却连路费也没有了，还是新交书法家李天马资助路费。三十年后，沈尹默的夫人褚宝权和笔者谈到谢稚柳的昆明画展说：“稚

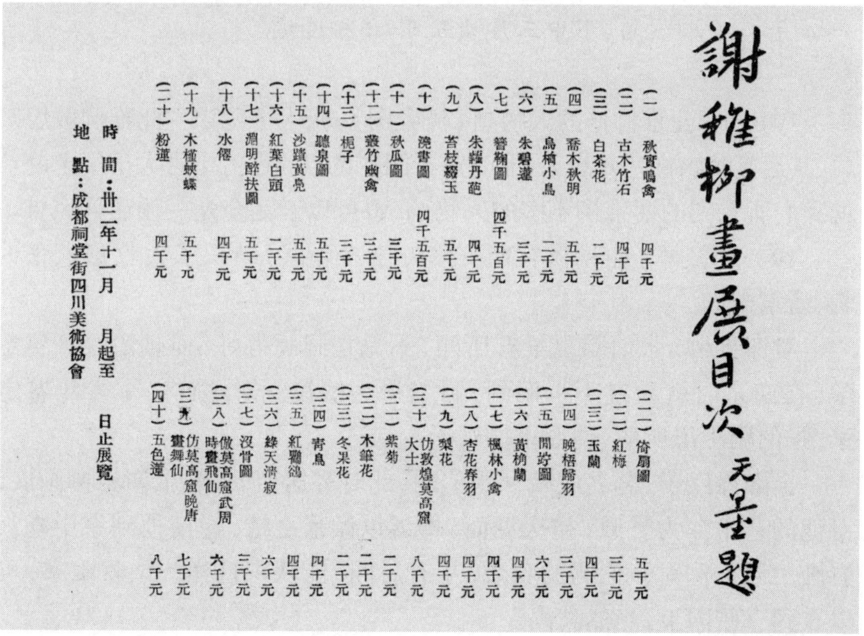

谢稚柳畫展目次 无垦題

(一) 秋實鳴禽 四千元
(二) 古木竹石 四千元
(三) 白茶花 二千元
(四) 喬木秋明 五千元
(五) 鳥桕小鳥 二千元
(六) 朱碧灘 三千元
(七) 簪鞠圖 四千五百元
(八) 朱轄丹葩 四千元
(九) 苔枝綴玉 五千元
(十) 澆書圖 四千五百元
(十一) 秋瓜圖 三千元
(十二) 叢竹幽禽 三千元
(十三) 梔子 三千元
(十四) 聽泉圖 五千元
(十五) 沙蹟黃凫 五千元
(十六) 紅葉白頭 二千元
(十七) 淵明醉扶圖 五千元
(十八) 水僊 四千元
(十九) 木槿蛺蝶 五千元
(二十) 粉蓮 四千元
(二一) 倚扇圖 五千元
(二二) 紅梅 三千元
(二三) 玉蘭 四千元
(二四) 晚梧歸羽 三千元
(二五) 間竚圖 六千元
(二六) 黃桷蘭 四千元
(二七) 楓林小禽 四千元
(二八) 杏花春羽 四千元
(二九) 梨花 四千元
(三十) 仿敦煌莫高窟大士 八千元
(三一) 紫菊 二千元
(三二) 木筆花 二千元
(三三) 冬果花 二千元
(三四) 青鳥 四千元
(三五) 紅鸜鵒 四千元
(三六) 綠天淸寂 六千元
(三七) 沒骨圖 三千元
(三八) 做莫高窟武周時釁飛仙 六千元
(三九) 仿莫高窟晚唐釁舞仙 七千元
(四十) 五色蓮 八千元

時 間：卅二年十一月　月起至　日止展覽
地 點：成都祠堂街四川美術協會

谢稚柳画展目录

柳能挣钱，也会花钱，钱都花在朋友身上去了。”

昆明展览结束，又在成都举行画展，这是谢稚柳入蜀后的第二次画展。第一次是在1942年，谢稚柳还在敦煌时，几位爱好者朋友在重庆为他举办一个画展，这是他学画以来的“处女展”。这次成都画展，沈尹默为谢稚柳题了一首诗：“小谢山水亦清发，短幅点作巨然师。春阴尔许秋色媚，四季暗移人莫知。虚堂愔愔众忘机，嘉禽仙蝶相委随。壁间大士示微笑，霜鬓一时尽年少。画师作画能逼真，愿君更作如花人。莫向老莲取粉本，态殊意远世人嗔。”

从沈尹默的这首诗中可以得知，谢稚柳绘画的内容扩展了，不只是花鸟，而且有山水，山水的风格又是巨然的派头，其中也有人物画，还有敦煌的菩萨。在昆明画展时展出的《观音菩萨》即临敦煌壁画，他在画上作了赋体的长题，题语和画一样精美高标：

玉毫香爇，光染金华，缣素云裁，芳生莲萼，伏以旃檀宝树，薝葡芳花，诸观斋心。谨橅安西榆林窟西夏大士一躯，凭斯胜因，奉资灵助，齐烟九点，沧海三生，四禅莫缚，八垢皆清，早契菩提之树，长游般若之津，一切迷方，会归觉路，甲申三月廿五日，稚柳造讫。

1946年，谢稚柳作的人物画《倚春图》，张大千题识：“此稚柳敦煌归后，其运笔及衣饰并效唐人，非时贤所能梦见也。己丑十月大千居士题。”就我们所看到的谢稚柳不多的人物画，也可以说完全是一派唐代风神。

1945年夏季，谢稚柳在西安举办个人画展，结识了大收藏家张伯驹、潘素夫妇。

对谢稚柳，张伯驹也早有所闻，不只是画画得好，而且治绘画鉴定学，在南京时就看过不少旧画，目光极为敏锐。对这样一个青年鉴定家，张伯驹尽出所藏，请谢稚柳观看。

金融界巨子、著名收藏家张伯驹，此时客居西安，看了谢稚柳画展，对他的艺术深为赞佩，初次见面，即诉以倾慕之情，邀请他到家中吃饭看画。谢稚柳对张伯驹的收藏，早有所闻，能认识这样一位收藏家，可以看到一些国宝，当然高兴。

张伯驹，号丛碧，河南项城人。其父张镇芳与袁世凯为姑舅表兄弟，官至直隶总督。张伯驹、张学良、袁克文、溥侗被人们称为“民国四公子”。张伯驹开始是从军，后来在上海盐业银行任常务理事，进入金融界，收藏丰富。

那天谢稚柳去张府，进入客厅，即见一副醒目的对联：

十有九输天下事　百无一个眼中人

谢稚柳看了，心想，好大的口气啊！

张伯驹见他注视对联，随即介绍说：“这是表弟袁寒云写的。”袁寒云即袁世凯之子袁克文。就座用茶，相见礼毕，张伯驹在条几上铺上红毡，打开画箧，把自己收藏的宝贝，捧将出来，请谢稚柳观赏。这样，谢稚柳便见到了展子虔的《游春图》。

谢稚柳还观看了晋陆机的《平复帖》，张伯驹以收藏家的慧眼和气魄，变卖了夫人潘素的首饰，以四万元大洋购得《平复帖》。后来，一个叫白坚甫的古董掮客，为日本人收买，欲以三十万大洋索购，张伯驹亦断然拒绝：“我买它不是为了钱。黄金易得，国宝无二，万一流落海外，我岂不成了千古罪人！”抗日战争爆发，张伯驹将这些珍宝藏在衣被中，全部携往西安。

陆机，字士衡，华亭（上海松江）人。晋时为官平原内史，世称“陆平原”，又与其弟陆云以文才并称“二陆”。能书，善行草，传世《平复帖》为现存书家墨迹最早者。又善诗，重藻绘排偶，且多拟古之作。所作《文赋》为古代重要文学论著。后人辑有《陆士衡集》。《晋书》卷五十四有传。宋《宣和书谱》云：“陆机虽能章草，以才长见掩耳。”

《平复帖》系墨迹纸本，草书，无款，为初期章草，亦为张伯驹收藏。董其昌跋：“盖右军以前，元常以后，唯存此数行，为稀世宝。”明詹景凤《东图玄览编》评曰：“陆士衡《平复帖》，以秃笔作章草，笔精而法古雅。真迹也。”明张丑《清河书画舫》云：“《平复帖》最奇古，与索幼安《出师颂》齐名。惜剥蚀太甚，不入俗子眼。然笔法圆浑，正如太羹玄酒，断非中古人所能下手。”清顾复《平生壮观》曰：“墨色微绿，古意斑驳，而字奇幻不可读。乃知怀素《千字文》《苦笋帖》，杨凝式《神仙起居法》诸草圣，咸从此得笔。”清吴升《大观录》曰：“草书若篆若隶，笔法奇崛。”近人傅增湘跋：“墨色有绿意，笔力坚劲倔强，如万岁枯藤。”

《平复帖》神秘孤兀，曾经是孤独者。随着人们视野的扩大和审美观的变化，才得以大放光彩。谢稚柳看《平复帖》，看它的每一个细节都感到回味无穷，觉得那朴拙率真的意态，较流利妍媚的风致更高雅；简净凝练的线条，比挥洒无余的恣肆勾连更耐人寻味，随意的布局更让人向往那自然的和谐，就连那疏宕的笔致与粗糙的麻纸，也启迪着创新意识。他感到《平复帖》作为"天下第一法帖"当之无愧。它的魅力主要在于表现出那一缕缕古色古香而又亲切可感的"真"的气息。

真是踏破铁鞋无处寻，谢稚柳终于有幸在张伯驹家一睹国宝尊颜！

告别西安，谢稚柳为张伯驹作《梅》一幅，并题诗一首："自写苍苔缀玉枝，粉痕和墨迓乡思。即今渐老春风笔，何况江南久别时。"

谢稚柳和张伯驹从西安相识，在以后几十年的岁月里，他们始终保持信函联系。新中国成立之后，张伯驹将《平复帖》等文物无偿地献给国家，由当时文化部部长沈雁冰亲笔签发了"褒奖状"，上面写着："张伯驹、潘素先生将所藏晋陆机《平复帖》卷、唐杜牧之《张好好诗》卷、宋范仲淹《道服赞》卷、蔡襄自书诗册、黄庭坚草书卷等珍贵文物共八件捐献给国家，化私为公，足资楷式，特予褒扬。"展子虔《游春图》送给故宫博物院，李白《上阳台帖》送给毛泽东。

唐杜牧《张好好诗》墨迹本。麻纸本。四接行书。四十七行，三百二十二字。28.2×162厘米。曾钤有"清燕斋""严氏书画之印""乾隆""嘉庆""宣统御览之宝"等鉴藏印。曾经宋宣和内府、贾似道，明项子京、张孝思，清梁清标，乾隆、嘉庆、宣统内府及张伯驹收藏。现藏北京故宫博物院。《宣和书谱》、《平生壮观》、日本《书道全集》等著录。上海延光室、日本《昭和法帖大集》有影印本。

宋范仲淹《道服帖》，小楷。纸本。34.8×47.9厘米。后有柳贯、吴宽、王世贞等跋。《铁网珊瑚》《清河书画舫》《大观录》《墨缘汇观》《石渠宝笈初编》《珊瑚网》等著录。宋黄庭坚草书卷有《竹枝词》《诸上座》《杜甫寄贺兰铦诗》。山谷道人工于文，尤长诗词，善草书，取法怀素。元赵孟頫言："黄太史书得长史圆劲飞动之意，望之如高人胜士，令人敬叹。"明王世贞《弇州山人稿》谓："山谷大书酷仿《鹤铭》，狂草极似怀素。生平见山谷书，以侧险为势，以横逸为功，老骨颠态，种种搓出。"

以上捐献的墨宝，谢稚柳在张伯驹家均曾鉴赏过。

谢稚柳记忆力很强，过目成诵。这些书法对他以后的书法作品成就，无疑有着很好的影响。

当谢稚柳知道张伯驹无私捐献这样多的国宝的壮举之后，曾写信向他致意。后来，张伯驹被错划为右派，谢稚柳亦常常惦念他。十年动乱时，陈毅逝世，张伯驹作为陈毅生前好友，曾作挽联一副，悬挂在陈毅灵前：

仗剑从云作干城，忠心不易，军声在淮海，遗爱在江南，万庶尽衔哀，回望大好河山永离赤县。

挥戈挽日接尊俎，豪气犹存，无愧于平生，有功于天下，九泉应含笑，伫看重新世界遍树红旗。

谢稚柳在自身难保的境况下，看到张伯驹的这副挽联，赞叹不已，在朋友中争相传抄，并介绍张伯驹的为人及其不幸遭遇。粉碎“四人帮”后，谢稚柳到了北京，住北京饭店，前往后海南沿去看望张伯驹、潘素夫妇。张伯驹夫妇亦到北京饭店看望谢稚柳。

可以说，谢稚柳在张伯驹那里见到的书画，是他继敦煌之后的又一巨大收获！

谢稚柳与沈尹默切磋书艺时，就有摆脱陈老莲的意向。他在西安张伯驹家看到这么多珍贵的书法，也为他摆脱陈老莲的字开辟了蹊径，同时也为他鉴定书画打下了更加坚实的基础。在这些书法中，他尤为喜欢黄山谷草书，由山谷而上溯怀素。

西安画展之后，谢稚柳扶杖华山。

华山当然也是他以后画图中的题材。他写的《华山玉云峰图》题辞曰：“华山玉云峰其右为西峰，左东峰也。”

巴山蜀水再攀留

谢稚柳游华山时，抗战胜利的消息忽然传来，闻捷泪沾襟！十四年抗战，多少人死于非命，多少人无家可归，多少财产化为灰烬，何等地水深火热，何等地触目惊心！谢稚柳匆匆从华山转到西安，在西安乘火车到了宝鸡。本打算乘飞机回重庆，可是连日阴雨，山洪暴发，宝鸡机场泥泞，于是改乘汽车，沿着川陕公路，翻越秦岭，向四川进发。

谢稚柳客西安时，住在旧友关德懋家。游罢华山还重庆时，关德懋由西安送稚柳至宝鸡，并作《送稚柳还蜀宝鸡阻雨》诗："几日秋阴重，殷勤留谢公。蜀山朝送雨，秦树晚来风。世世高歌外，关河醉眼中。百年羁旅意，惆怅雁书空。"关德懋后定居美国，二十世纪八十年代谢稚柳去香港时，关氏将此诗抄录寄稚柳，并附言："往事历历，如在目前，'百年羁旅'，竟成谶语，可为感叹。"

因雨阻滞留宝鸡时，好昆曲的关德懋每天以拍曲解忧，唱《嫁妹》时陶醉曲中，在兴之所至时嘱咐谢稚柳为他画《钟馗嫁妹图》。客旅之中，谢稚柳未能作画相报。两年之后，他为关德懋画了《钟馗嫁妹图》，表现了钟馗送妹于出嫁途中，骑驴的钟馗和妹妹由男女宾客簇拥而行，并题曰：

乙酉秋，予自华山将返于蜀，与伯勉老兄偕过宝鸡，阻而不得行，客舍岑寂，伯勉擅昆曲，日日歌《嫁妹》，因属为图，而人事忽忽，久未报命，越二载，斯成为此。时丁亥初夏，同在海上。稚柳并记。

谢稚柳《钟馗嫁妹图》

有趣的是潘伯鹰和陈佩秋的两则题跋。谢稚柳画成后，关德懋即嘱潘伯鹰作题。潘氏抄了《越恁好》《红绣鞋》两支曲子后题曰：

钟进士，唐时人，稚柳居士此图即用唐人笔法，众史所无，曲词中新妇乘车，而图中则随兄乘驴，乃画师笔下铲锤取合于画局也。画师与曲家各有天地，王右丞《雪中芭蕉》亦其一例。或有呵余者曰：解人无语，痴人前不得说梦，此画此言各领五十棒。丁亥大雪。

接着陈佩秋在题跋中和潘伯鹰开起玩笑，她也抄了《点绛唇》《叠字范》两支曲子后作了点题，其中有句云：

余抄得《嫁妹》词曲中首尾二支《点绛唇》《叠字范》以证曲中并无乘车之说，则驴儿马儿亦皆可乘，何况昆曲绘画同是艺术，台上一只鞭儿便是一头驴马，何须真驴真马上台，说来新妇乘驴，并不犯错，偏是潘伯鹰饶舌，当自领五十大棒，哈哈。丁丑十二月岁阑。

当时的书画家都擅文辞，他们的调皮，自然能在题跋表现出来，记下当时的一段风流。

陈佩秋继之又对《钟馗嫁妹图》作了评论，说："统观全画，布局精妙，勾描皆中绳墨，人物生动，气宇不凡。"

雨过天晴，汽车上路出发，这正好了却谢稚柳的一番心愿。因为，从川陕公路入川，他可以观赏李白嗟叹的青天蜀道。他满怀胜利的喜悦观赏山水胜景，心境自非往日可比。

到了成都，宿张大千寓所，大千出示自画小像嘱稚柳题识。稚柳题曰："自写龙文夭矫枝，苍髯坐阅老松姿。飕然堂上清风发，何况相逢执手时。乙酉九月自长安还巴山过成都。大千八兄命题，稚柳弟谢稚。"

告别张大千，谢稚柳复作峨眉之游。

往日，他曾领略过三峡风光。三峡险象丛生的江水，往往使人联想到日寇的凶残，社会的动乱，身世的凄凉，"江头未是风波恶，别有人间行路难"，倍增飘零之感。而今，回想起来，那西陵峡的湍急，巫峡的狭长，瞿塘峡的险峻，层层如画，曲曲如屏，在心中又全是美好的印象。往日的人生，宛如雾中行船，而今，拨开云雾，太阳出来，心中牵挂着的，便是那两岸的连山，汹涌的江流，巫山上舞动着轻纱的窈窕神女，还有屈原的故乡秭归，明妃的村庄香溪，以及那彩云间的白帝城，那猿的啼叫，那千百年来流传的许多神话故事……

巴蜀是天府之土，偏在祖国的西方，名山胜水，何可胜数，今将离去，怎能不再流连一番，怎能够不辞而别呢?

自古以来，秦、蜀被高山峻岭阻挡，从前由秦入蜀，须经太白山、青泥岭。太白山只有鸟儿能从低缺处飞过，没有人行的道路，青泥岭“连峰去天不盈尺，枯松倒挂倚绝壁”，那都是不可逾越的险阻，这便是李白所嗟叹的蜀道。由秦入蜀有古栈道。它是在山岩间凿石架木建成，路面狭窄，山上树木蓊郁，枝叶婆娑，由上覆盖下来，把逶迤、峥嵘、高峻、崎岖的栈道笼罩着。相传“明修栈道，暗渡陈仓”就是这个地方。

谢稚柳从川陕公路入川，蜀道还不似古时的难行，但仍非常艰险。汽车要经过蜀中要塞剑门，剑门地势险要，“一夫当关，万夫莫开”，易守难攻，历史上在此割据称王者不乏其人。剑门天下雄。在大剑山和小剑山之间有一条三十里长的栈道，群峰如剑，连山耸立，峭壁中断如门，形成天然要塞。

公路两旁，古柏森森，连绵三百里，浓荫蔽天，当地人都称为“张飞柏”，据说为当年张飞手栽。过去旧的县令卸任，新的县令到任时，“张飞柏”也是他们清点移交的项目之一。谢稚柳印象最深的是道旁那些连株合抱的大柏，多四五人围，奇古纷拿，怒发盘曲，宛若张旭的狂草。离剑门几十里的七曲山上，有关羽庙，重楼复阁，雕栏飞檐，状甚雄伟。该庙亦环抱在修松茂柏、苍绿沉沉之中。有清泉从松间流出，清澈可鉴，听此松风泉韵，谢稚柳顿觉平生热念，湔除殆尽，陶醉在大自然中。剑门的雄奇险峻，沿途的奇山异水，为谢稚柳以后的创作，开拓了奇崛峭拔的艺术境界，“张飞柏”的千姿百态，为其书画增添了别样情趣。

到了成都，许多外地人归心似箭，谢稚柳也有同样的情怀。不同的是他一切服从于艺术，他要“搜尽奇峰打草稿”，入蜀不到峨眉，正如到了黄山不上天都峰、鲫鱼背，会成为他艺术生涯中的空白、憾事。人生的机会不多，入蜀西游不易，就这样，他改变了立即回上海的打算，从成都南下，去观赏中国的名山——峨眉。

汽车至五津镇，渡过号称“走遍天下路，难过五津镇”的三洞水，抵对岸邓公场，然后经彭山到了眉县。眉县是苏东坡的故乡，建有纪念苏氏父子的“三苏祠”。庙堂深深，小桥曲曲，绿水弯弯，茂林修竹，煞是清幽。三苏堂后，翠竹潇潇，令人想见三苏遗风。谢稚柳站在苏东坡塑像前，念及他的翰墨风流，旷代才华，不知想说点什么，又觉与这位古人似曾相识，诗情画意，一时俱在心中激荡。

当晚，留宿眉县一小旅舍。不料这里的旅舍竟又脏又乱，夜里蚊子成阵。谢稚柳蜷曲帐中，一灯如豆，欲明欲灭，只觉浑身发痒，有东西在身上爬行叮咬，一掌下去，臭气难当，起身细看，那床板上、被单上，一串串臭虫正在蠕动，心里顿时发麻，翻身下床，观那帐子，哪是什么蚊帐，全是用挽联缝成的大布袋。

夜已深了，秋风阵阵，虫声凄切，那帐子没法钻进去了，那臭虫不敢再领教了，坐在桌旁，用东西驱赶着蚊虫，先前在三苏祠见到的一切又涌上心头，想到苏东坡几次留居自己的家乡常州，最后老死常州，不禁诗从中来，吟成七绝一首：

东坡久客江南老，已断顾塘桥水流。
可怜黄昏灯火冷，无人与说过眉州。

就这样，谢稚柳心中由一种寂寂的清冷，牵引出一段淡淡的乡愁，挥洒在苏东坡的故园里。

翌日，张大千的友人陪着谢稚柳到了嘉州。嘉州大佛（乐山大佛）——世界第一大佛，依凌云山山崖凿成，大佛脚背上，可以安放四张大方桌。大佛脚下为岷江、大渡河汇合处，水域宽阔，汹涌浩荡。江、河的水色不一样，犹之于三峡的大宁河到长江入口处，长江水黄，大宁河水清；岷江水清，大渡河水黄。上游不远处为青衣江。从凌云大佛岩过一条小溪为乌龙寺，有许多名人碑刻，亦为名胜古迹。嘉州大佛山水，给谢稚柳留下深刻的印象。

由嘉州去峨眉，经过青衣江大桥时，汽车开不动了，车上乘客都下来推车，好不容易穿过青衣江大桥，到了峨眉山麓。沿途游报国寺、伏虎寺、清音阁、白龙江、红椿坪、九老洞、洗象池，最后经接引殿到达金顶。

沿途云杉迤逦，猴子成群。伏虎寺的残破禅房里，蝙蝠绕梁，硕大如鸽，令人生畏。清音阁"琴声"清越，此为弹琴蛙发出的鸣声。洗象池的夜晚，常有松鼠窥视于窗台，闻人声倏尔而逝。峨眉是山外有山，天外有天，傍晚，山峰托着弦日，山岚飘拂，宛若仙境。面对这样迷人的夜色，谢稚柳思绪万千，不禁想起李白的《峨眉山歌》："峨眉山月半轮秋，影入平羌江水流。夜发清溪向三峡，思君不见下渝洲。"吟及此，他的心中，总会生起一种莫名的惆怅。他原不是多愁的人，但是，他善感。这次与峨眉山相会以后，即将东归，巴蜀的山水，已经化为他艺术天地里的缕缕情思。

虽是秋天，金顶上已生火盆，还得披上和尚的毡衣。下午三四点钟，太阳在云海中奔涌，佛光倒映在云海上，秀甲天下的峨眉，顿时无比壮观。从下面看峨眉山，像个秀丽绝伦的美女，在金顶上，却一片开阔，极伟壮，像充满阳刚之气的英伟壮士。

金顶风巨，百草尽伏，石楠花迎风而立，傲岸盛开，那紫色的花朵，长形的叶子，风姿特异。谢稚柳很欢喜这种花，回到报国寺，他挥毫展纸画《峨眉石楠花图》，并赋诗一首，用他那秀美潇洒的书法题在画上。其诗曰：

秋风吹雪峨眉顶，犹有高枝发素馨。
惆怅寒葩依旧谢，几时重见蜀山青？

这张图诗、书、画相得益彰，和谐完美。

他依依不舍地离开了峨眉，转回重庆，告别四川，回到上海。

谢稚柳客居四川重庆八年，可谓久矣。在川期间，夔门之险，剑门之雄，峨眉之秀，青城之幽，皆得以饱览，锦江春色，嘉陵花月，令他难忘。总之，蜀中的山山水水，皆成为他画笔的灵感和素材。在以后的"漫忆旧游"中，他画了《峨眉金顶》《峨眉烟景》《峨眉积翠》《蜀中山色》，春夜写《蜀中山水》等图，饱含着对蜀中风物之美的怀念。即使不是专写蜀中，也可以在其他画中见到蜀中景物，如《松瀑云深图》，其题辞曰："春日戏写松瀑云深图，有蜀中山水趣。"可见忆念之深。

结伴还乡

青春作伴好还乡。

将回上海，谢稚柳为王曼士（春渠）作《柳荫高士图》，并作长题以叙离别之情，题曰："春老江南又一年，玉兰花谢柳吹绵，池塘一夜廉纤雨，芳草天涯忆惠连。辛巳（1941）三月，曼士自海上贻书抵蜀，见怀此诗兼命为图，予时常于尘俗。琐琐不得暇，其明年复有敦煌之役，居大漠者一年，旋又南游大理，北寻太华，西登于峨眉，数年来虽自放于山泽，又势于餔啜之事，而海上音书间阻，不获报命，忽忽又五年。今将东归，重检箧衍，复睹此诗，念与曼士别八载，重贞宿诺。今会合在迩，聊作此图，倚装草草，得为因见之资云尔。丙戌三月初九日，稚柳弟临发渝州并记。"

谢稚柳和夫人端如及两个女儿回到上海，在新闻报馆担任经理，定居虹口溧阳路。沈尹默定居海门路，两家近在咫尺，对巷而居。稚柳和端如结婚八年，回到上海后，谢仁冰的气消了，又和端如恢复父女关系。

到上海不久，谢稚柳的个人画展，在成都北路中国画苑举行。和稚柳交往的大都是学者名流，都有着忘年之交，但他的几次画展都是自己作序，上海画展又是如此，自序云："蜀道迟徊，春秋八易，乡关重履，又闻乱莺，回首岁华，忽焉尘梦，既流离于世故，初自放于丘壑；剑阁峥嵘，峨眉横绝，渭城朝雨，太华夜碧，观离堆之巨流，登青城之崔巍；平生行屐，将无暇宠崇丹青，乞灵水墨，俯仰无极，陶写有涯。曩者，北绝大漠，观于石室，六朝隋唐之巨制，犁然荡心，先迹神皋，山林奥府，以论画事，疏阔奚如。"

谢稚柳在上海（三十七岁）

这篇小序，可以说是谢稚柳八年行踪的缩影，也是他绘画艺事的小结，此时心情清新开朗，没有巴山蜀水秦岭大漠中的惆怅与寂寞了。

抗战胜利后，原来在重庆的老朋友都一一东归，又欢聚上海。

1946年10月，张大千要在上海举办画展，也从成都来上海，与沪上诸诗朋画友把臂欢晤。此时张大千住在红颜知己李秋君家。李秋君是宁波"小港李家"的后代。小港李家的庞大财富与事业的创始人李也亭，少时从小港来上海以学徒谋生，后转业沙船帮发迹起来。李秋君为第四代，兄弟姐妹七人，用"祖"字排行，老大祖韩，老二祖夔，老三是个女儿，就是李秋君，名祖云，别署欧湘馆主，善画，在上海有才女之称，和谢稚柳的姐姐谢月眉等女画家，组织画社，也别具闺秀之风雅。

海上重逢张大千

对谢稚柳，张大千曾说"无事不可对君言"。张大千与李秋君关系过从甚密，在苦苦追求她，李秋君虽说是才女，但并不风流逾矩，守着界限。大千向稚柳道出心中的苦恼，稚柳说："你要让李秋君作四夫人，她是不会干的。八兄对她又是那样情痴，我看是生不能同寝的了。"李秋君的冷艳，张大千无可奈何，念及今后，两人就相约合购墓地，互写墓碑，死后邻穴而葬。张大千在自述中也说："我们生不能同衾，说来也不足为外人道，秋君也顾及名分并不逾矩，她还说我有三位太太，不知谁先过世，因此她写了我的三种墓碑，并半开玩笑说，不知哪位太太的运气好，会与我同穴合葬，我也写了：'女画家李秋君之墓'。"

一天，又在李家相聚，李祖韩大为赞赏谢稚柳的"老莲体"书法，请他书写一副对联。谢稚柳给李祖韩打趣，书写"乐中作苦，闲里偷忙"。这很符合李家的生活情景。这时李家的三弟祖模亦请稚柳书一对联。稚柳提笔以反前意写了"苦中作乐，忙里偷闲"八字。每条联语只有四个字，纸的下半部空着。张大千再补题："稚柳既为祖韩大兄书乐中作苦、闲里偷忙，复为祖模三弟书此，盖两公皆以乐为苦，以闲为忙，信非两公又安知闲乐之苦哉。"

张大千在画展之际，沪上的旧朋新友，常到李宅大千的住处相聚。张大千有一手烹饪手艺，每有朋友相聚，会乘兴下厨，亲自做几个菜给

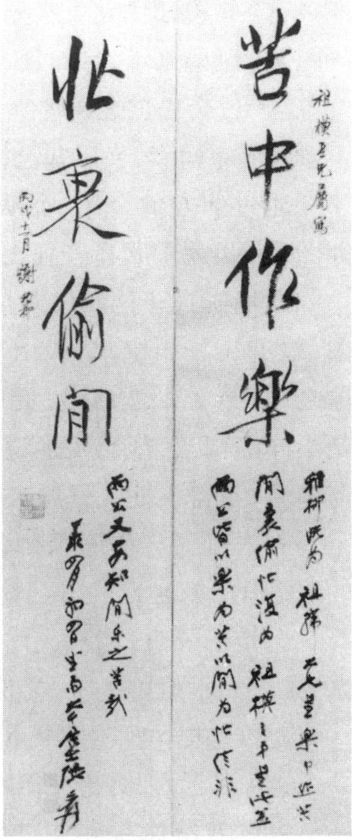

谢稚柳对联“苦中作乐”

大家品尝。这次他做了一个青鱼羹。大家都觉得鲜美无比，大家赋诗作贺，谢稚柳作《张大千青鱼醉蟹作羹其味清绝戏为之赞》曰：“青鱼嫩白愧岩鲤（重庆嘉陵江山岩下激流中鲤鱼极鲜嫩），醉蟹登盘贵似金。莫遣东西并二美，春来梅子不胜簪（北宋词人贺方回名句：‘梅子黄时雨’，贺发秃，人从背后见之谓：‘此真贺梅子也！’）。”1970年，笔者为稚柳整理诗稿时，此诗改为：“张大千以重庆岩鲤与苏州醉蟹作羹其味奇绝戏为之赞：嫩肥岩鲤夸巴峡，醪汁参羹醉蟹焐。莫遣东西双美并，春来梅子不胜簪。”此诗一改，比原诗更有韵味，作者对巴山蜀水的怀念亦跃然纸上。一天，谢稚柳、张大千、吴湖帆、陈巨来等在一起吃饭，稚柳、大千都欢喜吃冰淇淋，各夸口能吃多少，大家鼓励他们来个吃冰淇淋比赛。这天，谢稚柳吃了八只，张大千毕竟年长，吃了七只就不行了，最后勉强又吃了半只。谢稚柳晚年与笔者谈及此事，还有些乐在其中的余兴，说：“这次是我吃冰淇淋的最高纪录，以后再没打破过。”此时，物价狂涨，张大千也不无感叹：“一画入，不及一席之资，真要赚钱，还不如改行当厨师。”话音刚落，湖帆等人就说：“你和稚柳都可在上海开一个敦煌饭店。”谢稚柳说：“还可兼售佛脚冰淇淋。”因敦煌奇寒，石窟内佛像脚下常滴水成冰，大千和稚柳曾戏称此为“佛脚冰淇淋”。

张大千这次在上海，谢稚柳、吴湖帆、陈巨来、江寒汀几乎天天去李宅与他聊天，有时谈兴很浓，直至凌晨两三点钟方归。他有时讲讲自己仿制古画骗过画家的经过逸事，有时和大家一起观赏他的名画。这次，张大千带来从北平新购得的董源《江堤晚景图》，但图上没有题跋，请谢稚柳鉴定。谢稚柳从赵孟頫的书信中找到根据，在图上作了长题，证明此图必为董源无疑。后来，张大千慷慨将此借给吴湖帆。湖帆看了多日，题了七律一首，并跋云：“大千八兄自蜀来，携北苑《风雨起蛰图》及此《江堤晚景图》二巨幅见示，悬梅景书屋中若干日，坐卧其下，欣快万状，知北苑之气象浩瀚，会松雪之风神绝世，自有渊源也。兄之压箱富丽，真令人艳羡不置。漫系短章，幸以知己视我，一粲正之。丙戌仲冬小雪日，吴湖帆。”

通过朋友的介绍，张大千在上海又以重金购得董源另一巨制《潇湘图》。张大千欣喜若狂，马上通知谢稚柳来鉴赏。

谢稚柳打开这四尺多长的卷子，这是一卷着色山水，山水以花青运墨，没有奇峰峭壁，皆长山复岭，远树茂林，一派平淡幽深，有着苍茫浑厚之气，远处烟波浩渺，无穷无尽。这和他经常看到的北方画派，完全是不同的情致，他感叹地说：“千载以来，董源的才情和他那高深的观察与体验，不得不使人佩服。”

张大千又告诉谢稚柳，上海的大收藏家庞莱臣家中藏着一卷董源的《夏山图》，他已经和吴湖帆一起去看过。

谢稚柳一听，当然大为动心，他要张大千和他一起再去看一次。但是，张大千不想再去了，要他自己去看。

谢稚柳想：“我还是个小人物，庞莱臣会不会让我看呢？”这时，他认识一个姓王的朋友，和庞莱臣特别熟，谢便要这位朋友引荐到庞家去看画。

“好，我给你写封信。”姓王的朋友热情答应了。

庞莱臣的性格，谢稚柳早就听说过，一般人到他家看画，总是给看清代“四王”的画。名气大一些的去看画，可以看到明四家沈、文、仇、唐的作品。除了张大千，在上海能看到他那董源《夏山图》者极少。

谢稚柳想，到那里去看明清的画没有意思，这类画看到的机会较多，要看就得看《夏山图》。

庞莱臣会不会给他看呢？

“你先把信寄去，说我点名要看《夏山图》。”谢稚柳说。他想如果庞家不同意，他也就不去了，免得到那里碰钉子。

过了两天，庞莱臣回信了，欣然同意给他看《夏山图》。

到了约定的那天，谢稚柳到庞家去了。

到了那里，庞莱臣已经把《夏山图》拿了出来。

谢稚柳打开图，迅速地把这个一丈长的卷子从卷首看到卷尾，有了初步印象，然后又一段一段地向后看，看到卷尾，又回过来从卷首看起……

"张大千的《潇湘图》你看过了？"庞莱臣问。

"我看过了。"

"你看怎样？"

"庞莱老，你看怎样？"谢稚柳回答得非常谨慎。他知道，像庞莱臣这样的大收藏家，见多识广，眼力是很不错的，不好轻率地表明自己的态度。

"你想想看，五代到现在多少年了？他的《潇湘图》还是那样新，有可能吗？你看我的《夏山图》，旧到什么样子，这才是真的，他那卷是假的。"庞莱臣身上那种收藏家的性格特别鲜明。谢稚柳感到这位老人可亲可敬。

"这两个都是真的。"谢稚柳的话没有说出来。

看完之后，庞莱臣马上要把卷子收起来。

"我还要看。"谢稚柳用手按着卷子，怕庞莱臣真的收进去。

"好，吃过饭再看吧。"庞莱臣说。

中午，庞莱臣请谢稚柳吃了西餐。吃过饭，庞莱臣说："我就不陪了。"

庞莱臣的儿子庞秉礼陪着谢稚柳，在客厅里继续看《夏山图》。

谢稚柳一直看到薄暮，才离开庞莱臣家。晚上，他躺在床上，像背书一样，把《夏山图》又凭记忆温习了一遍。

经过研究，谢稚柳发现董源的画在宋代一般评价并不甚高，如《圣朝名画评·山水木林门》列李成、范宽两人为"神品"，而说"宋有天下，为山水者，惟中正（范宽）与成称绝，至今无及者"，巨然只列在"能品"，无董源。《五代名画补遗·山水门》也仅列荆浩、关仝二人为"神品"，而无董、巨。郭若虚的《图画见闻志》论三家山水，也只抬高吴、李、范三家。只有米芾才称董源为"近世神品，格高无与比"。到了元代，汤垕的《画鉴》才评论："董源得山之神气，李成得山之体貌，范宽得山之骨法，故三家照耀古今，为百代师法。"

在谢稚柳看来，一个画家被人承认和理解是很不容易的。史传明代董其昌家里，曾经悬挂了董源和黄公望、倪瓒的画，而他的朋友们却只欣赏黄公望及倪瓒，不向董源看一眼。虽然倪、黄正是从董源演变而来，而歌颂者却不归董而归倪、黄了。对此，谢稚柳感慨系之，自己作了江南画派的《青绿山水》，并写了诗文题记：

何事人间有白头，相看长此故林丘。
翻愁地老天荒日，减尽风怀是旧游。
老董风流殊未陈，倪黄踪迹得前身。
思翁已叹迷来处，绝意当时一辈人。

诗后还有一段文字说：思翁记云："金吾郑君与予博古，悬北苑于堂中，兼以倪、黄诸迹，无复与北苑著眼者，正是不知元人来处耳。"

诗家小谢画尤勤

研究敦煌壁画，看张伯驹的收藏，使谢稚柳从陈老莲的风格中走了出来，画了一部册页，诗人、书法家潘伯鹰为此册写了五言古诗，并序曰："展子虔《游春图》、王诜《烟江叠嶂图》及宋徽宗《雪江归棹图》，今皆在张伯驹家，稚柳与余皆见之。稚柳见诸宋画，其画大进，此册有一帧近《雪江图》，而能以己意变化，是不可及也。"诗中有句："世间有奇画，戒入谢生眼。天机契瞬息，五指倏潜转。古人惨淡心，杳与不传远。咨嗟百代下，追摄使之返。道君《雪江图》，粉色落冰茧。何来修月斧，斫取入梁苑。思融出剪裁，笔微印深浅。若云是赵佶，匿笑恐不免。多生自慧业，万里有重趼。丹青忘老至，朱紫久笑遣。潘生为作诗，息壤在遥巘。"

谢稚柳《仿宋徽宗〈雪江归棹图〉》(局部)

谢稚柳的艺术日趋走

向成熟，则是从重庆回到上海之后。“痴绝雾城年少客，寻常晓月误帘钩。”如果说谢稚柳的这两句诗表现了他在重庆对绘画的痴情，那么到了上海之后，就更是如醉如狂。1948年，张大千在北平时，画坛高度评价他的画，他谦虚而又严正地说：“中国当代画家只有两个半，一是溥心畬，一个是吴湖帆，半个是谢稚柳，另一半已经故去，那就是谢稚柳之兄谢玉岑！”

一天，潘伯鹰携谢稚柳旧作《酒柳手》重访，画已变色，要稚柳重新补色。《酒柳手》是1943年稚柳客重庆时为潘氏画的，画成，稚柳题识曰：“秋日，绍杰饮凤翔旧酿，华阳乔壮翁因言：‘凤翔酒、柳、手，世称三绝。’伯鹰道兄遂有吟制，并属予写此归之，癸未嘉陵江上。”（题跋中所说的酒、柳、手，即凤翔三宝：西凤酒、东湖柳、女人手。）此画裱成后，潘伯鹰将其诗书于画上，诗云：“发映樽中酒，风约窗前柳。十五凤翔人，提壶扬素手。劝君莫惜醉如泥，此境人间哪常有。古来但见骨成灰，何事欺人三不朽。”乔大壮亦有诗题于画上：“玉手提壶柳陌头，醒来一笑醉中休。魂销尺幅三唐本，四十年前宿凤州。”谢稚柳重睹旧物，随手给潘伯鹰重新画了一张，在原来的一张画上题写道：“伯鹰道兄癸未客渝州时，有凤翔三绝诗，曾见命为图，乙酉东虏瓦解，我受降于南京，其时因得与伯鹰重履江南。比者，伯鹰将迁于新居，与余密迩，重展斯图，则柳枝俱变

谢稚柳《仿王蒙山水》

黝色，不复能副三绝之意，属余重润色之。始予以石绿写柳，石绿不能与粉合，合则变黝色，当时殆以笔上粉未洗尽渗入石绿中耳。余因求别为作图，以当旧制，然伯鹰欲并存之。故人念我，见爱拙笔如此，虽铭心惶愧，又何能以鄙俗浮谦之词重辱故人耶？丁亥四月十一日夜，海上迟燕草堂。”1986年，笔者赴陕西凤翔采访秦公一号墓考古时，偷闲访当地民俗，亦听到凤翔三绝：东湖柳、女人手、西凤酒。西湖在凤翔县城城关，苏轼为凤翔通判居此，湖周古柳参天，传为苏轼手植，湖中有碑，为苏轼手书《喜雨亭记》。凤翔妇女多善刺绣，时值文化馆举办历代刺绣展览，有围帐、门帘等。西凤酒为凤翔酒厂所产，异香扑鼻，闻之欲醉。

谢稚柳《仿范宽北派山水》

谢稚柳《仿燕文贵山水》

1947年秋，《谢稚柳画集》一集出版，1948年春又出版二集，各十二幅。稚柳作品出版并不多，但引起社会极为重视。潘伯鹰在《谢稚柳画集》一集序言中写道："谢稚，字稚柳，常州人，为名工笔花卉画家谢月眉女史之胞弟。工书画。所画山水、人物萧散秀逸，有宋元遗韵。花卉、翎毛亦甚精妙。书法二王，行楷苍劲高古，甚为艺林所称道。旅居沪上，自榜其庐曰迟燕居。不轻易为人著笔。故作品传世不多，益为鉴藏家所珍视。稚柳于丁亥年春自题《泽畔行吟图》，诗云：'江干垂柳织吴丝，青眼唯余去后思。彩笔工裁绮靡体，金荃难得淡渊辞。远公莲社攒眉地，老子南楼咏夜时。浮世风期宜少贬，未应落寞是矜持。'想见其高洁之风标矣。"

丁亥为1947年，谢稚柳榜其居室为迟燕居、迟燕草堂，别号乌衣。可见乌衣巷的旧事又隐隐浮泛心头，潘伯鹰在序言中说"想见其高洁之风标"，可谓对谢稚柳知之甚深。

张谢之别终无相见日

1947年，张大千又来上海画展，此时梅兰芳也正在上海，由大千弟子糜耕云出面邀请，在李秋君宅相聚。谢稚柳亦被邀请参加。宴会伊始，张大千向梅兰芳敬酒，说："梅先生，你是君子，我是小人，先敬你一杯。"梅兰芳不解其意，忙含笑问此作何解。大千笑道："你是君子，动口；我是小人，动手。"引得满堂宾主大笑。不几日，张大千、梅兰芳、谢稚柳又齐集吴湖帆宅，"弄笔为欢笑"。吴、梅合绘《梅兰图》一幅，吴湖帆先画幽兰，梅兰芳添补梅花，请张大千咏小令题之。张大千作《浣溪沙》词一首，不愿贸然题写，交给谢稚柳，稚柳易点数字后，再由大千题于图上，词云："试粉梅梢月有知，兰风清露洒幽姿，江南正是好春时。珍重清歌陈簇落，定场声里动芳菲，丹青妙笔赋新词。"该图完成后由梅兰芳携归。

张大千画展在成都北路中国画苑举行，展出作品百余幅，大部分是工笔重彩。张大千请谢稚柳为画展写了前言：

大风堂弟子送别张大千

二十年前，初闻蜀人张大千，美浓髯，强饮食，纵谈笑，其画如清湘、雪个、渐江、髡残，豪迈奔逸，才藻新奇，后于白门得相会合，当时戏为小诗："大千谈笑如芳酒，雨雪相逢白下门，底事桃根成小别，孤衾无梦也销魂。"往事回首，又十余年矣。大千好遨游，多蓄法书宝绘，奇气磅礴，下笔如风雨，使人意夺神迷，间尝与人论东坡才情，每叹大千与之相合，倪云林赠王蒙诗云"王侯笔力能扛鼎，五百年来无此君"，盖自东坡迄今，且八百年矣，时人每以予为知音，盖知大千者，知予之非阿好溢美。比者，大千东来，即将以其法绘，假成都路中国画苑展览，画凡九十余幅，流派毕具，如入山阴，要其所宗，阎立本，顾闳中，董源，巨然，刘道士，高克明，王希孟，郭恕先，李龙眠，道君，易元吉，崔白，李迪，下至元四家，靡不得其神髓，多出新意，大千乱真清湘，久为人知，今日乃不复入清湘一笔，游刃造化之中，驰骤千载之上，得山林之神趣，穷笔墨之玄奥，古人论山水，必称三远，又所谓尺幅有千里之势，今日读大千之画者，试绳以此数端，必能备其众长，大千既居敦煌久，凡其人物，全出唐人法，故神采特胜，鞍马亦复追踪曹韩，世传李龙眠画马，能摄其神，大千之笔，雄健沉酣，真如庖丁解牛，其神骏之致，要得以平视龙眠，宫室台榭，祖述三唐，下绍两宋，信足与郭忠恕辈，揽辔并驰，至若道君、崔白，擅写生，守神理，实花鸟之宗师，追风沿波，新奇并发，盖绘事多门，千百年来，其萃于一人者，予尝谓大千，公画得之于刚而啬于柔，妙于奔放而拙于谨细，今日则阳刚既胜而柔耨特赡，奔放斯炼而谨细转工，大千乍当始满，而须发半白，自谓垂老，傥所谓“老去渐于诗律细”者非耶。

画展结束，张大千将离沪回成都，到谢稚柳宅上拜访告别。这时适逢谢玉岑的儿子谢伯子前来拜见。谢伯子临摹张大千赠其父亲近百幅山水人物花鸟，张大千看了伯子绘画作品数幅，莞尔而笑对伯子说：“你的画颇像我。”并勉励伯子好好学习，不要只学一人，还要多多吸收古今各大家的长处。

临离沪前，张大千将“大风堂同门会”印章交弟子伏文彦，嘱其保管，特邀谢稚柳、陈巨来合摄一影，互相签名留念。

1948年，以郭忠恕的《避暑宫殿图》为媒介，谢稚柳和陈佩秋相识。《避暑宫殿图》为陈佩秋收藏。此图无款识，但钤有“宣和”印，由宋徽宗御笔题签为郭忠恕的作品，在《宣和画谱》第八卷宫殿数列为第四，并有郭忠恕小传，可知此图为宣和内府所藏。陈佩秋带着这张古画，由老师山水画家郑午昌陪同，前往鱼饮溪堂，请谢稚柳鉴定。谢鉴定郭忠恕真迹，谢稚柳、陈佩秋第一次相见，话题还是围绕着郭忠恕的《避暑宫殿图》。可是命中注定这两位画家要走到一起，谱写了独具历史价值的篇章，奏出了艺术的和生命的交响曲。

谢稚柳著《敦煌石室记》封面

张大千离开上海回成都后，于1949年9月中旬，偕夫人徐雯波由成都乘飞机去港，从此开始了颠沛流离的生活。到1950年，才在曾任国民党政府“驻印大使”的罗家伦的帮助下赴印度新德里举行“张大千画展”。画展结束，赴阿旃陀石窟考察研究，临摹石窟壁画，和敦煌壁画进行比较研究。后又偕夫人到达印度北部喜马拉雅山南麓的风景胜地大吉岭，深被这里的美丽风景所吸引，“确有流连不忍离去的感受”。为了不虚此行，遂在此赁屋暂居，日日登眺为乐。

郭忠恕《避暑宫殿图》

此时，张大千想到的还是谢稚柳，给稚柳寄来阿旃陀石窟画画册，无信，只有一首诗：“故山猿鹤共相猜，甘作江湖一发材。亭上黄茅吹已尽，饱风饮雨未归来。庚寅夏，大吉岭写。”

谢稚柳接到这些画册，深知张大千的用意，要他把敦煌石窟壁画和阿旃陀石窟壁画作比较研究。张大千不知道，谢稚柳的《敦煌石室记》一书，已于1949年2月出版。

从此，谢稚柳与张大千开始梦绕神牵的生活，盼望着几时再见蜀山青。

女儿们的回忆

谢稚柳二女儿谢珏在回忆全家1949至1950年的生活时，这样写道：

1945年抗战胜利后，我们举家从重庆迁回上海，我和爸爸接触的时间比以前多了，使我逐渐认识我的爸爸，其实他是一个十分和善可亲、乐于助人、慷慨大方的好好先生。

刚回到上海，爸爸在新闻报馆觅了一份差事，报馆分配给我们一幢日本式的弄堂房子，爸爸忙着找木匠、泥瓦工来改造房子，很快把一家安顿好，因为我的几个堂兄将要和我们住在一起，他们从小失去父母，爸爸就承担起抚养他们的义务。

有一个冬天的晚上，爸爸带我们全家去看电影，我是最小的，爸爸叫我躲在他的氅里，风就吹不着我了。还有一次爸爸带着我们去离家很远的兆丰公园玩，那个年代能去一次公园真是不简单的事情，所以至今不忘。

爸爸对妈妈也是很体贴关怀的，妈妈许多漂亮的旗袍衣料都是爸爸帮助挑选的，而且爸爸怕衣料不够，总是想整匹买回家。有一次爸爸替妈妈订做了一件海虎绒大衣，送货员在送货途中遭到抢劫，只好又赔了妈妈一件。

我家的小院子里除了种茶花外，还有一个大铁笼子养着一对斑鸠，爸爸每天都在院子里观察斑鸠。有一天，突然发现两只斑鸠不见了，原来不知谁喂完了鸟食后忘了把铁笼的小门关上了。

那时候，我们全家喜欢聚在亭子间爸爸的画室(苦篁斋)里看爸爸画画，帮爸爸磨墨、磨颜色，换水盂里的水，妈妈还趁这时替爸缝精致的图章套子。我觉得很奇怪，爸爸怎么老是把蘸着墨汁的毛笔放在嘴唇上压平，画完画还经常用家乡话吟诵古诗词，爸爸那时的神态至今还栩栩如生地活跃在我的记忆中。

姐姐很喜欢模仿爸爸画画，有一次她把一把空白的扇子夹在画扇子的板上，居然也学爸爸画了一幅竹子扇面，爸爸看了就鼓励姐姐说画得不错。还有一次，我信手在纸上画了一个尖鼻子男人，爸爸看到后说:“小珏画得很好嘛。”

上海刚解放时，爸爸失业了。但全家的生活担子还是压在爸爸身上，他借了债来支付家用。但爸爸一点都没有愁眉苦脸。记得年底时有人上门逼我们交房租，爸爸很和气地对来人说，年关时不作兴讨债的，过了年一定交房租，那人很不好意思地走了。我们都松了一口气，爸爸巧妙地把讨债的打发走了。那几个月，爸爸常和我们一起玩扑克牌、踢毽子，爸爸的毽子踢得很好。他不仅会打环，还会玩很多花样，比如用鼻梁接着踢起来的毽子等等。爸爸说他很小的时候就会玩毽子了。爸爸喜欢吃花生米，常常在晚饭后差使我们到马路对过的炒货店买花生米。冬天时，爸爸还喜欢吃生萝卜。我就是在那个时候学到了“爱吃萝卜不吃梨”这句谚语的。这样的日子过了不多久，爸爸就被上海市政府聘请到上海市文物保管委员会工作了。

女儿谢小珮对五十年代的生活，也有着这样一段回忆：

童年是朦朦胧胧的，父亲偶尔会逗逗我。那次记不得他说了些什么，反正一句话说不好，我就哭，一气之下三天没理睬他。父亲是极有分寸的。他不多话，也不会像我一样情绪化，但他并不是没有脾气，而是晓得控制到何种程度，若他真的动了怒，是怪吓人的。十二岁我小学毕业，和几个唧唧喳喳的小女生同去报考舞蹈学校，考试完毕，一连几天我心事重重地等着回音，不料通知给父亲拆看了，他一声不吭，某日晚饭时，他才伺机当着全家的面一本正经地教训了我一通，眼泪顺着我的面孔“吧嗒吧嗒”地滴入白饭。父亲就是这样，他是一家之主，是“父王”，他可以私拆我的信，大光其火，却不容许我不事先告诉他。

记忆中父亲对我说：“还是念书，天下靠自己去闯。”这是在我赴澳之前。我想，这是他的经验之谈，也算是投我所好。事实上，他决不欣赏我的执拗。出于无奈，他藏不住我的人。

听三姑妈叙述我小时候的故事，挺有意思。那时，家住五楼，电梯一响，我就奔向大门口，叫嚷着“爸爸，爸爸”。果然真的是父亲下班回来，他抚摸着我的小辫子，透过镜片投来亲切的微笑。唉，这种乐不可支的小女孩心态，好想再从头来一遍。五六岁时，很有点不知天高地厚，常溜进父亲的工作室，瞪着白纸上黑漆漆的一大片，脱口而出“这么难看”！父亲边画边表示怀疑：“真的不好看？”我撇一撇嘴，毫不留情地说：“不好看！”然后，父亲哈哈一笑。终其一生，他慷慨地为他人描写丹青，年三十了，人家都捧着饭碗轻轻松松地吃自己的年夜饭，而父亲却要利用晚间忙忙碌碌地伏案画，说是要还债，不能过了大年初一。他每写一幅画，就幽一默，“要给点颜色给人看看”。上了年纪，他精力大减，怕作画而喜写字。我看他几十年挥毫如雨，那样的多产令人望洋兴叹！这种无形的压力，使我有缘结识了书画。父亲跟我说过："旧式的传统，家业传子不传女，传媳妇也不传女。"其实，他不传女也不传子。画是我和父亲的一个缘，并非我和他的共同职业。缘起缘落，是有定数的。我和父亲投缘，在于我们之间的默契，不在于我们之间的沟通。

在内心深处，谢稚柳对孩子们总是充满着温厚的亲情，在朋友面前，他也会把孩子们的事一个个地数落着，常常说得极风趣。他写过一首《娇儿》的诗，对孩子们的观察可谓细致入微，也是他父爱的写照：

指上尘泥日上襟，对鸡还作晓啼音。
灯边琐琐蚕丛语，絮尽橙黄橘绿心。

第六章

三月江南景不孤

高山仰止徐森老

1949年4月的上海，正处在黑暗与黎明交替的时刻。被中国人民解放军千军万马包围着的上海，等待着黎明的到来，等待着海上日出时的万道霞光。

为了让一个完整的上海回到人民之中，5月22日，上海市军事管制委员会就发出通知：进入市区的解放军各部队、各机关团体在接收工作中发现文物古籍图书，必须移交、报告军管会高教处。7月20日，军管会又发出通令：各单位和部门在接收国民党机关、企事业单位的财物中，有文物图书者，应通知高教处登记在案。

这是文明之师的文明之举，避免了已往历史上农民起义打砸的弱点，把大量的文物和珍贵的图书保护下来。

陈毅是位儒将，也是翰墨中人，在山东、苏北一带解放区就注意收藏、保护文物，随着战争的深入，他带领的部队打到哪里也就把文物拉到哪里。历史学家李亚农在新四军军部负责团结教育救济日俘和日侨工作。1946年，他在大连通过马泽溥开设的“博古堂”收购保存了罗振玉所藏甲骨等一批文物。解放战争时期，他奉陈毅之命，负责保管战士挖战壕时搜集的流散文物。

1949年5月27日，上海宣告解放，枪声刚刚停止，几大车文物随即拉进上海。这就是市长陈毅在解放区收集的文物。在这些文物中有古瓷器、铜器及书画等二千五百八十二件，全部移交文物管理委员会保存。留在盐城的一部分文物，1951年才由马泽溥专程前往，用船运往上海。马泽溥是北京人，长期从事古玩行业，擅长瓷器鉴定，人们称之为“马龙泉”。他在大连开设的古玩店为共产党地下组织联络的地点，后任故宫博物院院长的吴仲超做地下工作时就是利用马泽溥的文物店作掩护。解放大军南下前夕，马泽溥的“博古堂”转移到济南。上海解放，他随吴仲超来到上海。

9月7日，上海市军事管制委员会批准成立上海市古代文物管理委员会。9月17日，文管会召开了第一次委员会议，李亚农为主任委员，徐森玉为副主任委员，吴仲超、柳诒徵、沈尹默、尹石公、胡惠春、沈迈士、张宗祥、吴景洲为委员，谢稚柳、张珩、徐邦达、潘伯鹰、赵万里、冒广生等三十八人为特约顾问。

文管会还设了一名秘书，处理日常事务，是实权派的位置。这位秘书就是历史学家苏渊雷。

这年九月，谢稚柳作《旗亭赌唱》。唐开元中诗人王昌龄、高适、王之涣齐名，一日天寒微雪，三位诗人在旗亭饮酒，忽有梨园伶官数十人，登楼陪酒演唱，三位诗人即避开在一旁，围着火炉观看。片刻即有四演唱妙伎出场，奢华艳丽，接着奏乐演唱，都是当时的名篇佳句。三位诗人私下相约：我们在诗坛上都有些名气，彼此从不论高下，今天我们听诸伶所唱，以诗入歌词的多少来论优秀。开始，一位伶官唱王昌龄的“寒雨连江夜入吴”的一句绝句，王昌龄随后在墙壁上记下“一绝句”。另一伶官继之唱高适的“开箧泪沾臆”五言绝句，高适也在墙上记“一绝句”。王之涣自以为诗名很高，认为前二人所唱皆为下里巴人之词句，不是阳春白雪之曲，因此指诸伶官中最佳的一位，说：“如果她唱的不是我的诗，我就终身不敢与二位争高下；如果唱的是我的诗，你们二

谢稚柳《旗亭赌唱》(局部)

位当须列拜床下，拜我师。”结果第三位伶官唱的果然是王之涣的“黄河远上白云间”七言绝句。王之涣即揶揄王、高二位诗人：“乡巴佬，不是我狂妄吧？”说罢三人大笑。伶官们不知何故，问明原由皆跪拜曰：“俗眼不识神仙，祈降清重，俯就筵席。”遂邀请他们入席，饮醉竟日。

解放上海的炮火将歇，谢稚柳还满怀雅兴，竟以此类题材作画，可见他的潇洒了。“文革”期间，此图不知所向。1979（己未）年，此图失而复得。谢稚对此图又作了补题曰：“此三十年前所作，久已散失于尘埃之中，不复记省。前年偶得，重归壮暮堂中，则风尘变染，颜色都非，既悔其少作，益无足可观。搁置又已经年。今重观此图，觉尚有未尽处，而衰老暮年，手指僵颤，难复为此，因乞刘旦宅为补屏风，以掩其短，聊复存之，以记画腊之一程而已。”

1950年，谢稚柳被聘为文管会编纂，主管接收和收购文物的鉴定工作。

陈毅是个很有远见的市长。当时政府的经济极端困难，但是，在文物的收购方面，他批发的收购款，少则两三万，多则十万、八万，为国家收集了相当数量的国宝，为充实中国艺术宝库，立下了不朽的功绩。

陈毅早年留法勤工俭学，学养很厚，集政治家、军事家、外交家、诗

人、书法家于一身,《民国时期书法》载有他的作品。遗著编有《陈毅诗词选》。他的书法和诗词都有共同之处:写诗词不依格律,略欠平仄;写书法亦不受成法的羁绊,兴来随手挥洒,聊写胸中之气。行书款款写来,心手两忘,一气呵成,自然而流畅,其磊落襟怀跃然纸上。

由于陈毅是笔墨中人,对文管会工作特别关心,谢稚柳和他渐渐地熟悉起来,有时他找谢稚柳谈论书画及诗词,也谈他们共同认识的朋友。一次闲谈中,陈毅问谢稚柳:"现代中国画家中,谁的艺术成就能取得公认?"谢稚柳很坦率,他说:"要数张大千。他不但是个全能的画家,而且有着自己的个性,特别是敦煌临摹之后,画风大变。"陈毅说:"你们是老朋友喽,他和我又同是四川人,你能不能写信叫他回来?"这时张大千还在印度,没有安居下来。谢稚柳说:"大千是个极散漫、不受拘束的人,生活上也喜欢享受,他无法适应我们现在的生活,也不可能回来。"陈毅说:"你很了解他喽。"谢稚柳毫不隐讳地说:"是的,正因为我很了解他,所以我不能写信叫他回来。"对谢稚柳的直言,陈毅连连称赞。

文物管理委员会下设古物整理部,负责人方诗铭;图书整理部,负责人洪瑞钊。文管会下属两个单位,一个是博物馆,另一个就是图书馆。

上海市文物管理委员会成立,陈毅就作了明确的指示:在收购文物时,在价格上不要亏待收藏家,这样能收到好东西。上海市政府每年都拨专款收购文物。当时的文管会,主任李亚农负责整个社会科学工作,无暇过问文管会的事情,日常工作由副主任徐森玉决定处理。由于徐森玉德高望重,人们都称他为"徐森老"。

徐森玉是文物鉴定专家,也可称之为"大师"级的文物专家,清光绪年间曾就读于著名的白鹿洞书院,后考入山西大学堂,学化学,读书期间,即有化学方面的著作,人称"奇才"。山西大学堂校长赏识他的才华,经常邀请他鉴定古物,从而奠定了他成为文物鉴定家的基础。新中国成立前,徐森玉曾任清史馆协修、北京大学图书馆馆长、西北科学考察团常务理事、中央博物院理事和故宫博物院古物馆馆长。在任北京大学图书馆馆长期间,他又在教育部任职,和鲁迅同为佥事。他和鲁迅最有趣味的事,就是摆弄"黑老虎"(即古碑拓片),鲁迅那"老虎尾巴"书斋的许多碑拓,都是他们俩曾经共同研究过的。

中国末代皇帝溥仪被赶出紫禁城,徐森玉身为古物馆馆长,参加清点、接收清宫文物财产。很快，他发现不少珍贵文物被宫内王妃和太监偷出去卖掉了，其中还有溥仪、溥杰串通偷运流散的。徐森玉气愤之余，发愿以毕生精力追回珍贵文物。此后，他游历天下，到处查访。山西赵城郊区的广胜寺藏有一部现存最早的《大藏经》刻本，学术界誉为“赵城藏”。它早在我国金代雕印，原有七千余卷，抗战前尚存近五千卷。徐森玉为之奔走呼吁，但无处要收藏。抗战中赵城沦陷，日寇派人寻找“赵城藏”。情急中，他找郑振铎转告中共地下组织。薄一波、陈赓接到报告后，立即命令八路军派出一支队伍，赶赴赵城协助文管会，抢救出四千三百余卷。新中国成立后，《赵城藏》入藏北京图书馆。

抗日战争开始后，为避劫难，故宫文物必须南迁川黔，徐森玉又亲自主持这项工程浩大的文物大迁徙。为此，他的股骨跌断，留下终生残疾。在迁徙的途中，土匪出没无常，为了保证文物安全到达大后方，他亲自去会见西南地区最大的袍哥谈判。袍哥绝口不提钱字，竟说：“要通过这一地区可以，叫你上海的儿子来，我要收个有钱的徒弟！”徐森玉如五雷轰顶，昏昏然下山，左思右想，文物和儿子都不忍割舍，最后还是决心冒险，把儿子作为抵押。他儿子徐文堉从上海赶到安顺，为父解难，立

上海文管会欢迎梅兰芳

刻上山拜土匪大头目为老头子，凭见识与机智，说得袍哥们眉开眼笑。不几天，大头目对他说：“小子，回去告诉你老父，我保他一路平安！”以后，徐森玉又冒险从敌后抢救出“居延汉简”，也颇有传奇色彩。

新中国成立前夕，徐森玉又把故宫文物清点装箱，南运台湾，施以“调包计”，为大陆留下了许多珍贵文物。在关键时刻，周恩来通过郑振铎挽留徐森玉，请他参加新中国文物工作。因此，他虽然已经拿到去台湾的机票，但终于还是留了下来。他的儿子徐伯郊在香港定居下来。

新中国成立之初，郑振铎任职于中央政府文化部社会文化事业管理局（简称“文管局”），通过徐伯郊在香港购买流散出去的文物书画。郑振铎在给徐森玉的信中，不止一次谈到徐伯郊的功劳，可从几封信中摘录几段，以做佐证。

其中一封信中云：“昨天，广州带来不少好画，马远《踏歌图》，朱德润《秀野轩卷》，小米《海岳庵卷》，赵子固《墨兰卷》都到了，平添‘春色’不少！更有商琦的《春山图卷》，绝佳，亦《已佚目》中物，实是人间孤本，皆伯郊之功也。便告，当展颜一笑也。又有王晋卿《蝶恋花词卷》，亦是赫赫有名之物。故宫绘画馆得此五件宋元人物，更可谓虎虎有生气。开馆时，务盼先生和稚柳兄能来一趟！”

徐森玉（右）与谢稚柳合影

在给徐森玉的另一封信中，郑振铎写道：“伯郊兄已由港回穗。闻已偕王毅同志一同到沪。他这次回沪，主要是探望你，关于陈澄中的善本书事，伯郊兄已在接洽，乞勿念。……他（伯郊）为国家救全了不少重要文物，他的功绩是显著的。但今后其地字画已不太多，拟暂停止一个时期，且静观一下。否则，过于热心了，价格一定会更加腾贵的。他携回的东西，请先生和稚柳先生、平羽同志仔细鉴定，特别是王蒙和其他的元人画、新罗的画，务祈法眼辨明，以便决定购买与否。”

在书画鉴定方面，徐森玉固然要依靠谢稚柳，郑振铎也倍加爱护他在“南方的掌眼人”。“三反”刚结束，收购王南屏的书画时，谢稚柳虽戴着“字画老虎”的帽子，但郑振铎为故宫博物院所购书画，无不经过谢稚柳鉴定。郑振铎在给徐森玉的信中云：“王南屏所藏画，现决定先购下：(一) 倪竹，(二) 夏竹，(三) 画中九友，共十一轴又一卷，价一亿五千万，当如数付给，顾竹亦可购，但总觉得稍贵，故一时尚难决定，不知能否再让价若干。此款，数日后即汇上，赵《兰》、小米《潇湘》及文彦博札，势在必得。可在港商价购下。王南屏态度很诚实，自当顾到他的困难。”

对徐森玉这样侠肝义胆的学者，谢稚柳对他有着高山仰止的尊敬，总是以“徐森老”称之，几十年不改。在徐森玉领导下工作，他感到如鱼得水。何况他长年生活在老年学人的圈子里，素有尊敬老人的传统美德。

收购唐画孙位《高逸图》

走进上海博物馆的绘画馆，沿着绘画发展史的顺序移步观赏，到了唐代部分，最惹人注目的要算那幅横卷，画家用行云流水的笔势，画了四位高士坐在华美的地毯上，身旁各有一名童子相侍。画家还通过对人物眼神的描摹，有的凝视，有的遐想，有的贪饮，有的则悠然自得，把人物的个性表现得栩栩如生，使人驻足流连，不忍离去。

这就是唐代孙位《高逸图》。它不只是上海博物馆的镇馆之宝，在全国也是独一无二的。从记载上来看，它本是清朝宫廷之物，何以流落到上海，又进入这座艺术宝库？

1950年的一天，北京书画商靳伯声由京南下，到上海见谢稚柳，很慎重地把一个装裱有些破旧的画卷放在谢稚柳的面前。

谢稚柳一看，宋徽宗赵佶题写的签条“唐孙位《高逸图》”跃入眼帘，连忙打开画卷，满纸古韵扑面而来。他深深地吸了一口气，似乎闻

孙位《高逸图》(局部)

到了墨彩的清香。谢稚柳在敦煌一年间，为鉴定唐画打下了基础，以后对唐代绘画特别注意。他虽然没有看到孙位的真笔，但他从《宣和画谱》上看到一条记载，宋朝御府共收藏唐代画家孙位的作品二十七件，这幅《高逸图》只是其中之一。此画是不是孙位所画，因为无可比较，他一时还难以断定，但从画的风神及气息上来看，无疑是一张唐代绘画。何况卷首有宋徽宗的瘦金体题字，这题字的本身就已经确认了此画的历史价值。

“从哪里搞来的？”谢稚柳问。

“东北货，是清宫的藏品。”靳伯声说。

所谓“东北货”是指溥仪逃到长春建立伪满洲国，从清宫内携带走的大批书画文物，通过赏赐及宫人的偷盗流散到社会。抗日战争胜利后，伪满洲国也寿终正寝，又有大批书画流失。开始是东北有识之士以极低的代价购进，继而是国民党军政人员的攫取，接着就是北京琉璃厂“八公司”的代表及私人文物商店的老板前往东北收购。收购的投资之大，持续的时间之长，影响之大，海内外无人不知。

孙位《高逸图》就是溥仪赏赐溥杰的“御赐品”，到了东北流落市肆，靳伯声从东北购得。靳伯声在天津出道，与天津的靳蕴清是兄弟

行，当初同在天津劝业场买卖新画，后来逐渐染指古画。靳伯声向北京发展，开设的伦池斋，是独树一帜的古玩店，先与逊清的遗老遗少有往来，从他们那里买进古旧书画。他有时买进好画，将喜欢的留下，曾收得江西人蔡金台旧藏北宋郭熙《幽谷图》半幅，又收《古木遥山图》一件，随后又得郭熙一幅山水，搁置家中，很少向外出示，而他随即将放画处命名为“三熙堂”，颇为附庸风雅。

此时的靳伯声与琉璃厂“八公司”联系密切，并联手收购“东北货”。孙位《高逸图》是他从长春的一个年轻的经纪人焦增级（原名焦序生）手里买来的。焦氏是长春增古斋老板，他经手的大名家作品不少，除了这幅孙位的作品外，还有崔白的《寒雀图》。今流传北宋崔白的真迹，除在台湾两轴之外，大陆在此之前，未见崔白真迹流传，此画填补了大陆历代藏画的空白。焦增级不但把自己的藏品卖了出来，还提供了长春居民刘国贤的线索。崔白的《寒雀图》及宋徽宗的《柳鸦芦雁图》就是从刘家购得的，分两次出手，一次一件。现在由几家博物馆所藏的唐韩滉《丰稔图》、宋人《春江渔隐图》、原题签为唐人《女孝经图》等二十七件作品中，有七八件是国宝级的。

话再回到孙位《高逸图》上来。谢稚柳判定这是一幅唐代名画，是人类智慧的结晶，它的艺术和历史价值，不管如何估计，都不会过分的。谢稚柳随即将此事向徐森玉报告，并要决定买下。徐森玉虽为主持工作的文管会副主任，但他是版本学家，书画方面的事情还要由谢稚柳、潘伯鹰拍板敲定。孙位《高逸图》最终以三万元的高价购得。这在当时，可谓天价，许多人对谢稚柳加以指责，引来不少闲言碎语。

后来，谢稚柳又以重价从靳伯声手中购得宋徽宗赵佶的《柳鸦芦雁图》，鉴定家杨仁恺评论曰："其艺术价值在于赵氏亲笔所制，不同凡响，与孙位《高逸图》均为寿世之名迹。"此事亦引起议论，这都因收购之艰苦不为外人所知引起的。

孙位《高逸图》既为上海博物馆所藏，凡来往的重要人物总是想一睹为快，但对画的内容有些不大了解，常常引起质疑。谢稚柳的研究鉴定主要在画的真伪上，注意的是流派风格，对所绘的内容只是一笔带过，常常不作过多的深究。后经承名世研究，认为画的是竹林七贤，此为残卷，画中的四位高士为山涛、王戎、刘伶、阮籍。对《柳鸦芦雁图》，钟银兰有专文研究，认为："此图可能当时不止两段，被人分割后加上伪押、伪印、伪跋亦未可知。这图原为北宋内府所藏，有'宣和中秘'印，后出赐给邓洵武。明初入内府，有'纪察司印'。清初为孙承泽、梁清标收藏，乾隆时又入内府。"钟文把它的流传之序考察得很清楚。二十世纪八十年代，谢稚柳编《宋徽宗赵佶全集》时，将《柳鸦芦雁图》收入，在序中把《柳鸦芦雁图》与《竹禽图》作了比较说："坡石、草，《柳鸦》与《芦雁》是一级的，而《芦雁》中的蓼花，又与《竹禽图》中竹枝的表现技法是一致的。以这两图而论，可以体会到赵佶的画，既不是仅有的一种笔势，也不是单纯的一种，从而产生了多种体貌。"更"不是'代御染写'而确是亲笔"。

字字千金《鸭头丸》

叶恭绰是大收藏家，在北洋政府任过政府高官，又出身于官宦世家，从幼年时代起就生活在优越的文化环境中。1957年，他担任北京中国画院院长、中央人民政府文字改革委员会主任委员、中央文史馆副馆长等职，薪水虽然不薄，但对他来说仍是生活维艰，常常要以出售收藏以补家用。叶恭绰和徐森玉是老朋友，和谢稚柳亦相识。二十世纪三十年代初，张大千住苏州网师园前院，叶恭绰住在后院，前后为邻。经张大千介绍，叶恭绰先识谢玉岑，后识谢稚柳。由于这种关系，叶恭绰出售书画首先选择了上海。一次，他请人带了十二件书画和其他杂件至上海，由上海评鉴出售，并给谢稚柳写了一封信，对他出售的十二件书画又作说明，信中写道："承带十二件，兹附去简单说明，请鉴阅。再高攀龙卷及叶盛卷、龚开卷之各跋连我所跋，希望能托人抄出寄下，抄费可由我出。又日前寄奉一函（因闻从者已行），计经鉴阅，朱舜水的犀月杯，未知是否前数月换置在各工艺品内？本亦有犀杯一事，但无款识，朱杯则刻有篆字铭词，下并署朱之屿名，但其篆字恐不易识，或改忽略，故请一查。如果换置，弟亦不宜索回，不过可以证明其下落而已。"

叶恭绰托人带来的十二件东西，经上海文物鉴定委员会鉴定后，由文管会收购八件，其余四件等待另议。徐森玉把这一情况写信告知叶恭绰，而叶恭绰对这样的处理似有不满，又致信徐森玉，再度声明这些藏品的重要，不完全是讨价还价，而是一个文物收藏家以此来论证他的藏品所具有的艺术价值和历史价值。

叶恭绰致徐森玉信中有言："其余八件共人民币二千八百元，其实哪一件不在万金以上？我将文物迭次让出，大旨在文物所归，故定价一层，向无争论。"但对龚开等四卷，他不能不争，故在信中说：

至于龚开四件，龚画见著录，有除故宫所谓山水不知去向外（在他国亦未发现），其余亦无下落，存世可靠者只《中山出游图》（水墨）已在美国，《瘦马图》已在日本，第三件即此。此乃昔年颜韵伯换物所得，日前固其以《瘦马图》售与日人，我切责之，故勉强以此归我。同时先后以东坡《寒食帖》让我。我不肯夺人所好。闻其以《寒食帖》售与倭人，我亦切责之，且妄以黄山谷《经伏波神祠诗》归我，事亦相类。我今并山谷卷不能获，由王南屏归大千，大千不知如何仍归倭人。每一念及，心恒伤痛。龚卷如公家不要，别无可归（朋友醉于收藏者已无之，且私藏均难持久），他日不饱蠹鱼，即岂花生米矣。又梵隆一卷，实北宋作品，只因政和半印在，即论笔墨亦非元明所能到此（此四十年前收得，极少示人）。又罗卷乃景朴孙所让与，亦可信为孤本。我平生对鉴定不为坚僻之论，更不至炫鬻求售，行同市侩，且四大皆空，争持何益，但不愿传世之物至我而毁耳。如前此带沪各佛像中，其油画一张，金画一张，如有识者皆万金以上物，而亦遭卞和之刖。亦只有吞声而已。行年八十，心为物转，自是功行不济处。陈叔通来访，说及近日收藏似仍拘于有大名诸家，而不解放开眼界，泯去町畦，仍蹈历代收藏家小天地，且名望稍次者作品亦复不收，如明清间之戴岩荦、程青溪、邹臣虎、王觉斯、黄石斋等。易遭摒弃，是纱帽气台阁体等仍深入骨髓，是安足与言鉴别。

叶恭绰的信中虽然有些牢骚，一方面讲了他对几件流出国门文物的“截流”经过，另一方面讲出了博物馆鉴定及收藏的一些问题。但徐森玉并不理会这些，他想为博物馆购的是叶恭绰藏王献之《鸭头丸帖》。

这一通《鸭头丸帖》，是王献之写给一个朋友的短笺，全文为“鸭头丸，故不佳，明当必集，当与君相见”。有关《鸭头丸帖》的资料，最早见于《淳化阁帖》，那时藏于宋太宗的秘阁内，后于宋徽宗所撰的《宣和书谱》著录中，南宋时仍藏于宫廷内府。以后为元文宗所收藏，天历三年（1330）赐予奎章阁鉴书博士柯九思。明代又入大内，神宗皇帝总是带着它出入。万历中，为新安收藏家吴用卿所有，刻入《余清斋帖》，万历四十年（1612），陈元瑞又刻入《玉烟堂帖》。崇祯时入吴新宇家，清光绪时为徐叔鸿所得，后即归叶恭绰收藏。

徐森玉作为古文物专家，自然有着不掠他人之美的风度。现在老朋友叶恭绰既然要出售自己的收藏，何不把他所藏的《鸭头丸帖》收购为国有呢？但叶恭绰此时正在满腹牢骚的气头上，此事交给谁去最为合适？徐森玉考虑之后认为，此事只能交给办事最可靠的谢稚柳。

谢稚柳带着徐森玉的嘱托到了北京，见到叶恭绰。对叶恭绰，谢稚柳向来以长辈尊之，见面之后，先从叶氏关心的宋徽宗《柳鸦芦雁图》谈起，然后又谈到他几次向上海文管会出售的书画。此时叶恭绰仍然是愤愤不平。谢稚柳作些检讨说：“遐翁，你藏的《鸭头丸帖》是否有意出让？”

叶恭绰有些不快，说：“上海文管会诸大鉴定家，连画的等级价值都没标准，《鸭头丸帖》到了那里，还不知被评为什么劣等！”

谢稚柳说："遐翁放心，这次由森老说了算。"

叶恭绰说："这种东西我能卖吗？字字千金，即使我想卖，你们文管会也不敢买。"

谢稚柳："遐翁，你可是一言九鼎，虽然是字字千金，我们也买，这个家我当了。"

叶恭绰说的只是气话，没有想到《鸭头丸帖》到底能卖多少钱，"字字千金"只是笼统说说，不是实数，经谢稚柳这样一说，他也没有退路，只好说："稚柳，你这个'字字千金'算是什么样的价钱？"

谢稚柳说："就照遐翁说的一个字一千元。"

叶恭绰沉吟了一阵说："你这样点名买东西，叫作挖别人眼珠子。你们既然要挖眼珠子，那就让你来挖吧，反正这东西早晚要被挖卖的，今天不是你来挖，明天可能会有别人来挖。"

就这样，王献之《鸭头丸帖》就归了上海市文管会，现藏上海博物馆。鸭头丸是一种丸药，见于唐王焘的《外台秘要》、明李时珍《本草纲目》等医书，归之为利尿消肿的药。从这一帖的语气来看，应当是有人服用过鸭头丸，但感到效果不好，因此写信告诉王献之这个情况。王献之服后，觉得果如信所说，所以回信给这位朋友明天聚会并求教。也有学者说鸭头丸是一种墨丸。

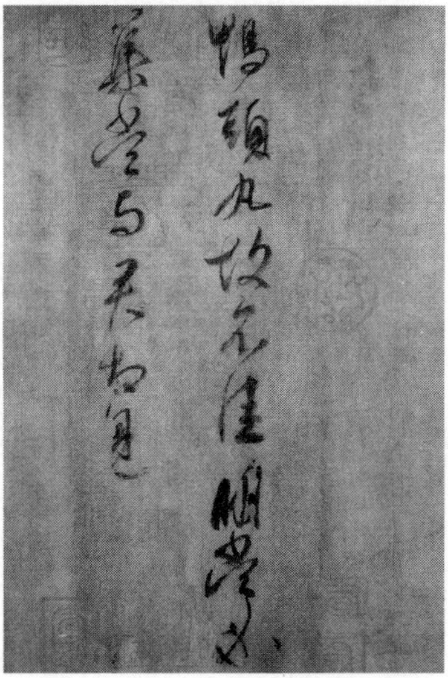
王献之《鸭头丸帖》

如此平常之事，由王献之写来，竟成千古名迹！

接着，谢稚柳又为上海市文管会收购了叶恭绰藏的唐高闲和尚《草书千字文》残卷。叶恭绰为此卷题语："此卷纸白如新，纵横沉着，足以继轨藏真（藏真即怀素）。闲师墨迹虽古今著录曾有数事，今传世者唯此而已，末署'吴兴高闲读昌黎赠序'，可想见其人。"叶恭绰得此卷也颇费周折，被谢稚柳为上海文管会买走，他有些依依不舍。

谢稚柳虽然爱画如命，遇到稀世珍品不惜重金收购，但是人言毕竟可畏，几次收购名画都在价格上引起议论，这就不能不使他有所顾虑，再遇到珍贵名迹，因在价钱上的犹豫，也就失之交臂了。1963年初夏，有位白隆平从重庆带来一件原题为苏轼《竹石图》，题款有“轼为莘老作”的字样，并有元统甲戌（二年）分书题，元人叶湜、郑定，明永乐间仓彦肃多人，嘉靖杨慎以下诸题，皆认为是苏轼墨迹，对之非常慎重，视为珍宝。白隆平在民国年间，曾将苏轼《枯木竹石图》售与一名日本收藏家。白氏经过上海，要将《竹石图》出售，并提出两个条件：一是必须承认此卷为苏轼真迹；二是少于八千元价码不必谈它。经谢稚柳鉴定，认为是一件好东西，只是价码太高，表态迟迟，白氏未得回话即转赴北京，送给国家文物局张珩看，张氏没有表态即因公出差，后转至故宫博物院研究，认为是一件假画而退回，后经辽宁博物馆杨仁恺的鉴定，认为这卷《竹石图》与《枯木竹石图》总的用笔风格基本一致，由邓拓用《燕山夜话》稿费收进。由于谢稚柳畏人言不作果断拍板，此件作品没能为上海博物馆收藏，谢稚柳终身感到是一件憾事。

对古代绘画，谢稚柳总是一见难忘，耿耿于怀。如宋徽宗赵佶《金英秋禽图》，从长春散出后，见者不多，于非闇有临本，谢稚柳有黑白照片，他在编《唐五代宋元名迹》画册时，即以此照片为依据，编入画册之中，他认定此画确为传世的赵佶几幅花鸟真迹之一，非常名贵。此画为香港收藏家陈仁涛所藏。在抗战胜利之初，他对书画鉴赏亦颇有兴趣，此时正值长春伪满皇宫流散《佚目》书画，在文物铺中公开出售，陈仁涛见到可意的也买上几件，《金英秋禽图》即是其中之一。陈氏得此图后不肯轻易示人，谢稚柳亦未见过此画真迹。直至八十年代，谢稚柳应邀赴香港中文大学讲学，与该校校长马临相遇，马临为陈氏侄女婿，在宴会上谢稚柳向马临问及此画的情况，答曰为其堂兄交英国一家拍卖行拍卖，承买方不愿公布姓名，现为英国私人收藏。谢稚柳听了唏嘘不止。

1985年，上海博物馆拟重新装裱孙位《高逸图》，由于是绢质，画面有些断裂处，需作“接笔”，当代画家中，谁能担此重任？谢稚柳推荐上海画家徐子鹤，并亲自上门拜访，说：“子鹤，此事非你莫属啊！”谢稚柳选中徐子鹤，不是没有原因的。徐的功力深厚，青年时代为上海名家吴子深代笔，后从张大千造假石涛那里得启发，第一张造假就是张大千的山水，接着又造假石涛，他造的清代画家刘彦冲的假画，竟然为一家博物馆收藏。他还帮助吴湖帆修过几张宋人画。正是由于徐子鹤有这样的功底,所以谢稚柳才请他出山接笔。

谢稚柳到徐子鹤家登门拜访,说明来意。徐子鹤说:“谢公命令,敢不遵从?”但是,当他到博物馆看了孙位《高逸图》,破损得特别厉害,不免有点犹豫:万一补不好,有损于国宝,担不起责任;而眼看国宝破成这样,不补又于心何忍。

修补这张画,首先遇到的是墨的问题。如果墨的颜色与原画不一致,这张画就彻底毁了。博物馆向主管单位文化局申请买一锭明代墨,不知是由于价格昂贵,还是不理解修补这张画的意义,文化局竟然没有批准博物馆的申请。没有办法,徐子鹤不得不拿出自己收藏的明代墨。行家看到这锭墨,也无不惊叹:“这也是国宝啊!”

徐子鹤连续修补了半个月,才使这张残缺了的古画恢复了青春。

谢稚柳看了,连呼:“子鹤,你真是神来之笔啊!”在谢稚柳的著述中,屡屡提到这件事,他这样写道:“徐子鹤的绘画艺术,妙在有深厚的传统根底,并善于演绎新意。上海博物馆所藏稀世珍品唐人孙位《高逸图》破损残缺处,皆为子鹤所补笔,健笔直接千古,天衣无缝,使绝迹顿还旧观,足见其功力的扎实,胸次的不凡。”

古思今情在一纸——《四美图》

1949年,谢稚柳虽被聘为文管会顾问,当然是不用去到机关办公,仍然经常在家作画。这年十月,他创作了人物画《四美图》。

去敦煌之前,谢稚柳很少作人物画。那时他虽热衷于陈洪绶(老莲),也只限于陈画的花鸟,对陈画的人物,他有些不大恭敬。他认为陈洪绶的人物画富于夸张,表现出一种追求怪诞的倾向,奇特而古怪,头部一般比较大,与身体的比例不相称。一些动态的表现,也显迂怪而过分,这种怪诞的个性表现,是不足为训的,所以他也很少画人物画。

在敦煌期间,他和张大千各有所思。张大千搞临摹,他搞资料和记录,作敦煌学的研究,没有作过临摹。只是当他告别莫高窟去榆林窟

谢稚柳《四美图》(局部)

时,画了一幅佛像,送给一位朋友,他在画上题写着:“癸未二月,临别莫高窟为淦波老兄谨橅初唐画大士一躯,薰香无斁,顶礼三生,消灾获福,康乐永年。谢稚柳敬书,时将去榆林窟。”

这可能是谢稚柳的第一幅人物画。

敦煌归来后,他开始治人物画。和山水、花鸟相比,他的人物画可算是九牛一毛。但是,他不鸣则已,一鸣惊人。他在人物画上表现的才能,可从《四美图》中看到。

他用半个月的工夫作出此图。此图系用两张五尺宣纸横接而成,图中有一美人引吭高歌,透过竹林,又有两美人在同时回顾静听,再远处有一美人,似乎是追寻着歌声向引吭的美人走来。图中绿竹,竹叶用笔撇出,工整挺拔如双钩,竹竿亭亭玉立,随风摇曳。用色明丽,但肃穆沉静,完全是唐人的恢宏气度。这种风格在宋人以下画中不多见,那衣褶线纹,浑厚流畅,富有一种含蓄美。

《四美图》表现了谢稚柳对写实的追求,他不作任何寓意,完全是作为一种艺术的表现。这也正是谢稚柳的一贯绘画思想。他的山水、花鸟,也都是如此,不作随波逐流的寄寓,只求表现一种美的情操。

诗人、书法家沈尹默《题稚柳林下丽人图》诗,用拳头大的字,写满了一张五尺宣纸,洋洋洒洒,甚为壮观。可惜,这张题跋在借给纪念沈尹默九十诞辰书展时，被搞遗失了。现在存下来的，是第一次题跋。沈尹默感到第一次字写得不完全理想，又写了第二张。可遗失的恰恰是理想的第二张。

沈尹默为此卷题诗曰：

谢生动能理世纷，一静十日坚杜门。情知秋暑不可逭，安排笔砚同朝昏。解衣盘礴真画史，林下清风化四美。图成携示疾开看，古思今情在一纸。一人引吭若有声，谁欤会得当时情？二人同心同回顾，远隔犹寻声处行。伯劳飞飞何所愿？切勿惊使歌声断。逝川有尽意无尽，含意未伸良可叹。多时不逢范豫章，安得唤起陈履常！有益无益老始辨，白日去我何堂堂。君子竹，丈人石，题罢还君意不得。此卷长留天地间，从教举世重颜色。己丑秋窗沈尹默题。

对画上所表现的情思，沈尹默写得非常透彻。这个卷子，对沈尹默的打动，使他题罢还有些恋恋不舍。看来，对当时绘画中的水墨放纵、肆意挥写的画风，沈尹默也是不满意的。他唱出了“此卷长留天地间，从教举世重颜色”。在当时画坛，都以泼墨写意为绘画最高水准的时候，谢稚柳还是坚持清丽明净的画风，不为潮流所左右，这也是他能取得成功的关键。当然，也难免有人讥笑他的这种作风，是保守的表现，但他也不因此而改变。

诗人、书法家潘伯鹰也为此卷题诗：

吾问昆仑之阴藏嶰谷，帝命伶伦断高竹。黄钟之宫实始此，乃有余音落淇澳。何年善剑越处女，光激青眆濯寒玉？猿公幻化杖箖箊，飞上梢头如电速。杜陵志节老兵戈，风雨秋深破茅屋。晚将翠袖喻苦心，采柏卖珠歌当哭。千秋逸事写谁工，一丈横图看不足。莫将陈意轻比方，别运清新动心目。四姝踏臂檀栾围，歌声惊起双禽飞。谢郎健笔战往古，三唐两宋相环迴。君昔游居莫高窟，攀缘画壁鏖沙埃。拯民救世一不道，直以盘礴遗安危。心高那作第二想，冥与绝诣争风徽。自来志士有取舍，蜩翼天下知言哉。驱毫午夜越寒暑，百世可质知成亏。吴兴妙句作大字，山谷其貌山阴规。故知此老偶狡狯，新意与子方轨驰。卷图敛手谢饶舌，相视而笑真吾师。己丑秋日上海余庆坊居伯鹰题。

叶元龙题：

此竹谁所画，其人恐是仙。颇思访君子，不料见婵娟。春鸟远来过，歌声近可传。悲凉未易解，且问李延年。叶元龙拜题。

因为《四美图》幅式太大，无处装裱，只是托了一层纸，就放在那里。也因为如此，在十年动乱抄家时，此卷没有为人所注意，只是作为一卷空白纸被扔在乱纸堆中，所以才幸免被抄走。谢稚柳从隔离室被释放回家时，四壁皆空，唯有这一卷画给他留下难以描述的安慰。他对此画特别珍惜，不轻易见示于人。唯沈尹默的长题曾被一位朋友借去临字，后说遗失，经几年周折，才得索回。

直到八十年代，笔者编《谢稚柳系年录》时，将《四美图》以彩色图版，附于卷后，从此才与世人见面。在装裱时，谢稚柳于卷尾又题诗一首：

罗髻蓬松一段云，回眸秋水照人清。
饶他咳唾成珠玉，况是黄鹂百啭声。

艺术花开，并蒂双美

1950年，谢稚柳与陈佩秋再次相遇了。他们的重逢，不知是上天安排还是人意。

这一年的夏天，陈佩秋从浙江美术学院毕业了。此时，该院负责人、解放区来的美术家江丰要调往北京工作，他建议陈佩秋也到北京去。对老师的建议，学生当然乐于接受，就随江丰从杭州乘火车北上。说来也是巧合，1950年杭州还没有直达北京的火车，需要到上海转乘。他们到了上海，还要停留几天，然后才准备乘车赴京。

在上海停留期间，陈佩秋去上海市文物管理委员会看望刘汝醴。

刘汝醴也是解放区的美术工作者，杭州解放时，他和江丰一起去接收杭州国立艺专，也应该是陈佩秋的老师了。此时，刘汝醴已从杭州调来上海，接替苏渊雷的职务，担任文管会的秘书。刘汝醴对她说："不要到北京去了，就留在上海文管会工作吧，可以多看古画。"

在学校学画时，陈佩秋的山水就崇尚宋人，一听说在文管会能看到更多的古画，这使她不能不动心。更何况谢稚柳也在文管会任职。陈佩秋对谢稚柳及他的画并不陌生，谢稚柳的一些朋友是陈佩秋的老师。谢稚柳在重庆、云南开画展时，陈佩秋也看过他的作品。谢稚柳绘画中一派宋人风采，陈佩秋也是很赞叹佩服的，并引为"艺术上的知音"。

陈佩秋在国立杭州艺专读书时，同学们均对西方艺术非常向往，憧憬着西方的写实主义为中国艺术发展的唯一途径。然而，陈佩秋不为同辈所影响，她早已醉心于中国传统绘画，专注地钻研古代大师的艺术，并深信前人的艺术能启发她的艺术创作。基于这样的认识，她在学校时就把主要精力用来临摹两宋真迹。她的行为颇遭同学的讥讽。

五十年代初期，也就是和谢稚柳结合后，她画了一幅山水《临流独坐》卷，一派宋人笔意，到1987（丁丑）年，她在卷末重题时写道："余醉心宋人山水，盖其师法自然而有所取舍。此图为五十年代初期所仿宋人之作。曩者余初习山水于校中，每有临抚，辄为同窗讥笑。回首此境，不觉五十余载，虽世殊事异，而其言尤在，能不令人感慨系之矣？丁丑冬至前，健碧题。"

宗法宋人艺术受到冷落与讥讽时，陈佩秋遇到对宋人艺术无比忠贞的谢稚柳，又怎能不感到心心相印、同气相求呢？

出于这样多种考虑，陈佩秋决定不去北京，而参加上海文管会的工作。

陈佩秋祖籍河南南阳，出生于昆明。她的父亲陈治皆与朱德同是护国军。陈佩秋自幼在昆明上学。小学、初中，对篮、排球非常喜爱，在运动场上，陈佩秋玲珑矫健得像一只燕子。初中一年级参加省运会，得了两枚银牌、一枚铜牌。她生活的调色板是丰富多彩的，还常常有乐曲的伴奏。喜欢听戏，尤喜京戏，爱唱昆曲。她的嗓音圆润，高遏行云。考入国立艺专之前，在西南联大上经济系。大学一年之后，因为酷爱绘画，毅然放弃了联大本科的学业，转读国立艺专，这需要多大的魄力和勇气！别人读艺专是五年新制，她为了打好基础，坚持读了六年。抗战结束以后，国立艺专从重庆回到浙江，她也随校到了杭州，继续读了四年。此时，国立杭州艺专改为中央美术学院华东分院。

陈佩秋在国立艺专攻读时期，潘天寿及黄宾虹、郑午昌都是该校教员。潘天寿教花鸟，她似乎不喜欢这位老师的艺术，没有受他的影响。黄宾虹教山水，她虽是主学山水，黄宾虹的许多画又由她管理，对黄宾虹的艺术她似乎有些不客气，“画得黑糊糊的”，也不表示赞赏。对另一位教山水的老师郑午昌，她比较能接受，认为郑午昌的功底扎实，后为郑午昌鹿胎仙馆入室弟子。

谢稚柳很喜欢陈佩秋的聪明才气，甚至连她倔强的性格也喜欢，对她的勤奋、执着、不懈的追求、卓越的识见感到钦佩。在陈佩秋的心目中，谢稚柳是学者、教授、书画家、鉴定家，古画看得很多，是艺术造诣很深的老师辈，但又觉得他很风趣，平易近人。志同道合，不知不觉，两人的交谊在师友之间。

为了探讨艺术，陈佩秋成了谢稚柳溧阳路家中的常客。谢稚柳楼下的客厅挂了许多画，陈佩秋常来欣赏，也看谢稚柳画画时如何落笔，用墨着色。陈佩秋每次来，谢端如都是客气地接待，热情而友好。从谢稚柳家中出来，过了一条马路就是沈尹默的住所，再走一点路就是潘伯鹰的家。沈、潘又都是书法家、诗人，学问都很好，陈佩秋也常常到他们的住所去，可谓“一举三得”。

不久，谢稚柳与陈佩秋结合了，共同生活于河滨大楼。对溧阳路家中，谢稚柳在经济上不忘支持，每月工资如数按时送到。虽然如此，和谢稚柳结婚后一直不外出工作的谢端如，这时也到复兴中学任教，以工资的收入补家中之不足。

谢稚柳和陈佩秋的结合是艺术的结合，是在特定历史条件下的结合。他们的结合，对陈佩秋来说也未尝不感到是一种牺牲，但对他们的艺术来说则是相得益彰，陈佩秋固然随谢稚柳看了许多古画，从谢稚柳的艺术中吸收了许多东西，而谢稚柳也从陈佩秋那里获得很多艺术上的收益。因为，陈佩秋的进取精神，使她在艺术上绝不愿在谢稚柳之下，不断地在突破自己，向前、向更高的方向追求。

1951年，谢稚柳双喜临门，一是儿子定琨降临人间，再就是画了迷漫着江南画派风神的山水《通景屏》问世。

谢稚柳由花鸟转向山水，第一张山水虽然临的是江南画派代表画家巨然的《秋山问道图》，但是他真正为江南画派所迷，并精心研究江南画派的风格，是在他四十一岁前后的五十年代的时期。

1981（辛酉）年秋，谢稚柳举办画展时，展出了他的巨幅《通景屏》，系六条用六尺整张宣纸绘制而成，青绿重彩，那高下连绵的山峦，映带无尽的林麓洲渚、山村渔舍，其一片平淡天真的江南景色，令观者无不感觉身临现实的境界，如在江南旅行，那是处处可看到的自然景色。

此图过去无人所知，直到这次展出，谢稚柳才在题识中写道："此三十年前所写，时方研治江南画派，偶效其体。辛酉初秋。"开展览会时，谢稚柳是七十一岁。谢稚柳自接近江南画派，说啥也放不下了。兴致一来，就挥毫江南景色。他曾写诗抒怀：

为写江南一片山，
苍茫咫尺与相看。
应怜老董风流尽，
平淡天真下笔难。

谢稚柳迷上江南画派，是从他看到张大千买到的江南画派创始人董源的《潇湘图》开始的。

蒙冤受诬："字画老虎"

1952年，在"三反""五反"运动中，谢稚柳遭莫须有的诬陷，以"买卖字画"为依据被定为"投机倒把罪"，隔离审查，还把陈佩秋拉去陪审批判。此时抄家之风已起，他收藏的北宋《仙人楼观图》、赵孟頫的《竹禽图》被抄走，其他还有陈老莲、石涛、八大等古画，并判在单位受管制一年。

对此事，上海《解放日报》于是年2月19日发表了报道，题为：《上海文教部门打出十只“大老虎”》，证明“清水衙门没老虎”的“右倾”思想是不对的。这篇报道中提到的“十只老虎”中就有一只是“字画老虎”谢稚柳。

谢稚柳遭到不公正的对待，徐森玉最为伤心，他到处奔走游说：“稚柳是个人才，这样对待他，不作兴啊，不作兴啊！”但徐森玉是位非党的老知识分子，他的话怎能救得了谢稚柳呢？

徐平羽虽然很看重谢稚柳，他收藏古旧书画也多由谢稚柳帮助鉴定，但此时此地，他也只能说几句官场的话：“开水烫，人要用。”他没想到烫得太严酷，判了刑。

谢稚柳遭难不久，陈毅来文管会了解工作情况，问道：“谢稚柳怎么样？”回答：“他的处境不好。”回答者没有如实地报告谢稚柳被判刑管制的事情。

陈毅说：“你们不要把他搞得太过分了。”

虽经努力，由于种种阻力，谢稚柳冤案数十年不准平反。坚持此种意见的人最强硬的理由就是认为谢稚柳买卖字画，是犯了投机倒把罪。其实这是一种无知，哪一个收藏家不把字画买进或卖出。买来的字画，玩腻了就卖掉，然后再买精品，这样一个收藏家手中的藏品才能越藏越精。

谢稚柳在被管制期间，每天在库房里抄目录卡片，写藏品的签条。经他收购的孙位《高逸图》的签条就是他在这时候写的。保管人员评价他写的卡片和签条又快又好。博物馆的许多藏品至今都留下他的手书墨迹。

张大千在台湾得到谢稚柳受诬的消息立即致信张目寒，信中写道：“连得稚柳、无量消息，为之黯然。前闻有八百万，稚柳即可赎，即去函六侄，速为营救，昨得来书，知前言不实，奈何，奈何？”

谢稚柳受难，把大千急得不得了，如果八百万可把稚柳赎出来，要立即进行营救。张大千对新中国的情况根本不了解，还是想要用老办法解决问题，所以谢稚柳向陈毅表示不能劝张大千回来，可见他是深知大千的。过了几天，张大千又致函张目寒，信中说：“女弟子潘贞则从上海来，复说稚柳消息怆然，成此录示目寒二弟。”张大千的诗是写给谢稚柳的，转录张目寒看，其实谢稚柳并没有接到这首诗。2006年这首诗在一册拍卖图录中被公布，诗云："相逢荦荦便心倾，廿载交期弟与兄。乱世多才吾识尔，佳人作贼孰悲卿。习闻裴度答皇甫(稚柳恃才傲物，于髯翁特特极优渥)，岂意曹瞒献弥衡。消息频传知信否，谤书无价几回争。"这以后，张大千又在张目寒收藏的谢稚柳绘的《檞树啼猿图》上题诗。也是在同一拍卖图录上公布这张画的，上有张大千的题诗："别来岁岁兹烟尘，画里啼猿怨未申。天下英雄君与操，三分割据又何人？"张大千以煮酒论英雄来形容他与谢稚柳在艺术上的地位，以传沪港台三地除了你我，有谁能比之意。

1947年谢稚柳为伯勉作《檞树啼猿图》，1964年经张大千题诗

从这年九月，谢稚柳所作的几本画册中，他仍然没有放下宋画，荡漾在古代绘画的艺术海洋中，吸取营养。从他所作的山水中，可以看出他采取古代绘画的各家之长，有的以董源之《江堤晚景图》风格结体入画，有的坡石皴笔行体及兼葭仍然是从巨然《秋山问道图》中得来；有的山石法则出自范宽《溪山行旅图》的皴笔，有的磐石则是拟郭熙的结体用笔，有的则远离他已熟悉的五代北宋绘画布置，纯出元人的章法笔意。陈佩秋对他的山水评论说："出于己意之结体用笔者，图中颇不多见"，这是谢稚柳山水处于变法的关键时刻。另一册为徐翔画的《山水花鸟图》八页，册中有潘伯鹰以诸体书法题识。

1953年，潘伯鹰写诗《赠稚柳》，劝慰谢稚柳，并为他的冤案鸣不平：

濒海多层波，危巢见栖鹘。健翮翀晴霄，意轻修毒蛇。调刁起土囊，骇浪动溟渤。古柯聚蝼蚁，缘蛇更盟蠍。纷然螫汝头，倏焉咋汝肉。完卵几不容，垂翅露两足。摧颓余劲气，锐眼尚高瞩。苍鹰晚自猎，共汝旧云木。相哀默不言，鸡鹜已来啄。鹘兮宁尔心，九皋有丹鹤。

在被管制期间，谢稚柳仍然鉴定书画，吴湖帆请他鉴定黄山谷书李白《迢迢访仙城》诗卷，谢稚柳认为是假的。吴湖帆有些不服，找谢稚柳说："人家都说是真的，你为什么说是假的？"谢稚柳碍于友情，怕吴湖帆生气，于是说："我说写得不好。"吴湖帆说："是喝醉酒写的。"事实上，此卷真本为日本有邻馆收藏，曾在日本出版的《书法大全》上发表过，吴湖帆始终未能见到真本。二十世纪八十年代，谢稚柳编《中国历代墨迹大观》时，收入的就是京都有邻馆的收藏本。

女儿谢小珮于1953年降生，始名佩，后改为小珮。谢稚柳为她请了一个姓陈的妇女喂养。

谢稚柳是个豁达大度的人，不把波折放在心上，在管制期间更全力从事研究工作。他写了《水墨画》，对水墨画的发展、欣赏发表了见解，同时对山水、花鸟、人物作分别论述。《水墨画》和一般画史不同的是，它不是史料的介绍，而是从画家的传承关系上进行分析，是深入到绘画内在规律的研究。此书为读者所喜爱，一版再版。

在这期间，谢稚柳对《石窟叙录》也作了修订，并整理了《敦煌艺术叙录》，陈佩秋帮助进行整理，1955年出版。

1984年，谢稚柳对自己的冤案提出复查的要求。经上海市高级人民法院重新调查、审理，于1984年11月28日对"谢稚柳案"作出终审判决："原判定罪处刑显属不当，应予纠正，特判决如下：（一）撤销前上海市人民政府第二十七号人民法庭沪文管法字和四号判决；（二）对谢稚柳宣告无罪；（三）本判决系终审判决，不得再行上诉。"谢稚柳这根被别人捉了几十年的小辫子，此时才彻底剪去，变成一个光头。

江南无敌《十幅图》

1954年，谢稚柳作《十幅图》，然后装裱成一个卷子。

这十幅图均为墨笔，是他的工细清华体貌的代表之作。这十幅图为：一、松；二、竹；三、荷花；四、茶花；五、树石山禽。从第六图起为山水：一、松涧；二、溪山泛棹；三、水村；四、芦汀泊舟；五、山阁春深。

谢稚柳《十幅图》的出现，在绘画艺术的长廊里，增添了多彩的画卷。当时写意之风盛行，工整的细笔已不为人所见。许多人看到这个卷子，都有耳目一新之感。沈尹默、章士钊、冒广生、潘伯鹰等都为此卷作了题诗或跋。特别是章士钊和潘伯鹰，为这十幅图唱和，章士钊每图题诗一首。谢的《十幅图》和章、潘的酬唱，在当时文坛上成为佳话。现在录几首于后：

章士钊题诗为：

三月江南景不孤，画从龙骨到山腴。
不须风蝶留花坞，已胜徐熙六幅图。

沈尹默题诗四首，录两首：

君家赫也六法祖，稚亦神明规矩中；
了得寰中真实义，且凭人巧化天功。

章冒潘婴尽有诗，一章一幅斗新奇；
我来锦上添花样，付与江南号冷痴。

冒广生题诗三首，录其一：

韦松文竹兼花鸟，新样徐熙六幅翻。

等是粗管胸五岳，可无一字著黄门。

谢稚柳在《十幅图》中题记云："右十图皆数月来所作，每当困倦之际，就灯下费一二时，聊以舒散心目，意信笔涂抹，总不过二三十时，便尔存之而已，故此不足与言新创，更不足论写实，取道不离乎旧辙，伸笔徘徊，乞灵水墨，非云非雾，如梦如烟，画中之境，盖皆平昔之所尝见、所游之处，偶然浮幻于心目，飘焉忽焉，触于笔端，不觉如此。是莫可必其地为信有，指其物为固然，不免调发于陈滥，意出于诞妄，披图瞻对，信乎无益矣。越十日，甲午三月漫记，谢稚柳。"

对谢稚柳的《十幅图》，不必作更多的文字介绍，在中国当代美术史上，必定占有重要的位置，也会为收藏家所眼馋。笔者曾借来展玩数月，以后就不复再见。每想到它将来不知会流落何方，身家何在，心中不免黯然神伤。

为谢稚柳绘画作题的，除了章士钊、沈尹默，还有就是潘伯鹰了。抗战期间，谢、潘同在重庆，交往频繁，抗战胜利后，谢稚柳由重庆东归上海，他们仍然保持了昔日的友谊，过往甚密，以诗画作交流。尤在谢、潘之间，谢得潘诗，尝以诗意作画，潘得谢画必以诗题之。谢稚柳为友人作杂画册，潘伯鹰见而题曰："昔年画梦宛秋堂，画本今看俊更苍。人赋痴情工作画，画成人亦鬓新霜。"彼此都渐渐老去，不胜感慨。还有一首题为《稚柳以洗砚余渖画古松一株余见而藏之复题二诗》，其中一首云："滌砚生玄珠，落此墨璀璨。休疑化蛟龙，只余霜雪干。"潘对谢画之喜爱，俱体现在诗题与诗句中。谢稚柳为沈君画绿竹扇面，潘伯鹰题诗两首，其中有句云"谢郎袖里凌云笔，肯逐湖州画偃竿"，把谢画的绿竹和文同画的墨竹相提并论。潘伯鹰题《谢稚柳墨画蔬果册》中有句云："弃纸丘山积，情思岁月遒。何缘食绝诣，渐欲白君头。"谢稚柳以水墨画山水花鸟装成一卷，潘伯鹰题绝句八首。此时正是"中国画革命"的年代，谢稚柳画宋人工笔写生这一路尝受指责为"保守"，潘伯鹰为之鸣不平，在诗中写道："忍谤怜君师往古，更谁谤子意翻新。"八首绝句最后一首写道："少年纵笔任天真，蹑险追奇益绝尘。华鬓新参平淡好，天真重露渐通神。"潘伯鹰得章士钊《牡丹诗》八十首，要谢稚柳以此诗意作画。谢画紫牡丹和黄牡丹，并题曰："前年长沙章行老有牡丹诗八十章，书为长卷以寄伯鹰吾兄。因得拜读，辞意高妙，叹仰无极，伯鹰命为制图，再三辞，不敢附于诗末，越一载，始勉为报命，实不得当也。”陈佩秋临钱选《八花图》，潘伯鹰题诗八首相赞。潘伯鹰伤亡后再娶，谢稚柳、陈佩秋画荷花鸳鸯相贺。

1954年，潘伯鹰作《秋日雨中过苏州河桥》诗：“不信江南有好秋，雾笼南浦带行舟，苏州河上跳珠雨，肯为清时洗浊流。”潘伯鹰以此诗向谢稚柳索画，谢为潘画《苏州河诗意图》，卷的右端写丛树，堤岸曲回，烟雨之中的帆影及草亭；卷的上部为烟雨笼罩的河面，卷的下部为河堤，水草苇丛，还有两三半孔圆拱形水泥桥。谢稚柳题曰：“甲午大雪，伯鹰兄见示秋日雨中过苏州桥诗，高亢独绝，相与击节，夜归为制此图，寔不足尽诗之美。苏州河桥习经行，而仍多于写意。东坡诗句盖不能为其解嘲也，聊供一笑而已。”潘伯鹰将此图付诸装池，自题诗于卷尾，并由沈尹默署端，瞿蜕园亦书两绝句于卷尾，诗云：“桥头熙攘浩歌中，桥下滔滔尽付东。禹甸如今成顺舟，当时郑宣敢言动。”“苍茫雾雨洗楼台，荡尽金银气不回。休听吴娘断肠曲，波声自行好秋来。”辛亥岁，谢稚柳又题曰：“管陈峥嵘墨向新，相看已是百年人。至今河上跳珠雨，犹忆清诗激越中。”辛亥为1971年“文革”动荡时刻。辛亥春，孤桐章行严题两绝句云：“一生万里暑行舟，晚岁题诗意带秋。唤醒故人清往梦，数声柔舻下苏州。”“潘谢交亲故有神，六朝情味一番新。卷中只著江湖客，若见三江风月身。”沈尹默、章行严、潘伯鹰、谢稚柳，在抗日战争时共客渝州重庆，沉湎书画交游流连，成莫逆之交，终身不渝，令人可羡亦可学也。

敦煌艺术学的奠基：《敦煌艺术叙录》出版

经过十二年的研究、酝酿，谢稚柳的敦煌研究巨著《敦煌艺术叙录》终于出版了。敦煌归来之后，历时七年，谢稚柳出版了《敦煌石室记》，又经五年时间的补充，发展成《石窟叙录》，其中包括莫高窟、西千佛洞、榆林窟、水峡口等的三百六十窟，将其洞形、塑像、壁画、供养人题名、尺寸等内容，逐窟作详细的著录。加上概述和后记，合成《敦煌艺术叙录》。谢稚柳在“后记”中不无感慨地说:“在整理《石窟叙录》这些日子里,好像又回到了莫高窟。从北魏到赵宋,绚烂高华的千壁丹青,都浮现到心目中来。”

《敦煌艺术叙录》封面

“莫高窟自乐僔建始,迄今为一千五百余年。自隋为一千三百余年。自唐为一千三百年。自五代为一千年。自宋为九百余年。”既去古之已远,藏经已荡然无存,谢稚柳前往考察时,流连展现,唯千壁丹青,犹屹然无恙。但研究壁画的分期不易,画史无题名,唯一可根据的是造窟时的发愿文,但又十九剥落,而且诸窟不一定有发愿文,可以根据的就更少了。即使在这样极为困难的情况下,谢稚柳通过研究,还是回答了许多问题。这是以后研究敦煌学的基础,我们不能不略加介绍。

第一,莫高窟始建年代。

还是在敦煌的时候,谢稚柳已经通过第十四窟考查,从《唐李怀让重修莫高窟碑》文中得知,苻秦建元二年(366)由沙门乐僔始建。莫高窟既肇始于乐僔,此窟已无可考,以窟而论,第二百三十三窟为最古,以历代之重加修建,若干窟已不复存其原状,其原画大多亦已涂去,故今壁间,有隋、唐、五代、宋之画,累迭至三四层者。乐僔窟既不可知,则法良、建平、东阳诸窟,亦俱不可知矣。

第二,莫高窟结构形式。

谢稚柳云:案窟之形式,其顶有如船篷者,有如屋顶者,有平顶者,佛龛有在西、南、北三壁间者,有在窟中央建一大方柱,就柱之四面为佛龛者,此皆为元魏时窟,而以顶如船篷者为最早。隋窟与魏窟相仿佛。至唐则尽变其形,顶分四方,渐向上缩小,成一小方为藻井。佛龛在西壁间,间或在西、南、北二壁俱有者,但甚少,亦有在壁中央建一佛台者,亦甚少。此类窟或即就前代窟所改建。五代、宋窟大致俱类唐亦抑或即利用前代旧窟。

每窟佛龛中，必有塑像。其数，视窟之大小而定，大致最小之窟，必有本尊一躯，此外有三躯者，则为本尊、迦叶、阿难，有三躯者，为本尊、迦叶、阿难、文殊、普贤、观音、大势至及二护法神，亦有塑涅槃像者。至其形态，魏塑与魏画同风，隋唐亦然。

第三，对各个时代壁画风格及艺术特色作了详尽分析。

西魏：西魏画最完整者当推第八十三窟为第一。此窟北壁上有两发愿文，其一纪年为大统四年（538），其一为大统五年（539）。大统为西魏文帝（元宝炬）年号，元魏之窟近百，其有年号可证明，仅此一窟南壁。上之五比丘故事，上下连作三段。即前年述之连环式者。窟顶之禽、兽、神、怪等生动率野，以论其笔，妙在奔放，而短于敦厚。其敷彩，富于冷艳，而啬于温缛。其状物，夸张取势，不无过当，然其风格，固清空放荡，矫健有余也。

北魏：北魏画，如第二百三十三窟为前期，第二百四十八窟以下数窟，则颇与大统相近，已启西魏之风。北魏、西魏所不同者，北魏乏西魏之劲爽。北魏有质朴之意，西魏入矫诞之境。至其熔裁通变，固波澜莫二也。

隋：自文帝（杨坚）开皇，至恭帝（杨侑）即从581年至619年，先后近四十年，为时短暂，画派初承元魏，唯骨体稍圆（第九十四、第九十六窟有开皇五年发愿文）。开皇以后，则凝厚纯正，肆野之气已绝，温婉之风渐生。四十年中，神采气质之间，与元魏卓尔殊途矣。

唐：自武德（618—626）以后，画派郁起，风规灿然，逮及开元（713），将百年间，骎骎乎入于无极矣。稽其流派，盛衰之间，约可分判者。一、武德年间；二、垂拱年间（685—688）；三、天宝年间（742—756）；四、肃宗上元年（760）后；五、建中年间吐蕃时（780—783）及大中（847）以后。

武德年间与开皇以后，陶染年凝，风沿波接，区别尚微，今可证者，为第一百九十窟北壁下男供养人像第三身题名有“幽州总管府”五字尚可见。按：《资治通鉴》隋炀帝（杨广）大业元年（605）废诸州总管府，至唐高祖（李渊）武德元年（618），幽州复置总管府，以罗艺为幽州总管，武德七年（624）后复改总管为都督，此窟题名，必武德元年至七年间（618—624）事。设以此为大业以前窟，则为第九十四、第九十六诸窟，皆开皇年间者，其画派实与此门户不伦，大异其趣，无可附会也。

武德以后，日趋雍容、清新华贵、精彩绝艳。南北壁间多作经变，四周图花边。佛传图，式如今之屏幅、册页然。佛、菩萨等，俱尚壮美，一洗元魏清癯之风，堂皇绚烂，得未曾有。武德以后之有年号者，为第一百三十七窟，有垂拱二年（686）发愿文佛龛内之收伏外道，尚间含魏隋遗意，颇为独特。它如第一百三十三窟之各部落酋长听释迦树下说法像，俱为初唐画之绝精者，而第一百三十四窟之维摩变，渊穆凝厚，风骨高华，终唐之世，遂为独步，固知武德之后，天宝以前，其画派日趋于厚重洗练之境，虽至天宝全盛之时，犹足以高视其间。

天宝唯一可证的，为第二十窟，谢稚柳在敦煌已作了详尽考察，此窟亦即是张大千打掉外层后展现的那一窟。

榆林窟第十七窟里窟，亦天宝时画，东壁卢舍耶佛，南壁西方净土变，北壁弥勒变，西壁左右文殊、普贤及四壁隙处之十六观，未生怨，释迦、诸菩萨等，俱极美好。粲焉若新。莫高窟四百余窟，未有完好若此者，至其经变中山水树木，莫高窟第三十六窟晚唐画，实滥觞于此。乐庭瑰夫妇供养像，堪与此窟画双绝。

天宝之际，与垂拱体法稍变，而神趣顿异，浓缛新丽，实又过之，供养人像，俱尚肥壮，作数尺高，以前所未有者，譬诸诗篇，犹李、杜之于鲍、谢矣。

肃宗时，风雅顿歇，如第八十六窟之上元年号者，则粗俗荒率，了不足观。盖其时中原祸乱虽靖，而吐蕃乘虚扰乱河西。丹青妙手，鸿飞绝迹，故其壁画，转不逮大中以后笔。盖历代画派，盛唐以前，后世必视前代为成熟。元魏不如隋温厚，唐初新创，丕焕成章，逮及唐盛抵于至极，盛唐以后，间有佳者，然风骨情采，日就微弱矣。

自德宗（李适）建中二年（781）后，沙州陷于吐蕃，中原间阻，英才遂空，虽体制仍旧，然登漫而意芜，神荒而气率。间有清才，情文茂发。如第三十六窟之经变，第六十八窟之释迦等，并为妙制，然犹病其外腴而中疏，文高而质虚矣，诸窟维摩变中，有吐蕃赞普画行各国王子之前者，此吐蕃据沙州时之作。其流派并可于此证之。

自宣宗（李忱）大中二年（848）后，河西归义军节度使为张议潮。

第三百窟有张议潮夫妇出行图。此图仪仗甚盛，人物繁密，骨体洗练，亦一时之妙制，晚唐之逸骥矣。

张议潮为唐大中河西十一州节度使。议潮生长虏中，然心系唐室，阴结豪俊谋归唐，会吐蕃国乱，议潮乘隙一旦率众甲噪州门，汉人皆助之，吐蕃守将鹜走，遂摄州事，时为大中二年。于是遣其兄议潭，州人李明达、李明振等，献瓜、沙、伊、肃、鄯、甘、河、西、兰、岷、廓十一州图籍于唐，因擢议潮为沙州防御使。因之，数窟内皆有张议潮家族供养人像及发愿文。因关系吐蕃，谢稚柳以数千言考证，其壁画风格为“一时之妙制，晚唐之逸骥”，并非从印度引渡过来的。

五代：五代之作，风规槁木，情采死灰，自郐以下矣。然于经变诸作，犹能经营巨制，力虽不胜，尚思奋飞。固已局促于晚唐之后，翱翔于赵宋之前，后唐庄宗时，瓜沙归义军节度使为曹议金，世守河西，以迄于宋。营建之多，前所未有，其有年号可考者，并详列于后。

宋初法体，与五代性近风接，流派未湮，五十年间（907—959），附声攀响，犹堪接武。供养人像清新俊逸，亦难能矣。其后复有千佛、菩萨之类，则千百类同，俱出于模印矣。

西夏：自来论绘事，未有及西夏者。西夏当宋仁宗之世，离宋自立。西北万里坐拥二百年。其画派远宗唐法，不入宋初人一笔，妙能自创，俨然成一家。画颇整饬，但气宇偏小，少情味耳。榆林窟第一、第三、第六、第二十诸窟画，俱出西夏人手。经变等并兼禅宗密宗，与供养人像等，并足知其当时文物、衣冠及信奉之所归。

第四，敦煌石窟壁画色彩的特点。

世异时移，天时人事之变莫能免，其损坏、剥落、颜色褪变者，十居八九，今日壁间诸画，无论佛、菩萨、鬼怪与供养人像，十之三四为灰黑色，或枣黑色，十之四五为彩色者，亦有半为彩色半为灰黑色者。元魏人好作夜叉裸身，有作肤色，间或作绿色者。复有一种灰黑色，壮阔如带，一若其勾勒行笔，豪放若此者，实则为画时所之底，乃敷色之深处，以之表现立体。今面上之勾勒，并已不见，颜色亦尽变，其深处，其色黑；其浅处，其色灰。此即为肤色所变，实无有灰黑色夜叉也。灰黑色为银朱与白粉所变，肤色乃银朱与白粉相合而成。古时俱用重色（矿物质）。重色中之青、绿、朱、黄，永不变色。唯银朱与白粉俱能变。白粉变黑，银朱亦变黑。白粉与银朱合变黑。乃至青、绿、朱、黄与白粉合，则青、绿、朱、黄俱变黑。白粉、银朱亦有不变者，此或出于特制，或为偶然，非常理也。今窟中诸画，凡灰黑与枣黑者，俱系变色，非本来面目矣。

第五，敦煌石窟壁画是如何画出来的？

根据壁画，它的画法和程序是开始在壁上起稿时描一道，到全部画好时，这起首的线条，已被颜色所掩没不见，必须再在颜色上画一道，也就是完成时的最后一道描，在魏、隋的起首一道描，是用赭色的。至隋末起，渐用墨描。后一道描，都不外乎赭与墨。如魏画，如青色，则是用白粉来描的，从壁上脱落部分可以看到，唐画的起首一道描，往往有马虎的，但在最后一道描，却都很精妙，且在部位等方面，与第一道描，有时也不免有出入。壁画是集体的制作。这里看出，高手的作家，经常是只用决定性的最后一描的。但事实也有例外，北宋米芾《画史》，有一条记吴道子的画法："关中小孟，人谓兮之吴生，以壁画笔上绢素，一一如刀割，道子界墨讫，则去，弟子装之，色盖本笔，再添而成，唯恐失真，故齐如划。小孟遂只见壁画，不见其真。"这是说高手的吴道子，担任了起首的一道描。因为上颜色，又须把它掩没，而这些弟子唯恐在最后一道描时，无论在哪一方面，会失去第一道描的精神，因此，只好沿着第一道描来填上颜色，庶不致把原来的描笔掩盖掉，然而那些原来的描笔，仍不免显得刻意和板滞。这一种画法，在莫高窟中，并没见到有同样的例子。

第六，敦煌石窟壁画风是从中国传统中来，还是受印度佛教艺术的影响？

1942年10月，学者向达随中央研究院组织的西北考察团抵达敦煌，来到莫高窟，居住中寺。"凡士圆月，朝夕徘徊于诸窟之间，纵观魏、隋、李唐及五代宋元之名迹"，认为：敦煌佛教艺术确是渊源于印度，敦煌壁画是印度艺人的传入。这也是西方学者普遍的看法。张大千、谢稚柳则认为敦煌艺术是我们历代艺术家融会贯通的杰构，是中国人自己的艺术，绝不是模仿来的。

在《敦煌艺术叙录》中，谢稚柳回答得更明确：从殷商的青铜器、玉器上的花纹，战国的漆画，汉代的壁画、石刻和砖画，这些在莫高窟北魏到唐的壁画里，可以见到它的继承系统和演变之迹。特别要指出，自从佛教到中国后，在艺术方面，起了很大的刺激，使中国艺术开创了新的道路，在现存的石窟以及书籍所记载的历代寺院壁画，说明中国艺术是为佛教开拓了广大领域的。

历来讨论敦煌艺术的渊源，是接受了印度的佛教艺术，即“犍陀罗”艺术。说敦煌艺术受了印度的影响，是无可非议的，正如上述敬爱寺的塑像，在某些形式上有所依据，而且，佛教本身正是从印度来的。

但是，除此而外，看来不再有什么瓜葛了，以印度阿旃陀（AJATA）石窟的壁画与敦煌石窟的壁画来进行比较分析，可以证明它们各自依靠自己的传统分道扬镳。但是，有一个问题值得提出。阿旃陀的第六、第十一、第十六、第十七等窟的壁画，与其他窟的所有壁画截然不同，却与敦煌初、盛唐之际的画派如出一辙。阿旃陀的开凿年代，从公元前一二世纪到公元六七世纪，七世纪以后，随着佛教在印度的衰落，这个石窟，据说已不再发展而隐没不为人所知了，而上列的几个石窟的开凿年代，据说相当于中国的初、盛唐之前，那么，那几个石窟的壁画应该可以说明与敦煌壁画之间的渊源关系了。敦煌艺术研究所所长常书鸿先生曾见告，印度文物局长诺克拉伐蒂曾经对他说过，阿旃陀石窟的壁画有一些是当年中国人来画的。经久的这个谜，终于揭晓了。从上述阿旃陀的这几个石窟的壁画而论，无疑，印度文物局长所叙说的是完全可靠的。

《敦煌艺术叙录》表现了作者深入细致地从事学术研究的高度热情和极大耐性，表现出的治学态度同他从事书画创作的态度是一样地严谨、慎重、一丝不苟。他研究的结论，震动了艺术的学术界，是公认为研究敦煌艺术与印度佛教关系很有权威的见解。

谢稚柳成为中外知名的敦煌学家。

和《敦煌艺术叙录》同时降生的是他的第二个儿子定玮。

补上绘画发展史上一个缺环

还应该记得，当年谢稚柳在敦煌考察莫高窟壁画时，遇到一个极为苦恼的问题：对隋末唐初画风的丕变，骤然与两魏绝缘，如无源之水，茫然不得其解。在《敦煌艺术叙录》中，他产生了这样的看法：从北魏到唐，中间的隋，短短四十年，起了过渡时期的重大作用，它轻轻结束了矫诞夸张的格调，导引了唐的气度雍容、中和真实的作风。唐的艺术是大成了。从武德到天宝为止，一系列的壁画，好像花一样，清楚地看着它从含苞到盛放，快极了，真有一日千里之势。在唐初画坛上，图画《秦府十八学士》的阎立本，起了领导的作用。到盛唐，在大同殿写三百里嘉陵江山水的吴道子，起来代替了阎的地位。从初唐到盛唐以后，后起的作家，"不入于杨，则入于墨"，阎和吴的画派，前后分别占了当时的艺术领域。莫高窟唐代的壁画，到盛唐为止，从它的流派来分析，其源盖出自阎立本，与吴道子的所谓"吴带当风"，似无甚关涉，阎立本唯一流传下来的《历代帝王图》可以证明与莫高窟这一时期的壁画风格，是颇相符合的。石窟自元魏到隋开皇的壁画而论，这一时期的画风，都可以看出前后的渊源关系，至隋开皇以后至唐，画风的丕变，在石窟壁上，就完全看不出它的演变之迹，看来，自东晋顾恺之画派确立之后，笼罩了整个绘画艺术，石窟自隋开皇至唐的画风已完全脱离了传统格体，而接受了顾恺之画派所新兴的风貌了，试从顾恺之的《女史箴图》和南京西善桥南朝墓出土的砖刻画《竹林七贤》这一体貌，到隋开皇以后，也传到了莫高窟的壁画上。那时，谢稚柳以为可以自圆其说了，所以他心安理得地过了几十年。

1983年，谢稚柳看了山西太原南郊发现的北齐娄睿墓墓葬壁画，彻底地动摇了自己四十年前的观点。

墓主娄睿，是北齐的外戚，高祖高欢妻兄之子，初为高欢帐下都督，旋迁至骠骑大将军，后主高纬武平元年(570)卒，追赠太宰、太师、太傅、开国王。

北朝(420—589)时期的绘画流派，谢稚柳熟悉的是敦煌莫高窟的北魏、西魏壁画，认为是代表了北朝整个画派。可是，从娄墓壁画上，谢稚柳看出魏与北齐之间的画风有着出人意表的不同，北齐画是耐人寻味的新奇。他极为惊奇：与北魏衔接的北齐，为什么会出现如此截然不同的形体？

他看到那幅《出行图》，写实的高度，已经跳出了北方并世的所有体貌，人物的面部一般都比较长而丰下，眼小，眉眼口鼻或须而外，没有更多的一笔，衣纹有时用连续屈曲的线条一笔而下，它描绘宽袖的褶

北齐娄睿墓壁画

皱，为前所未有的写实表现，用笔劲爽，有时用尖锋直下，飘动而潇洒，使构成的画面，饶有一派清高而流利的气质。

高氏从高欢开始，历经北魏、东魏及北齐的灭亡，总共不过四十年，画派的勃兴，令人惊异的是在此短短的时间中，如何能与北魏画风背离违隔而卓然自立！

从敦煌莫高窟的隋末唐初画风来看，与元魏的风格突然改弦易辙，而与北齐显得亲密起来。这时，谢稚柳不能不承认莫高窟的隋末唐初画渊源于北齐。

谢稚柳把两者加以比较，发现这两者之间的异同，不在于形体，而在于描写的繁简，北齐简而生动，而唐繁一些，衣纹的表达，唐已不用屈曲的描绘，归结于直线而圆折的行笔，至于马，如马头，则唐表现深刻，形神周到，唐没有潇洒的气度，多出于浑厚，也没有尖锋的行笔，总的艺术风格，北齐灵动，而唐凝重；北齐清高，而唐敦穆，然而北齐的风貌是动人的。

从《历代名画记》中，谢稚柳研究了杨子华在北齐到唐初的影响。因此，他判断：娄睿墓壁画流风，当出于杨子华，莫高窟初唐的画风则出于阎立本，阎正是从杨子华而来。由此可知北齐的作者并没有接受元魏的传统影响而倾向江左，当隋统一后，渐渐接受这一画派。展子虔正是北齐入隋的，至唐初从而发扬光大。自东晋顾恺之而后，画派的宗尚，虽地分南北，而风气所开，初无阻隔的，莫高窟在隋开皇以前，所有壁画，自汉以来一脉相承于民间传统，从而形成自己的体貌。而北齐转向到士人画一面，民间传统已为澌灭，它已经后于南朝。然在西北，正是北齐起了登高一呼、众山皆应的作用。

谢稚柳说，娄睿墓壁画的价值，在于揭开了从东晋到隋唐之际艺术渊源之谜，使这一时期空虚的绘画史得到了充实。唐初画派的兴起，与二阎不能无涉。二阎与杨子华正是师承的渊源关系，可知莫高窟隋末唐初之所以能脱离它的旧辙，幡然自新，正是杨子华画派的孕育。

到这里，谢稚柳了结了隐在心中的多年意愿，通过娄睿墓壁画，把莫高窟的艺术脉络贯通，形成了统一和谐的艺术整体。

外国人的掠夺及国人的糟蹋，敦煌洞窟内再也找不到经卷了。现在，人们已经颇难设想这些经卷的哲学意义和书法价值，但仅就留下的千壁丹青和塑像而论，就已经触处皆为稀世珍宝了。而今，敦煌艺术已同我国的长城、故宫、秦兵马俑，一同进入世界文化遗产的行列，足见谢稚柳当年在那里付出的辛劳和而后的研究都是值得的。

第七章 一个鉴定流派的形成

没有进上海中国画院

1956年6月，根据毛泽东的提议，周恩来在最高国务会议上提出在北京、上海两地各建立一个中国画院，此说得到会议通过，并指定由文化部统办。

中国绘画，自宋南渡之后，绘画的中心由北方转向南方。即使在宋之前的许多著名画家，虽流连于帝都长安、汴梁，但考其出身，大多是来自南方。自晚清以来，江南画派纷呈，高手云集，上海逐渐发展为绘画中心。特别是自鸦片战争之后，上海成为中国最大的商埠，来上海讨生活的画家就更多了。这样，绘画的团体也就应运而生，什么馆，什么会，什么苑，还有实行美术教育的学校，这一切对推动上海绘画的发展，都有着不可磨灭的历史功绩。

6月25日，中共上海市委随即对建立上海中国画院作了具体部署。

上海中国画院成立纪念照

8月1日，上海中国画院筹备委员会成立，推选赖少其为主任委员，傅抱石、潘天寿、唐云、王个簃、谢稚柳、刘海粟、伍蠡甫、吴湖帆、贺天健、陈秋草、白蕉、汪东、沈尹默为委员，协助筹备工作的中共党员有吕蒙、涂克、富华，富华为党支部书记。筹备委员会成立的那天，中共上海市委文艺部长及上海市文化局副局长陈虞孙出席了会议。筹委会成立时还留下两部纪念册，画家们以作画代替签名，赖少其题字“开宗明义第一章”，汪东题字“开天辟地”“自有春秋”。赖少其、吴湖帆、贺天健、白蕉、谢稚柳、程十髮、唐云等在册页上作画，并题写了年龄。谢稚柳在纪念册后作了总题“一九五八年八月一日，谢稚柳写第四节，时年四十七”。

院长、副院长由委员们投票选举。选举的结果院长吴湖帆，副院长赖少其、傅抱石、贺天健、潘天寿，谢稚柳当选为院务委员。上海中国画院成立后，吸收六十多名画家为画院专职画师，没有工资，每月补交通费八十元。陈佩秋为画院聘用的第一批画师。

赖少其请陈毅题写了“上海中国画院”。

反“右派”斗争全面展开后，画院也受到这股政治风浪的冲击，北京中国画院院长叶恭绰被戴上“右派分子”的帽子，上海中国画院院长吴湖帆虽然是投票选出来的，众望所归，但他家庭出身是官宦世家，长子吴孟欧又是被人民政府镇压的，上面不予批准。身任华东美术主席的赖少其因“右倾”被调往安徽，党支部书记富华被下放到农村劳动。直到1960年，上海中国画院才宣布成立，任命丰子恺为院长。

周恩来曾建议画院领导，要把北京、上海两家中国画院办成科学院式的研究院。他特别强调了“研究”二字。

按当时的构思，上海中国画院不只是上海的画家参加，而且要吸收华东六省著名画家参加，使上海中国画院成为华东地区的绘画研究中心。从筹委会画院领导的成员中也可以看出，除了上海的画家，还有南京的傅抱石、杭州的潘天寿等。

据传，在筹委会成立之前，赖少其和市文化局长徐平羽就和上海市的领导酝酿：上海中国画院成立后，由谁来当院长？当时张大千正旅居巴西，还没有到台湾去，想把张大千请回来当院长。经过运筹，张大千已经由巴西到了香港，可他到香港住了一段时间，却无意回来当院长，又回到巴西去了。

近百年来，海派绘画的兴起，以任伯年、赵之谦、虚谷、吴昌硕等画风笼罩上海画坛，再加上京华齐白石的画风南渐，上海的画家在此风气中三沐三浴，大写意成为主流，与宋元的工笔细写相去甚远，即使有个别画家仍然坚守工笔细写的阵地，却成为被讥讽的对象。谢稚柳、陈佩秋的宋代画风，被讥笑为“裹着小脚走路”，有的画家当着陈佩秋的面说：“你应该把脚放大。”

对这样的议论，谢稚柳听之任之，不予理会。而陈佩秋不同了，她说：“怎么，你们以为我不能画写意画，我就画几张给你们看看。”这就是陈佩秋的性格。

于工笔设色心领神会之后，陈佩秋又回过头来转向水墨写意。说起来，水墨写意的一路，近代大师辈出，一般的画家，都就近入门，随波逐流，这是一条大家都走的捷径。陈佩秋对近代大家当然是熟悉的。但是，她偏偏不以近代为起点，而是把目标瞄准了八大、徐渭及元人的水墨写意。这种舍近求远的做法，在求速求近的画家看来，简直是再笨不过的了。但对于在艺术上求高求难的陈佩秋来说，她知道非如此就无法摆脱时人的风气。

经过几年的试验、摸索，陈佩秋的大笔写意，果然与众不同，就是与八大、徐渭比较，徐渭那种狂肆乖张的笔墨同她是无缘的。她所注重的是对徐渭对于形象的高度提炼、概括，而在笔墨形式上，更讲究内敛含蓄。这一点，似乎与八大较为接近。然而，八大那种苦涩冷峻的情调，在她的笔下又变得较为委婉温和了。

陈佩秋这样一变，使那些说她是“裹着小脚走路”的画家目瞪口呆，内心感到自愧弗如，但又说：“女画家画到这样算不错了。”陈佩秋一听这话就上气，说：“女画家怎么了？你们男画家能画的，女画家也能画。”在画史上及当代，也有不少女画家，但陈佩秋不愿意把自己放在女画家之列，在她看来，不管男画家女画家，谁画得好，画坛上就应该有谁的地位。

陈佩秋在艺术上争强好胜，谢稚柳既感到欣赏，又感到不安，劝她不要这样，陈佩秋说：“你要当好人，我不想当好人，我要当画家。”

每当如此，谢稚柳总是一笑了之。

陈佩秋是绘画科班出身，在杭州国立艺专受的是现代科学方法的训练，有着扎实的写生基础。这与那些以“入室弟子”出身的画家不同。对景写生，这是谢稚柳、陈佩秋共同之处。他们不但在家中种花养鸟，还到植物园苗圃写生。

1958年，闵行新建一条街，谢稚柳、陈佩秋画合作写生，陈佩秋画建设中的楼房、脚手架，谢稚柳补树木，再现宋人风神的工笔细写。画成后，谢稚柳题诗一首：“曾几何时忆旧踪，青青阡陌满春风。今来省识东风面，照眼琼楼第几重。”同年，他们又合作绢本山水长卷，谢稚柳写山石，陈佩秋写屋宇。1987年，程十髮见此卷题曰：“雨洗渔村柳色深，峦峰重叠水纵横。烟云笔底乾坤大，谁说如今无李成？”谢稚柳曾作《论李成》和《论李成〈茂林远岫图〉》，前文认为李成画本，今世不存；前人认为《茂林远岫图》是李成的作品，经谢稚柳的考证认为此画去李成不远，是出自燕文贵的手笔。

1956年，谢稚柳与陈佩秋由河滨大楼迁到乌鲁木齐南路，三子定琦出生于新居。至此，谢稚柳有子女六人，璎、珏、琨、珮、玮、琦。定琦出世后，曾送到农村养育了一个时期，致使他感到婴儿期之不幸。

“著色竹”进人民大会堂

1961年，谢稚柳为北京人民大会堂作巨幅著色竹。因为没有那样大的画案，画是挂在墙上作的。他以不露锋芒厚重的笔势，丰腴的墨彩，表现竹叶的向背纷披、俯仰疏密，错综而挺拔，生动而多变，深刻地表达了竹的形与神，强调了竹的美。特别是，他那撇出的方法，对风雨前夕，摇曳生姿的描写，自成一体，有深切的真实感。这种体验与观察的程度虽与双勾的同等，而表达手法，却要比双勾的艰难而绰约。

这又使人想到《四美图》中那丛绿竹。

在《四美图》中，原中央大学校长、经济学家叶元龙，曾为此卷题诗，姑且引用在这里：

此竹谁所画？其人恐是仙。
颇思访君子，不料见婵娟。
看鸟远来过，歌声学可传。
悲凉未易解，且问李延年。

在题诗中，叶元龙特别赞美画中的绿竹。叶元龙诗中的赞美，不是没有由来的。谢稚柳画竹，那是别具风姿的，在他的画作中，也以画竹为最多，这倒不完全是应酬之作，他是画竹的能手。

谢稚柳画竹，是直接继承北宋文同和元代赵孟頫，而又有自己的创新。

文同画竹，为北宋人所推崇，他的咏竹十字诗写道："图写潇湘之形，莫贤于仆。"收到求他画竹的绢成为他的负担，致使他将绢投掷于地，狠狠地说："吾将以为袜。"苏东坡也画竹，自谓"与文拈一瓣香"，写竹枝不逐节分，米芾称道"运思清拔"。在《画史》中米芾还提出"以深墨为面淡为背，自与可始也"的画理。

谢稚柳收藏着文同一幅《墨竹图》，是按原作尺寸的复制品，正是这种风格。

元代赵孟頫是书家，讲究笔法，他提出："石如飞白木如籀，写竹还与八法通。若也有人能会此，方知书画本来同。"作画如作书，是他追求的艺术妙境。

元代赵孟頫的书画同源论，谢稚柳也是完全能接受的。

谢稚柳画竹，来自生活，多为写生之作。还是在重庆的时候，因为市区经常遭到日本飞机的轰炸，无法居住，谢稚柳把家搬到重庆郊区的一所大房子里。院子里正好有一丛竹林，他就在竹林里观察竹子生长的形态。抗战胜利后回到上海，在溧阳路寓所的小天井里，他亲手种竹，但很少有栽活的。他写了许多咏竹子的诗，如《著色竹》："著色湖州迹已陈，墨奴唯可论元人。分明照眼烟梢碧，苦向前贤拜后尘。"表达了他画竹的心情，真是达到了"诗在口，竹在手"。他实践着文同总结出来的画竹原则："必先成竹于胸中。"正因为院子里的竹林，能使他"朝与竹乎为游，暮与竹乎为友，饮食乎中间，偃息乎竹荫"，所以他的竹子在写实的基础上，而又能出乎意象之外。

这在谢稚柳的题跋中常可看到。1953年，他作《翠竹白鸠图》，图成命笔长题："予客巴山时年二十有八，避寇机之炸，寓江北白鹤林之北，后园丛竹，老梢新笋，春雨秋晴，烟青雾碧，虽非渭川千亩，要亦一片潇湘图也。越八载，重归江南，爱竹成癖，而小庭土薄，种多不活，又好畜鸠，时辄飞去，遂写此图，以寄其兴，搁置旧箧，又已五载矣。雨夕偶从乱楮中重见此图，如重逢故人，岁月易逝，图中景物无恙如昨，而鬓发渐斑，情随时移，披图对坐，信乎无益矣。癸巳十月漫书。"

1955年，谢稚柳作《墨竹图卷》，画成后又作长题：

余客巴山，居嘉陵江北岸白鹤林之北，屋后修竹几及亩余，吟啸其间，积有岁月，颇好写竹，实自此始。盖烟稍露叶、春雨秋晴之姿，一求之于真，不复乞灵于先迹。数百年来论写竹，其高者莫能脱元人藩篱。息斋迂讷，遂为大国，趋跄于从车下风，吁可叹矣。冬日大雪，常见有为雪压折者，其势殊奇，尝思图之，因循未果，今夕雨雪，偶弄笔墨，回忆其景，忽忽又十年前事，因想像为此图，亦不能尽得其趣，聊寄所思云尔。乙未正月，谢稚柳苦篁斋记。

与其说这段文字是题画，不如说是谢稚柳的忆旧。对已往的生活，谢稚柳萦绕于怀，不能忘却。

谢稚柳能诗、能书、能画，所以他画的竹子是这三者的结合。他的画竹，一种是双勾，但更多的是不用双勾而采取撇出的方式，看上去又有双勾的工整效果，对这种形体，在前人的画笔中是难以找到的。

二十世纪六十年代初，他曾为北京人民大会堂作巨幅《著色竹》图。

谢稚柳不但画竹，对墨竹的发展也作了详尽的考证。他从苏东坡的《凤翔八观・王维吴道子画》这首诗中分析，认为唐代墨竹所描写的形体，不再是双勾敷色，而是放笔撇出的写意情态。后来，在陕西开掘的唐武周时章怀太子李贤墓中后甬道东壁、墓后室东壁，都有竹丛，都是墨笔撇出的形体。这一现象更加证实了谢稚柳的判断。可见，以墨笔写竹也不是所创，而是早已运用了。

谢稚柳的花鸟虽然出自陈老莲，他的画竹和陈老莲却是毫无关系的。

北行鉴定书画

新中国成立以来，国家文物局曾两次组织对全国文物机构所藏书画进行鉴定，谢稚柳都是发起者和参加者。

第一次书画鉴定工作从1961年10月开始。鉴定组成员有张珩、谢稚柳、韩慎先。1962年5月1日，韩慎先在京逝世，补故宫博物院刘九庵参加。他们从北京出发，经天津、哈尔滨、长春、沈阳、旅大，跨越三省一市，往返半年，鉴定书画一万多件。

谢稚柳是位重友谊、好朋友、不忘旧情的人。他在哈尔滨，就给张伯驹写了一封信，说明鉴定要去长春，届时可以相见。1957年，在整风运动中，在文化部工作的张伯驹，也讲了一些有关文化政策方面的话，他当然也逃不了当时许多知识分子的命运，被划成“右派”。经过批判斗争之后，许多人被送去北大荒或西北大沙漠劳动改造。张伯驹虽然没有被送到那种地方去，但在北京也有劳动改造的地方。所幸的是，张伯驹的事惊动了陈毅，他们有多年交往，以互赠诗词为乐。陈毅给中共吉林省委宣传部长宋振庭写了一封信，请他帮助张伯驹安排工作，发挥他的专长。宋振庭当年是新四军的红小鬼，是陈毅的部下。宋振庭向张伯驹发出热情的邀请，希望他到吉林省博物馆工作。这样，张伯驹和夫人潘素就到了长春，担任吉林省博物馆副馆长。

在这里，不妨把吉林省宣传部长宋振庭作一介绍。东北解放之后，宋振庭即被派到这里主持宣传工作，与文博事业有着密切关系，也与《佚目》中文物有所接触。前文已提及，长春原是伪新京，有一处所谓“中央博物馆”，随着伪满洲国的覆灭而烟消云散，藏品不知下落，人员作鸟兽散。直到五十年代中期，得到宋的支持，重新建立吉林省博物馆，拨出专款，征集古今书画。宋曾关照吉林省博物馆有关人员，一定要把明清扇面全部买光。宋曾遣人用四千元重金购到董其昌《昼锦堂图》，高头大卷，绢素如新，重彩鲜艳，自书引首，并行书《昼锦堂记》全文，参以米芾笔路，更见大家风范。宋振庭还有一件鲜为人知的事，曾经将自己收藏的最心爱的金末元初的大画家何澄《归庄图》捐献给吉

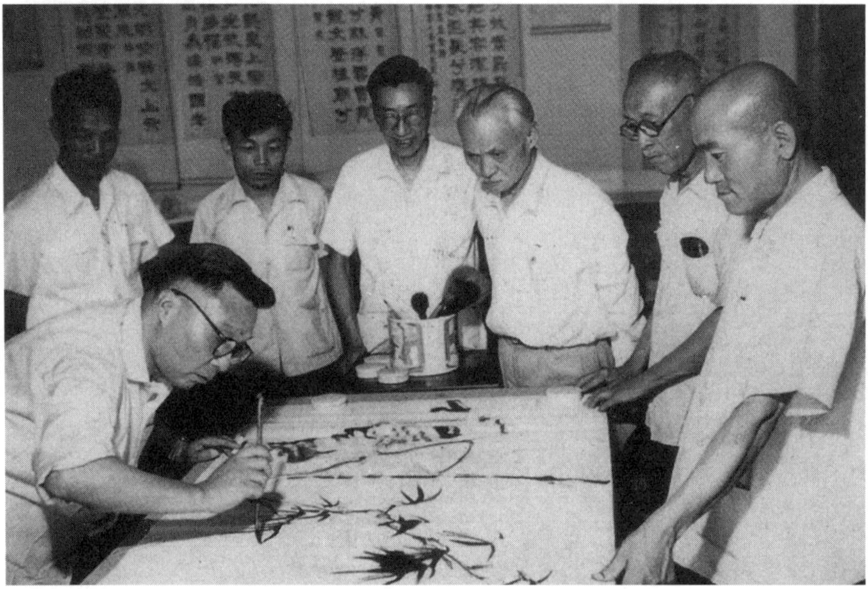

张葱玉、刘九庵等观谢稚柳作画

林省博物馆。何澄画乃国内孤本，美国弗利尔博物馆藏有一件，唯面貌有所不同，卷后皆有张仲寿（畴斋）为之书跋。拖尾姚燧跋中谓何氏作此卷时年已九十大寿。张伯驹在捐出所有的晋、隋、唐、宋国宝与故宫博物院后，身边仅有杨婕妤《百花图》卷孤本，到吉林后，为宋振庭捐《归庄图》所感动，也终于捐献出来，以后又断断续续捐了二百多件明清字画，从而增加了吉林省博物馆知名度。吉林省博物馆所藏宋元精品，从无到有，是宋振庭、张伯驹打下的基础。

张伯驹夫妇离开北京去长春的前夕，陈毅送了他们一卷东西，要他们到了吉林再打开看。张伯驹不知道是什么锦囊妙计，待安定下来之后，他们把那东西打开一看，是陈毅手书条幅："大雪压青松，青松挺且直。要知松高洁，待到雪化时。仲弘一九六一年冬又题。"在张伯驹、潘素看来，这首五言绝句，就是二十字的箴言，是他们的精神力量。

张伯驹接到谢稚柳的信，心中极为高兴，随即写了一首诗寄给谢稚柳，作为应答："边荒万里看名山，暂得忙中数日闲。忽有飞笺天外至，故人新到自长安。"

谢稚柳一行到了长春，张珩、刘九庵也都是张伯驹的老朋友，大家相聚，谈诗论画，别有一番快乐。张伯驹爱画如命，自己虽然是大收藏家，一生不知见过多少名作佳绘，但他仍然是不薄今人爱古人，特别是老朋友的画，更是百看不厌。谢稚柳为张伯驹画了一幅荷花，题写着“荷静纳凉时”。张伯驹看了后高兴地说：“稚柳啊，长春是避暑的胜地，有了你这幅画，那就真的变成避暑圣地了。”

此次的北行书画鉴定，谢稚柳倾注了极大的热情，告别江南几个月没有写一封家书，那天在长春蓦然想起，顿生思念之情，为陈佩秋谱了一首小词《玉楼春·寄佩秋》，并用老莲体书写后给陈佩秋寄去。人们经常看到的谢稚柳诗词，多为题画之作，而那寄托人生感慨及夫妻闲情之作，很少出示与朋友共赏，只是深藏在心中。长春之行几十年后，他写给陈佩秋的这首词还是透露出几许春信：

和春同别江南路，鸭绿松花晴又雨。
已曾塞上晚晴生，冉冉斜阳秋在树。
离肠难索新裁句，客枕出吟归去赋。
行人自恨信音疏，不是天南无雁去。

书画鉴定组一行至沈阳，鉴定辽宁省博物馆藏书画。

这家博物馆收藏甚富。它的前身为伪满洲“国立”中央博物馆奉天分馆，1945年抗战胜利后，为国立沈阳博物馆。中国末代皇帝溥仪逊位后，清王室的人员从清宫中携带出来的书画，流散在民间，多为该馆收藏。特别是溥仪存放在银行中的那批书画，新中国成立之后也全部拨给该馆收藏，有唐、五代、两宋、元、明、清书画一百数十余件。最知名的绘画有唐周昉《簪花仕女图》，五代董源《夏景山口待渡图》、黄筌《珍禽图》，北宋李公麟《摹韦偃牧放图》、李成《茂林远岫图》、张择端《清明上河图》、宋徽宗赵佶《瑞鹤图》，南宋赵伯驹《江山秋色图》、马和之《诗经图》、徐禹功《梅雪图》等。书法有晋人《曹娥诔辞》；唐摹本《万岁通天帖》，欧阳询《梦奠帖》《行书千字文》，怀素《论书帖》；北宋欧阳修《自书诗文稿》，赵佶《草书千字文》《蔡行勅》《方丘勅》；南宋陆游《自书诗卷》、朱熹《书翰文稿》、文天祥《木鸡集序》等。

对这些原来的清宫藏品，张珩、谢稚柳、刘九庵以前都没有看到过。这批文物宝藏自然使他们兴奋，更促进他们思考。从以后的著述来看，这次鉴定工作，谢稚柳的收获甚为丰富，在他的鉴定生涯中占有极为重要的位置。

这次北行鉴定书画，谢稚柳都作了笔记，回到上海之后，整理成《北行所见书画琐记》一文。记中云："……往返半年，所见书画万余轴，随手笔录，不复诠次，其中名迹巨制及新奇之品，非片言数行所能尽者，不在此论列。"谢稚柳所谓"名迹巨制及新奇之品"，就是《簪花仕女图》、张旭《古诗四帖》、李成《茂林远岫图》等，对这批名迹，他都有专文论述。

但在此"琐记"中，仍然有许多佳作，在绘画书法史上也不可等闲视之，文中对邵高、马麟、赵构、傅莲苏、好古道人、王铎、董其昌、吕健、郭勋、沈灏、魏居敬、李寅、张四教、龚贤、戴思望、法若真、华岩、万邦治、纪昀、五德、李鱓、苏东坡、刘秉谦、文彭、许佑、赵大亨、蓝瑛、马和之、褚遂良等唐宋元明清书画家作品上的题跋、印记作了详细摘录，并对其真伪发表了看法，虽自谦为"琐记"，其实很有学术价值，对后学的鉴定家亦有指导意义。

这篇《北行所见书画琐记》，谢稚柳虽说"兹记其琐屑者以待他日检考之助而已"，但它还是把我们带到深邃的书画殿堂，带到遥远的历史年代，让我们如见其迹，如临其境。它不仅给人以美的享受，还给人以丰富的考据知识，深刻的哲理，表现了谢稚柳对书画的严谨态度和一丝不苟的治学精神，同时也令人惊叹他具有如此渊博的学识。

北行鉴定书画结束，稍作休息，谢稚柳与张珩、刘九庵去湖南、湖北作书画鉴定，冬天到了广东，鉴定广东省博物馆收藏。这时，他又想起老朋友容庚收藏的一幅明人山水，题款为戴进。在1955年，容庚曾将这件收藏给谢稚柳鉴定，那时他认为从时代性上来看，这张是明朝人画的，但是不是戴进的作品，还要讨论。这次谢稚柳又告诉容庚，他想再看看这张画，经过研究，他仍然认为这不是戴进的真笔。对容庚来说，是不是戴进的真笔，倒也无所谓，能是一张明朝画，也是值得收藏的了。

广州鉴定工作结束，已经是1963年的春天了。鉴定组的三位成员和容庚同行，作粤北风景名胜丹霞之游。此次丹霞之游，谢稚柳没有文字记录。回到广州后，为马国权作山水，题曰："从丹霞别传寺对望得此景。自仁化舟行锦江数十里，两岸峰峦如画屏锦障，光景奇彩，苏东坡题王晋卿《烟江叠嶂图歌赋》'武昌樊口幽绝处'，不知有此奇绝否。”同时又作《鼎湖风景》，题曰：“鼎湖去广州约百公里余，山不甚高，而竹树茂密，风景幽绝，其绝顶为庆云寺，寺之左有飞水潭，瀑布甚壮，曲折而下，急湍奔流，绕山脚而出。粤中山水之美，罗浮而外，此为绝胜。”

从这两则题跋中，我们可知谢稚柳此次丹霞之游的感受，同时也可看出，王诜《烟江叠嶂图》在他心中的地位。

1964年，中国书画鉴定小组继续工作。此时，张珩已去世，谢稚柳与启功、刘九庵重新建组，去重庆博物馆及成都四川省博物馆鉴定书画。“以阶级斗争为纲”的政治运动已处在山雨欲来风满楼的时刻，从此文化活动都给涂上了阶级斗争的色彩，书画鉴定小组的工作无法再进行下去。接着“四清”运动开始，谢稚柳因王诜《烟江叠嶂图》受批判，《烟江叠嶂图》也被上海博物馆没收。

张珩去世作为一个插曲很值得一记。1962年，张珩、谢稚柳、刘九庵三人北行鉴定书画，行至大连时，据杨仁恺所记：一天晚上在房间闲聊，他（张珩）忽然提起自己的祖父、叔父辈都是在五十二岁时得癌逝去的，他认为事情并非巧合，如果他能躲过五十二岁不生癌，就能长寿。在此前一年，谢稚柳与他同客苏州时，也是一个晚上，张珩出去探望其叔病症先回旅馆，谢稚柳在外面听评弹回来较晚，见张的房间无灯光，以为外出未还，特意开灯一看究竟，只见张一人枯坐沙发上，呆若木鸡，见谢进屋，突然说出祖、父辈往事，由此可见张心上的一个阴影一直没有消失。结果，张珩五十二岁也被发现患胃癌，请名医为之手术，术后不到二十四小时，溘然而逝。张氏祖孙三代在同一年岁，患同一病症而死，原来并非杞忧，此事应非偶然，癌细胞有遗传因子，今已得到科学的证实。

《烟江叠嶂图》起风波

1953年某天，靳伯声又来看谢稚柳，把一幅画卷带给他。谢稚柳在桌上展开，顿时为之一惊。

这是一卷北宋大家王诜(字晋卿)的《烟江叠嶂图》,卷尾有苏东坡的两段长题。谢稚柳记得他走出老师钱名山的寄园,到南京去谋生不久,就看过这个画卷。那时谢稚柳约二十岁,没有仔细观看,就让它轻轻从眼前过去了。没想到一别二十载,故物竟能重逢,重相见,他感到与这张画缘分匪浅。谢稚柳鉴定书画,很注重第一眼、第一感觉,如果开始时他就为之一惊、一振,眼里闪着光彩,那书画八九不离十是真迹了。他对这些真迹书画,有如见到亲朋知己,就像张大千所说,如同婚媾,便会倏然动情,痴迷沉醉。他看这张《烟江叠嶂图》,面貌没于蒿莱,隐匿尘氛,顿生惜念,再端详,又觉得比二十年前看到的,那浮空积翠,如梦、如烟、如幻,更加珠光灵动了,一下子就把他带入到一个烟霞深邃的蓬莱仙境。历史的灰尘,掩埋不了美玉的光辉。

他在清醒过来之后才请教宝从何来。他挽留来客住上几天,等他把这件事报告上海博物馆,建议鉴定小组召开会议,对这张画进行鉴定。

原来在前几十年的岁月里,这幅画卷已经不止一次地出现在上海书画商的手上,上海的书画鉴赏家及收藏家,看过的已经不止一次,通通斥之为"假货","出了名的假货"。当时的要价只有八百元,即使再便宜也没人愿买,谁愿花钱买假货呢?鉴定小组的好多成员都是看过的,大家对此感到失望,兴趣索然。

有人说:老谢不至于连假货都看不出来吧?

也有人说:老谢怎么会把假货拿出来让大家讨论呢?

这也不能责怪鉴定小组某些成员的眼力。本来,大家对宋人画看得较少,王诜的作品看得就更少了,比较熟悉的是明清画。谢稚柳很沉得住气,为了慎重起见,他又拿起放大镜,反复看了几遍,把它同王诜别的作品相比较,他觉得和《渔村小雪图》《溪山秋霁图》等,实是并出于同轨,有着内在的共同气息,断然是真的。在经过反复鉴定之后,他很自信。

"诸位看是假的,我看是真的。"谢稚柳坚持自己的看法。

大家看到谢稚柳如此肯定,也都不敢再轻易否定,于是又重看一遍。说来也怪,他们竟越看越觉得假,不但《烟江叠嶂图》本身是假货,就连后面的苏东坡题跋,也都认为是伪造。最后决定:将画退回,上海博物馆不收。

鉴定一开始,谢稚柳就要求会议记录者把鉴定会上的发言,都一一记录在案。这些记录都是将来的历史见证。

靳伯声又把这个画卷带回北京,请北京的一些专家进行鉴定。北京的专家也认为是赝品,文物保管单位也不愿买进。靳伯声只好把此画卷退回苏州的收藏家。

过了一些日子,人们渐渐把这件事情忘却了,可是谢稚柳怎么也不能忘却,思念之情,未有稍减。他这人对学术上的争论,从不计较,只服从真理。但是如果让眼皮子底下的国宝沦落,万一落在外国人手里,他觉得那才是千古罪人。

靳伯声是北方著名古董商人,他接触过不少的鉴赏家,非常佩服谢稚柳的鉴赏能力,一到上海,总要登门造访。那天,他又出现在谢稚柳的书房里。

"老靳,你把《烟江叠嶂图》再拿给我看看。"谢稚柳的依恋之情,令靳伯声感到欣慰。原来,他也感到这画是真迹,只不过,做不了决断。"谢公要看,我马上到苏州去拿。"靳伯声说。他到了苏州,要求收藏者借出来再看,收藏者有些不悦。靳伯声见状,便说:"我要是买你的呢?你要多少钱?"他知道谢稚柳对此画如此念念不忘,是有道理的,退一万步讲,即使是假货,无论在年代及艺术上,也都是达到相当水平的。

收藏者回说:"两千元!"那当然是气话。八百元都没人要,两千元怎么会有人要呢?说明他并不对这张画的卖出抱希望。从上海到北京,这张画都被判了死刑,有哪一个行家愿意冒这么大的风险买假货。

然而,靳伯声便这样借到《烟江叠嶂图》又到上海。靳伯声去苏州时谢稚柳就琢磨着,他不是考虑这张画的真伪,而是想收购下来。这时,陈佩秋也在热衷于宋人画的临摹,对宋人的笔性也很熟悉了,她也认为这张画是宋人作品无疑。谢稚柳对他说:"我把它买下了。"

"谢公,这可是公认的假货!"靳伯声提醒他。

"我是作为真画买的,谢谢关照。"

谢稚柳问收藏家的要价,原来他听说是八百元,不料此刻竟是两千元。他略微踌躇:"一千八百元吧。"一言既出,驷马难追,谢稚柳手头拮据,一下子拿不出这个数目,就和靳伯声讲定,款分三次付清,第一次先付五百元。后来,谢稚柳又卖了一些别的画,其中有一幅是石涛的《荷花》,把余下的一千三百元带到北京,由靳伯声寄给苏州的收藏者。

谢稚柳买得画后，爱不释手。心想，这张图蒙受了尘垢屈辱之后，终于得其所哉，他觉得这委实是一种缘分。他决定要为之昭雪沉冤，便又进行严密的考证。以工整的“老莲体”小楷写了长题：

清卞永誉《式古堂书画汇考》记王晋卿《烟江叠嶂图》并诗卷，凡纸绢、颜色、尺寸、印鉴、题跋及残损颠倒字，一一注出，悉与此卷合。案此最早所见于著录者为宋周密《云烟过眼录》。次之，明李日华《味水轩日记》，俱载录颇详，及《书画汇考》盖三见于著录矣。此三种著录之中，唯李日华以为诗真而画伪。王晋卿画笔其用水墨者今世所传唯《渔村小雪图》，而《溪山秋霁图》盖亦王晋卿笔，然元明以来已以郭熙许之。稽诸此卷，其笔墨情性与《渔村小雪》《溪山秋霁》实并出于同轨，特尤为荒率耳，又岂南宋以后人所得而乱者！后东坡两诗则书法纯出于本体。东坡墨迹流传尚多，尤随处可以辨证之。晋卿和诗两章，则与其书《蝶恋花词》、王齐翰《勘书图》后题诗，笔势正同，而与《勘书图》题诗尤为形神俱合。书若画并出真笔，良足征信。然明王世贞所藏王晋卿为王定国所写《烟江叠嶂图》，苏东坡作歌一卷，历代相传，推为信本。案之东坡集所载，此诗亦与王氏所藏一卷合，而此卷苏题则无书王定国所藏诸字。此则与苏集为两歧者。案王氏一卷苏题所记年月为元祐四年三月十日，此卷苏题为元祐三年十二月十五日，其第二首为闰十二月晦日，晋卿和章之第二首为元祐己巳正月，己巳即元祐四年，两人和章时日紧接，皆出王世贞一卷年月之前。窃意此卷书若画，其笔墨性情既有足征信，且案之。元汤垕《画鉴》言：“古人作画有时得意者，多再作之，如王晋卿《烟江叠嶂》之类，不可枚举。”而王世贞一卷后，文嘉题语亦言此图凡见两本，后皆无苏诗，已与王世贞一卷鼎足而三。而今世传者，舍此卷而外，复有宋徽宗题签者一卷，后亦无苏诗，且与文嘉见者不类。而此卷晋卿和诗中，有“会当别写一匹烟霞境”之句，味此诗意，此卷盖与晋卿所作《烟江叠嶂》之第一图，东坡长歌即为此卷而作，王定国殆因此而更求晋卿别写一卷，乞东坡重为书之，故其所记年月在此卷后，苏集诗题盖亦随手所记耳。遂谓此诗之作始于为王定国题者，实未足尽以为据。又案王世贞一卷为青绿著色，而晋卿诗分明有“聊将墨戏忘余年”，苏诗中有“水墨自与诗争妍”之句，是《烟江叠嶂》之第一图，决非著色可知。王世贞固自言其一卷，歌辞与画境小有牴牾，而此卷开首即为小桥野店，而无百道飞泉之景，细案画迹卷首已有残缺，百道飞泉在小桥野店之前，因已不可复见，余则无不与苏诗合者。米芾谓晋卿画出于李成，又云李成淡墨如梦雾中，此卷用墨诚如浮空积翠，如云烟，如梦雾中。今日何处见李成画，惟有寻消问息于此中耳。忆予二十许时尝一见此卷于南京，岁月忽忽，南北东西，此卷寂焉无闻，久为人所共弃。偶尔相遇，如逢故人，予重怜其灵珠敛光，隐匿尘氛，将无同于蒿莱，因收得之，重为装潢，以复旧观，倘亦使剑气终得冲于斗牛乎？谢稚柳记，丁酉秋日。

题后，稚柳又记曰："考此图流传次第，在金为元遗山所收，至元在刘汉卿家，旋归戴祖禹，继又为徐容斋所藏。原有王子约跋，今已遗落矣。徐容斋名琰，字子方，东平人，至元间为浙西廉访使。"

谢稚柳为《烟江叠嶂图》作了这样一番考证，并用陈老莲的书体书之于宣纸，准备"重新装潢，以复旧观"，目的是"剑气终得冲于斗牛"。但是，还没有来得及重新装裱，已经起了风波。

《烟江叠嶂图》落入谢稚柳之手，引起了书画鉴定家们的重视。北京的著名书画鉴定家张珩说："看来，我们对《烟江叠嶂图》看走了眼！"张珩的话，表现了他不愧为大学问家、大鉴定家的风度，谢稚柳自己对某些画，也还有"看走眼"的时候。可是，在上海，却出现了与张珩的见解和风度大不一样的情况。有的说，他们当时就认为这张画是不错的，说谢稚柳以一千八百元买了这张画是如此这般……总之，种种歪曲事实的谎言和中伤也不胫而走。

1964年，"四清"运动开始了，谢稚柳又是首当其冲，以"投机倒把"被列为重点批判对象。那时不叫批判，美其名曰"下楼""洗手洗澡"。谢稚柳被认为老是"洗不干净"，所以很长时间也下不了楼。

尽管这次事件的原始记录，依然白纸黑字，默默地存在着——无论它在惊讶或叹息，嘲笑或讽刺，可是始终没有人去请教它，去查问它，去向它弄个清楚。

上海博物馆终于把《烟江叠嶂图》没收作为谢稚柳"洗手洗澡"的收场。这原本是谢稚柳的初衷、心愿，是谢稚柳企求给它安排的归宿。一次，他看到陆俨少仿王诜《烟江叠嶂图》创作的山水，心中不无感慨，随即吟成一首小诗：

长歌醉墨烟江本，过眼浮云事已陈。
披图忽讶王蒙笔，犹觉相逢是故人。

《烟江叠嶂图》在他心上的伤疤虽已愈合，可是，似乎还隐隐作痛，他旷达的胸怀虽已视之如浮云，虽已走向超脱，可是那份思念之情，却埋藏得很深很深。

一天，谢稚柳突然发现《烟江叠嶂图》被博物馆列为二等藏品，他又不能平静了，拍案而起，正气堂堂为国宝降格鸣不平。把北宋的画列为二等藏品，在全国的博物馆没有先例。经过谢稚柳据理力争，《烟江叠嶂图》才又得以恢复它应有的历史地位——一等藏品。

全国文物鉴定委员会钟银兰，为证《烟江叠嶂图》的真伪，曾一论再论，证其真实性，在《对王诜水墨〈烟江叠嶂图〉及苏王唱和诗的再认识》一文中，写了这样一段文字：

对此卷最早提出真伪问题的是明代万历年间的李日华，他在《味水轩日记》中说诗真画伪。我们美术界亦有各种不同看法，有认为诗、画俱真，有认为画真诗伪，亦有认为诗、画俱伪，众说纷纭，莫衷一是。谢稚柳和徐邦达两位先生对水墨本《烟图》的真伪，各自进行了论证，这对我们深入辨析很有启迪。

谢稚柳先生为水墨《烟图》作了一段长跋，他说："王晋卿画笔其用水墨者今世所传唯《渔村小雪图》，而《溪山秋霁图》盖亦王晋卿笔，然元明以来已以郭熙许之。稽诸此卷，其笔墨情性与《渔村小雪》《溪山秋霁》实并出于同轨，特尤为荒率耳，又岂南宋以后人所得而乱者！"徐邦达先生在《古书画伪讹考辨·王诜烟江叠嶂图并诗卷》一文中云："此图论它的艺术风格与水平和王诜另一卷《渔村小雪图》最为相似，二图高华腴润，并应是王诜真迹。此图用笔比较尖细而多草草，小树尤甚，因此有人怀疑与《渔图》不是一人之作。我以为《渔图》是高头大卷，所以用笔比较粗壮，此矮卷小幅，自可以尖细些草草，则见其更为纵逸，应是适意自放的表现，且笔法虽尖而不佻，和《渔图》仍有相通之处，峰岫用湿笔皴染，两者更为一致，其出于一人之手完全可能的。”两位先生一致认为此图系王诜真迹无疑。

而对此图后面的苏王唱和诗跋的真伪问题，钟银兰写道：谢、徐两位先生对此有两种截然不同的判断。谢稚柳先生认为“东坡两诗则书法纯出于本体。东坡墨迹流传尚多，尤随处可以辨证之。晋卿和诗两章，则与其书《蝶恋花词》、王齐翰《勘书图》后题诗，笔势正同，而与《勘书图》题诗尤为形神俱合。书若画并出真笔，良足征信”。而徐邦达先生则认为图后的苏、王唱和诗跋不是真迹，理由有四条：

一、笔画滞钝，缺乏生动之致，形模虽得，神气全无，是刻意临摹而成的特征。

二、与周密记录不同，没有“花押印记”，可知非周密当日所见原迹。

三、画卷绢质细匀，色泽光洁而醇古，书幅的绢则极粗陋，其气色反比画绢要深暗带黄，应是曾经染旧，并非自然真古。

四、“语特奇丽”的“特”写成“持”，为临摹致误。

笔者认为，如果摒弃主观臆断，按照客观事实对上述论据一个个地说清楚，那么我们对苏、王诗跋就基本上有了认识，它的真伪问题也就容易解决了。

对徐邦达提出的四条，钟银兰逐条加以论证，结论是这四条是不能成立的。

“文化大革命”结束之后，对抄家物资落实政策，基本上都要物归原主，如果抄家的东西已经散失，也要论价赔偿。谢稚柳被抄走的书画，都保存完好，一一归还，唯《烟江叠嶂图》不还，要作为博物馆的镇馆之宝收藏，仍以一千八百元的价格做强行收购。谢稚柳不同意，这样僵持了几年的时间。以马承源为馆长的新的领导班子组成，如何处理《烟江叠嶂图》提到议事日程。1997年1月18日，上海博物馆书画部写了一份报告：

1964年“四清”运动时，在极“左”路线的指导下，对谢稚柳进行审查。谢稚柳因在1957年购置王诜《烟江叠嶂图·苏王合卷》受批判，此件作品早在三十年代南京、上海、北京等地流传，一些专家认为是件伪作。

1957年经营古董的靳伯声携此卷来沪给谢稚柳看，谢鉴定是真迹，即携至文管会，在文管会文物收购鉴定会议上，与会的专家都不止一次见过此卷，均认为不是真迹，决定不予收购（当时有会议记录备案）。谢稚柳在怕众人认假的前提下，画有流失毁灭的可能，为保护文物，便以一千八百元收进，款分三期付清。谢受批判后，下令他将个人收藏的书画全部上缴。接着是"文化大革命"，谢稚柳又是重点对象，对他进行了抄家。1973年，谢稚柳获得"解放"，由于极"左"路线仍有一定影响，在落实政策过程中，此件王诜《烟江叠嶂图》不予发还，并作出强行收购的决定，付给谢稚柳一千八百元作为上博收购。我们认为，在当时特定条件下作为摹本向谢收购，是欠慎重的，现今既确认是真迹，应重新办理手续，这是一件国宝，应由国家收藏，但必须按政策退还给谢稚柳，谢稚柳本人亦表示，按政策退回以后，自愿再捐献给国家。当否，请馆领导审定。

书画部　钟银兰

1997.1.18

报告送到博物馆领导手中，馆长马承源批示："情况属实，同意。"然后报告又转到副馆长汪庆正手中，他批示："由流散部会同书画部、保管部先办落实政策退还手续，消账，然后再接受捐赠。"

退还的手续极为简单。办完手续后，谢稚柳、陈佩秋夫妇即作捐献：

上海博物馆：

我们自愿将落实政策退还的王诜《烟江叠嶂图》捐赠上海博物馆

陈佩秋（签字）

谢稚柳（签字）

最后上海博物馆发给谢稚柳一纸奖状和奖金。奖状上写着：

谢稚柳、陈佩秋先生将珍藏的北宋王诜《烟江叠嶂图》卷壹件捐赠给国家，这种关心和支持文物博物馆事业的精神，殊堪嘉尚。特颁此奖，以示褒扬。

上海博物馆

一九九七年元月三十日

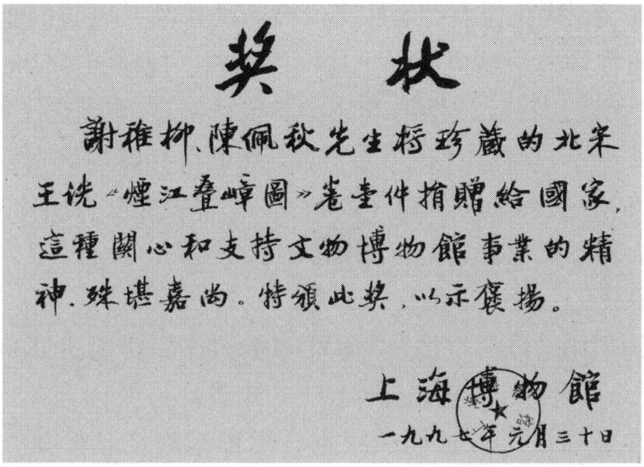

獎狀

謝稚柳、陳佩秋先生將珍藏的北宋王詵《煙江疊嶂圖》卷壹件捐贈給國家，這種關心和支持文物博物館事業的精神，殊堪嘉尚。特頒此獎，以示褒揚。

上海博物館

一九九七年元月三十日

上海博物馆颁发奖状

这只是一个形式过程，其实王诜《烟江叠嶂图》仍然在博物馆的库房里，谢稚柳没有重睹旧物。但谢稚柳并不计较这些，他最初的心愿就是让这件东西进入博物馆，谢稚柳不忍心再让国宝流落街头，或者流出境外，所以才把它收了下来。在历史造成的一个错误的圈子转了一周，又回到原地。再加上谢稚柳得到一个公道说法，他也就安心了。

别时容易见时难。王诜《烟江叠嶂图》重新装裱时，谢稚柳的那段长长的题跋附诸卷尾，同王画苏诗共映光辉，出现了一个王画苏诗谢题的最完整的艺术品，实现了谢稚柳几十年的夙愿。但是，谢稚柳毕竟没能看到重新装裱的王诜《烟江叠嶂图》就与世长辞，这不能不是他生命历程中的又一个遗憾。

对《簪花仕女图》的证辨

北行书画鉴定，辽宁博物馆藏的《簪花仕女图》是我国绘画史上一件非常杰出的作品，不知从什么时候起，就被公认为唐代周昉的手笔，这种说法已经根深蒂固，就像金科玉律一样无人怀疑。谢稚柳第一次接触这件作品时，的确被它的艺术魅力打动了。

怎么证明《簪花仕女图》是唐代周昉的作品？周昉的画笔究竟是何面貌？谢稚柳的头脑里闪现了这样的问题。他请教了当时鉴定界的前辈，谁也无法作出比较性的看法。谢稚柳发现，《簪花仕女图》是周昉作的说法只不过是一代代沿袭下来，谁也没有做过认真考证。他打开历史经典，只提到周昉是唐中期长安人，善于描绘贵族仕女和佛、道画。他曾为郭子仪的女婿赵纵画像，描绘了赵纵的"神气"与"性情"。唐张彦远说他的画"初效张萱，后则少异，颇极风姿"。到了宋代，米芾也只说他的用笔"秀润匀细"。谢稚柳感到这一切说法都是那样的约略而朦胧，并不能判定《簪花仕女图》的作者就是周昉。

时代性是确认一种画风的根据。谢稚柳回忆起他在敦煌石窟看到唐代的所有壁画，想从壁画中找到这个画派的痕迹，这两者之间没有相同的地方。他又想到孙位《高逸图》、《宫乐图》和《纨扇仕女图》，这些有明确可证的唐代绘画和敦煌的唐代壁画，都有一脉相通的地方，但从这些画中，谢稚柳感觉也找不到《簪花仕女图》的流风。谢稚柳初步印象是：从整个簪花仕女形象中流露出来的艺术风格，在唐代绘画中，还没有找到同样的例子，这是唐代所没有的一种清新的艺术风格。

周昉《簪花仕女图》

描写的形式可以判断绘画的时代性，时代性又能确定绘画的历史地位，而其描写的内容、生活情绪和气息，更是不可忽略的判断根据。谢稚柳指着画中的仕女形象对别人说："你看这些打扮、装束，从隋唐以来的实物中能找到与它相同的形象吗？"

图中仕女头上的高髻，引起谢稚柳的注意。像这样的高髻，只有敦煌壁画中的唐画引路菩萨下面的一个女子头上的高髻与此卷相似，这是在唐代壁画中看到的唯一的一种装束，但是那个女子的高髻上，没有簪花仕女图中的巍巍花朵。

那么这种打扮、装束的时代性又在哪里？谢稚柳锲而不舍地追根寻源。他东翻西翻，上下寻觅，从陆游的《南唐书》中，查到了后主李煜大周后的装束："创为高髻，纤裳首翘鬟朵之装，人皆效之。"马令《南唐书》中也记载李煜哀悼大周后的诔文，有"高髻凌风"之句。这就像找到了打开大门的钥匙，谢稚柳心中一阵高兴：那图中妇女的头饰、花朵、赤身着纱衣的风俗民习，不正是体现了南唐的生活气息吗？

谢稚柳站起身来，推开窗子，从阳台上传来了一阵花香，那棵栽了多年的辛夷花，今年开得特别茂盛，香味也特别浓，加上发现高髻的喜悦，使他感到有些陶醉了。

咦,《簪花仕女图》中不是画了一朵辛夷花吗?他又走到案上,仔细地看了画上那朵辛夷花。辛夷花是春天开放的花朵,在春天的时候,妇女们穿得“绮罗纤缕见肌肤”,那种温馨的景象,正是江南的春天,《簪花仕女图》所表现的也正是江南的风光物候!生活在长安的周昉有南行的踪迹。

经过这样一番详尽的考察,谢稚柳为《簪花仕女图》提出了新的判断,他说:“不免有较浓厚的唐代气氛,但那恢宏的气概、雄健的笔势所表现的风骨情采,已不是唐,而特别显著的相异之点在面部,在于眉、眼、嘴角和手等的描绘形式,这与唐人的习性已判然有别,分道扬镳,流露着另一种特有的艺术形态与情意。它正显示着晚于唐代不远的一种新兴风貌,但与唐的传统渊源保持着较亲近的关系。这样,可以说《簪花仕女图》所表现的应该是大周以后南唐贵族妇女所流行的打扮、装束,而它的画笔,正是南唐时代的艺术特征。”

做完了这段艺术定案工作之后,就像经过长途跋涉到达目的地,谢稚柳感到一阵轻松。他好久没有写诗了,这时激发了他的诗兴,于是铺展诗笺,挥毫写诗:

辛夷花烂春云热,鬓朵新装露雪肤。
南唐风物凭君识,哪得宣州长史图。

看《茂林远岫图》识燕文贵

1962年,谢稚柳北行鉴别书画,在沈阳博物馆看到一幅《茂林远岫图》的山水,题签上写着此卷是李成的作品。《茂林远岫图》是一个横卷、绢本、墨笔,原为清朝内府旧物,著录于《石渠宝笈初编·重华宫》,卷后有南宋向若冰的题语。题语中说,李成的《茂林远岫图》与吕夷简的儿子吕公弼相距百年。看来,距李成以后不久,此卷被定为李成的笔迹。相距的时间越近,历史记录就越可靠,这已经成为一种常识了,所以从来就没有人怀疑《茂林远岫图》是李成的作品。徐邦达《重订清旧藏故宫书画录》中，认为“宋画，非李成笔”。

谢稚柳曾经作过《李成考》的文章，对“无李论”的见解，他是很赞成的。这位五代末期的山水画家，他发展了唐代绘画艺术，影响了宋代以后的艺术流派，但是，人们对他的笔法完全是生疏的。因此，这就引起了谢稚柳对《茂林远岫图》探索的兴趣。

在鉴别生涯中，谢稚柳特别注意绘画的渊源关系。流从源出，认识源就可以知道流。可是遇到像李成这样的画家，或者说遇到五代以后的山水画，在鉴别上就出现了一个问题：他们的老祖宗李成的笔迹已经不存在，没有源，这流又怎能进行判断呢？远在宋代的米芾一人所见到的李成的伪作就有三百本，搞得他无法辨别真伪，想干脆来一个“无李论”。他说：“使真是凡工衣食所仰，亦不如是之多，皆俗手假名，余欲为无李论。”米芾也感到李成的画难以鉴定。

开始，谢稚柳也像进入迷魂阵，对李成莫知所然。但是，他从许多记载中，又仿佛隐约地看到李成的秀润笔墨，灵动的峰峦，如幻的烟景，突兀的气势所表现的骨体和淡怡明净的情调，呈现出灵秀而多姿的美感来。李成的画既已绝迹，但是郭熙和王诜都是李成画派继起的画家。郭熙和王诜的画都还看得到，渊源虽竭，而流波未泯。流从源出，认识源可以知道流；反过来，认识流不也可以寻踪问迹找到源吗？谢稚柳转过头来，像他学画时从陈老莲追溯到北宋一样，在鉴别上也来一个溯流探源，从郭熙和王诜的画上来探寻李成的消息。

当谢稚柳深入进去的时候，发现郭熙与王诜的笔法有许多不同之处，郭熙用笔壮健而气格雄伟，富有圆笔中锋的含蓄性，王诜用笔尖峭而气格爽利，富有圆笔尖锋的明显性，这是两人画风的基本分野之处，从而形成了各自的风格体貌。但在铺陈的习性、造型的特点方面，两人却有较多的共通之处。他查阅画史及郭熙、王诜的真本，就遇到不少因此而被相混的例子。《溪山秋霁图》是历史记录的郭熙的真迹，为元代倪瓒、柯九思，明代文嘉、王穉登、董其昌这些著名鉴定家所公认，然而却不是郭熙而是王诜的画。同样，也有把王诜的画误以为是郭熙的。从产生的这种郭熙与王诜张冠李戴的现象中，谢稚柳得到启发：从郭熙与王诜相通之处，必然能找到李成的风范。

这时，谢稚柳又回到《茂林远岫图》上来。这个数百年前被认为是李成画的艺术定论，谁也没有怀疑过，更没有人想作翻案的文章。他从郭熙与王诜共通之处认识李成之后，看出《茂林远岫图》和郭熙、王诜的笔法是风马牛不相及的，断定此图与李成无关，可能是燕文贵的画。

谢稚柳从他所知道的燕文贵的四幅作品中，找出《溪山楼观图》轴和《茂林远岫图》相对照。《溪山楼观图》轴有燕文贵的题款，此图作为认识燕文贵的画风，一向被认为是标准物。从两图的互相印证中，谢稚柳发现了两者之间的共同的规范，一致的性格。他从山形及其皴法，树形及其描法，水形及其铺陈，流泉的形及其墨的浑成以及屋宇的安排，确认无不显示着出于一手的迹象。其中不同的只是景色的疏或密，山石的斜或直，笔的尖或秃，墨的浓或淡。在印证中，谢稚柳又特别指出，《茂林远岫图》像其他四图一样，在水畔安排着华美的台榭楼阁，这在宋代各个画派中是独特的表现形式。燕文贵对山水描绘的特有形式，在当时就极被人们所推许，称为“燕家景”。燕文贵在《茂林远岫图》上的繁密铺陈，精微深刻的描写，水边安排台榭楼阁，正是他所要表现的唯一特征，达到了臻美的艺术妙境，这正是号称“燕家景”的特征。

谢稚柳《仿郭熙〈溪山秋霁图〉》

谢稚柳说：“在我看来，作为认识的依据，《溪山楼观图》显然是主要的，如果以艺术性而论，《茂林远岫图》却在它之上。”

判定了《茂林远岫图》是燕文贵的画迹之后，谢稚柳又进一步探索这幅画的流传脉络：《茂林远岫图》从北宋吕公弼转到向家。自向若冰重加装裱后，不久就归了贾似道，贾似道的印也都盖在画上。在元代，可能是鲜于枢之物，因为卷中还有"困学斋"之印。倪云林的题，是在至正乙巳吴城卢氏楼观。乙巳为至正二十五年，卢氏楼观，即卢山甫的听雨楼。这时倪云林与王蒙同在卢家。《茂林远岫图》就是卢氏收藏。在明代，弘治时张大骏有一题，说明是在太监吴用诚的手里，后来归了项子京。到了清初，在梁清标家，然后入清内府，后又被溥仪带往伪满洲国。

谢稚柳为《茂林远岫图》题写了一首诗：

取次山涯水畔行，墨围笔阵尽疑兵。
眼前一派燕家景，便是当年旧姓名。

张丑《清河书画舫》溜字号第六："《茂林远岫》在项氏，向若冰等有跋，乃文寿承鉴定也。近复得阅成画，为人拆去，别购补之，故'封'字印不全云。"

徐邦达《古书画过眼要录》中云："至其石法带方和极细整的界画楼观，却有些接近燕贵（文贵），因此也有人认为是燕笔。但所见燕画多幅，都无此文秀，我亦不信此论。"

科学鉴定的总结：《论书画鉴别》

1966年4月，"文化大革命"的邪火已经燃起，谢稚柳完成了《论书画鉴别》。积他几十年的鉴定经验，对这个题目可以写一本书，但他只写了一篇两万余字的论文。他没有把书画鉴别神秘化，没有故弄玄虚，而是写他的经验之谈，论述了书画鉴定的科学性和辩证性，堪称书画鉴定理论的经典。它不仅能提高读者对书画的鉴赏力，而且对书画家的实践也有帮助。因为作为一个书画家，首先应该是书画鉴赏家。同样，作为一个书画鉴赏家，也应该是一位功力深厚的书画家，否则，他对书画的鉴赏只能是隔靴搔痒，不得要领，把握不住一个画家或一个流派的艺术规律，只能说一些似是而非、模糊不清的话。

这篇论著，对书画同源，对书法的用笔、个性、时代性、流派，注入了历史的思辨，所以是透彻的；注入了哲学的思辨，所以是深入的。

黑格尔说："小孩子要看镜子的光明，却在光明里发现了自己。"同样，谢稚柳鉴别古书画，却在古书画的鉴定中找到了自己要走的道路。我们今天读这篇文章，也同小孩子看镜子一样，会有所发现，获得启迪，获取教益。

但是，1966年的中国内地，哪里能有发表谢稚柳文章的地方？还是在香港《大公报》编副刊的马国权将文带到香港，在《大公报》分四次连载。在《论书画鉴别》的论文中，对鉴定界普遍使用的鉴定方法，如尺寸、印章、款识、题跋及材料，谢稚柳一一提出了讨论，并指出这些都是鉴别书画的客观条件，只能起到参考作用，起决定作用的是"书画本身的各种个性，是它的本质"。

谢稚柳在论文中写道：

鉴别的标准，是书画本身的各种性格，是它的本质，而不是在某一作家的这一幅画或那一幅画。因此，它无所谓高与低，宽与严。作为一个作家，他可以产生水准高的作品，也会产生低劣的作品，这是必然的规律，问题不在于标准的高、低与宽、严，而在于对书画本身的各种性格的认识。性格自始至终是贯串在优与劣的作品中的，如以某一作品艺术高低为标准，不以它的各种性格来进行分析，这是没有把性格从不同的作品之中贯通起来，在鉴别的范畴中，真伪第一，优劣第二，在真伪尚未判定之前，批判优劣的阶段就还未到来，两者之间的程序，批判优劣，是在真伪判定之后，而不是判定之前，亦即认识优劣，不可能不在认识书画本身真伪之后。

鉴别，就是认识。鉴别从认识而来，认识是为鉴别服务的，鉴别运用认识，当认识深化的时候，鉴别的正确性才被证实了。

那么，如何来认识书画的真伪呢？真伪的关系，可以说伪是依附于真的。不能认识真，就失去了认识伪的依据。真认识了，然后才能认识伪，认识始于实践，先从实践真的开始。

在论文的第四部分“书画本身的认识”中，谢稚柳提出了自己的鉴别方法，摘之于后：

这里将不从艺术史来加以论证，而从古典书画的笔墨、个性、流派等方面来认识它的体貌和风格，是完全从鉴别的角度出发的。

笔墨。书与画是用笔和墨来表达的，是形成书与画的基本之点，是书与画重要的表达形式。

……而所谓笔墨，就是笔法与墨法，笔墨这个名词起于五代荆浩，他曾经评论唐吴道子与项容的画笔，他说：“吴道子有笔而无墨，项容有墨而无笔。”这讲的是笔墨配合的问题，要笔墨并重。

（甲）书

（一）用笔：就是笔法，什么是笔法？先从书来说，笔法的最早说法即所谓的“永字八法”。但是，在这里谈“永字八法”将不是主要的。所谓笔法，是指当写字的时候，笔在纸上所画出的那些线条，在书法中称之谓点画，字是通过点画而形成的。从点画而形成字的形式，称之谓结体，即字是以点画组织而成，结体就是组织结构。点画不是静止而是变动的，它能起无穷的变化——粗的、细的、又粗又细的，而结体通过提按的点画与组织的变化，使笔或长或短，或正或斜，或直或弯，形成了左顾右盼，回翔婉转多种多样的形式与姿态，这就叫笔法。

（二）个性：书的点画、结体，不是静止的而是变动的。从这一种书体到那一种书体——如真、草、隶、篆，这一家的书法到那一家的书法，产生了千千万万变化不同的形体，每个书家通过点画与结体所形成他自己的特殊形体，其中就产生了它特殊的性格，这就是风格。

但是，一家书体有一种特殊形态，而这种形态也不会固定不变，这个历史行程，一般都把它分成几个时期——早期、中期、晚期，或者前期、后期，这基于作品流传的多寡，实践的限度，而认识是随着这个因素而定的。

字从瘦的变到粗的，或粗的变到瘦的，长的变到扁的，或扁的变到长的等，这是从它的形式方面看；从硬的变到软的，或软的变到硬的，扁的变到圆的，或圆的又变到扁的，稚弱的变到苍老的，或苍老的又变到稚弱的，等等，这是从它的质的方面看。

从形式上看，是认识的概念；从质的方面看，是认识的深化。

以上是字在历史行程中自然的变化，字还能从其他的因素发生变化，这是被使用的工具所促成的。如笔，笔锋是尖的或秃的时候；墨，干些或湿些、浓些或淡些的时候；纸或纸质不同的时候，绢、绫或绢、绫质地不同的时候。

字当书写的时候，精神的充满与否，也会使它发生变化。

在这些情况下，形式虽变，而性格是不变的，因为，工具只能变它的形式，而不能变它的性格。

当认识的时候，必须充分注意这些情况，而性格是主要的一面。

那么，在字的本身历史行程中既有各个时期的自然变化，那么，它的性格变不变呢？不一定。这要从具体的情况而定。

当一种书体在它自己的历史行程中，它的性格或者变或者不变。而在一个书家所擅长的几种书体中，它的性格也是或者相同，或者不相同的。

例如倪云林的字，前后的性格是不变的，明祝枝山的书体有好多种，它的性格就相当复杂，徐渭的书体有多种而性格是一致的，清金农的早期与中、晚期是不同的。中期以后的隶书与行书的性格相通。

（三）时代性：在同一时代中，各个特殊形式的书体，都有它的来源与基础。即通过它的师承与彼此间的影响等等。由于这些关系，彼此的艺术表现，就有某些相通之点，因此，在各个的特殊性格之中，包含了共通性，这个共通性不为其他时代所有而为这一时代所特有，这便是时代风格。时代风格，正是从个别风格而来的。

认识的主要之点在于各个特殊书体的如此这般的性格和它所可能的变，彼此之间的艺术关系与相异之点，这一时代与那一时代的艺术关系与相异之点。

认识了这些特征，就可以来举一个例：传世有名的王羲之《游目帖》，要不受任何旁证的迷惑，不管以前对它有过任何评论，而直接从它的本身来作出真伪的判别。

《游目帖》是不真的。当然，并世已经没有王羲之的真笔存在，有的也都是唐代勾填本。但是，《游目帖》的笔势与形体，已具有赵孟頫的风格，这一判别正是基于《游目帖》的时代风格与个人风格这两重特征。

（四）流派：一种特殊的书体的形成，都有它的来源，如这一家的作品，它的艺术风格，为别一家所承继，前者的艺术风格，就成为后者艺术风格的来源。这个渊源，或者是同时代的，或者是前时代的。这一个艺术风格既从那一个艺术风格而来，而在形式上、性格上或多或少地保留了前一个风格的某些共同之点，这就是流派。

例如祝枝山的草书，是从唐怀素草书而来，也兼受了宋黄山谷草书的影响。因此，祝枝山的草书是怀素与黄山谷的流派。

认识的主要点在于同一流派之中相同与相异的特征。事实上，一个形成了的特殊风格，它的常性容易捉摸，难以捉摸的是变，而它的常性是隐藏在变之中的。在同一流派之中，它的关系有明显的，有不明显的，一种是相同之处不明显，这就难以捉摸。如王穉登之于文徵明，这里主要在于搜寻两者之间的相同之点。

……

认识的依据，正是两者的流派关系，两者之间的特殊性和共同性的贯通。

（乙）画

画与书一样，有笔、个性、时代性流派等方面，书与画的形体虽完全有别，但两者的原理是一致的，完全相通的，甚至有些情况也完全相同。

（一）笔墨：画运用笔的形式，方法与书相同，要比书复杂而更多变化，它的基本之点在于配合对象。因而用笔，是从对象出发，从对象产生。对象，正是笔的依据和根源，用来摄取对象的形与神所产生的笔的态与势，情与意，就产生了自己的精神骨血，这就叫“笔法”。

纯粹是水墨的画，主要是墨的表现，如何浓淡变化地来反映对象，使对象在这单一的色彩之下有生动的神态，这就叫“墨法”。

墨的发挥，必须用笔，才能使墨起无穷的变幻，所谓“墨分五彩”，墨与笔的关系是最密切的。

笔表现在人物画上，以线条为主。线条，即明人所起的各种“描法”。所谓“描法”，是指线条的形式，如唐吴道子画人物的线条，名之谓“兰叶描”或“柳叶描”。北宋李公麟的线条，名“行云流水描”，这一名称来源于元汤垕，汤垕说李公麟的笔“如行云流水有起倒”，是指的运笔流利并抑扬顿挫地有转折起伏，而北宋米芾称吴道子的笔“磊落挥霍如莼菜条圆润”。“磊落挥霍”“圆润”“行云流水”都是从笔的性格方面而定，这些形象性的说法，是前人的理解，而我们还是要从实践中来认识这些线条的形式与性格的。

唐代人物的描笔，开元、天宝以前，乃至上推到晋汉，它的形式是，线条不论长短，基本上都一样粗细，而转折是圆的。尽管个性不同、流派不同，而这个形式不变。这可以从汉墓壁画、敦煌壁画、顾恺之《女史箴图》和阎立本《历代帝王图》来辨认。开元、天宝以后，虽然形式依旧，而渐次地在起笔时有尖钉头出现，而转折也平添了方的形式。这可以从唐人的《纨扇仕女》、孙位《高逸图》来辨认。乃至北宋武宗元、李公麟都是如此。描笔从没有尖钉头到有尖钉头，转折从圆到方，以至粗的细的，光的毛的，粗细混合的，光毛混合的，软的硬的，流演到南宋梁楷的"减笔"与"泼墨"。宋元明清以来，产生了无数形体，无数流派，笔势变了，引起了性格的变化。

"皴"，是山水画中笔的主要部分，是表现山与石的脉络的高低的凹凸，是各种粗或细、长或短、光和毛等的线条所组成，这就叫"皴法"，如北宋董源的山水称"麻皮皴"，南宋李唐的山水称"斧劈皴"，等等。这些名称都是根据皴笔的形象而起的。

山与石，须要以皴的方式来表现，而水和树都是山水画组成部分，就不能统一运用"皴"。这里，笔需要采取不同的方式来描写这些不同的对象，因而，在山水画之中，笔显示了它的特殊复杂性。

山水画有两种：一种是著色，一种是水墨。水墨就是有深淡变化的纯一黑色，而著色的还有两种："青绿"的皴少，而"浅绛"与水墨的皴多，它的形式是多样的。

花鸟画，有"双勾"与"写意"，有水墨与著色。两派的形成，显示了笔的突变。"双勾"是以细的线条为主，如两宋、元以及明代的院体。而"写意"，所谓浓涂大抹，是以粗大的笔为主的，如明清的沈石田、八大山人等，还有一派名没骨法，是工细著色而不用双勾，如恽南田的画派。

笔有性格，而著色是烘晕而成，没有笔的迹象存在，是没有性格可循的，因而，在鉴别上不起作用，固然，如蓝瑛的仿张僧繇没骨山水，著色就有一定的特点，但它仍不能不结合笔来辨认。

（二）个性：不论人物、山水、花鸟等画科，它的风格如何，是出于笔的主使，为笔所产生，因而，个人风格的认识，是以笔的性格为基础的。

例如沈石田的山水与文徵明的山水不同，不同之点是从两者的体貌来辨认。体貌是从那些山、水、树木等形式来辨认，而这些形式，要从笔来辨认，特殊的笔所表现的特殊的形象，两者的综合才是风格的认识。

个人风格，它的前后期是一种体貌的，其间形式，笔墨虽有变，而性格是不变的，如元倪云林的山水，明陈洪绶的人物，清恽南田的花卉等。

前后期有多种体貌，形式变，笔墨变而性格也变了，如明沈石田的山水就是。但也有性格变了而它的常性却隐藏在变之中，如明唐寅的山水，元赵孟頫的《百尺梧桐轩图》等就是。

但是，性格虽有前后期之分，有变与不变之别，然而真伪的混淆是不可能的。

例如传世有名的宋赵子固《白描水仙图》共有五本，体貌都相同，然而性格是截然不同的，是否有前后期之分呢？这五本之中，一本为两株水仙，一本是三株，其余三本则为繁密的长卷。假如运用从笔的性格来分析的方法，就立刻能够证明前者两本合乎赵子固的性格，而后者三本，是赵子固所不可能有的。这里，就不是前后期变化的问题，而是这两种不同性格的相容与不相容的问题。

（三）时代性：在某一时代的共通性格中，也包含着它前代的个别性格或共通性格，因而，这一时代的作品，被误认为那一时代的。这一情况，在与宋画与明代院体之间，最容易发生，应当说，问题在于没有从时代风格特征来辨认。

那么，时代风格特征是什么呢？

被误认的原因，主要在于形式方面，在于两者的形式有共通性，但是所谓风格，不论个人的或者时代的，都产生于形式，它不能脱离了形式而独立存在。因此，脱离了形式来论风格是不可能的。

然而，形式可以独有，也可以为多数所共有。不仅在同一时代，还可以从前代到后代，因而，形式的范围是比较宽广的。

仍以明代院体与南宋绘画而论，两者形式是相同的。但相同之中，总有它的相异之点，这就是特征，但是这个特征，还不能起独立作用。因为形式，在个人或同一时代的，也都可能有变。所以单独利用形式的相异，仍然是不可靠的。而且，如其形式相同，又将怎么办呢？因此，形式的相同与否，就不是主要的，而主要的首先在于笔，特征是笔的性格，笔所形成的形式，形式所产生的风格，三者是分不开的。三者的综合，是个性，也是时代性。

（四）流派：形式出于传授而有明显的相同性，形成为流派。流派的形式有同时代的关系，也有前后代的关系，这方面的认识对鉴别所起的作用在于：

1.说明某些作品的时代。

2.说明某些作品的时期。

3.但有时也能对个性起混淆作用。

例如1，南宋院体山水，元代之南宋院体派或明代院体。又蓝瑛的继承者很多，从这一画派可以看出都是清初的作品。

例如2，陈道复的山水为文徵明一派，而属于文徵明细笔一派的是早期。

例如3，北宋郭熙与王诜的山水，都是李成一派，由于郭与王的形式相同，历史著录的郭熙《溪山秋霁图》，其实不是郭熙而是王诜的画笔，正是流派把个性混淆了。

还有两个问题：1.董其昌的代笔。2.浙派。

1.赵左、沈士充之于董其昌，两者之间的形式，有时几乎难以分别，如沈士充的《仿宋元十四家笔意卷》。赵、沈画笔，源出于董其昌，因而是一个流派。据历代的叙说，董其昌当时的捉刀者，历历可数的无虑有十数人，而赵、沈也是其中的一员，经久以来，董其昌的代笔与真笔时常混淆不清，因而问题的中心，似乎已不在董其昌的真伪而在于代笔。

董其昌的画派，大致说在六十岁前后是一种体貌，七十岁前后又是一个时期的体貌，与董其昌的类似之处，正是属于前一个时期，而沈士充的《仿宋元十四家笔意卷》，也是属于董的前一个时期的体貌。赵、沈的画派与董其昌之间，至此分道扬镳。赵、沈的作品中，是停留在董其昌六十岁前后这一时期的形式上的，在赵、沈的作品中，绝未见过与董其昌七十岁以后的体貌有类似之处。这是明证。当然，说是为董其昌代笔的并不止赵、沈二人。但是，要数赵、沈与董的画笔最接近。

再则，所谓代笔，还要依靠真笔来说明这一问题。事实上，当时崇尚董其昌的，不仅在董的画，更在董的书，可以乱真董的书比乱真董的画更多。所谓董的代笔，可以分为两部分，一部分根本是当时的伪造，把它看作代笔了。但一部分确实是董的真代笔。形式可以混淆，性格本身是不能混淆的，至于代笔，不是绝对没有，有也是绝少的。

2.清张庚《国朝画征录》："画之有浙派，始自戴进，至蓝瑛为极。"张庚所记并不是出于他的创说，而是当时的传统的说法。因此"浙派"就是戴进与蓝瑛由来已久，而至今还完全被应用。有时又加上吴伟。

这可以来分析一下。以浙江而论，戴进、蓝瑛都是浙江人，而吴伟不是。以画派而论，戴进、吴伟确属一派，而蓝瑛就完全门户不伦了。因而，以戴、蓝为浙派，作为“浙”则可，作为“派”是说不过去的，此其一。

董其昌说：“戴进为武林人，已有浙派之目。”可见推戴进为浙派之牛耳，远在董其昌之前就已经成立。再来分析戴进的画笔，这一画派远自南宋李唐所创始，后宗此派的有元孙君泽、张观等，可见并非出于戴进所自创，这些同一流派的宋元作家的所在地域，在南宋为临安，在元为杭州，张观是流寓嘉兴。都是浙江，戴进如何能执浙派之牛耳？此其二。

如以明代的浙江画学而论，有王谔、夏芷、谢环等。其中除谢环外，也都与戴进同派，蓝瑛可以列入浙派而这些作家却不被承认是没有道理的。此其三。

从南宋到明代院体，连戴进在内，论流派是一而二，二而一，那么，单从明代来说，院体是浙派呢，还是浙派是院体呢？明代的院体，是早于戴进的，以论院体的声势，除画院中人外，宗此派的，还有周臣。而杜堇、郭诩、徐端本乃至唐寅，也占了院体一半。

至于蓝瑛，在明代末期，他的形式是独立的，风格是前所未有的，当时他的影响也相当大，在浙江，崇尚他画派而尚有画迹可见的，尚能列举十数家，陈洪绶就是其中最著称的一家；在扬州，除萧晨外，如王云、颜峄，乃至袁江等，都受到蓝瑛一定的影响；在南京，金陵八大家的龚贤、樊圻、吴宏、高岑、邹喆等的画迹中，都显示了与蓝瑛的密切关系，如其要指出浙派，那么，应该是蓝瑛。

因此，如从传统所说的浙派，来寻觅此中的相同之处，渊源关系，真是“缘木求鱼”了。

渊源，是先后、甲乙之间所受的影响，有流派的关系，而并不一定形成流派，有时甚至相反的是截然不同的两个流派，而其中却隐藏着渊源关系。

例如八大山人的山水之于董其昌的山水，这两者的体貌，看来是风马牛，但是董其昌对八大山人，却是渊源很深。八大山人是从董其昌的画派发展而来的。这可以从作品中寻出二者之间关系的例证。

渊源也是有明显的，有不明显的，石涛之于倪云林，是明显的，王石谷以元人的笔墨，写北宋人的形体，这也是明显的。黄大痴、倪云林的笔墨以稀疏为主，是出于赵孟頫从李成的扩展的简括形式，这是不明显的。恽南田之于王武，石涛之于沈周，陈洪绶之于文徵明，也是不明显的。

自然，渊源明显的，容易辨认，而不明显的难以辨认。然而，这些渊源关系，对鉴别也是不容忽视的。

对书画本身的各方面认识了，各式各样的旁证认识了，那么，当见到某一时代某一作家的作品的时候，与我们所认识的各方面符合了，这一作品，就是真笔；不符，就是出于伪造，显然，它在真笔之中是不可能有的。

（五）最后的话：书画作伪，已有千年的历史了，珷玞鱼目，随处都是。从传统的鉴别方法，对变幻多端的作伪，是值得商榷的。

鉴别，并不排除任何旁证。但它必须在书画本身判定之后才起作用。其所以如此，在于二者的关系，不是同一体，因而旁证的可信性，必须由作为主体的书画本身来对它作出决定。鉴别是最终目的，是为书画的真伪服务，为有旁证的书画服务，也为无旁证的书画服务，这就是所以对书画本身要有独立认识的必要。

最切实的办法是，认识从一家开始，而后从一家的流派渊源等关系方面渐次地扩展。一家认识了，开始与书画结下了亲密的关系，其他就比较容易过关了。

我们经常对鉴别，还不能不发生错误，第一在于学习唯物辩证法不够，对书画本身的认识不够，这是主要的。

认识不够也有由于客观因素，如受到资料消灭的限制而对某些实物已无法认识，或缺乏有系统性的资料，使认识不能有系统性的发展。

历史、文学、书画理论等等，对书画鉴别也有密切的关系。

第八章

「十年浩劫」中为古人招魂

牛棚诗话

1966年夏天,“文化大革命”开始,整个中国进入劫难的时刻,“扫四旧”的恶风浊浪席卷中国大地,在上海尤为猖獗。8月1日,谢稚柳第一次被抄家。这时还只是抄“四旧”,没有审问。谢稚柳家中藏的古代书画及张大千的作品,是第一号的“四旧”,被抄一空。10日,谢稚柳又第二次被抄家,这次就升级了,翻箱倒柜,连阳台上紫砂花盆也被翻了个底朝天,甚至打碎。这次抄家时就进行了审问。

抄家者问:“有金条吗?”

陈佩秋答:“没有。”

抄家人问:“你们的钱到哪里去了?”

陈佩秋答:“都买古字画了。”

抄家人问:“冰箱有吗?”

陈佩秋答:“没有。”

抄家者问:“你们过去有金条吗?”

陈佩秋回答:“‘三反’时都赔出去了。”

此时,谢稚柳连回答的权利也没有,只能站立在墙角。

1967年,谢稚柳第三次被抄家。此次抄家非常彻底,书桌、画案、书橱、镜框,全被抄走,只留下一张吃饭用的小圆台子和床。12月,谢稚柳、陈佩秋双双被隔离。定琨、定玮、小珮、定琦虽然都是在校学生,但属于“黑五类”,没有资格参加红卫兵,在家只有靠谢稚柳的老姐姐谢月眉带领他们,过着极为艰苦的生活。后来,知识青年上山下乡,定琨去了贵州,小珮去了安徽,都是最艰苦的地方。

谢小珮有一段回忆:

月眉姑母五十六岁时,从延安中路上的厢房小亭子移居至乌鲁木齐南路谢稚柳、陈佩秋的寓所,后又追随谢稚柳、陈佩秋搬到巨鹿路,终年九十四岁。在她迁入谢、陈家的三十八年里,我曾与她前后共同生活了十八年。

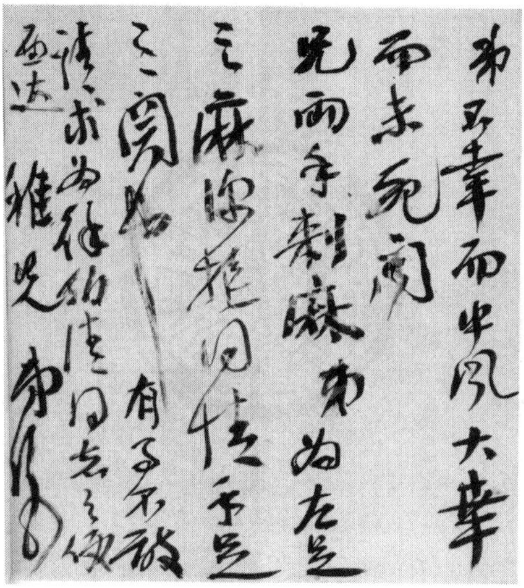
弟不幸而中风大幸
而未死闻
兄两手刺麻弟为左足
之麻深抱同情手足
之关也　有事不敢
请求为徐伯清之便
面达
稚兄　弟倩

吴湖帆致谢稚柳信

虽然我并不清楚月眉姑母的笔墨本源，所幸的是我目睹了她的手笔。那是1960—1966年间，也就是“文化大革命”前，我和她同居一屋。平时，她除了每日主管保姆和记账之外，尚有闲暇写花染叶。我常见她伏案捉笔，研墨调色，可谓一丝不苟。那种心神清朗的情态与她气恼的姿容判若两人。这样的状况持续至“文革”爆发，先父与家母同时落难。一时家庭蒙黑，全部家什被抄，家境窘迫而不再有佣人。1967年至1970年，姑母独自守着我们四个兄妹姐弟，成了真正主持家政的事务长。她相当熟练地操持家务，做常州口味的饭菜，很是驾轻就熟。然则由于她先天不足，行动缓慢，做家事就委屈了她。毕竟她是颇具画学、熟读诗书的闺秀，随着起伏变化、年事增长而放弃了丹青，改从家务是身不由己啊！

此时，上海许多知名画家都处于厄运之日。吴湖帆不但被抄了家，而且中风。他在病中给谢稚柳写了一封信，说：“弟不幸而中风，大幸而未死。闻兄两手刺麻，弟为左足之麻，深抱同情，手足之关（心）也。有事不敢请求，为徐伯清之便面达稚兄。弟倩。顿首。”徐伯清是吴湖帆、谢稚柳的学生，对这两位老师都施过跪拜之礼。吴湖帆要徐伯清向谢稚柳传达何事，现在已无法知道。吴湖帆患多种疾病，在1968年7月7日因脑溢血不能得到及时的医治而逝世，骨灰未能保留。

起初，谢稚柳被关在隔离室内，没有行动自由。隔离室曰“牛棚”，管隔离室的人曰“看牛人”。在隔离室里，谢稚柳挨斗，写交代，作检查。斗别人的时候，谢稚柳也要去陪斗。“喷气式”站立，弯腰低头，两臂向后翘起，谢稚柳苦不堪言。

也有不写检查、不挨批斗、不念语录的时候，睡觉的时间也有，不能什么都不想，已往看到过的那些画，又一卷卷一轴轴从谢稚柳眼前掠过。

与古代书画心契神交，吟诗数首，默记在胸，谢稚柳戏曰为“牛棚诗”。其中有：

墨痕盘郁古藤萦，行迹回翔大翼轻。
直立毫锋倾逆势，始知新格负奇名。
后时狂素盛书名，蕉叶挥残得意新。
苦向人前求笔法，更无毫发有遗情。
——《张旭草书古诗四帖二首》

月旦深严可少舒，精微鉴别莫相如。
管丘老笔平生重，却下河阳逐客书。
——《题米芾画史》

明润砚头簇落苔，水蒲风偃断尘埃。
董源老去江南景，已是禅师独自来。
——《巨然山居图》

放笔纵横意欲灰，犹将图画寄沉哀。
谁知投老流离客，风气从教一代开。
——《李唐采薇图卷》

1968年，谢稚柳仍在隔离中，但不是关闭在“牛棚”里，而是扫博物馆的楼梯，虽然不能回家，但可以行动。本来较胖的谢稚柳，大腹便便，每天弯腰扫楼梯后，腹部也小了下去。他偷偷地告诉同室的“牛友”说：“这是扫楼梯的收获。”十年动乱结束，改革开放时期，谢稚柳的体形又胖了起来，又是大腹便便，忆及“牛棚”生活，写了一首打油诗：“卧腹浑如北苑山，障眸雾似锁雄关。日摇风腕婆娑笔，凹砚无时聚墨干。”他一边扫楼梯，一边吟诗，《唐人宫乐图》《文同偃竹图》等诗，都是在扫楼梯时吟的，他戏称为“楼梯诗”。

1969年，仍在隔离中的谢稚柳患眼疾，复视，看所有的东西都有两个影子，滴氯霉素眼药水，有沉淀物，滴了两日眼疾加重。经医生检

谢稚柳和陈佩秋

查，患脑血栓，医生说："你的眼睛治不好了。"谢稚柳一看到两个东西，头就晕，但仍被"造反派"叫去训话，写交代材料。无事可交代，工宣队曰："你交代了，就放你出去。"又隔离三月，再经医生检查，确诊为脑血管硬化，面神经有些瘫痪。经医生建议，才准谢稚柳到医院去治疗。经治疗两月，眼疾有好转。

1970年3月，隔离审查结束，谢稚柳得到"解放"。在宣布"解放"的那天，工宣队通知谢端如和陈佩秋接谢稚柳回家。谢端如来了，十六岁的女儿谢小珮代表妈妈来接爸爸。平时，谢稚柳在乌鲁木齐路和溧阳路两边走着过的，这时他应该到哪个家里去呢？工宣队征求家属代表的意见，最后由谢小珮把他带回乌鲁木齐路。父女俩走出博物馆的大门，无车可乘，就雇了一辆三轮车。在料峭的春风中，谢稚柳用臂膀把女儿揽在怀中，尽情领略人世间骨肉真情。黄鹤一去不复返，谢稚柳从此再也没有回到谢端如的身边。谢端如和笔者谈及此事时，总有着几分伤感，说："那时，我应该把稚柳接回来，不应该放他去。"

稚柳闲在家中，上海名中医张镜人系他老友，经常为他治疗。眼睛好转，谢稚柳又收拾残墨退毫发纸，有意用南唐徐熙落墨法，偶有所试，均未如愿。此时，谢稚柳锐意改变画风，开始研治徐熙落墨法。书体亦开始变革，起始学怀素、黄庭坚，后改学张旭。从弟子徐伯清处借张旭《古诗四帖》印本，刻意临摹。

所借张旭《古诗四帖》须还，稚柳用毛边纸勾填一卷作范本，自此书体走向张旭。

谢稚柳此时好读《庄子》，从朋友处借得《庄子》几个版本比较对照而读。作有《夜读庄子逍遥游》诗："大椿一春八千岁，冥灵五百岁为秋。人生数十年间事，道得朝闻夕可休。”

谢稚柳得知陈毅被迫害逝世，心情甚为悲痛，写了悼怀陈毅的诗：

将军声威动淮海，过江云帆齐甲铠。
百年苦难一朝苏，壶浆夹道凋颜改。
骨气夙有雪松格，于今青蝇绝无迹。
兴来挟笔作诗人，填胸风云笺一尺。
“故国旌旗到江南”，“此头须向国门悬”。
功业千秋身沈泉，雄篇壮句万口传。

霜丝满头学张旭

谢稚柳对张旭草书着了迷。

1973年，谢稚柳已经六十三岁了，可谓老人行列里的人了。虽说是解除隔离，可以赋闲在家，但时刻都有可能祸从天降，再一次把他打倒在地，再踏上一只脚。在这种情况下，哪里还有梦可寻呢？但是，他在梦中常出现张旭作书的形象，并谱写一首《蝶恋花·观张旭草书戏题》：

意兴偏随沉醉好。墨未浓时，书被催成早。舞袖临风杨柳袅，鸾笺笔阵蛇矛扫。　　揾发飘烟成一笑。无尽流光，总是抛人老。头上霜丝梳更少，酒痕应褪狂颠草。

不只如此，也是在这一年，他又写了《唐张旭草书〈古诗四帖〉》的论文。

谢稚柳对张旭草书何以这样钟情？

1962年，谢稚柳和张珩、刘九庵三人北行鉴定书画时，在沈阳辽宁博物馆，看到唐代张旭草书《古诗四帖》。此卷草书古诗四首，前两首为梁庾信《步虚词》，后两首为东晋谢灵运《王子晋赞》与《岩下一老公四五少年赞》，共四十行，一百八十八字，五色笺。卷前后有残缺，后段谢灵

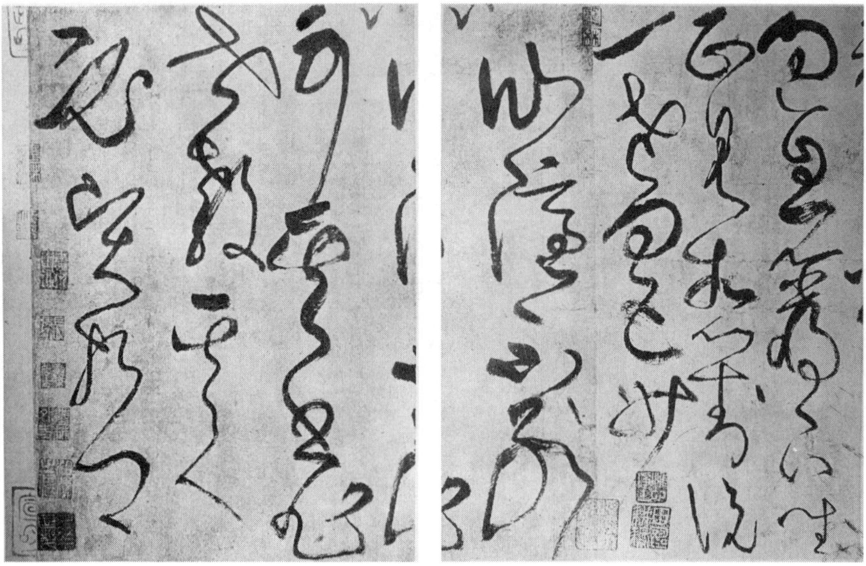

张旭《古诗四帖》

运赞并书名氏，而前两首之庾信《步虚词》开首并无名字及诗题，卷末无款，亦无余纸，已被割截可证。卷中有宋徽宗赵佶的“政和”“宣和”骑缝印，均已半残，后隔水尚是宣和原装，前隔水有赵子固二印，则为后来所配上者。按卷中收藏诸印，其流传之迹，宣和而后，仅有明华夏、项子京及清宋荦。尚有其他前代印记，则已残缺漫漶不可辨。后有明丰坊两跋，其一为文徵明的正书，及董其昌一跋。按明汪珂玉《珊瑚网》所记，此卷有元至正庚子荣僧肇一跋和项子京一跋，而无丰坊、董其昌等三跋。清顾复《平生壮观》所记，则有荣、丰、项、董而未提及作正书者，此卷已为后来所割截可知。《石渠宝笈初编》被定为赝本。

谢稚柳观赏此帖，感到形式完美，气魄宏大，意境高深，简直是一幅生气勃勃、雄伟壮阔的画卷。章法布置上大开大合，大收大放。在整体浑融和谐、庄严肃穆气氛的笼罩下，造成了大幅度强烈对比的雄伟壮观的局面。其用笔处处“屋漏”，圆转自如，含蓄而奔放。其结体谨严、跌宕而又伟丽。全篇行笔跌宕，动静交错，波澜起伏而又秩序井然。时而低昂回翔、翻转奔逐，时而若狂风大作、万马奔腾。状其声萧飒而澎湃，抒其情深沉而豁达。那线条中的感情，宛若天上行月似的空明，地上流水般的澄澈，兴到之际，在悠然自得的游戏式的享受中，使其精华放射出光辉，万物在里面都感到自由自在。一切都是那样和谐，那样美妙，那样自然，真有说不尽的意趣，捕捉不尽的神采和赏不尽的风华。噫吁，张颠非颠也，千古风流人物非彼而何？谢稚柳忘记了直到今天还有说此帖系赝品，俗气，感到此乃张旭全部生命的结晶，乃天才美和自然美的典型，乃民族艺术的精华，乃永恒美的象征。

一阵直接感受之后，他又回思历代古人对张旭草书的评论。

唐吕总《续书评》曰："张旭草书，立性颠逸，超绝古今。""犹纵风鸢者，翔戾于空，随风上下，而纶常在手；击剑者交光飞刃，欻忽若神，而器不离身，驻目观之，若龙鸾飞腾，庄周，无为而无不为。"

李太白诗赞："楚人尽道张某奇，心藏风云世莫知。三吴郡伯皆顾盼，四海雄侠争追随。"

宋董逌《广川书跋》："长史于书，天也……观其书者，如九方皋见马，不可求于形似之间也。方其酒酣兴来，得于意会时，不知笔墨之非也，忘乎书者也。反而内观，龙蛇大小，络结其中，暴暴乎乘云雾而迅起，盲风异雨，惊雷激电，变怪杂出，气蒸烟合，倏忽万里则放乎前者，皆书也。"

清刘熙载《艺概》："韩昌黎谓张旭'变动犹鬼神，不可端倪'。"

鉴定不光要从正反之说，对逆反意见应如何对待？此卷作者是谁，纷纷扬扬，历来纠缠不清。从跋语中，谢稚柳看到丰坊和项子京都说见过北宋嘉祐年间的拓本，题为"谢灵运书"，而董其昌则认为是唐张旭所书。到了清代，《石梁宝笈初编》又定为赝本。

人们提出这样的问题，谢稚柳认为并不奇怪，这是因为张旭的书体久已不为人所知。"斯人已亡去，草圣秘难得"，在唐时已是如此，到后来显然就更感到生疏了。董其昌判定为张旭所书，因为在明代还有张旭的《烟条诗》和《宛陵诗》，董其昌是亲眼看到过的。这两件真迹也早已绝迹人间，要审核董其昌所论证的根据也已失去了物证。

在董其昌之前，鉴者多认为此帖是谢灵运的手迹，其原因是北宋嘉祐的拓本，只刻了庾信的《步虚词》二首至谢灵运的第一个题目"谢灵运王"而止，截去后二十一行，而将"王"字的第一横刮去作为草体"书"字，是此卷为谢灵运书的由来。其次是《宣和画谱》著录有谢灵运的古诗帖，认为即是此卷。

谢稚柳赞同董其昌的判断：《古诗四帖》是唐张旭所书，他不同意《古诗四帖》为谢灵运书或赝品的说法。但是，科学的鉴定，不能凭感觉作结论，也不能人云亦云，为此，他反复研究这两家见解的立论根据。

为此写下了《唐张旭草书〈古诗四帖〉》和《宋黄山谷〈诸上座〉与〈张旭古诗四帖〉》两篇论文，谢稚柳认为董其昌的根据是最有力的，站得住脚。

第一，从笔法看：

董其昌的论证，一是"狂草始于伯高（张旭），谢客（谢灵运）时皆未之有"。最主要的一点是说此卷与张旭所书的《烟条诗》《宛陵诗》同一笔法。

按历来对张旭草书的叙述，如《宣和书谱》所记："……其草字虽奇怪百出，而求其源流，无一点划不该规矩者。"又《怀素笔法》："律公常从邬彤笔法，彤曰，张长史私教彤云：'孤篷自振，惊砂坐飞。'"元倪瓒跋张旭《春草帖》，称其"锋颖纤悉，可寻其源"。而杜甫的《张旭草书歌》："锵锵鸣玉动，落落长松直。连山蟠其间，溟涨与笔力。"这些形容的诗句，"鸣玉动"指书势的快慢有节，"长松直"指风骨苍劲矫健，"连山蟠"指形态回旋形伏，"溟涨"指笔力波澜壮阔。

以上论这一卷的书体，在用笔上直立笔端逆折地使锋埋在笔画之中，波澜不平的提按，抑扬顿挫的转折，导致结体的动荡多变。而腕的动转，从容舒展，疾徐有节，如垂天鹏翼在乘风回翔。用以上所述的一些论说来互相引证，都是异常亲切的。

第二，从张旭草书的新兴风格对后学的影响看：

"张旭三杯草圣传"，在当时这一新兴的风格对后学起了很大的影响，颜真卿的《笔法十二意》显示了对张旭的拳拳服膺。而怀素《藏真帖》说自己"所恨不与张颠长史相识，近于洛下偶逢颜尚书真卿，自云颇传长史笔法，闻斯语如有所得也"。当时狂草，是以怀素继张旭，号称"颠张狂素"。颜真卿和怀素的笔迹，现在还能见得到，那么，从颜、素的法书来辨证这一卷的相互关系，似不失为探索张旭消息的另一途径。

董其昌所援引的《烟条诗》《宛陵诗》已绝迹人间，怀素的《自序卷》和颜真卿《刘中使帖》从渊源而言，显示了它追风接武、自脉相连的关系，以之辨证此卷为张旭的真笔，是唯一的实证。诚然，所以引起历来纷纷的争论，正是由于这一形式在晋唐之际的书体之中的陌生的风貌，只有颜真卿与怀素留下这一点痕迹，漏泄了春光。

第三，从张旭草书的时代性看：

即从晋唐以来的书体发展来看，这一卷的时代性，绝不是唐以前所有，而笔势与形体，也不是晋以来所有。从王羲之一直到孙过庭的书风都与这一卷大相悬殊，迥异其趣，这一流派的特征，在于逆折的笔势所产生的奇气横溢的体态，显示了上下千载特立独行的风规。

谢稚柳认为，《石渠宝笈》定为赝本和丰坊等的错误判断，是由于张旭的书体久已不为人所熟悉。“其人已云亡，草圣秘难得”，在唐时已是如此，到后来显然就更感到生疏。虽然在明代，张旭书法还流传有好几件，然而如丰坊辈，看来对这种书体并未引起注意，因而感到彷徨失措了。

为了进一步论证《古诗四帖》是张旭真迹，谢稚柳又从黄山谷《诸上座帖》中寻找出了依据。北宋黄山谷每论书，几乎言必称张旭，他曾说：“怀素暮年乃不减长史，盖张妙于肥，藏真妙于瘦。”又说，“怀素草工瘦，而长史草工肥，瘦硬易作，肥劲难得也。”又说，“张长史作草，乃有超轶绝尘处，以意想作之，殊不能得其仿佛。”又说，“予学书三十年……其后又得张长史、僧怀素、高闲墨迹，乃窥笔法之妙。”由此可见，山谷论书对张旭之服膺，自己作草也是临书神驰的。山谷的草书，不仅出于怀素，更主要的是张旭。从黄山谷《诸上座帖》展卷瞻对，确实可以看出黄山谷深得张长史圆劲飞动之意，其中有若干字与《古诗四帖》波澜无二。因此，可以明黄山谷草书之源出于张旭，而《古诗四帖》从而也可以证明其为张旭所书。

关于中国书法艺术，谢稚柳和笔者曾断续长谈数日，笔者问道：米芾骂张旭“张颠俗子，变乱古法”，应当如何看待？

谢稚柳说：此说法见于米芾墨迹，此帖现藏台北故宫博物院。米芾一生褊狭，好骂人，意气用事，他自己只好晋人书法，榜其居为“宝晋斋”，张旭实脱出晋人羁绊，遂不为米芾所接受。至于苏轼、黄庭坚则极称道张旭。诗词书画，都是见仁见智的玩意，要使无人不道好，恐怕从来无此事。

谢稚柳辨证《古诗四帖》为张旭真笔，把历来纠缠不清的问题加以澄清，这是他鉴定古书画的又一功绩。然而，一篇鉴罢头飞雪，有谁知道

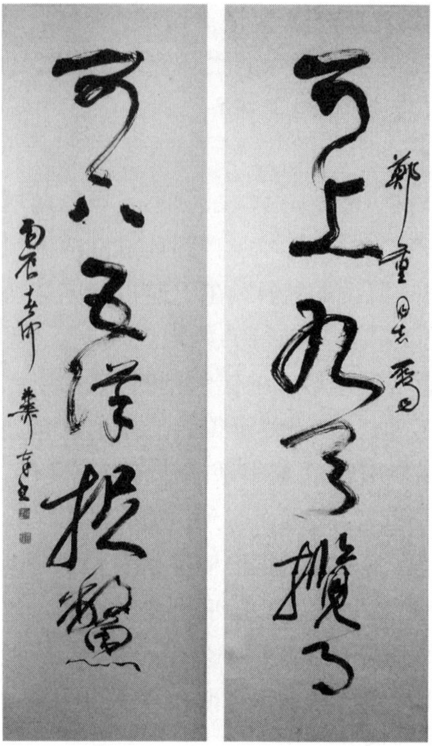

谢稚柳书

他耗费了多少心血！

他为《古诗四帖》作诗二首，觉得意犹未尽，又题小词《少年游》于《古诗四帖》：

蓦然想见舞腰肢，笺上几行诗。郁结盘藤，勒缰怒马，奇崛醉风姿。　　寻消问息狂僧素，恨与不同时。退笔如山，残蕉成帙，直是未曾知。

张旭的《古诗四帖》对谢稚柳影响很大。当初，谢稚柳在和沈尹默论书时，他就想摆脱陈老莲，后又想把黄庭坚和怀素的书风糅合在一起，创造新的风貌。这个路子走了一段，没走下去，就看到了唐张旭《古诗四帖》，他觉得面前豁然开朗，从此开始走上了张旭狂草的路子。观看他这以后丕变的草书面貌，初则惊奇莫名，叹为大观；再看，便觉笔意纵横，气势恢宏，境界升腾，不知其所止，难以望其项背。然而，谢稚柳的草书，又脱去颠张狂素之习而趋于平淡古雅，另有一种不激不厉的潇洒从容、墨气淋漓之丰美，飘逸而不浮，流走而不滑，放纵处见收擒，无拘无束，笔法精妙，沉着痛快中更见一种深沉。

江南又见落墨花

当年野逸动千门，飘忽流风断笔痕。
又是江南寒食近，杂花落墨与招魂。

这是谢稚柳1972年写的诗，题在为学生吴子玉作的《山水花鸟杂画册》上。这时，他的山水和花鸟全面转向“落墨法”。1973年，他又作了论文《徐熙落墨兼论〈雪竹图〉》。

诗也好，画也好，论文也好，都是为南唐画家徐熙的招魂之作。

徐熙《雪竹图》

徐熙《雪竹图》是一张没题名的画，流散在社会有相当的岁月，后为上海收藏家钱镜塘收藏，经谢稚柳鉴定，认为此图出自南唐徐熙之手，遂为上海市文物管理委员会购进。

南唐花鸟画家徐熙，在北宋与蜀黄筌的画派并称；列论“徐黄异体”是“黄家富贵，徐熙野逸”。这种神奇风格，历来被人们称说不衰。1954年，谢稚柳在写《水墨画》一书时，就把“徐熙落墨”当作一个专题来论述。唐朝末期，在当时花鸟画派代表作家，蜀是黄筌、黄居寀父子，南唐是徐熙、徐崇嗣祖孙。水墨的花鸟画，在南唐很繁盛而蜀中比较冷落。黄氏讲求用色，自称写生。而徐熙讲求用墨，名为“落墨”。徐熙曾经学过唐末孙位的“墨竹”。

谢稚柳在文章中引用了许多史料：

苏轼题徐熙的杏花诗：“却因梅雨丹青暗，洗出徐熙落墨花。”

《宣和画谱》：“今之画花者，往往以色晕淡而成，独熙落墨以写其枝叶蕊萼，然后傅色。故骨气风神，为古今之绝笔。”

宋李廌《德隅斋画品》所记徐熙《鹤竹图》：“根、干、节、叶，皆用浓墨粗笔，其间栉比略以青绿点拂，而其稍萧然有拂云之气。”

宋沈括《梦溪笔谈》：“徐熙以墨笔为之，殊草草，略施丹粉而已。”

宋米芾《画史》:“黄筌画不足收,易摹。徐熙画,不可摹。”

宋梅圣俞咏徐熙《夹竹桃花》:“年久粉剥见墨踪,描写工夫始惊俗。”

《图画见闻志》援引徐铉的叙说:“徐熙以落墨为格,杂彩副之。迹与色不相映隐也。”

徐熙在自撰的《翠微堂记》里也写道:“落墨之际未尝以傅色晕淡细碎为工。”

谢稚柳把以上的这些叙说,综合起来看,他的结论说:所谓“落墨”,可以得到这样一个概念:

所谓“落墨”,是把枝、叶、蕊、萼的正反凹凸,先用墨笔来边勾带染地全部把它描绘了出来,然后在某些部分略加一些色彩。它的技法是,有双勾的地方,也有不用双勾而只用粗笔的地方;有用浓墨或淡墨的地方,也有工细或粗放的地方。整个的画面,有的地方只有墨,而有的地方是着色的。所有的描绘,不论在形或神态方面,都表现在“落墨”,即一切以墨来奠定,而著色只是处于辅助地位。至于哪些该用勾,哪些该工细,哪些该粗放,而哪些又是该著色的地方,换言之,在一幅画之中,同时有用勾的,有用粗笔的,有著色或用墨的地方,这只是一种艺术变化,因而特别用“落墨”来区别这种体制。

徐熙画派当唐末五代水墨画派确立之后,是在著色画、水墨画两种体裁之外,另立了一种著色与水墨混合的新形式。这一新奇的形体,并没有引起后来的作者闻风而起。米芾说:“黄筌画不足收,易摹。徐熙画,不可摹。”此语足以令人深思这一描绘形式之所以久已绝迹人间的原因所在。在当时,唯一会此的是徐崇嗣,为了获得进入翰林图画院的职位,也不得不放弃被视为“粗野”的家风,趋附“黄家富贵”的时尚。徐熙的画派真成“广陵散”了。

当年《雪竹图》虽无题款,但在石旁竹竿上,有倒书篆体“此竹可值黄金百两”八字。没有任何旁证说明这画是出于何人或何时,只有从画的本身来加以辨认。因此,从它的艺术时代性而论,不会是晚于北宋初期的制作。从它的体貌而论,为前所未见。它的画法是这样:那些竹竿是精笔的,而叶的纹又兼备有粗、细笔的描勾,是混杂了粗细不一律的笔势的。用墨,也采取了浓和淡多种不混合的墨彩,竹的竿,每一节的上半,是浓墨粗笔,而下半是空白,一些小枝不勾轮廓,只是依靠绢底上烘晕的墨反衬而来，这些空白的地方，都强调了上面是有雪的。左边那棵树的叶子，一部分用勾勒，一部分也是利用绢底上的烘墨来反衬出来，地坡上一簇簇用墨所晕染而成的也是雪。在总体上，它是工整精微的写实，而所通过的描法，由细和粗的多种笔势与深和淡的多种墨彩所组合而成。它表达了一林竹树，在雪后高寒中劲挺的风神。这一画派，证明在写生的加工上，能敏感地、生动地、毫无隔阂地使对象的形态和神情完整地再现，显示了艺术的特殊功能，是突破了唐五代以来各种画派的新颖奇特的风格。

最后，谢稚柳说：这幅《雪竹图》的表现，与李廌所记的《鹤竹图》正相符合，与沈括所说“以墨笔为之，殊草草”，徐铉所说的“迹与色不相映隐”，以及徐熙自己所说“落墨之际未尝以傅色晕淡细碎为工”，正相贯通的，也确如米芾所称道的，是难以模拟的。

这幅《雪竹图》，完全符合徐熙“落墨”的规律，看来也正是他仅存的画笔。

谢稚柳兴奋之后，又不无感叹地写了一首诗：

凌乱寒光数竿竹，
风流飘忽几年华。
至今落墨无人赏，
冻叶寒梢褪雪花。

这时，好友吴湖帆不同意稚柳的见解，并劝他不要在徐熙的“落墨花”上费工夫了。稚柳由此也写了一首诗：“落墨为格杂彩傅，除是江南谁有此。辛苦苏州吴倩庵，劝我莫题徐处士。”

谢稚柳为徐熙的落墨花招魂，不只是见诸文字，更是诉诸画笔，从山水到花卉全面变法，他在一册自画册上题写道：

当五季江南徐熙，以落墨为花竹写生。所谓落墨，盖以墨为格，而傅之以杂彩，其迹与色不相映隐。徐熙画迹久绝于世，予奇其所创，推此画理，斟酌去就，演为此体，易工整为放浪，而不离乎形象之中，且不独施之于花竹，兼推及山水，思欲骋其奇气，以激扬江山之佳丽。

恰如谢稚柳这段自述一样，无论是荷叶或葡萄，不管是庭院中玲珑的假山或大自然的崇山峻岭，谢都以落墨为格，在墨的基础上设以杂彩。这种墨彩冶为一体的格调中，透明平静的河水，明亮空阔的草原，葱郁茂盛的林木，烟波浩渺的水村，美丽丰富的田野，灿烂夺目的花朵，都带着浓郁酣畅的浪漫主义的诗境。当他年近六十岁的时候，开始热心于徐熙的落墨法，面壁十年精心探研，他的画风由工笔细写转向豪放，色彩由明净单纯转向墨彩交融，呈现出一种朦胧的美。

谢稚柳早年，从他钟情的"老莲体"向"宣和体"转换，这个转换过程本身并不困难，因为老莲也是从宋人中来，有着一息相通的渊源在。而从工笔细写转向落墨，有着改弦更张的意味，是心路历程的轨迹也是生命历程的关照，是对自身的再认识，表现了他对人生体验的充溢已经超越了原来艺术样式的负荷。这时，落墨法正是与之体验相重叠，有点水到渠成之自然。个人体验是直觉的、感悟的，也是内在的，其中就有着"如人饮水，冷暖自知"了。

有关"落墨"的学术抬杠

1986年4月，谢稚柳到香港中文大学讲学，一位朋友赠他一册1983年第2期《艺与美》，这本杂志是香港中文大学校外进修部主编的。这本杂志上刊着徐邦达撰写的《徐熙落墨画法试探》。谢稚柳看了，知道这篇文章完全是针对他对徐熙落墨和那《雪竹图》的论证。

徐邦达在《徐熙落墨画法试探》中引用的画史资料和谢稚柳在有关文章中引用的资料几乎相同，但结论则完全不同。

徐邦达在文章中写道："落墨花"这个名称，在各种画史叙述中，早时应非专称，开始形成一个专门名词，是由于苏东坡的两句诗。按苏氏题徐熙《杏花诗》云："却因梅雨丹青暗，洗出徐熙落墨花。"诗人在这诗中所说的"落墨花"三字还应不是个专称，不过说徐熙的这幅花卉画，落墨（笔）粗重些，色彩暗淡了，似乎此画是经过了梅雨的冲洗，褪了彩色，显出了画中花卉的墨骨，成为一幅以墨骨为主的花。这原是一句戏语，但也正合以上所移录的各种画史里叙述徐画的特色即所谓“落墨为格，杂彩副之。迹（笔迹）与色不相映隐”等的说法。于是“落墨花”三字，才为谈画史者用成了一个特有的专门名词。我们再读梅尧臣（圣俞）也有咏徐熙画的两句诗，更进一步提到徐熙画。

关于什么是“落墨”，徐邦达写道：“……落墨即是‘落笔’，墨不能离开笔显现在纸绢上，所以论画都以‘笔墨’合称，明白了这一点，才能理解所谓落墨应是一种怎样的风格面貌的花卉画了。”

谢稚柳读了徐邦达的文章，迫于绘画史的证据，对历史的严肃性，不得不回答徐先生的《试探》一文了，于是又写了《再论徐熙落墨——答徐邦达先生〈徐熙落墨画法试探〉》。

谢稚柳在文章中大段引了徐邦达的文章之后，接着写道：“这里想谈谈我的读书方法，文句是有上下文的，而下文是承上文而来的。但这是最起码的道理，我只是说明我是用这样的方法来阅读文句的，理解文句的。”

对徐邦达关于“落墨”即“落笔”的论证，谢稚柳说：“把徐铉和《宣和画谱》的解说，可以视而不见，引而曲解。把‘落墨’‘落笔’说成一而二，二而一，照此说来，‘落笔’也可称之为‘落墨’了，又何必‘独熙落墨’呢？”

徐邦达第二点的论证，是从绘画的材料上来证明《雪竹图》的时代性，他写道：“又徐熙是五代时人，那时画绢的门面不宽，一般不能超过六十厘米以上（这是我们用许多两宋画来对比之后得到的结论，详可参阅拙著《古书画鉴定概论》第三章），此图阔约一米，系独幅绢，那起码到南宋时期，才能见到。凭这一点，至少不能承认它是南宋以前之物，是无可争辩的。我以为此图早不过南宋中期，晚可以到元明之间。”

对徐邦达的这条意见，谢稚柳回答说：“徐先生‘不迷信旧说’，却迷信于绢，以绢来评定画的时代，这说明绘画不可认识的了，要认识只得靠绢。这幅《雪竹图》很不幸，没有依据徐先生的是‘独幅绢’，而是双拼绢，还不到六十厘米。这样，从不认识画只认识绢这一事实来说，对《雪竹图》凭这一点‘不知道足以为凭’否？”

看来，谢稚柳和徐邦达鉴定书画的着眼点有所不同，谢稚柳注重的是绘画自身风格特点，是时代性；徐邦达比较注重绘画的外部条件，如著录、印章、纸绢，这大概就是常常引起他们争论的原因吧。

《中国古代书画目录》第三册中，定《雪竹图》为“宋无款”。中国古代书画鉴定组否定此是徐熙之作。杨仁恺说：“此画风格特殊，全部渲染，妙极！宋元无此品，可大做文章。”（杨仁恺著《中国古代书画鉴定笔记》）

草原即景：《塞上马群》

1974年的秋天，天气还很热，谢稚柳花了近一个月的时间，画了两卷《塞上马群》。一卷有三十八匹马，在垂柳丛中，有的嬉戏，有的奔驰，有的静立，有的卧地……垂柳掩映，马群布置错落有致。另一卷画马五十三匹，群马奔腾，背景为草原杂树。马有黄马、白马、花马、黑马、灰马……这两幅图用笔劲挺、晕色细致的工整描写，类似李公麟临韦偃《牧放图》，马的轮廓都用线勾勒，线条流畅劲挺而有节奏感。前一卷马匹、树木的布局运思巧妙，可以看出他的精心设计；后一卷的树木比前一卷简略粗放，树干有飞白的干笔，表现出他的清空放荡的情思。着色工整的马匹，与清空放荡的布景，把繁密与简练、静的背景与奔腾的马群，两种截然不同的风貌会合于同一画面，正是谢稚柳的艺术特色。这种特色在他的花卉、山水中也突出地表现出来。

谢稚柳《塞上马群》

这两图的创作，也是一个偶然的机会引发出来的。1962年之秋，谢稚柳有内蒙古之行，游览参观了呼伦贝尔草原、摩尔根河、牙克石、兴安岭、昭乌达盟等地，写有《内蒙古纪行九首》。在1962年，曾作一幅《红莲湾》山水和花卉相结合的画，以追记内蒙古之行，以后就很少画这类题材。

1974年之秋，笔者为他整理诗词时，看到他的诗作，赞赏不已，尤其是对《呼伦贝尔牧区》一首，更为欣赏，觉得饶有画意。

“我给你画一张画。”他很兴奋。

过了几天，笔者携来几本摄影画册，画册里有拍摄内蒙古牧马群的镜头，意思是留给他作为参考。他把画册往桌上一推，连翻也不翻，说：“我熟悉那里的情景。”又过了几天，笔者又去看他，他拿出一张画，打开一看，原来是两匹奔马，一黄一黑，翘首迎风向前奔去，画面上是芳草萋萋，画的一角有一丛草原杂树。画尾题着：

久不画马，偶为此图，真是三日不弹，手生荆棘矣！

笔者极为高兴。

过了两月，笔者又去看他。他笑嘻嘻地从卧室里走了出来，双手捧着一卷画，说：“老兄，《塞上马群》算是交卷了。”

“你不是给我画过一张了吗？”笔者说。

“不，你打开这一卷看看。”他说着把画卷交给笔者。

这就是马群奔腾的那一卷。卷后有他的长题：

曩余游内蒙古，曾参观呼伦贝尔牧区，尝作一诗：“天低四野碧虚澄，碱草萋萋翠似绫。极目平原向空阔，如云骏马气骁腾。”客岁，郑重同志见此诗，以为饶有画意，属为制一图，余以病脑，头目昏眩，久荒笔砚，迄未有报，顾未尝去怀，近发兴为写此一卷，时作时辍，穷兼旬之力，始足成之。旧游如昨，而思力日竭，未得尽其情景，聊以应命，殊不能佳。

此卷流转社会，有书画鉴定家启功，文学家郭绍虞，画家唐云、陆俨少，书法家王蘧常，诗人刘火子，沈尹默夫人褚保权题识，画家赖少其为

此卷写了引首。启功在题识时,步谢稚柳原韵写一首诗:

大漠云开晓气澄,粘天草色胜青绫。
平生肺腑今无恙,老骥堪追万马腾。

谢公稚柳,余故人也,不晤已逾十载,一九七五年六月夜,见其近作马图,笔思精妙,题尾尤见超轶绝尘之致,因次韵一首就正。

郭绍虞题为:

腾骧磊落三万匹,皆与此图筋骨同。
我借杜诗题妙画,更因农牧映新风。

唐云题为:

一群骏足散空林,更有驰驱破敌心。
谁省谢公闲落子,画图同是费沉吟。

画完《塞上马群》,谢稚柳的画笔欲罢不能,又作《三牛图》。画中有三牛,一牛卧池塘水中,一牛在饮水,一牛在食草,背景是草地垂杨,题跋曰:“予既写《秋原塞马图》竟,越月余,复作此三牛。甲寅十一月,枥下生稚柳溟鱼池馆并记。”

此图后流入香港,为一收藏家藏。启功见此图,兴来题咏:“晋公留珍图,笔力大如虎。谢公画三牛,取精二减五。临水好风多,扣角歌声古。令我尘中人,羡彼江边侣。启功题于香江客次。”

数日后,友人告知启功此跋语有不妥之处,启功又补题曰:“友人见拙题而笑曰:‘二减五非负三乎?岂谓卷上无此三牛乎?’因重读而自愧措辞之失,强辩之曰:‘此吉语也。卷后将有名手再图三牛焉。’友人嗤其佞,于是顿首易其句曰:‘其二減于五。’友人复笑曰:‘子生已周七十六年,初知加减法也。’乃书此公案于后,举似赏音下一转语。启功再题。”

没有学问,没有文采,就无法制造这种文坛风流。这种佳话,今后恐难再见到。

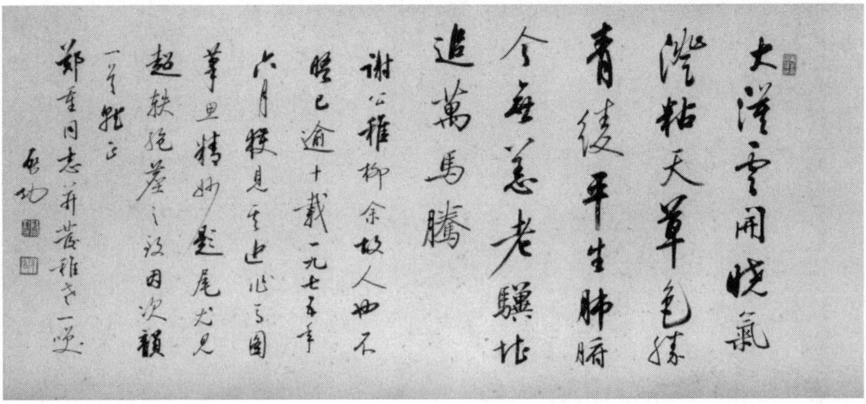

启功题《塞上马群》

鉴定唐摹本王羲之《上虞帖》

上海博物馆藏晋人二王书法，起始只有王献之的《鸭头丸帖》，被视为法书中的镇馆之宝。王献之是王羲之的第七个儿子，在书法上与他的父亲齐名。王献之的书法虽是“穷伪略之理，极草纵之致”，变通古法，但在骨力上还是稍逊其父。上海博物馆从开馆以来的徐森玉开始，就想得到王羲之的书法，但几十年未能如愿。

1975年，上海博物馆从抄家文物中发现了王羲之的《上虞帖》，可谓得来全不费工夫。

《上虞帖》的发现有一个曲折过程。“文革”期间，抄家物资中书画堆积如山，不知有多少书画在这一劫难中烟飞尘灭。《上虞帖》是经过博物馆一批人的抢救，才免于湮灭的灾难。1972年，在清理抄家书画时，万育仁代表上海博物馆参加书画及工艺品的清理工作。在工艺品的仓库中，他发现《上虞帖》被当作一般书法扔在一个竹筐里。他打开卷子一看，其艺术性及旧时的风貌非同寻常，又看了装裱，认为这个字卷很有价值，就带回博物馆，准备请有关专家鉴定。经过一番鉴定，被视为赝品，又被打入仓库冷宫。时隔三年，博物馆馆长沈之瑜已经“解放”，被允许工作，万育仁又重提《上虞帖》。沈之瑜及书画保管部主任

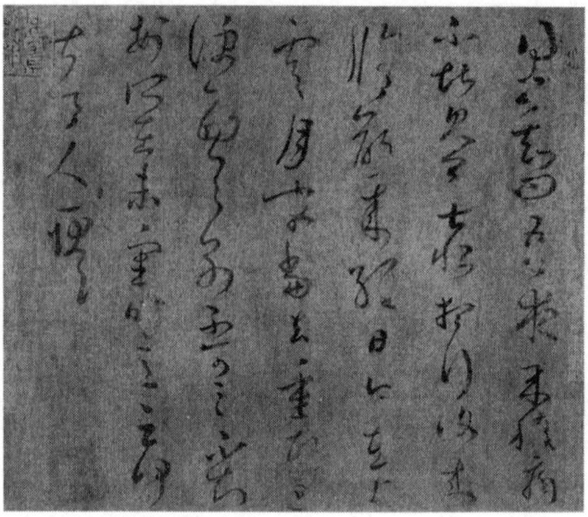
唐摹本王羲之《上虞帖》

马承源看了，也认为是件好东西，并认为如果上海不能解决，可送到北京去请人鉴定。马承源提出：上海有谢稚柳，不必送北京。沈之瑜和马承源就派书画部的尚叶煌把《上虞帖》送给谢稚柳看。

在十年动乱中，受尽苦难的谢稚柳，这时虽然“解放”，仍然是无事可做，把岁月寄托在绘画之中。给他送来一卷东西，他打开一看，啊，《上虞帖》！它带着久历风霜的盎然古貌，出现在谢稚柳面前，他的眼前一亮，寂寞多年的心头闪现出光彩来。那书体的灵动绰约，丰肌秀骨，充分昭示了它就是《淳化阁帖》所据以摹刻的祖本。

他清楚地记得，此帖刻于《淳化阁帖》中，明詹景风《东图玄览编》、清安仪周《墨缘汇观・续录》都曾提到，但原本的流传，多少年来湮没不彰，寂然不为人所知。现在，它突然出现在谢稚柳的面前，这使他激动得心都在颤抖。

谢稚柳鉴赏好用比较法。他把此帖又与《万岁通天帖》《何如帖》相比较，于是，信定俱为唐人摹本。《上虞帖》以摹本的现象而论，逊于《万岁通天进帖》的王羲之书，但以《上虞帖》体势的灵动绰约、丰肌秀骨，却远较王羲之的《何如帖》为胜。这就已经看出《上虞帖》的历史和艺术价值了，他长长地舒了一口气。

谢稚柳对它略作判定之后，又仔细地研究起来。看到它仍然保留着北宋内府的原装：前隔水近帖的上端，有月白绢签，宋徽宗瘦金体书“晋王羲之上虞帖”七字，在绢签下角和隔水及帖本身跨压朱文双龙圆骑缝印，隔水前押“御书”葫芦骑缝印，帖的前下角与后上角，与前后隔水相接处，均押“政和”“宣和”骑缝印，后隔水与拖尾相接处押“政和”骑缝印，拖尾中间押“内府图书之印”朱文大印。对这样的装裱格式，谢稚柳太熟悉了。他向来认为，一些历代的收藏印记，仅能说明书画的流传有序，但并不能依之来解决书画的真伪问题。但是《上虞帖》的历史价值已由帖本身表现出来的原作精神面貌所决定了。

此时，他的思绪在历史长河中追本溯源，感到一种难得的喜悦。然而《上虞帖》究竟是什么朝代的摹本？正当他感到“山重水复疑无路”的时候，在帖的右上角，有南唐的“集贤院御书”印跃进眼帘。下面还有一方印，已经模糊不清。

这一方是什么印呢？

谢稚柳一时还看不清楚。他把《上虞帖》收了起来，准备第二天再看。对重要的古书画，他总不是看了一遍就算了，而是反复看，不仅是为了欣赏，更为重要的是想看得更仔细些，判断得更准确一些。

晚上，他把帖又展开在床前的桌子上，在灯光下，又看了很长时间。他想起曾看到过一段记载，清末时期，收藏者逃难，把《上虞帖》缝在棉衣里，由北方带到南方，自那以后，就失去了它的信息。后来不知道为何人收藏，也不知道从哪里来到抄家文物之中。啊，多少年没有接触过这样有价值的文物了！

一天傍晚，已经是暮色苍茫了，在上海博物馆保管部门的办公室，笔者为一睹《上虞帖》的风姿，也到了那里。谢稚柳又捧着《上虞帖》凑近窗口，盯着那方隐隐约约的印，看呀，看呀，他心中暗暗地一动：这不是南唐的“内合同印”吗？他把这一发现提出来和同事们商量，还没有人看出这里也有一方印。虽然他提出，也没有人能看出这方印的印文。谢稚柳肯定是“内合同印”。为了彻底搞清楚《上虞帖》的流传过程，判断它的真伪，马承源又从别的单位借一部机器，用同位素钴-60的照射，果然描绘出“内合同印”和“集贤院御书”印，再后来，裱画师严桂荣在重新装裱时，经他的技术处理，这两方印又清晰地再现出来。此二印在宋代就被称为两方金印，在并世流传的古书画上，有此两印的也仅见于《上虞帖》。发现这一历史流传的印记，对《上虞帖》是唐摹本，提出了有力的证据。

发现《上虞帖》的消息传出去以后，在当时文物考古及书画鉴定界引起了震动。开始的时候，人们总有些不大相信。一些鉴定家知道这件古物已失传很久，怎么可能会突然又出来了？有的文物单位来信要照片，他们就把照片寄去。鉴定专家把照片和《淳化阁帖》刻本相对照，发现两者有些不相一致的地方，提出了《上虞帖》为什么不像《淳化阁帖》中的刻本的质疑。

谢稚柳感到有些哭笑不得。他想:《上虞帖》是祖本,《淳化阁帖》是刻本,两者的关系就像母亲和儿子一样,只能怨儿子不像母亲,哪里有责怪母亲不像儿子的?

为了回答人们提出的质疑,谢稚柳写了一篇《晋王羲之〈上虞帖〉》的论文,在文章中他写道:"《淳化阁帖》十卷,王羲之书居其三,其祖本流传,已为星凤,而传刻纷纭,尤多失真。《上虞帖》经历了千百年沧桑,幸未烟灭于尘埃之中,得以重现于今日。羲之墨迹既久绝于世,唯此唐摹,犹足为文物之精英,艺苑之瑰宝,使千百年后,犹得令人想见王羲之五十之年的翰墨风流。"《上虞帖》凡七行,其文曰:

得书知问。吾夜来腹痛,不堪见卿,甚恨!想行复来。修龄来经日,今在上虞,月未当去。重熙旦便西,与别不可言。不知安所在。未审时意去何,甚令人耿耿。

帖中大都是回答来书所问。其中提到三个人,修龄是王导的从弟王廙之子王胡之的字,与王羲之为从兄弟。重熙是郗鉴之子郗昙的字,是王羲之的妻弟,另一个"不知安所在"的安,当为谢安。当时谢安在临安山中与汎海之际,故其时王羲之不知谢安在何处。谢安屡举不起,当时在朝士大夫频有烦言,今又不知其所在,故云"时意去何"。

《上虞帖》是今草写的,今草本是章草之滥觞。据云,始自张伯英。至今伯英之今草墨迹已不可见,且其同时及后世均作章草,说张伯英创今草一说,似乏证据。到了东晋,今草倒的的确确是取得了辉煌的成就——出现了像王羲之这样的今草大家,从而把今草的书法艺术推向了高峰。也正是由于王羲之的伟大贡献,今草才得到社会的广泛确认并得以流传。王羲之并不像他的追随者那样死守前人的窠臼,相反,他本人就是一个极富创造精神的伟大艺术家。无论是楷书、行书、草书,他都能改变前人法度而自创新体,而且在这三方面都作出了划时代的伟大贡献。就此而言,"书圣"之名,实乃当之无愧。王羲之本极善章草,然而他也是善于冲破章草的束缚。他的草书从字体到技法都打破章草的成法,走出了自己全新的路子,创造了一种全新的美的天地。

《上虞帖》展现了王羲之的典型风格。王羲之的草书，奠定了我国草书艺术的基础，自晋以降，凡作草书，无不得力于斯。张旭的草书，自二王出。谢稚柳走张旭《古诗四帖》的路子，当然或多或少也就有王羲之的风神在，所以书法家潘伯鹰说他师法二王，也是有道理的。

谢稚柳为这一鉴定赋诗一首：

上虞希世唐摹本，淳化传镌迹久迷。
重见江南旧长物，金签墨纽尽堪稽。

《鱼饮诗稿》与《甲丁诗词》

在“牛棚”里，谢稚柳以诗自娱，回到家中，如同囚居，除了书画就是诗了。

二十世纪七十年代，谢稚柳和笔者一周数遇，谈书，谈画，也谈诗，我注意收集他的诗作。这些诗有的是为自己的画题诗，有为别人的画题诗，有的是发表在报纸上的诗，还有一些没有发表，也没有题在画上，是在他的记忆中。我就“逼”着他抄下来，或者他念我记下来，这样经过数年的时间，收集到六七十首。其中有记敦煌来去、巴山蜀水、内蒙古纪行及题画诗，笔者用土办法印出并装订成册，名之曰《鱼饮诗稿》，此名由他的“鱼饮溪堂”而来。以同样的土办法为他“出版”了第二本诗集，即《甲丁诗词》。这本诗集是从甲寅(1974)到丁巳(1977)，这一册都是他“囚居”在家的新作。其中有悼念陈毅的诗，有悼念周恩来

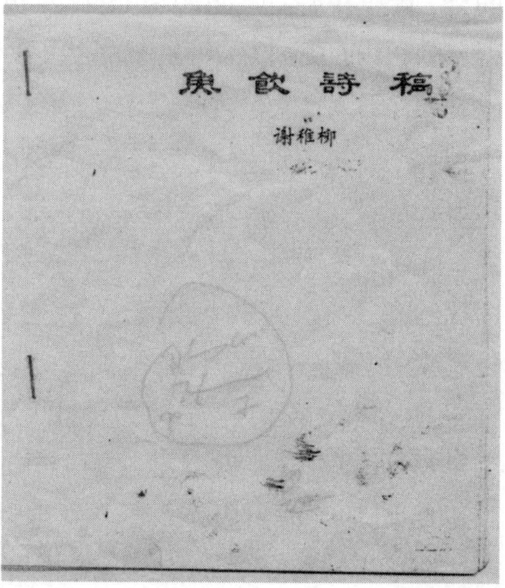

《鱼饮诗稿》(铅字手工排打印本)

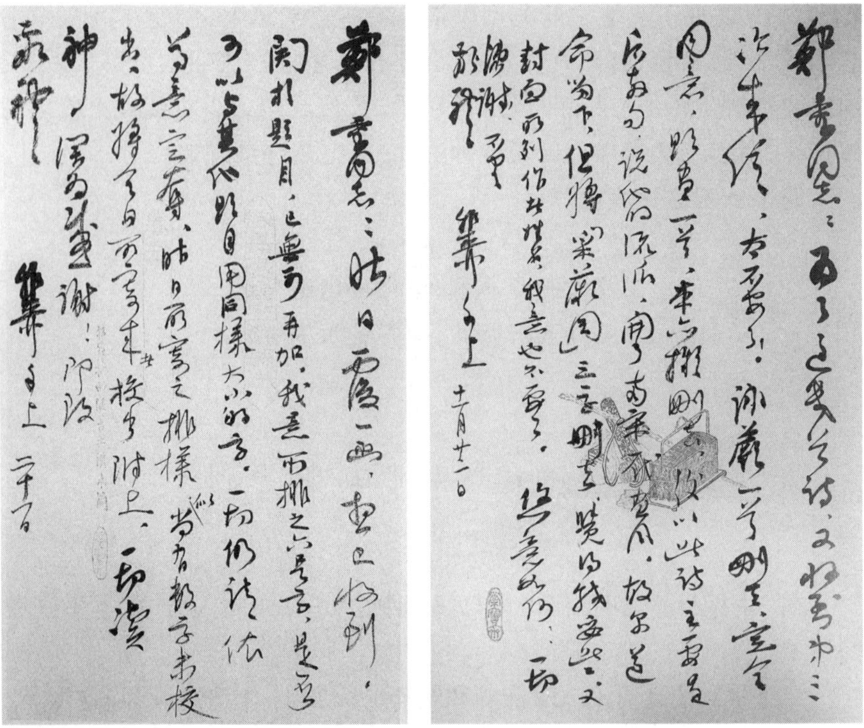

谢稚柳致郑重信两封

的诗，有庆祝粉碎“四人帮”的诗，也有题画述怀的诗。为排印《鱼饮诗稿》和《甲丁诗词》，壮暮翁曾两次致信笔者，信中说：“为了这几首诗，又收到第三次来信，太不安了！《咏薇》一首删去，完全同意，题画一首，本亦拟删去，后以此诗主要是后两句，说他的流派，开了南宋一代画风，故尔遵命留下，但将《采薇图》三字删去，觉得较妥些。又封面所列作者姓名，我意也不要了，您意如何？”要删去的一首诗即题李唐《采薇图》，此图描绘伯夷、叔齐忠于殷商，不食周粟，在首阳山以采薇充饥。当时正值批林批孔、评法批儒运动，批伯夷、叔齐反对周朝的革命，是保皇派。

1984年，香港赵汉钟为他出版的《壮暮堂诗词集》即以这两本书为基础编辑而成。后继续发掘旧作，补充新作，于1995年12月，上海书画出版社又为他出版了《壮暮堂诗钞》。

在《壮暮堂诗钞》出版之际，稚柳先生写了自序：“予少读古人诗，窃好之，然又不能竟学，偶事吟咏，实不能为诗也。卒不能忘，以是每于茶后、醒时、绘事余、行旅中，有意无意之间，若有所触，口自吟讽，不耐细究，故率多短什，实无足言诗也。然则所以存此一卷者，白驹过隙，聊以记浮生之一程而已。其前所刊《壮暮堂诗词集》，并合于此卷中。乙亥孟秋，谢稚柳时年八十有六。”

谢稚柳的人生，如书如画如诗，是一曲高遏行云的壮歌。

他从寄园走来，从玄武湖畔走过，跋涉艰难蜀道，漫步绝域流沙，驻足茫茫海上，无处不留下他的诗书画卷。他的诗篇，是他心灵的颤音，是他情感的倾泻，是他生命的火花。它不像有的诗那样外露，深刻丰富，深刻得比淋漓尽致层次更高，丰富到叫人取之不尽用之不竭。谢稚柳的诗像李贺那样善于融铸词采，驰骋想象，新奇瑰丽，像李商隐那样精通音律，富于文采。然而，调节又不像李贺、李商隐那样阴郁低沉，而是雄强乐观，一派昂扬之气。谢诗中运用秾艳词藻而又与素色交织，构成色彩斑斓、奇诡新颖的浑融蕴藉的意境。“秾艳一枝细看取，芳心千重似束。”在绮丽秾艳的内核里，有着激烈的高远之想，透过瑰丽的外衣，不难感到诗人炽热如焚的肝肠，叫人分不清是诗是画，是画是诗。所以，读谢稚柳的书画，就是读他的诗；读他的诗，也就是读他的书画。

诗书画熔为一炉，加上深厚的文学功力，这就是谢稚柳全部艺术的最大特色，为中国艺术之典型代表。

为书法而书法者，绝无可能进入中国艺术殿堂；为书法而书法者，绝无可能在历史上占一席之地。

谢稚柳《拒霜沙鹭图》

诚然，中国的艺术家许多人都将诗书画融在一起，但又各不相同，这分界线就在于各人的出身、际遇、性格、气质、学养的不同。谢稚柳幼承庭训，接触的师友，皆当代奇才，互为影响。他性格坚强，气质高雅，学贯古今。他对于生活，对于大自然，无限热爱，即使在坎坷中，也看得见坦途，在苦难中也不失却希望；即使凄婉，也不哀伤；即使沉郁，也是一种慷慨的悲怆。谢稚柳既没有卢梭的那种忧，也没有拜伦的那种骚动不安，更没有颓废派的那种绝望和狂乱，相反，他超脱而不厌世，宁静而不消沉，温婉敦厚之中，透露着刚毅、豪放和傲岸，正如著名编辑家元工所说："谢老谈笑风生，雍容大度，情深意笃，雄浑真纯，使我感到书如其人，画如其人，诗如其人。" 此话并非虚妄之言。

作于1975年的《绘事十首》，熔中国绘画史和自身的艺术生涯为一体，叙事抒情，紧密相结合，情景交融，又用精美的草书表现出来，达到了内容与形式高度完美的统一。可以说，是他诗的代表作，是他人生的观照，内心世界的剖白。兹转录于下：

春红夏绿遣情多，欲剪烟花奈若何？
忽漫赏心奇僻调，少时弄笔出章侯。

蜀山秦岭为攀留，燕范遗踪尚可搜。
痴绝雾城年少客，寻常晓月误帘钩。

刻意邀寻董巨盟，江山目染得奇兵。
好收折屐堪重蜡，赶上江南及乱莺。

梅竹聚禽河洛精，拒霜红粉度南英。
细参绝艳银钩笔，不识元明莫论清。

不如寻梦随唐迹，何况高希六代风。
久阔神皋千壁暗，流沙西度得灵通。

高墨猿禽下墨枝，梁生牧衲一时奇。
少耽格律波澜细，老去粗豪是本师。

别开生面意如云，落墨江南张一军。
绝叹新裁好骨格，鲍诗无鬼唱秋坟。

落墨缤纷有信书，粲然遗说见清图。
试回谨密归豪放，未委当时意得无。

渤海苍涛塞北天，皖山云路粤江船。
画图百派几星火，拨尽炉灰为眼前。

深深柳密正莺啼，艳艳花浓照眼迷。
信美人间春一片，枥边思跃绝尘蹄。

谢稚柳《笼雾拖烟图》

谢稚柳《溪山高远图》

《绘事十首》一出，即广为流传，唱和者甚众。谢稚柳当年客重庆时的故友王云凡，将《绘事十首》油印发送海内外笔友，历时十年，唱和十人，他又将十人唱和的一百首诗书写一长卷，赠给谢稚柳留念。王云凡在唱和诗加一小序云：“次韵奉和稚柳道兄绘事十绝。稚柳与大千为畏友，昔在大风堂上晨夕相见，别来三十余载，依依汉南，人何以堪，追思当年噱笑之乐，分柬海内同人相与和之，为吾兄岁朝之祝，千祈博教。”王云凡的和诗十首第一首云：“中朝名士过江多，西灏将如北海何？与子同攀张借柳，华年无邪老维摩。”以此诗而论，王云凡非同一般。这和诗百首，被收录在《谢稚柳系年录》中。

在此期间，陈佩秋的画也多是写意之作，而且要结合现实，为政治服务。花鸟画如何为政治服务？她就画农村景色。对这类作品，陈佩秋绝不草率从事，都是精益求精。她画的《水稻图》，谢稚柳极为赞赏，他写了《题健碧画〈水稻图〉》诗：

卷起湘帘近午天，薰人花气欲登仙。（时仙人球正开花）
市斋浑有江乡意，砚水澜翻万顷田。

“薰人花气欲登仙”句，在这里指陈佩秋在浩劫的日子里，不但以画仙人球为乐，而且还种仙人球。那时在居室的阳台上，用玻璃柜子养仙人球。写生，不但把仙人球的花画得楚楚动人，就连瓦盆供着绿苔也描绘得逼真。谢稚柳也以此为乐，并写："健碧近好为仙人球写生，戏写一绝。小白团红杂紫妍，碧丸黄玉好晴天。窗前已种花如锦，素壁更悬画里仙。"

陈佩秋的兰花，多为写生之作，在她笔下，兰花的各种姿态，花瓣的描绘，都是自己的独创。谢稚柳的《题健碧画兰》六言诗云：

缤纷翠带凌寒，艳艳浓心渥丹。
露噀风飘香远，何如深谷幽兰。

1973年，谢稚柳对王诜《烟江叠嶂图》仍然念念于怀，情无所托，作《少年游 · 王晋卿〈烟江叠嶂图〉苏东坡长歌卷》，以寄其意，词曰：

山藏野店，路萦桥木，浮翠拥江天。回首沉吟，武昌樊口，幽绝寄华年。迷茫迹。营丘淡墨，缥缈散轻烟。蜡炬垂红，酒香破鼻，醉墨满题篇。

1974年，长子定琨在贵州插队，每次回来，必定要带山区特产蕨干，谢稚柳作诗以记，序并诗曰："前年儿子自贵州山区携归蕨干，烹之，其味大似云南鸡纵菌。自来薇蕨并称，实相似，且为同科，连类及伯夷叔齐采薇之歌，因此成诗：西山饥客有吟讴，弃国潜身怨暴周。率土从知殷粟尽，采薇宁复故林丘。"

周恩来总理逝世一周年，谢稚柳作诗一首，以示哀感：

天沉沉，地冥冥。愁云迷白日，悲风卷黄尘。大树飘零巨星落，九州恸哭齐缠墨。长怀遗爱在人民，尽瘁一生功盖国。却笑蚍蜉同朝菌，晦朔不知未为促。繁花如雪气如霜，惜别灵车泪万行。哀思年年无时忘。重门灯灿，琼葩云张，今夕何夕，浩歌激扬。巍巍业绩日月光，无尽歌声歌未央。江河大地飞骨香，山高高兮水流长。

1976年，一举粉碎"四人帮"，谢稚柳极为高兴，作《水调歌头》，以抒情怀。词云：

映日旌旗偃，沧海变狂澜。酸风射眼凄紧，秋色暗长安。谁念清明寒食，万萼千花无迹，化作血痕干。凝夜乌云重，城上乱鸦喧。　　英雄泪，且休揾，试凭阑。八亿神州儿女，未改寸心丹。创业艰难未半，容得狗偷鼠窃，一片好江山。揽月九天手，捉鳖五洋翻。

同时，他还写有《讨江三首》《捉四虫一首》，但《壮暮堂诗词集》及《壮暮堂诗钞》两本集子中均未收，笔者把它收入《甲丁诗词》中。谢先生还把《讨江三首》书写一长卷赠我，可为佐证。

《壮暮堂诗钞》中，有抒情小词《鹧鸪天》一首。这是感怀之作，其序并词曰：

顷就医，谓余须发日皤，且及眉间。归而持镜，始自见之，不觉赋此词。

过眼年光又一时，紫芝无力变霜丝。春风有意回青柳，浓雪多情绽粉枝。　　山万仞，路双歧，人生何似百篇诗？镜中已分皤须发，不觉秋来白到眉。

谢稚柳《水仙》

这首小词就像一股潺潺流淌的清泉，情感悱恻，慨而不伤。为感叹岁月流逝作品之高标。谢稚柳站在事业的峰巅，历史的高度，纵使已经须发如银，仍感春风有意，岁月多情，生活幸福，人生美好，仍是一片朝气蓬勃、奋发向上的怡然和乐心境。

1979年10月（旧历九月），应北京之邀，谢稚柳、陈佩秋、朱屺瞻、唐云、陈秋草同车往，为首都机场及北京饭店作画。车行途中，谢稚柳作诗并序曰：

"丁巳九月之北京，已相隔十四年庆，车中作此一诗，秋阳明丽满江天，树影风驰逝眼前。十四年如车过辙，重来京国换人间。"

这是收入《甲丁诗词》中的最后一首诗。《壮暮堂诗钞》中收入谢稚柳诗词二百十余首，其中四分之一是在"十年浩劫"中写的，许多重要鉴定论文也是在这个时间写的。这是"物不得其平则鸣"，用他自己的话说："那是苦闷的迹象，不是欢乐。"是啊，太欢乐了也就写不出好诗来了，古今皆然。

蒋碧薇回忆录中的一段插曲

八十年代初，谢先生还比较空，我能经常和他在一起聊天，向他请教鉴定之学，有时也请教掌故。为了替他写传，我从各方面搜集他的资料，致使他对朋友说："在他面前，我没有什么秘密可谈了。"他有时也对笔者说："你这个人记者的本性不改，会搜集资料。"

一天，我从朋友处借到一本蒋碧薇的回忆录，分上、下两册，上册是《我与徐悲鸿》，下册是《我与张道藩》。在下册中，蒋碧薇写到谢先生到南京中央大学讲学在她家借宿的事情。在平时的交谈中，谢稚柳对蒋碧薇从来没有微词，总是加以赞扬。我就想和谢先生说说笑话。平时，谢先生给人留下的总是一个很严肃的形象，其实他是温和可亲的，一肚皮的掌故和笑话，偶尔和他开个玩笑，他也不在意。

"谢先生，你和蒋碧薇很有一手嘛！"我说。

"你这话是什么意思？！"他突然严肃起来。

我就不再好意思向他卖关子开玩笑了，就告诉他我在蒋碧薇的自传中读到的事情。那时，他的眼疾还未愈，医生不允许他看书，他就说："你读给我听。"

我就读了起来：

第二天下午，四点多钟的时候，佣人来说谢稚柳和吕斯百两位先生来了。吕斯百是悲鸿的得意弟子，同时也是我们家的常客，相处得和家人一样。谢稚柳是常州人，中大艺术系的教授，他的画宗法陈老莲，也是当代颇负盛名的一位画家，他家住在上海，每星期来南京上三天课，这一天他还是第一次到中大上课，就请吕斯百陪着来看我。

三个人闲谈之下，我问起谢稚柳住在哪里，斯百告诉我，他正为在南京找不到临时的住处伤脑筋。我想到自家的房子那么大，只住我一个人，楼下的房间全都空着，因此当时我就说：如果他实在找不到住处，可以住到我这里来。谢稚柳听了不由得大喜，连声地向我道谢。我立刻带他们去看房间，谢稚柳认为非常满意。

七点十分，听到司机的三声喇叭，我知道是道藩来了，我立刻吩咐佣人预备开饭，当道藩进门以后，很高兴地和他们两位见过了面，我们随即一同到了饭厅，四个人各据一方，轻松愉快地一面吃饭，一面谈天，饭后再到客厅小坐，一谈，便谈到晚间九点三刻，谢稚柳和吕斯百告辞了，我和道藩送他们出去。

回到楼上，我发现道藩的神色变了，方才的欢欣笑容，在转瞬间消逝无踪，如今代之以深沉的愁闷，似乎还带一点愠怒。

我很奇怪，马上就问他有什么事情，起先他不说，一再地闪避，但是禁不住我不停地追问，他胸中的积郁终于喷溅出来了。

原来，他不满我邀谢稚柳到家里来住，而他透露他不高兴的唯一原因，是唯恐谢住到我家以后，虽然彼此熟悉，但是我和道藩的近况他还不大了解。他埋怨地说：

“像现在这样聚少离多，已经够使我苦痛了。将来谢稚柳在这里借住，虽说一个礼拜只有两三天的时间，可是，你有没有想到他会使我们感觉不便？同时，你有没有想过他会妨碍我来看你的自由？”

我被他说得怔住了，内心里不得不承认，邀请谢稚柳来住的时候，我确实没有想到这方面去。——我不曾回答他的问话，我觉得相当地抱愧与不安。

“眼前我就不能忍受了。”他重复地诉苦说，“我真不想有人妨碍我们的。”

“你知道，我们能有现在这样的环境已经是太不容易了，你有没有计算过，为了我们今天的环境，我们曾苦苦期待了多少年？我们曾付出了多么大的代价？雪，难道你从来不想这些事？”

“我怎么会不想呢？”他引起了我对痛苦往事的回忆，不免也是无

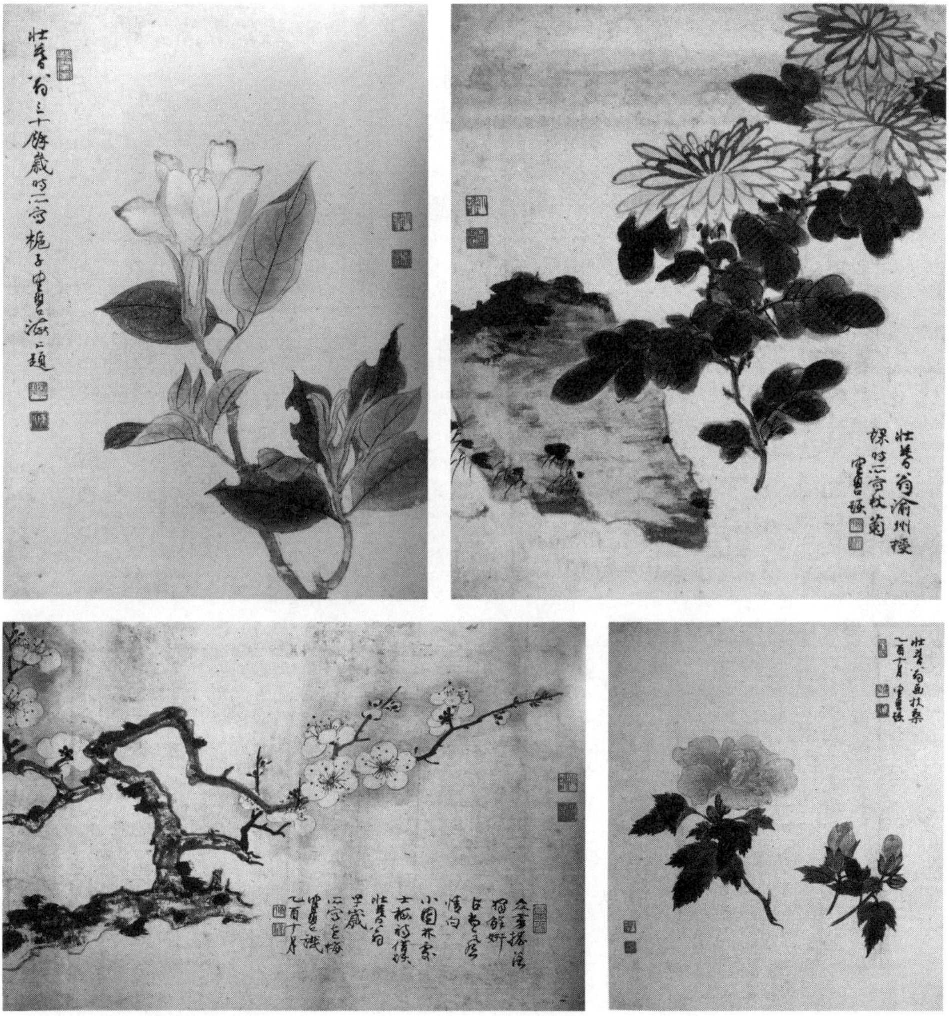

谢稚柳教学稿四幅

限感喟，“不过，道藩，你实在不必为这些小事担忧，我告诉你，对于我们每天相聚的时间，我比你更要重视得多，我不会让它们轻易受到打扰的，你应该相信我。”我很诚恳地向他提供保证：“在我范围以内的事，我一定会妥善地处理。”

他当然了解我这句话里弦外之音，我的意思是在正告他，即使谢稚柳搬到这边来住，我也有把握不使他成为我们的妨碍。

“我相信你，我相信你！”他急急忙忙地说。

读到这里，我停下了。“后面还有吗？再读。”他急切地说。我又接着读下去：

谢稚柳昨天说好，他将在今天晚上搬来，作为居所主人，我至少要让客人住得安适。于是我关照同弟，叫她去把画室后房整理打扫一下，一切的布置，则等谢先生来时，由他自己安排。

九点半，谢稚柳搬来了，他陪我谈到十点多钟，道了晚安，各自回房就寝。

在床上想到道藩正在向上海进发，我仿佛可以听到车轮的转动声。……

元月三十日上午，我宴集文艺界的一些朋友，计有胡小石、乔大壮、宗白华、陈之佛、黄君璧、傅抱石、秦宣夫、卢冀野、谢稚柳和吕斯百夫妇，大家志趣相投，谈笑甚欢。正在开怀畅饮，佣人来报一位朱余清先生来看谢先生，谢稚柳听了马上就迎出去，一面回头跟我们说：

“这位朱先生，他的书法好极了！”

我闻言便也迎了出去，我请他不必拘礼邀他参加我们的小聚，朱先生笑笑，当时就答应了。

朱先生走进饭厅时，大家很高兴地鼓掌表示欢迎。

饭后，十二位艺文大家都到了我楼上的起居室，无拘无束地谈天，说笑，也有人兴会所至即席挥毫。我请朱先生写了四张册页，一纸条幅，其余的朋友，能书的写字，能画的画画，一时的我书斋里琳琅满目，珠璧交辉，真是出乎我意料的收获。

五点多，大部分客人告辞而去，留下秦宣夫、谢稚柳、吕斯百夫妇和我一同晚餐。饭后，谢稚柳又画了两幅花鸟，一幅山水，笔意飘逸，清俊无伦，大家都极为赞赏。十点钟，吕斯百夫妇告辞，宣夫留下来和稚柳同榻，我们三个人煮茗夜谈，居然谈到凌晨一时……

读到这里，我又停了下来，看着谢先生，他又有些急了，问："下面怎么写的？"

"……各自回房睡。"我读完最后一句。

"每次去中大讲课，我都住蒋碧薇家，张道藩就从头到尾没有开心过。"谢先生说。

"你明知人家不开心，你还住在那里，你也欢喜蒋碧薇的了。"我说。

"她是很讨人喜欢的，在悲鸿的朋友中，大家都喜欢她。"谢先生又补充说。

师生问答之乐

"十年浩劫"的生活中，使谢稚柳还能感到宽慰的是与远在广州的老学生吴子玉的通信，他们在信中问答讨论，不只是解除谢稚柳清居中的寂寞，还有如孔子之与卜商，相互提问，互为启发，各有领悟，正如颜渊所讲："夫子循循然善诱人，博我以文，约我以礼，欲罢不能。"他们孜孜于艺事，大有锲而不舍的精神。

吴子玉，名灏，广东佛山人，幼时即习书画。二十岁时，在故乡认识十二石斋主梁天眷。梁氏雅好文艺，能写一手清雅娟秀的褚遂良体小楷，并能画工笔花鸟。抗日战争时寓居重庆，与广东的黄君璧同居一室，此时黄在中央大学任教，张大千、徐悲鸿等不时到他们那里去雅集，谢稚柳是最年轻的。因之，梁天眷藏有谢稚柳的画，那潇洒清逸而柔媚的画风，是吴子玉倾心向往的，但主人不肯割爱，吴子玉从此对谢稚柳的艺术就沉浸在郁悒魂梦之中。

1954年，吴子玉移居广州，与谢稚柳的朋友、书法家李天马同居一室，知他佩服谢稚柳的艺术，为其介绍，把吴子玉临的陈老莲《隐居十六观》中的《瞰句》一图寄给谢稚柳，谢氏看了之后给他写了一封信，说“画笔清新生动，可教也”。吴子玉遂以信拜师，执弟子礼，天南地北一时会晤无由，只好进行函授式的“远程教育”，于是寄去一幅石涛《兰石》斗方并一包海味以表贽敬。1955年，吴子玉与岭南派画家黄少强之女黄君素（画帘）结婚，给谢稚柳寄去他们在粤秀公园湖畔照片，谢稚柳为他们作工笔《荷花鸳鸯图》为贺。

1972年，谢稚柳寄去在公园拍的照片，吴子玉也即把与儿子吴裘、吴泰及女儿吴美美的合影寄给老师。谢稚柳即回信云：“弟一家照片已收，与弟不相见十年，已不是当年风度，年华又一程矣。”此时，吴子玉的妻子黄君素逝世年余，吴在给老师的信中附了一首《悼亡诗》云：“往事如烟一梦过，清风凉夜意如何？深情旧爱空怀省，住久蓬山可忆哥？”谢在信中又云：“弟正当盛年，以学业为重，莫过于哀伤为是耳……”这年秋天，谢稚柳又为吴子玉画册页十二开，并题曰：“桑榆笔墨意有所遽变，弟试看何如相见时手笔？”此时，谢稚柳正潜心于徐熙落墨法研究，故云“笔墨有所遽变”。吴子玉在另一信中告知其师最近在临摹《清明上河图》，又云女儿美美已将张旭《古诗四帖》勾摹完成。此时，谢稚柳书风也由陈老莲转向张旭，他马上把张帖的释文寄去，并写了长信论述张旭书法的传承关系。谢稚柳在信中说：“米芾一生为人偏狭，好骂人，意气用事，此其一，又米酷好晋人书，自名‘宝晋斋’，张草实脱去晋人羁绊，遂不为米所接受。至如苏黄则极称道张草，诗词书画，欲使无人不道好，恐从来无此事耳……”吴子玉在信中谈柳公权书《兰亭诗》真伪的问题，谢稚柳在信中说：“柳书《兰亭诗》，我意不真，大致是宋元间人所书。我所说与弟所说不相谬。我只是说不真，我以为柳书无此种性格形态也。然有一点，弟可注意，其中有一种过分粗壮的笔画，杂在其中，气格并不好，弟言看似有俗气，甚有理，是魔道。晋唐人书无此魔道。然此人颇善书，盖无名者，是一种不忠实的临摹，如小王之《中秋帖》实米芾临，《兰亭诗》不及米临《中秋帖》也，且《兰亭诗》后之款跋均是后人配上者，非原来物也。弟试再一观如何？不强弟与我同见也。笑笑。”

吴子玉在致其师的信中，谈到西方绘画与东方绘画的交融问题，谢稚柳在复信中说：“……所论画学极是，我时抱夏虫安可语冰的态度，这是消极的作风。我觉得自己多用一点功，自己就多得益处，故经常不与人谈此类问题，所以赠弟诗云‘笔墨成孤往，路途任两歧’之句。屈原所谓‘众不可以户说兮’之理，然弟有此精神亦大妙，孔子所谓‘狂者进取，狷者有所不为’也。”谢稚柳在静养中，常忆及以往与学生所谈之事，在致吴子玉的一封信中写道：“昔年弟尝为言，广州之黄子久用静坚款名者，已被火烧一事，请将此图名及其经过见告，忆弟曾为详言，今已忘之耳。”此图为吴子玉的朋友集兰堂主人莫元瓒所藏，图名曰《仙馆僦金图》是写赠一位道士的，时年八十三，款用静坚（印有黄公望和子久两印）。莫氏曾携此图及文与可《偃竹图》、陈洪绶《花卉册》、张大风《山水人物卷》、石涛《莫愁湖图》去香港。当日船将起航，突然在头等舱处起火，除了文与可一件，其余四件均化为灰烬。黄大痴此图吴子玉有临本。吴子玉将此图毁于火的经过详告其师，谢稚柳复信曰：“《江行初雪》中的树木，大似《寒林重汀图》中者，所见极是，然论外与《寒林》亦不相似，而《寒林》其他处亦不尽是董源面目，《寒林》是赵乎？抑《寒林》非董乎？均不能定也。《金匮藏画》（陈仁涛的藏画册，日本印）我亦有一册，然大都不能记忆，其中尚能忆及者，则董源、巨然两图，俱出于髯翁手无疑（大千伪笔，董源《溪山行旅图》轴及巨然《溪山兰若图》轴），至于大痴《溪山暖翠》与容老（容庚）一图如出一辙，弟所见极是，我与容老相识，实自所藏大痴画始，盖我题容老之大痴而后，颇为人所非议，后得见《金匮》一图，始释然有自得意，思写一文，匆匆二十数年迄未动笔。曾检大痴并世所传本，无有在其七十岁前之笔，此何故？此二本均无款，均有南田题字，此不足奇，然南田所作之大痴，大都出于此二图之面目，则确认此为大痴真笔，已不复从我始。然此二图，实不及并世所传真本。则大痴七十以前之笔不复为人所重，盖有由矣。弟所论极有见地，乐为道其私意，又不知弟以为如何耳？弟不以穷为念，真大妙矣。因思吾辈画，虽无大坏处，然总是旧调，更不宜宣扬耳，以传统而论，元人画，格调荒率，实不及两宋之雄健康强也，以吸收而论，似宜舍元而就两宋，不知弟以为何如？”信中所提“容老一图”，即中山大学教授容庚藏的黄子久《溪山图》。

他们师生书来信往，论学、谈诗、说画，彼此都乐在其中。在信中，谢稚柳对吴子玉的画和诗词多有指点并赞扬有加，如一信中云：“手书并悉一一，诗词诸首，并见才藻之美，涉河步月，尤见人生中情味，苏东坡《承天寺夜游》殆同此情意，‘画里春色常驻’两句，尤深爱之（弟可自书此联悬于斋中也)。昨日吴子建来携示近作《荷花》并楹联,欣快至极,大书诚不易,然弟此书气势奔腾,真所谓游刃有余也。《荷图》两花特妙,可知弟近来画境正在逐步深入,实践过程原本是如此,别无仙法耳。”吴子玉此时正热衷于青藤雪个画风,放笔抒怀,痛快淋漓,谢稚柳信中每有赞许:“读弟画,为之神爽,真如陈琳之檄也。大致弟画笔,骨格清绝,别有一种情味,诚石涛青藤所不能囿,创一格,深不易,予以见弟进乎技矣。”另一信又云:“弟画此鱼确有独到之处,此后如写鱼,望作一短卷(一二尺足矣),但不急,乘兴得之可耳,古人所为徇知为一合也,笑笑。又有所谓大家小家之分,如弟所写此鱼已在前所作八大雪个以上,真大家格调矣。”吴子玉本来画山水为多,此时放弃山水,主攻花鸟,谢稚柳致信劝之云:“手书并数画均收悉,为吴子建所画山水亦已交矣。弟近对绘事理论亦极明畅有心得,山水不可放弃,多年从事于此,必有所成,忆弟过去实以写山水为多也。山水花鸟科虽取道不同,而其理则一。盖通一则其皆能通也。弟山水清新有致,我意如能加以北宋诸派,则天地当更广阔,先迹在前,广搜博采,化于真境,成功之道盖不外乎此。”对吴子玉的山水,谢稚柳在信中评论曰:“近作山水否?阔笔豪放,当有收敛处(弟画气清而情意生动,此为难能,应保其长)注意弗堕天泛滥,不可收拾,此即前书所求其全也。”对吴子玉的花卉,谢稚柳指点说:“弟所写墨花,意在放纵,便欲奔逸绝尘,然如能在奔放处稍守绳墨,尤感出色,当行矣。”对草书的写法,谢稚柳在信中提出:“昔人对草书曾言,匆匆不暇作草,可见草书下笔不求速,盖下笔速有不能全之处,张旭作狂草,其下笔如雄鹰回翔,备极舒缓,此是法也,唯画亦然,观弟下笔有疾风挟雨之势,此大善,然如能稍舒缓,以求其全,此尤妙也。弟以为如何?”吴子玉致信其师告知临宋张择端《清明上河图》已完工,谢稚柳兴奋不已,即复信云:“……《清明上河图》为写实杰构,北宋末期此为仅见,其山川树本,近郭熙而非郭,笔墨大有可学处,弟临后幸先示我,再还弟何如?盖以先睹为快耳。”谢稚柳看其弟子临的《清明上河图》,即复信云:“……弟能以半岁成之,可谓神速,神理俱到,近时无此高手也,一俟题妥即还。又另三画两书,画格清绝,书亦隽逸可喜,得未曾有,所用诸印当并为弟所自镌,殊有奇趣。”谢稚柳题跋中云:“不仅得其形似,妙能得其神理。”启功观之,击节赞赏,他说:“明清两代以来最好的临本,有读书人的清气,绝无一点工匠俗气。”吴子玉临两卷，其中一卷归香港许礼平收藏。吴子玉之子吴泰八岁时即在其父的指导下临摹《清明上河图》。

谢稚柳在给吴子玉信中谈书论画，都是他的经验之谈，有些是“秘诀”，是师生间的“私房话”，这是在他的文章中所不曾看到的，弥足珍贵。

谢稚柳、吴子玉常有诗词唱和以抒胸臆，但谢稚柳在诗词方面，从来不以老师自居。对吴词，谢氏常作欣赏语，如一信云：“……小令两首，极佳，前书谓陈老（中山大学教授陈寂）谓弟词只一种面貌，中年情性所关，好作缠绵语，正此类词是。当年我亦深爱此调，二十年来遂不复制，而旧作一首也不能记忆，真是怪事。看来再过数年弟亦将变换面目，此自然之理也。”吴子玉有一封信主要谈词，并寄上词数首请老师指点，其师在复信中说：“……手书并词快读，《八声甘州》与《临江仙》均好，清淡流畅，意浓、情浓，辞淡，转觉突生情意。从来都是景生情，所谓触景生情也。‘风压蜻蜓贴水飞，乍晴池馆燕争泥，沈郎多病不胜衣’上两句是景，下一句是情，如第三句再不及情，仍旧写景便无谓了。弟词颇有南宋人情味。”

吴子玉的女儿美美幼习工笔花鸟，曾言志“非宋人不学”。对美美的画，谢稚柳寄予很大的期望，他在信中写道：“《宋人画册》内容，弟所

谢稚柳、陈佩秋和吴子玉及儿子吴泰、女儿吴美美

言者，已不能记忆，惟论花鸟，尚忆大致有《豆荚蜻蜓》特妙，《石榴黄鹂》《秋叶鹳鸽》《梅竹小鸟》《荷花》《葡萄》；林椿两片，《枇杷小鸟》等等，并为妙制，为工笔花鸟之典范。美美初学此，便有如此成绩，大不易，如能将此若干片宋人画，三沐三熏，再加之以写生，如此者，不出五年，必当卓然为大家，殆可无疑。弟现随时可督教之，亦可拭目以待予言也。”吴子玉之子吴泰亦擅画，山水、花鸟、人物无所不能，尤精瘦金书。1993年，谢稚柳曾撰《吴泰的绘画》，说："知往知来，自成清新雅秀有现代精神的格调，他正在年轻，前途未可限量。"

“十年浩劫”，冰封大地、寒凝碧血，师生之间互致人间真意、生活中的情味，给谢稚柳带来极大宽慰。如今，谢稚柳已跨鹤二十年，吴子玉、吴美美、吴泰已蔚然形成广州“吴门画派”，独领风骚于岭南，实为中国绘画史上一大奇观。

第九章

一片冰心照画图

俏粉娇红百态新：双人画展

个人画展，使画一展风采，也是一个画家的实力表现。新中国诞生之前，画家的个人画展也是一个比较体面的市场，在展览期间，一些书画爱好者在展品上贴红条子，写上订购者的名字，画上贴的红条子越多，就表示这位画家的"行情看好"。有时许多人会同时喜欢同一张画，这样画家就进行复制。虽然不能画得完全一样，也可大同小异。所以同一个题材会有几张画出现，常常使后来的鉴定者搞不清楚，也是这个道理。画家就靠办画展一举成名，名利双收，以此来取得社会的认同；同时也是促进画家创作和交流的一种形式，这是一种文化活动。一代一代的绘画名作佳制就是这样沉淀积累着。

1949年以后的很长一段时间里，由于种种原因画家的个人画展销声匿迹了。

1963年，在"百花齐放"宽松的气氛中，谢稚柳画展在广东举行，展出山水、花鸟、人物六十多幅。事实上，1949年之后，谢稚柳就很少再画人物。他的人物画都是些仕女或高士；和当时的政治气候格格不入，要他改画工农兵，谢稚柳自知是无法画好，反而有可能被以"丑化工农兵的形象"罪名而遭批判。由于他有自知之明，对人物画干脆收笔不画了。

这种大好春光，只是转瞬即逝，随着就是"雨横风狂三月暮，门掩黄昏，无计留春住"，似乎连夏日也未能享受，很快就由深秋进入冬天了，百花凋谢，就连"雪里芭蕉"这一偶然现象也不复存在了。

朝晖装点万枝春，俏粉骄红百态新。
花萼不知谁绣出，东风一夜似金针。

谢稚柳的这首《梅花》诗象征着噩梦年代的结束，改革开放的春天到来。这也表现在谢稚柳的画又出现在神州大地的沃土之上。

1980年3月8日，“谢稚柳、陈佩秋书画展”在香港开幕。谢稚柳、陈佩秋书画展是上海朵云轩和香港集古斋联合举办的。这一天的香港中环云咸街南华大厦一楼，高手满廊，宾客如云，纷纷聚集在谢稚柳、陈佩秋画图之前，欣赏着这一对夫妻书画家的一幅幅精美作品。他们流连于东方美术长廊，享受着中国艺术的温馨。

香港的各大报纸，对这一消息，多次报道。

1980年3月8日香港《文汇报》：“由上海朵云轩及香港集古斋联合举办‘谢稚柳、陈佩秋画展’今日起至15日止在集古斋画廊展出。这次展出谢、陈两位作品共一百五十多件，大部分均为近作，有山水、人物、花鸟、虫鱼等。谢稚柳是当代一位有成就的画家，陈佩秋的花鸟是独树一帜的……”

1980年3月12日《华侨日报》：“……（谢、陈）展出以来，深受各界人士欢迎，连日来参观者甚众，不少书画界朋友，都来参观，谢老的作品，由工笔细写转到形骸放浪，色彩由明净单纯转向墨彩交融，在写实的基础上，又发挥了写意的笔调，他的人物、山水、花鸟等形成了自己的

谢稚柳、陈佩秋书画展

风貌；陈佩秋的花鸟画，在艺术技巧和艺术境界上，造诣深湛，她的《垂柳立禽》《竹鸟图》等，都有个人独特风格……”

《文汇报》《华侨日报》又都报道了闭幕的消息。海内外各报刊还撰文介绍画展内容、书画作品风格、渊源关系、发展历程、艺术成就，文章四十余篇，这里选取其中几段。

关于谢稚柳早期作品的赏析，香港《美术家》杂志的主笔、美术评论家黄蒙田在《欣赏谢稚柳》一文中说：

……由这个画展的谢画，我想起不久以前在收藏家赵汉钟处看到的几幅四十年代到五十年代之间的谢画。我之所以想起那几幅作品，是由于现在展出的谢画和那时显然有所不同——或者说有所发展，那时正是他的创作还不曾作突破性发展以前，学习古典绘画特别是唐宋时代绘画最成熟的时期，可以看出强烈的唐宋气息和深湛的功力。欣赏他今天的画不能和那个时期分割。有一幅《黑猿》，虽说是仿易元吉，其实已注入了谢画的血液，使宋人画法起了一些变化，老干新叶的用笔敷彩，比旧日院体画法有一定程度的提高，刚劲中带着植物特有的柔软质地，华美中放射出一股令人着迷的清气。画面的形象集中在右上角，下方大片空白表达了空间的深、高、远，巧妙的是无须在这里著一笔一墨。有一幅《峨眉清音阁远眺香炉峰》，是谢稚柳四十年代写游峨眉山的形象。这一类青绿山水虽是北苑山水的典型形式，但意境却不是北苑的，要是谢稚柳没有在生活实践中体会真山水的实质和感受四川山水的气势，徒有北苑之法也画不出这种意境的。正因为画家胸中有真山水的磅礴气势，画家借北苑的意匠方法表现它的时候同时发展了北苑的艺术技巧。由清音阁远眺香炉峰，此时正是薄暮，残阳照着山峦间那一片青绿浓深，多么美好和多么有生气。画面上的山水境界不等于真实的自然景色，画家可以把画面上的自然画得比真实的自然更美，只要画家认识到这一点便有权利这样做。我们对《峨眉清音阁远眺香炉峰》的感受正是如此。又有一幅《水墨山水》是很有纪念意义的作品，它写于1949年，三十年后即1979年重题——此时谢稚柳的画又有了很大发展（三十年来曾经因为疾病和别的原因而影响其进展），我们不能不承认，写宋人画当以这幅用刘道士、巨然法写的《水墨

谢稚柳工作

山水》，亦即五十年代稍前和以后一段很长时间为最成熟时期。甚至他先前写的那一笔潇洒、飘逸的老莲字也改变了，我同时看到的《荷花》也这样。《荷花》是工、写并用的较近作品。说是工写并用，显然是泼墨写意的成分较多，只在某些部分——如荷花运用细致的工笔刻画。我想，这可能是他适应近年生理条件而尝试的另一种水墨画表现方法吧。较近期的作品大都题着“写于壮暮堂”一类字眼，这个堂名显然表达正在暮年的画家夫妇内心那一份炽烈的壮志豪情，充分表达出“烈士暮年，壮心不已”的感情。我还看到两幅人物画，我认为是谢稚柳人物题材最好的作品。《仕女》那流畅、简洁的线条构成的人物形象，一股浓郁的唐画气息扑面而来。当我们和妇女的开脸接触时，就会想起敦煌唐代壁画的女性造型。主要是工笔，但同时运用意笔，石块上皴擦的纹理，没骨的桂花，这样的处理使画面的变化多些。这种方法同样出现在写于四十年代末期的《柳荫清集》上。这是一幅好画，笔墨、敷彩和人物形象的刻画都达到了谢画的最高水平。无须作者题款说明“用北宋人笔”，它首先吸引我们的正是那一股强烈的北宋风格。但细看下去，它又不完全等于北宋风格，武宗元没有它那样沉着，李公麟没有它那样深厚。我不是以谢稚柳和武、李二人比较，而是说他消化了李、武以至北宋风格以后创造了更丰富的形式。不错，他用的是“北宋人笔”，但是他完成的不等于北宋形式而是谢稚柳风格。这就是在传统基础上的创造……

香港女记者唐乙凤在《陈佩秋作品欣赏》一文中写道：

等了很久，才等到了集古斋举办的“谢稚柳、陈佩秋画展”，三番五次地与友人结伴观画，流连不去。

陈佩秋女士的画，不但渲露了她的深厚精湛的传统功力，更表现了她的独特的个人风格。她的《柳荫小鸟》与《柳荫白鹭》图，在混沌朦胧的泼墨云彩的柳荫中，一只工笔细写的白鹭（小鸟）怡然自得地屹立柳中，令人看得如沐柳荫之中，阵阵清凉。这种粗犷与细腻、奔放与含蓄、抒情与写实的手法，达到了完美的统一，而此独特的意境更是无双。

一幅《竹鸟图》，在一片水墨竹林中，有几只色彩鲜艳的小鸟飞翔，那意境之美，令人难忘。一幅《荷花》，勾勒笔笔透劲，拙中透秀，挥洒自如，青绿渲染，水迹斑斑，似水空混融为一，似沐清凉荷池中，荷香扑鼻。此种渲染手法亦是女画家匠心独到之处。一幅《墨石水仙》更是清高雅淡，一丛水仙花笔笔清劲之气迎面扑鼻。一幅《蕉叶游畅》图，三只工笔细写的水鸟在数片泼墨芭蕉叶下嬉游，水鸭怡然生姿，蕉叶水墨淋漓，实在显透出女画家的功力与意境独到之处。《梅竹双禽》是一幅四尺绢面工笔花鸟画，笔笔见功力，云彩渲染更是绝妙，一片风中竹林，就似令人可以听闻到。

看陈佩秋女士的画，使人不能忘怀她那千姿百态的兰花。兰花是中国画中常见的题材，自元代郑所南以简略的笔致为兰花写照之后，就像文同的墨竹一样，在画史上出现了不少画兰专家。陈佩秋女士的兰花是经过十数年的写生得来，无论是兰叶的交叉或是花瓣的勾勒、点染和形态，都与已往画兰诸家不同。两幅手卷兰花更是令人看得不忍离去。

谢稚柳作画

山水画家陆俨少为谢稚柳、陈佩秋画展题了两首诗以贺，用一张四尺宣纸写成，诗为：

于君缣素开新调，重见江南落墨花。
更向郭熙追妙笔，须知谢朓是名家。

簪花笔力能扛鼎，未见史书有此人。
搜尽名花归画本，独于异境得清新。

前一首是写给谢稚柳的，后一首是写给陈佩秋的。

八十年代第一春，谢稚柳、陈佩秋就是这样，以他们前所未有的规格和气概，双双向海内外人士展示了他们画卷的无比绚丽秀雅的色彩。这时谢稚柳七十岁，陈佩秋五十七岁。他俩在金秋结出的第一批硕果，为东方艺术生姿添彩，他们欣然宣告：人生的秋天，是成熟的象征，它充满优美、活力的魅力。

改革开放的帷幕拉开，从香港这个窗口，可以看到共和国的繁荣走向，艺术界也不例外，八十年代初期，相继去港开画展的有溥松窗、亚明、宋文治、关山月、黎雄才、黄永玉、华君武、郁风、黄苗子、张仃、胡絜青、李苦禅及李燕、刘海粟，以及谢稚柳、陈佩秋夫妇。

1981年3月，谢稚柳应香港中文大学的邀请，赴港讲学，与夫人陈佩秋下榻中文大学雅礼宾馆。此时，刘海粟、夏伊乔夫妇亦下榻于此。

谢稚柳在香港中文大学讲学时和饶宗颐在一起

他们都是来自上海，都为那里的海光山色，增光添彩。

谢、陈两位神仙眷侣，这次应邀赴港的消息，最敏感的新闻界又立即作出反应。《新晚报》1981年4月10日载："著名书画家谢稚柳，应香港中文大学艺术系之邀，日前来港，与夫人陈佩秋客居沙田中大雅礼宾馆，从事书画鉴定研究及讲学工作，日内并将举行两个公开学术讲座。"《大公报》1981年4月10日报道："书画名家谢稚柳明日在中大演讲，专题谈《中国书画鉴定》。"《华侨日报》1981年4月4日说："《大成》四月号出版谢稚柳画《倚春图》。"介绍文章之多，一如三月的柳絮。

3月20日，《新晚报》丝韦写的《谢稚柳与陈佩秋》一文中说："谢稚柳将在中文大学讲几次课，讲水墨画，讲敦煌壁画，讲书画鉴定。陈佩秋呢？也不应放过她的，年纪比谢稚柳小，画名比谢稚柳小，但如果不和谢稚柳比，那就不能算小了。他的一位老朋友笑着说，他对陈佩秋的评价在谢稚柳之上。这是善颂之词，也是被贬低了的谢稚柳听得进的话。""今年七十一岁的谢稚柳，前一两年就已经自号'壮暮堂'，自名'壮暮翁'了。'老骥伏枥，志在千里；烈士暮年，壮心不已'，是这样的'壮暮'！陈佩秋也有另一个名字：'健碧'。不是'寒山一带伤心碧'之类不健康的绿色，是使人见了这个名字就想到郁郁苍苍、葱葱翠翠的绿。健碧对壮暮，岂不甚好？"

谢稚柳在中外进修部讲座上，就书画理论方面，专门讲了传统与创新的问题。《大公报》记者钟明撰文《谢稚柳谈传统与创新》记叙此事，先说谢氏关于传统的见解：

谢老目前正在中大访问，他是国内当今的权威书画理论家和鉴定专家。他在剖析这个问题时首先肯定创新，中国画历代名家无一不是有所创新，不创新就无发展，这是基本原则。问题是怎样创新。

他认为首先要认识中国画的传统。中国画发展过程中的一个特点是从彩色到水墨，这个发展有一定的原理。在唐朝以前，科技不发达，中国画的颜料只有几种天然矿物颜色，到唐朝的画家就逐渐感到着色绘画有局限性。例如画山水只有"石青""石绿"几种颜料，画出来的山水永远是晴天，这不足以表达大自然的阴阳晴雨，变幻万千。

在这样的情况下，水墨山水画开始出现，因为水和墨加起来的效果，浓浓淡淡，可以变化无穷，所谓"墨分五彩"，是指颜料达不到的效果，水墨达到了。

中国绘画艺术传统的一大特点，是讲究笔墨。所谓“书画同源”，一种解释是中国文字最早是象形文字，就是图画；另一种解释是中国书画都同样讲究笔法、墨法，原理一样。

钟明还引谢稚柳的意思谈了用笔用墨及诗画关系问题：

中国绘画形成了以笔墨为主的表现形式，怎样用笔用墨才是美，有一定的原则，如画出来的线条，要如“屋漏痕”“锥画沙”，研究灵活生动，切忌呆板。

诗与画的关系，也是中国传统之一。诗中有画，画中有诗，画要讲求诗意，这也是中国绘画的艺术性所在。

接下来，钟明转述了谢稚柳关于创新的论述：

讲了不少传统后，谢稚柳又归结到创新的问题。他肯定地说，中国画要创新，老是陈陈相因，千篇一律，还有什么稀奇？不过，创新也要有个范畴，不能破坏中国绘画艺术的固有传统……人与人之间不应打倒，但学问之间应该打倒。师不必贤于弟子，后来居上，才是好现象。

谢稚柳在题画

谢稚柳的画室壮暮堂一角

谢稚柳在中文大学谈的传统，简言之即用笔用墨，即诗书画融为一体的中国独特的艺术风格。创新，也就是在这个基础上的创新。

艺术和人类的其他活动一样，都有一个历史继承性，任何创造，从一定意义上来说，都必须立足于前人成果的基础上。所以，谢稚柳的看待传统的观点是正确的。

在我们伟大的祖国无限丰富的文化宝库中，过去的国画只是小小的一部分。不论它对于我们有多少价值，我们都没有必要去重复过去。因为它毕竟是另一个时代、另一种社会、另一些人们的造物。历史上每个伟大的时代都有自己的艺术高峰，希腊罗马的雕刻、李白杜甫的诗歌、莎士比亚的戏剧、贝多芬的音乐，我们没有必要去努力模仿，而应企求超越它们。“随人作计终后人”，何况是在当今的时代？我们所能做的和应该做的只能是立足在自己时代的基础上，充分利用前人的成果，去创造自己的高峰，所以谢稚柳创新的见解是精辟的。

谢稚柳在港作书画鉴定报告，当然成为香港媒体的热门话题。“十年浩劫”中，他身处逆境还鉴定了王羲之《上虞帖》唐摹本，摹本上有内合同印，但因其他图章覆盖，所以不易发现。这项谢稚柳的发现，不只在国内轰动，美国各地博物馆对他的评价亦甚高。此事亦为记者采访或人们谈论的热门话题。

谢稚柳在香港，引起人们兴趣的一个话题就是他与张大千的关系。香港的媒体比较注意张大千当年在敦煌打掉壁画的事，谢稚柳一一作了回答。另一个话题就是绘画的泼彩是谁发明的问题。香港记者所以提这样的问题，是因为刘海粟当时在香港接受记者采访时回答记者："泼彩是我发明的。"改革开放初期，内地对台湾还感到陌生，对画家的情况也不大了解，但香港人了解张大千的画风演变，此时正热衷泼彩。香港的记者调皮，要把自己的话通过别人的口来说，采访谢稚柳时也问道："泼彩是谁发明的？"谢稚柳回答说："泼彩，是张大千发明的。古有泼墨，今有泼彩，有很深的传统渊源。中国当代画家，张大千数第一。"这段谈话登出来后，朋友才把报纸上发表的刘海粟的谈话送给谢稚柳看，他连说："哎呀，我上了记者的当，这次要得罪刘海老了。"

谈到国内有许多人希望张大千回来，记者要谢稚柳谈谈看法。谢稚柳说："我也希望他回来，但我决不劝他回来，原因有二：第一，张大千自由散漫，爱花钱，在国内，没有这样的条件；第二，张大千的自由主义很强烈，要是让他当人大代表、政协委员、美协理事等职，经常要开会，他肯定吃不消。张大千这个人，只适宜写画，不适宜开会，他不擅说话，更不擅作大报告。"后来，此话传到台湾张大千耳边，他捋着长髯说："他倒真敢讲话。"

记者问谢稚柳，张大千送给他毛笔和画两件事，可曾回礼？

谢稚柳说："没有，还没有。"

谢稚柳、陈佩秋在中大讲学一月，中大挽留，复多留一月始返上海。故人关德懋事后得知消息，寄诗数首以述离怀。其《深秋河上村居感怀稚柳》一诗曰：

蓬梗支离应有家，故园依旧是天涯。
却看松柏交加翠，已过碧桃烂漫花。
老去世情云里散，秋来诗兴枕边赊。
晴空万里思君日，户外霜枫逗晚霞。

这位朋友思乡国之念，伤岁晚之心，使他感到同情。

旅居新加坡的潘受（国渠），是谢稚柳客居重庆时的朋友，在新加坡被尊为书圣，此时也寄来一首诗《与谢稚柳翁别三十六年顷闻携其夫人为香港之游书此奉怀》：

谢屐风流偶许攀，虏降记共醉开颜。
诗囊似涤西江水，画笔能收北苑山。
浩劫池鱼庸免及，旧时堂燕料应还。
却闻正挹瑶姬袖，双照清光岭海间。

诗中所说的“虏降记共醉开颜”，就是指日寇投降后的一次雅集。潘受诗中“谢屐”“堂燕”二典故均是谢家东山与乌衣巷旧时的风流，也颇耐人寻味。

因为有这样一首诗，记者采访时也提到潘受，谢稚柳说：“潘国渠先生我在重庆同他见过面，在座的有乔大壮、潘伯鹰，大概还有章士钊吧。”这次雅集，由潘受做东，除了谢稚柳提到的几个人外，还有沈尹默、曾履川、黄墨谷等。

谢稚柳、郑重于1991年9月在新加坡博物馆看画

此次香港之行，谢稚柳不但在中文大学讲学，还为香港收藏家鉴定了藏品，其中有中文大学文化研究所文物馆的藏画，收藏家利荣森的藏画，四海通银行董事长、收藏家刘作筹的藏画，建筑家何耀光的藏画，收藏家王南屏的藏画。

刘作筹是新加坡人，收藏书画甚富，而且品位较高，他生前曾想将自己的收藏捐献给新加坡博物馆，经考察后，他认为该馆保管工作不理想，遂作罢，后来捐献给香港，并建了刘作筹艺术馆。

王南屏（1924—1985）是常州人，谢稚柳的同乡，在上海时收藏已颇有名气。他藏有一部《王文公文集》和《宋王安石楞严经旨要卷》。此次鉴定之后，王南屏曾向谢稚柳表示要将此两部书捐献给上海博物馆。这是两部国宝级的文物，谢稚柳听了极为兴奋，随即向上海博物馆报告。

这次香港之行，艺术界人士不仅重视谢、陈的绘画、书画理论及书画鉴定，还特别对两人的书法感兴趣。有人说，谢稚柳的草书，“初疑轻烟澹古松，又似山开万仞峰”，深得张旭的三昧。他的抽象的书法，却成了具体的绘画。反过来，他的具体的绘画，又恰似他抽象的书法。陈佩秋亦如是，谢、陈历来是书、画并美，诗为其灵魂也。回上海之后，11月，上海博物馆即联合举办“谢稚柳、陈佩秋书画展览”。

上海延安中路1000号门前的木牌上，写着“谢稚柳、陈佩秋书画展览”几个醒目的大字。入口处为魏文伯题词，展厅内挂满谢、陈书画。虽是冬天，可是这里却花团锦簇，温暖如春，像一座大的磁场，吸引了许多观众。

谢、陈在上海的展品，应江苏的邀请，同年12月10日，又在南京长江路江苏美术馆展出。南京师范学院著名画家杨健侯教授等参观了这次书画展。杨健侯、黄纯光在《新华日报》（1981年12月18日）发表了观后感，对展品中的谢稚柳书法的秀逸潇洒风格作了分析，又评陈佩秋的书法清俊秀挺，宛转回环，笔走龙蛇，时如疾风骤雨，时如闲庭信步，而皆一气呵成，神采飘逸。认为陈佩秋画如其书，突破历史上某些女画家的习惯，落落大方，清新秀挺，洒脱文逸，章法有繁简，繁如《松鹤》，繁而不冗不乱；简如《兰花》，寥寥数笔，不嫌其少，丰富多彩，各饶其趣。特别可贵的是继承中有出新，适当吸收西法，洋为中用，既有传统笔墨，又富时代气息；《柳荫白鹭》《秋林小鸟》等画属此。这得益于她勤于观察、敏于思考、勇于实践的心血结晶。

出自方家的见解，自然与一般人的观感不同，因而造成的影响也大。

1984年4月27日至5月12日，泉城济南的山东美术馆举办了“谢稚柳、陈佩秋书画展览”，共展出山水花鸟书法一百余幅。《济南日报》《大众日报》相继作了报道。1985年在合肥举办的“谢稚柳，陈佩秋书画展览”，由安徽原省委书记、书法家袁振作前言，前言概括了两位的书画成就及特点。

安徽画展结束，谢稚柳、陈佩秋作皖南之游，同行的有徐子鹤、徐伟达，笔者也参与其列。沿途经芜湖，参观采石矶太白楼；经泾县，去黄村笔厂，试用新笔；在黄山脚下留宿三日，谢稚柳只在山脚下作散步游，未能登山。由黄山去徽州，参观宋人街。街上石板路、木板门，风貌依旧。经歙县，参观歙县墨石及砚厂；经宁国，谢稚柳购紫砂花盆数十只及紫藤一枝。

沿途所到之处，谢稚柳、陈佩秋、徐子鹤都要以书画应酬。晚上，常相聚于一室聊天。徐子鹤幽默而风趣，他曾说：“贺天健的立足之点就是他到哪里都是不当老大，甘居老二。我二十岁的时候，说他的画好，他对我的老师钱瘦铁说，哎呀，你的学生画得好透好透。其实，我那时只是二十岁的小青年，幼稚得很。”

谢稚柳也接着说：“是啊，要谦虚，才是做人之道。徐悲鸿曾说，做人要自称天下第二，如有人问，天下第一是谁，就答曰：是你老兄。”

因画黄山，又谈到刘海粟，徐伟达说：“刘大师走到哪里都是老子天下第一，自榜十上黄山，其实徐先生（子鹤）不晓得多少次上黄山了。”

谢稚柳在作画

徐子鹤是苏州人，工作在上海，1956年调往安徽省博物馆工作，曾连续多年春夏秋冬都生活在黄山，观察黄山一年四季的风云变化，画黄山松泉云石，别具一格。笔者对徐子鹤说："你可治一印'我在黄山中'。"从此，徐子鹤每画黄山，都钤上"我在黄山中"一印。

回到上海后，谢稚柳作《黄山》并题："乙丑八月十九日游黄山，自桃花峰仰望云中峦色，苍翠如黛，乃眉毛峰也，不觉作一诗。忆余登此山时，年二十六，鲫鱼背尚无栏索，今七十有六矣。腰脚龙钟，怯于登攀。归来写此图因题其上。腰脚龙钟发堕颠，眼中峦色露中妍。风鬟云鬓皆依旧，一别蛾眉五十年。"

1986年12月18日。香港湾仔道26号华润大厦四楼，像鲜花的海洋，摆满了花篮。篮上写着谢稚柳、陈佩秋的名字。这是谢稚柳、陈佩秋1986年第二次在香港举行书画展览，是他俩第三次应邀赴香港。

这一对伉俪的名字，香港各界人士已经非常熟悉。为欢迎他俩的到来，香港又一次掀起热浪。《大公报》《文汇报》《华侨日报》《快报》《星岛日报》《明报》《新晚报》《星岛晚报》等纷纷报道，计约五十刊次。这次展出的作品，谢稚柳八十五件，全部非卖品，包括山水人物、花卉翎毛等大小中堂、条幅、横批、手卷、册页等，时期包括四十年代至今，画展作品印有彩色画册。大部分从未展出过，是两位书画家的珍藏，正好涵盖了他们的艺术生涯，是他俩的一个光辉总结，显示出他们书画的发展历程——由成长到成熟及今日已臻炉火纯青之妙境。

在中国美术史上，父子都是大书画家者少，妇女为大书画家者少，夫妇皆为大书画家者少。大凡论及古来夫妇书画家的美谈时，十有八九列举元代的赵孟頫和管道昇。所以提及谢、陈书画，人们也屡以赵、管并论。其实，若要真正比较起来，两对夫妇，自有其不同之处。管道昇与赵孟頫的风格相近，明董其昌《容台集》云："管夫人书牍行楷与鸥波公殆不可辨同异。"也就是说，管道昇擅长的行、楷，极类子昂，于是招惹起一些好事者的猜测和议论，其捕风捉影，盖源于"近"或"同"字。而谢稚柳与陈佩秋的书画，则风格趣味迥异，若有人要想说三道四，也找不到根据。篆刻书画家韩天衡对他俩画的风格，曾撰文作了比较：

以用笔论，谢尚峻遒，陈尚清腴；以用墨论，谢尚缜严，陈尚淋漓；

以色彩论，谢尚墨沉彩艳，彩墨争胜，而陈尚百彩交融，绚灿冲和：以造型论，谢出之古典作风而自运，陈则更近于变形和装饰的手法。

雅逸是谢稚柳画风的基调，陈佩秋则是典型的野逸风骨。谢、陈风格的不同，这当然是与他俩各人的经历分不开。谢稚柳叱咤画坛七十春秋，学贯古今，艺涉千秋，对历来诸多画派，广汲取，善消化，融会贯通，以清丽英迈的画作，贡献于社会，会心于世人；陈佩秋是经过正统美术院校严格训练的女画家。一家眷属，两家画格，中国书画史上无此先例。谢稚柳、陈佩秋夫妇填补了历史的空白，佳话千古，可喜可贺！

月色秋最好，硕果在金秋。谢稚柳、陈佩秋在金秋时描写的人生画卷如此辉煌！

《王文公文集》和《宋王安石书楞严经旨要卷》的回归

1981年，谢稚柳在香港中文大学讲学时，王南屏向谢稚柳提出要把《王文公文集》和《宋王安石书楞严经旨要卷》捐献给上海博物馆，但有个条件，他在上海家中收藏的明清字画二百件要允许出境。谢稚柳认为这个要求不高，可以按这个条件进行。

谢稚柳把自己的想法告诉马承源，马承源和汪庆正商量，都认为此事可行，就告知谢稚柳先鉴定这两件东西的真伪。

谢稚柳虽然还未对这两件藏品进行鉴定，就认为可行，他心中是有数的。王南屏的父亲王有林，是上海有名的实业家、收藏家，他和谢稚柳不但都是常州人，而且又是亲戚，早年爱好书画，并有较高的鉴赏力，除经营染织行业外，喜欢搜集鉴赏历代书画，他珍藏有宋拓张从申《玄静碑》《清华寺碑》，元杨维桢行书诗轴，明蓝瑛人物山水轴，徐渭画册等四百余件，"文化大革命"后查抄文物落实发还时，已将其中七十三件珍贵文物出让给上海博物馆。在谢稚柳心中，王南屏上海家中的收藏珍品、精品可以说不多了。

对《王文公文集》，谢稚柳更清楚。这部宋刻龙舒本《王文公文集》是当今仅存的一部书，并一分为二，一部分藏日本东京宫内省图书馆，另一部分即为王南屏所藏的残集七十六卷。六十年代初期，《王文公文集》残卷出现在香港书肆，徐森玉、张珩、谢稚柳就商量把它买回来，他们委托旅居香港的王南屏、徐伯郊进行这件事，最后为王南屏购得。本来说内地筹款再从王南屏手中购回，但十年动乱开始，此事即不了了之。在这之后，日本人曾千方百计要用重价向王南屏购买，均遭拒绝，王南屏说这是中国的国宝，又有约在先，不管等到什么时候，都要把它送回内地。谢稚柳对《宋王安石书楞严经旨要卷》鉴定为真迹无疑。

1984年，上海市文化局、上海市文物保管委员会联合向文化部文物局写了《关于接受香港王南屏捐献宋代珍贵文物并允许落实政策的二百件明清书画运港的请示报告》，文化部接到报告后又向国务院写了报告。谷牧接到报告后于11月20日又将报告批转给赵紫阳和姚依林。谷牧的批转文字为：

这是一件大好事，已酝酿了一年多，须要抓紧时间，快办，办好。已经落实归私人所有的明清书画二百件去换回国内根本没有，全世界也不会有的王安石手书经卷和“孤本”书，何不乐而为之？请紫阳、依林同志批。

赵紫阳、姚依林接到报告，于11月21日即画圈批准。

为了不使国宝级的文物再流出境外，谢稚柳和上海博物馆书画部对准备运往香港的二百件明清书画，又重新鉴审了一遍。为了慎重起见，又请故宫博物院的徐邦达、刘九庵等重审一遍，他们也认为值得博物馆珍藏的已经不多，这样才装箱运送。

1985年2月，《王文公文集》和《宋王安石书楞严经旨要卷》运到上海，并要为这两件国宝回归举行捐献仪式。在举行仪式之前，又将王安石手书经卷送到北京故宫博物院，请专家再作鉴定。专家们鉴定的结果：

《宋王安石书楞严经旨要卷》今经鉴定，确系真迹。

徐邦达　　启　功　　冀淑英　　丁　瑜
史树清　　吴希贤　　刘九庵　　傅熹年

一九八五年三月八日

专家们都慎重地签上自己的名字。

3月16日举行捐献仪式时，王南屏已经于两个月前在美国因心脏手术失败去世，他的夫人房淑嫣在会上致辞说："我很感谢各位来参加这个捐献典礼。王南屏先生在世的时候，挚爱中华文物，他始终没有忘记我们是中国人。所以这两件东西保存了多年，即使在我们最困难的时候，他也没有把它典卖变钱，我们有六个子女，都到国外就学深造，需要很强的经济实力，可是始终珍藏着这两件东西。他的夙愿是使中国文物回归内地。王南屏先生不幸于两月前逝世，现在我能够为他做的就是这件大事，完成他未了之事。谢谢各位。"

《楞严经》唐般若蜜谛译，十卷。王安石摘录其中观世音发妙耳门，以闻思修，"三十二应"随机变化，现身说法，获得"十四种无畏功德"一节，卷前录有此经全称"大佛顶如来密因修正了义诸菩萨万行首楞严经"各一行，以此定名为《楞严经旨要》。

王安石在卷末自题："余归钟山，道原假《楞严经》本，手自校正，刻之寺中。时元丰八年（1085）四月十一日，临川王安石稽首敬书。"

王安石是宋朝宰相，在他执政期间，推行新法，可谓雷厉风行，熙宁七年（1074）因新法受挫而辞退，次年再相，九年再辞，于是就归隐江宁钟山率弟子谭掞、蔡肇等人编纂《字说》。元丰七年（1084），王安石自钟山向皇上奏札，要求以他居住的园屋为僧寺，并请求皇上赐匾额，皇上有旨，赐名"报宁"。他书写的《楞严经》就是拟刻在寺内的。一代革新名相，寄居钟山后曾有诗云："霜筠雪柏钟山寺，投走归欤寄此生。"此时王安石已是暮年，深悟佛理，抄经打坐，似乎不再计较世间的荣辱是非了。王安石所居在钟山半山，自此他即以"半山"为号。

王安石以政治文学名世，书法亦颇有造诣。他的书颇有斜风细雨之势，前人评论云"凡作行字，率多淡墨疾书"，"美而不妖娆，秀而不枯瘁"。《楞严经卷》于正书中间有行书，结字修长紧聚，用笔清劲，起笔轻按，导送收放，使转灵活，有着潇洒简远的意韵。

《王文公文集》的珍贵还不限于是宋刻孤本，而在文集的背面，皆为宋人书简及宋代公牍，皆宋代实物文献，可补史册之未详。这又是日本所藏的残卷所没有的。宋人印书常用公文废纸，明人张萱《疑曜》称：“长睿得鸡林小纸一卷书章草《急就》，余尝疑之，幸获校秘阁书籍，每见宋版书多以官府文版翻其背印以行，如《治平类编》一部四十卷皆元符二年及崇宁五年公私文牒残启之故纸也。其纸极坚厚，背面光泽如一，故可两用。”《王文公文集》的用纸，均有“向氏珍藏”印记，也都是用废纸印的。

书简的作者共六十二人，书简三百余通。诸人中见于《宋史》的有洪适、黄祖舜、叶义问、张运等，见于其他记载的二十余人。其中有名官、将士、文人、学者。书简中有友情问答，官场交际。文字则骈四俪六，书法则正书端楷。简纸幅式大，行距也宽，为后来所罕见。

公牍中颇多珍贵史料，有关军事的，如淮南西路转运司人吏范岳申复状一件。其时金兵北撤，宋人乘机收复两淮州郡，孝宗本来就有收复的志向，遂起用张浚，委以军事。张派遣李显忠出濠州取灵璧，邵宏渊出泗洲取虹县，但五月二十日，金兵反击，追至符离，宋师大溃，这是宋史中没有记载的。又如《在城酒务造酒则例》《衙西店卖酒收趁则例》皆详列材料若干，产量若干，开支若干，皆为史书所不载。从这些资料看，造酒为宋代财政重要收入。

《王文公文集》为龙舒刻本，即宋代安徽舒城的官刻本。谢稚柳建议将文集的背后影印，遂成巨册《宋人佚简》，一举而两得，湮没于书背八百年之久的宋人佚简，从此重见天日。古籍专家顾廷龙在影印的《宋人佚简》序言中说：“实则书背为正面，印本是其背面，与敦煌经卷不同，经文为正面，杂写者为背面。古时纸张坚韧莹洁，使其可以长久保存。当时公文用纸，其质较厚，所以背面可以印书。自宋以来公文纸所印宋刻之书，今所存者，殆仅十余种，其稀珍为如何哉！”“乾嘉诸老所见公文纸印书不少，恐未必不想一一阅读，但缺乏条件，非不为也，是不能也。”又说，“佚简问世之后，攸待专家之详说。余何幸于衰迟之年，获饱此眼福，因忘其不文，乐而为之序。”

但是，这件事在进行的过程中，曾发生一个小小的插曲。博物馆内不了解内情的人，向有关部门写了检举信，认为让二百件明清字画去香港换回这两件东西，不值得，甚至把它说成是“卖国行为”。马承源还被黄浦区人民代表大会召去质询。经马承源说明详情，此事才得以平息。汪庆正说：“用二百个刚毕业的大学生换回两个钱学森，有什么不值得呢？”何况出去的“大学生”有的还会回来的。后来王南屏这批明清字画果然有部分“回流”内地拍卖市场。

友谊共白头：续写张谢之交

1986年12月18日，“谢稚柳、陈佩秋画展”在香港展出期间，谢稚柳接受香港记者采访，问到张大千赠笔的事情，谢稚柳说：“老兄大千是很讲感情的人，自1949年他离开大陆移居海外后，内地又经历了‘文革’动乱，但他始终没有忘记我这个老弟，想尽办法表达他对我的惦念。”

张大千对谢稚柳的关心，台北故宫博物院副院长江兆申亦有一段叙述：

> 1976年1月，我应邀赴美，参加密歇根大学举办的“文徵明书画展”开幕式，同时参加文徵明书画讨论会并发表论文，会前途经加州，到环荜庵拜访张大千先生，寒暄后很自然地谈到谢稚柳，张大千说：“稚柳的画，远超过我，可惜多年不见，通信也难，我托人在香港访求他的画，然而至今都未办到。”2月，我回程过香港，特别想看谢先生的画，经过辗转介绍，见到五六件较早的作品，山水完全是北宋的风格，特别接近王晋卿。当时我感觉王晋卿虽然在时代上占先，有原创性的高致，但功力方面似乎不及谢先生。笔墨的老成，居先者反似在后。花鸟画学陈老莲，仕女画得敦煌盛唐壁画遗法，但秀雅之韵，都觉出蓝胜，这就难怪大千居士对老友的画如此关注悬念了。

自从张大千去台湾之后，三十多年来，虽是天各一方，但大千的音书未断。新中国成立前一天，张大千到了印度，巡礼了印度的阿旃陀佛窟，还给谢稚柳寄来一册阿旃陀壁画册。此后移居美国，最后迁到台湾。一海之隔，难以相见，天荒地老日，友情无尽时，两人还是魂牵梦绕，心中郁结着无穷思念。

1974年，谢稚柳从上海博物馆领回一件珍贵的纪念品：张大千赠给他的毛笔一套。在这支凝聚着张大千深厚友情的毛笔的笔杆上刻有："艺坛主盟。此牛耳毫于南美得之，制成寄上稚柳吾弟试用　大千居士爰　甲辰七月客江户。"江户即日本东京。

甲辰是1964年。张大千将此笔制成，托人由香港寄到上海时，已是"文化大革命"开始，这套笔就放在上海博物馆，一直没有给谢稚柳。谢稚柳得到此笔后，写了《张大千寄赠牛耳毫笔》诗：

十年风腕雾双眸，万里思牵到雀头。
豪气何堪摇五岳，墨痕无奈舞长矛。
蛮笺放浪霞成绮，故服飘飖海狎鸥。
休问巴山池上雨，白头去日苦方遒。

这首诗道出了谢稚柳的万般思绪。谢稚柳在诗中自称"雀头"，含义深幽。此典出自《礼记·士冠礼》注："其色赤而微黑，如爵头然，或谓之缬。"爵，通雀，《周礼·春官》注："雀，黑多赤少之色。"《疏》："雀头黑多赤少，雀即缬也。"清朝制度：举人、生员公服，冠用雀顶。谢稚柳用此典，按传统解法，犹言自己仍为士人，与"故服飘飖海狎鸥"相对应。经历"十年浩劫"，彼此分红五类和黑五类，谢稚柳被划入黑五类之列，不只是黑多赤少，而完全是黑了。此义最为微妙。此诗传至台湾张大千处，他说："这诗是稚柳自明心迹，不知他如何生存？"

张大千用笔，向来都是定制。抗日战争前，张大千喜用上海杨振华的笔。据大风堂门人李顺华说："杨振华制笔，尖圆锐齐，面面俱到。"他最推崇张大千的书，制笔亦常征询张大千的意见。张大千每有订制，必是大中小五百支，因为工笔花卉、设色仕女，都非用新笔不可。制笔通常用羊毫、紫毫、狼毫、鸡毫、兔毫，杨振华曾用过马毫，张大千则特制过牛毫。这牛毫须在牛耳内采集，而且只有英国某地所产的黄牛，耳内才有这种毫毛。英国最名贵水彩画笔，即用此牛毫所制，但讳言为牛，称之为貂毫，每支售价在三四英镑间。这牛毫来之不易，据说要二千五百头牛，才能采集到一磅；张大千托了人情，花了重价，好不容易才弄到一磅，带到东京，委托全日本制笔最有名的玉川堂及喜屋两家笔店，细挑精选，只制成五十支画笔，工费却花了美元七百有余。制成试用，牛耳毫果然有它的长处，吸水饱满而仍有筋骨，内行称之为“以腰劲”，最宜于作字；画则写意最佳。可惜制法还欠精到，毛扎得不够紧，有时有难以着力之恨。这五十支笔，来之不易，当然赐以嘉名，张大千起的名字叫作“艺坛主盟”。他说：“既然用的是牛耳毛，用此笔如同执牛耳。”这是“主盟”二字的现成典故。张大千自道：“语意双关，又道出了毫端的来源。我对这笔的名字很得意，取得很好。”事实上张大千得意的是，他获得了一样很别致而能令受者陶醉，对他留下深刻印象，感谢不忘的礼物。很浅显的道理，题上“艺坛主盟”四字，他就不能留为自己用了，否则岂不要为人大骂狂妄不通，甚至声讨，至少也要提出质问：“谁许你‘主盟’来的？”获赠“艺坛主盟”牛毫笔者，当然都是张大千所看重的人，有毕加索，有台湾的黄达云。给谢稚柳送来两支，还是非同寻常的馈赠，意中是承认受者要有资格用这种笔，加上笔杆所镌的字，无异肯定了谢稚柳在中国艺坛上主盟的地位。

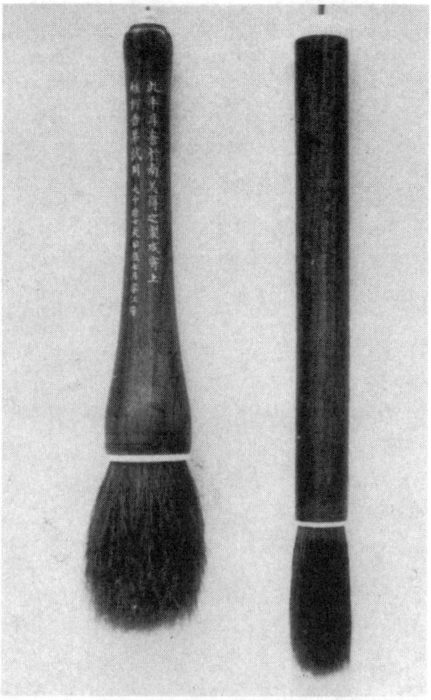
张大千赠谢稚柳南美牛耳毫笔

1980年，张大千托人给谢稚柳带来一幅山水；1981年，谢稚柳去香港中文大学讲学，张大千听说他到了香港，又托人带来为他画的《落花游鱼图》。同年，张大千画泼彩山水横幅相赠，并题写：“六十九年庚申六月，写呈稚柳佩秋伉俪教正，八十二叟爰。”

谢稚柳多年没有见到张大千的画笔，这两幅作品，都是张大千久居海外后创的新格。张大千自称这一画派为“泼墨泼彩”。张大千在画上表现出来的奔放矫健的格调，苍茫生动的气韵，明朗鲜丽的色彩，已经脱出了一切艺术的依靠。这令人惊绝的艺术创造，谢稚柳认为是

1982年，谢稚柳率中国书法代表团参加中日联合书法展，并在开幕式上讲话

“开中国画从来未有的形体与风格”。

1980年初，张大千寄台湾“国立”历史博物馆出版的《张大千书画集》（第一集）给谢稚柳，并在扉页上题字：“稚柳老弟、佩秋仁娣博笑。八十一叟爰。”古人称弟之妻曰娣，语出《晋书·郑愗妻传》。

1981年，上海朵云轩送来一张大千未画完的山水，请谢稚柳补成。谢稚柳花了几天时间，精心补成，并题识曰：

此蜀人张大千写。辛酉秋暮，庄君持示，此卷巨制，惜其未竟，属为补成之。予与大千不相见三十四年矣，别时少壮，今皆白首，执笔临笺，如对故人。壮暮翁稚柳七十有二，大千八十有三矣，并记岁月。

谢稚柳怀念张大千的深情，都在这长卷巨制里。

1982年，张大千在台湾看到谢稚柳的一幅青绿山水，在这幅画上题词曰：

与稚柳别来三十三年矣，梦寐思，无由相见，今见其画，已去其风华，入于拙朴。吁，吾与君老矣，把笔慨然。七十一年九月八十四叟爰。

1982年，张大千的学生顾翼（字复予）画《红叶山禽图》，请谢稚柳为之题跋，谢氏题曰："复予此作赋色淡雅，极有清逸之气。"此后，顾翼又托人将此图携至美国，于是年末转到台湾张大千处。是时，大千已患病多日，展现此图，沉思良久，握笔题写："与复予贤弟别三十年，观得其作，运笔赋色俱与时人异，又得稚柳题识，老病为起。何时相见耶？又怅怅不已也。八十三叟爰。"

1983年，谢稚柳画的《落墨荷花》流落到香港，收藏者王世涛得此卷后，即携至台湾，送给张大千赏识。张大千为此卷题写引首："水殿风来香暗满，拈坡翁语。题吾稚柳近作，壬戌花朝，八十四叟爰。"

此卷，谢稚柳作于1978年，他在卷尾题识曰："已褪怀中旧笔痕，自沉冥思返清真。无多工让江南格，杂彩缤纷落墨新。徐熙落墨久绝于世，推其画理，以放易工，演为此体，使徐熙复生，将不予易也。鱼饮谢稚柳。"

香港记者采访谢稚柳时，谈到张大千的"泼墨""泼彩"，谢稚柳说："我研究的并非泼墨泼彩，而是落墨，这是南唐徐熙的发明，我由于知道徐熙这一发明，曾鉴证出徐氏的一幅墨宝来。"

谢稚柳与日本书法家村上三岛（中）

张大千为此卷题写之后，又有多人题跋。旅居加拿大的华人画家周士心也曾题识曰：“武进谢稚柳先生精鉴定，雅擅书画，其于画史尤见博学。尝读朱耷及徐熙落墨花专论，抉微钩沉，发人未见。此荷花长卷即操徐法，尤有创新之意，风萼露叶，清芬之气扑人眉宇，而大千先生所题，墨迹未干。今岁遽归道山，尤足珍贵，洵为传世之作。世涛仁弟得此宜永宝之。癸亥夏六月，周士心拜观，敬题于净意斋。”

香港鉴定家黄君实题曰：“恍惚徐熙落墨痕，调黄施黛见天真。画图久绝江南格，妙手能开千载新。东坡诗云：‘却因梅雨丹青暗，洗出徐熙落墨花。’熙画今不传，江南画格绝矣。今观稚翁此卷，墨渖淋漓，施彩清丽，其自题亦颇以独得徐熙遗法自负，因次其韵。世涛兄得此鸿宝，当珍护之。甲子新秋，君实敬题于香港。”

谢稚柳的老友彭袭明题跋：“往游浙东，取道武进，拜谒钱名山前辈于舣舟亭畔，因知词人谢子玉岑乃公之快婿，与大千居士为挚友，其弟稚柳故亦与张先生莫逆。花鸟初师陈悔迟，勾勒坚劲，赋色妍丽，足延宋人一派。此卷兼使泼色法，用笔恣肆，挥洒淋漓，当为生平合作。世涛得之沪上，出示题赏，喜书其后。甲子初冬，题于九龙沙田寓斋，濑阳彭袭明。”

上海画家程十髮题跋：“徐熙落墨世间无，今有新花续归图。我亦胜缘题卷末，堂前王谢赏风荷。世涛仁兄属题谢公妙制，乙丑孟春程十髮客香港沙田。”

这样多的名家题咏，更增加了此卷的收藏风神。

彼此题咏，表现了谢稚柳与张大千之间相见的殷切期望。

1981年，八十三岁的张大千在跋《谢玉岑画卷》中云：“玉岑往矣，展视此卷，则为腹痛。玉岑之弟稚柳，山水、花竹远过于予。不得相见亦三十余年矣。奈何！奈何！”

可是，聚会盼不到，盼来的却是张大千与世长辞的不幸消息。

1983年，张大千这颗国画巨星陨落了！

风云为之变色，海内外为之震动，谢稚柳悲痛万分。人生悠悠，旅途漫漫，往事茫茫，离怀种种。往昔，他与大千纵使茫茫一水间，总还同在世界上；纵使长年不相见，总还长相盼。而今，天上人间，竟成永诀，痛何如哉！

在沉痛悼念的日子里，他含着眼泪对张大千的艺术生涯做了科学的评述：

当我未认识大千时，先认识了他的画，觉得他的才气横溢，令人难忘。及认识他，浓髯如茵，谈笑洒脱，性格豪放，才知道他的画笔，正是从他的性格而来。当时大千的盛名，交口称道的是善于写石涛。的确，大千写石涛，可以乱真，但不仅是乱真了石涛，而又发展了石涛。

张大千尽管以善师承石涛著称，事实上，他所能的又何止石涛一家，渐江、石溪、八大、梅清、“四王”以外的各个画派，他无所不能，也无不可以乱真。这些画派的作品，在他历次的画展中，都能见得到，因而他的画笔，是集众长于一手。从他丰富的生活，多方的借鉴，加上他自己的性情，形成了自己的风格。平素作品，一年之中，不敢说千幅，几百幅也总是有的，下笔迅疾，顷刻满纸，他的性格豪放，但对于艺术的探求，是精细而深刻的。这是他前期的情况。

大千的精力过人，因而他的艺术创造力特别旺盛，不断研究历代绘画流派。收藏了历代的名迹，不断改换自己的表现形貌，逐渐脱离了上述流派的那些藩篱。元代的赵孟頫、吴镇、王蒙、倪瓒等的画派，又使他的画笔转到别一天地。他不仅善写山水，人物、花鸟也无所不能；不仅善写奔放的阔笔，也善于工细的描绘……一种豪迈的气度，始终流露在他的画笔之中，显示了他的艺术特性。当他五十岁左右时，他的画风又产生了剧变，而倾向于两宋。南宋的李唐、马远、梁楷、牧溪，继而北宋的范宽、董源、巨然、郭熙这一系列的画派吸引着他三熏三沐，使他的画笔是如此地多样善变，而显露在这一时期的作品中。大千的人物画，本来写得很好，自到敦煌以后，他认为唐代的人物画，那种豪迈而雍容的气度，是最高的艺术，他临摹了大量壁画之后，自己的人物画风，已完全舍弃了原有的格调，他后期的画格，正是由此而来。

知大千者，稚柳也。谢稚柳对张大千艺术生涯的总结，是对于老朋友在天之灵的最好的悼念，如果死而有知，大千当会感到最大的安慰。谢稚柳还写了题为《巴山池上雨，相见已无期》的悼念文章，“几时重见蜀山青”呢？纵使青山常在，也已故人长辞，见何益哉！恨何如哉！他又作诗志哀。诗曰：

应悔平生汗漫游，老亲乡土泪难收；
何时脉脉双溪水，并向金牛坝上流？

张大千故居在成都金牛坝，迁台北寓居外双溪。有人自国外来成都旅游，临行持乡土一抔至台北晤张大千，大千见此顿时泪流满面。谢稚柳这首诗，写出故人怀念故土故国之长恨，寄托他缅怀故人的一往情深，是谢稚柳祭奠于张大千灵前的一瓣心香。

那些日子，谢稚柳的悲痛之情未有稍减，新加坡周颖南请他作画，他挥毫写了《黄山图》，题词曰：

癸亥十二月写黄山松云。忆予与蜀人张大千同游兹山，时年二十六岁。其时徐悲鸿率弟子不期来会，相携登鲫鱼背、坐蒲团松、观云海，回首不觉五十年前事，重忆昔游，曷胜惘然。壮暮翁稚柳。

这显然是一幅忆人之作，寄托着他对故人张大千的无限哀思。

现在，这幅黄山松云图悬挂在新加坡楼外楼酒家，那苍松，那白云，那峭岩，那飞瀑，何处不牵系着一片故人心啊！

为古代书画立户口：八年鉴定

1983年，中国古代书画鉴定工作又重新提到议事日程上来，谢稚柳受国家委任，率领中国古代书画巡回鉴定组对全国公家所藏历代书画藏品进行鉴定和整理，并造册出版。此时，谢稚柳已经是七十三岁老人了，身体又不怎么好，创作任务繁重，书画作品走向市场，正是画家的黄金时代，发家致富的时刻，但谢稚柳毅然放弃这样的机遇，从命于鉴定工作。前后历时八年，南征北战，他的鉴定生涯走向顶峰，对国家、对文物事业作出了巨大的贡献，这在中国绘画史上找不出第二人了。

中国古代书画鉴定小组由七人组成：

谢稚柳　上海博物馆顾问、古代书画鉴定家、画家、理论家
启　功　北京师范大学教授、书画家、古代书画鉴定家
徐邦达　故宫博物院研究员、古代书画鉴定家
杨仁恺　辽宁省博物馆副馆长、古代书画鉴定家
刘九庵　故宫博物院古代书画鉴定家
傅熹年　中国建筑技术发展中心建筑历史研究所高级建筑师、古代书画鉴定家
谢辰生　文化部文物局顾问

以鉴定风格而论，谢稚柳和徐邦达是旗鼓相当的，但两人的鉴定风格不同。谢稚柳立足于书画自身规律，如画像个性、时代性、笔墨表现方法；徐邦达则侧重于书画的题跋、印记、纸绢材料、幅式形制。启功和刘九庵相比，启功是学者型鉴定家，鉴定时侧重于文献的考证，如著录、避讳等，刘九庵看的画多，经验丰富，熟悉书画情况，是实践派鉴定家。傅熹年是高级建筑师，熟悉古建筑，读其书画鉴定论著，多以建筑

1983年，中国书画鉴定小组合影于北京达园。左起：谢辰生、刘九庵、杨仁恺、谢稚柳、启功、徐邦达、傅熹年

的特色来判断绘画的时代性。他又是大藏书家、版本鉴别大家傅增湘之孙，家学深厚，对古籍版本亦较熟悉。杨仁恺的贡献在于他编著的那本《国宝沉浮录》，对从清宫流散出来的书画的来龙去脉记录得甚为清楚，在书画鉴别上多依谢稚柳之说。谢辰生则是鉴定组的策划者及组织者，在整个鉴定工作中，起着重要作用。高履芳曾告诉笔者，鉴定组本拟请广东苏庚春，后经启功极力推荐傅熹年，才未请苏庚春参加。

1983年8月，第一期鉴定工作先从北京开始。鉴定工作第一天会议，在东交民巷15号国宾馆举行。国家文物局顾问谢辰生首先发言，并郑重地取出了一听香烟，语重心长地说，这听香烟是二十余年前张珩临终前所赠。张珩逝世后，我一直封闭不抽，后又经过“十年浩劫”，好容易保存至今，就是为了等今天这个大喜日子……

往事如烟，生离死别，大家却有着许多感慨。启功在感慨中不无幽默地说：“下一个就该轮到我了。”

谢辰生说：“在座的几老中，你最年轻，小乘修炼功夫又好，定会长寿的。”

谢稚柳也说：“轮到你还早着呢。”

大家感慨了一阵之后，谢稚柳讲话，他说：“这是一件造福于子孙后代的千秋大业，我很光荣能挑起这个重任。这次鉴定工作与前两次不

1995年，与参加《中国书画全集》编辑工作人员合影。前排左起：傅熹年、杨仁恺、邓力群、谢稚柳、启功、徐邦达、刘九庵

同，‘文革’后，书画又一次大集中，工作量异常之大，此其一。其二要趁此机会出书出图录，让国家知道自己的家底，让后人有学习研究的资料。其三，培养接班人，不仅培养高一级的，还要为地方培养。”为此，他强调每到一地方，当地文物部门都可选一两位专业人员参与其事，以提高他们的鉴定素质。他反复提到接班人的问题，因为，他考虑和担心的不是眼前这一代，而是如何使鉴定知识代代相传，鉴定队伍更加发展和壮大。

这次鉴定的目的是很明确的：一是考查全国各文物机关和文化教育机关等单位所藏历代书画的情形；二是协助各单位鉴定藏品，分出精粗真伪；三是部分私人藏品也获得鉴别评定；四是由此而鉴定出书画的真伪，评定其等级，从而更有利于文物保护，为美术史研究者提供丰富材料，提高其研究的科学性。这次鉴定的作用是很明显的，通过此举还能培养一部分中青年专业人员，建立书画鉴定队伍。

通过中国古代书画鉴定组鉴定范围和编目的办法分为三种：一是账目式目录，凡所鉴定的真迹佳品，一律编入；二是附有黑白图版目录；三是稀世珍品还编印大开本彩色图录，并附有说明介绍。

这个鉴定组的成员都是年逾古稀的老人，每年要两次离家外出鉴定，每次最少要三个月，即春季三个月，秋季三个月。

谢稚柳是鉴定小组组长，然而他对组内其他专家非常尊重。一般来说，他都能包容不同观点和意见，只要你说得有理，他都能接受，往往对某一幅画的真伪争论不下时，谢稚柳认为这是学术的观点，并为鉴定记录规定了几条，一时解决不了，没关系，可以不求统一，各自保留自己意见，记录备案，对有争议的字画，不要轻易处置，让后人去研究，从而解决了因鉴定角度不同可能引发的各种矛盾。谢稚柳经常跟劳继雄说：“鉴定书画，要有原则，不能人云亦云。工作中时有差错，所谓走眼，这也是正常的。通过研究，纠正看法，对自己也是一种提高和实践的机会，当然我指的原则，就一定要有依据，要说出道理，否则人家怎么来信服你呢！千万不要不懂装懂，倚老卖老。有人请我看瓷器，我就说不懂。”其实他不是真的全然不懂，他是谦虚，凭着几十年博物馆的工作经历，他对瓷器、铜器等都能讲出个子丑寅卯，而他认为，你没有真正深入研究过的东西，在没有把握的情况之下，不要胡说八道，要实事求是。

鉴定小组在旅顺博物馆

1984年，北京书画鉴定工作顺利而愉快地结束。

1985年，鉴定组全体成员移师上海，对上海博物馆、上海中国画院、美术馆、文物商店、朵云轩、友谊商店等所有与书画收藏有关机构的藏品进行鉴定。

上海博物馆藏画是新中国成立之初由苏州过云楼的捐献奠定了基础，以后又有庞莱臣、吴湖帆、钱镜塘、孙煜峰、刘靖基、孙志飞以及张珩的藏品陆续入藏。从新中国成立之初一直到六十年代，上海市文管会有一个书画鉴定组，博物馆不能直接收藏，都要经过鉴定组鉴定之后，才能入藏博物馆。徐森玉直接主持鉴定工作，谢稚柳负责张罗，鉴定组成员除了徐、谢二位，还有吴湖帆、冒广生、唐云等。张珩虽在北京，遇到重要书画，亦请他来参加。上海博物馆所藏宋元画，不如故宫，但对明清书画的收藏，无论是数量或质量都远远超过故宫，这是为鉴定界所公认的。

1986年，在上海鉴定期间，有一插曲值得一记：上海博物馆所藏书画，有许多是经谢稚柳之手收进的，而且其藏品也都经他鉴定过，鉴定小组在鉴定时，谢稚柳考虑有他在场，可能会影响其他人发表意见，所以他回避了。但是，在鉴定的过程中，参加鉴定的专家对上海博物馆所藏明清书画多持否定意见。信息传到谢稚柳那里，开始他还忍着，但是马承源对那些否定的意见则感到无法接受，就要谢稚柳站出来说话。谢稚柳说："他们看不懂，随便他们去说吧，不要和他们争论。"但是被否定的明清书画越来越多，搞得谢稚柳也有气了。一天，鉴定元人书画，对其中一张赵孟頫的画，徐邦达的学生王连起说是假的，惹得谢稚柳火了，他一拍台子，说："你有什么资格说它是假的！"后来，劳继雄告诉笔者："谢先生一肚皮的气，但无法发作，王连起恰好撞在枪口上。平时，我们只作记录，整理资料，一般都不会发表意见的。即使有了看法，也只是私下里和老师说说。"

这件事过去之后，接着又发生匿名信的事情。在上海博物馆，徐邦达收到一封匿名信称谢稚柳在背后对他有所诋毁，徐邦达接到匿名信，当然很生气，鉴定组的人很快都知道这件事，大家都劝他，不要放在心上，应该对谢稚柳有所了解，他不是这样的人，也不会做这种事，更何况是一封匿名信。但徐邦达执意要交给上海博物馆党组织，并要求调查。馆长马承源很认真对待这件事，交给书画组的钟银兰去作调查。钟银兰以笔迹对博物馆的人进行排查，查不出一个结果。徐邦达因为得不到满意的答复，随即拂袖而去，自此不再参加书画组的鉴定工作。所以对上海博物馆所藏明中晚期及清代书画藏品，徐邦达没有鉴定，而鉴定明清书画又是他之所长。过了一阵，徐邦达向上海博物馆提出要鉴定明清作品的要求，馆长马承源没有同意，理由是已经过鉴定组的鉴定，来看画可以，但不能作为鉴定组的成员重新鉴定。对此，徐邦达更加耿耿于心，难以释怀。这是徐和谢之间

鉴定小组在辽宁博物馆

谢稚柳在阅读

矛盾激化的开始。

关于谢、徐的矛盾，在谢稚柳去世多年后，徐邦达在回答笔者的问题时说：“我后来因为和谢稚柳的矛盾，去过三次，后来就不去了。”徐邦达接着又谈以后和谢稚柳一起去美国鉴定书画，谢稚柳遇到徐邦达和他有不同意见时“就跳了起来”，什么原因呢？徐邦达回答说：“因为在国外看东西的时候，人家问我多，问他少，他心里早就憋不住了。”

徐邦达对谢稚柳的这种猜测与推理，似乎不是熟人所了解的谢稚柳的心态。笔者在编《谢稚柳系年录》时，遇到徐邦达和谢稚柳对徐熙《雪竹图》的辩论，笔者把谢稚柳的论文收入《系年录》，对徐邦达的论文只作了摘录，谢稚柳看了后说：“既然用了我的全文，也应该用徐邦达的全文，否则就不公平了。”对学术上不同的见解，谢稚柳的心态不是狭隘的，而是坦荡的。两人的意见都是纸上的学术之争。某次，谢稚柳的学生劳继雄与徐邦达相遇，他拿出元代画家倪云林作品的六张照片要劳继雄鉴别，并告知其中有两幅是假的。劳继雄鉴别无误，徐邦达说：“不愧为谢老入室弟子！”接着又说，“你要不是谢老的学生，我也就不考你了。”谢稚柳听到这个故事，一笑了之，从中也可看出徐邦达的天真与风趣。

在鉴定书画的方法风格上，谢稚柳待之以宽，徐邦达持之以严，这种学术见解上的不同，是人所共知的，其他的鉴定家何尝又不是如此呢？平时天南地北，各据一方，也没有什么矛盾。但是把这几位大家集中在一起，在鉴定上意见相左，矛盾叠起，这是必然而正常的。启功先生也曾向笔者谈起鉴定组几次大的学术争论，谈话的时候也是心平气和的。谢稚柳为鉴定组制定了一个原则：鉴定记录不求统一、准确真实地把各家的意见记下来，以备查考。

1986年，上海鉴定工作结束，赴江苏鉴定书画。鉴定组从上海出发，途经苏州、无锡两市对其所藏先行鉴定。其时，扬州所藏书画送到无锡鉴定。从扬州文物商店藏品中，发现倪云林一幅《苔痕树影图》，本来被列为赝品，经鉴定组鉴定为真迹。倪云林是无锡人，无锡市博物馆没有收藏到倪云林的画，谢稚柳建议此画转让给无锡市博物馆。

倪云林为元四家之一，家境豪富，筑清閟阁，为三层方塔式建筑。据书中所记，此建筑四面皆穹，倚窗而望，远浦遥岑，云霞变幻，尽收眼底。倪氏清閟阁收藏甚富，并为吟诗作画之所。倪好僧寺，住必旬日，篝灯禅榻，萧然晏坐，爱洁成癖，尝命童仆洗刷院中梧桐树、假山石。其时尚无自来水及卫生设备，须挑水煮食，倪只饮挑来之前桶水，认为后面一桶为挑工屁熏污染，只能用来洗脚。其所用之茅坑，数倍高于常用者，以为这样才较卫生。倪为清流雅士，不肯和富贵中人往还，不为利动。一次，张士诚之胞弟张士信向倪求画，他不但不画，还将纸绢撕破，并将润笔掷还。因此得罪了张士信，将他下狱。每遇狱卒送饭，必叫高举过眉，狱卒问他为什么，他说："恐怕涎沫溅到饭里。"狱卒发怒，把他锁在厕所边。元人笔记亦载某京官访倪，倪宴请，有张雨作陪。饭罢，倪竟致京官米票若干，京官大怒曰："不意人称高士者，意如此粗俗。"杨铁崖题倪云林画云："懒瓒先生懒下楼，先生避俗避如仇。自言写此三株树，清閟阁中笔已投。"谢稚柳戏和之："谀辞诗笔信堪投，高士何时懒下楼。宴罢殷勤重馈米，当筵真见俗成仇。"对倪云林的画，谢稚柳也不是很欣赏，曾有《读倪瓒画诗》："小山竹树费年华，飞白清高第一家。却笑延陵清閟阁，霜毫能事衹些些。"他曾对笔者说：倪云林都是一个样子，放到现在，肯定不受人们的欢喜，但当时对他的评价却很高。

对苏州、无锡两市书画鉴定之后，鉴定组即赴南京，宿东郊宾馆。此时鉴定组坐镇南京，除了鉴定南京市内书画外，江苏省内一些地市的文物单位，如镇江、南通、常州、徐州等，都将所藏书画送到南京进行鉴定。安徽合肥、芜湖等文物单位的藏品，亦是在南京鉴定的。

南京鉴定书画，谢稚柳诗兴颇浓，常以诗记述所得。11月2日，游镇江，渡江登焦山，观定慧寺有瘗鹤铭，有陆放翁书刻石，谢有诗云："大字无过瘗鹤铭，柳颜乍见放翁亲。低徊千载摩崖迹，唤起临风汲古情。"游了栖霞山石窟，亦有诗云："石窟峥嵘历劫灰，栖霞林密隐崔巍。秋意渐深风片厉，看山端为冷红来。”南京扫叶楼为明末清初画家龚半千旧居，龚半千为金陵八家之首，谢稚柳有诗记曰：“年少当时龚与杨，自言曾共拜香光。新痕破墨层层处，扫叶楼中别一方。”龚半千与杨龙友，少年时代都曾宗师董其昌。对龚半千的画，谢稚柳甚为欣赏。这时，谢稚柳正值七十七岁，他作诗风怀云：“百里经行半散云，静言孔念独伤神。徂年七七无增旧，策我良骥八十春。”还有一首《席上戏作》：“鸡汤菜核如棉软，入口清松狮子头。饮啜每嗟齿摇落，老夫至此复何求？”谢稚柳将此数诗抄赠笔者时，并附一信云：“牙齿不好，老夫于此每到一处常为饮食所苦，来宁后，饭菜可口，此亦为所欣慰也。”

在南京鉴定时，有一位老军头藏有不少名画，鉴定组在江苏省美术馆看画时，他也带了几幅藏品请专家鉴赏，其中有一幅髡残山水轴，作于癸卯，时为五十二岁，诗堂为张孝彬所书。谢稚柳看后，拍案叫好，认为是髡残的佳品。那位老军头很高兴，即请谢稚柳题字，他当即允诺，并把画带回宾馆，悬挂于卧室之中。鉴定组有几位专家疑此图为张大千所仿，劝他不要题，即使题也要婉转，不提及真伪。回到宾馆，谢稚柳将画挂起，又反复地研究，对学生劳继雄说：“此画不假，大千绝对做不出。此画的毛病在于较疲破，故整画看上去气息较差。画笔较软，看似用一支软笔所作，但画是越看越有味道。”他又说，髡残可能看过一些王蒙的作品，但不会太多，故他的风格虽说是从王蒙中演变而来，但已是走了大样，许多是凭自己的臆想画出来的。他那苍莽拙重的独特笔调，于王蒙画格于似与不似之间，同时的“四王”是无法达到如此境地的。张大千做髡残，用笔比较尖细挺拔，缺少含蓄和古意，像他做石涛画一样，清秀飘洒有之，而古拙凝重则不及。

1987年3月，鉴定组赴杭州，鉴定浙江省所藏古代书画。鉴定工作即将结束时，听说某仓库里还有数百件旧的书画被打入另册，拟作处理进入文物市场，无须再作鉴定。专家们闻讯，还是请劳继雄前往查看一遍，结果有三十多件明清书画被他挑了出来，经老专家们鉴定为精品，进入博物馆收藏。

暮春江南，乍暖还寒，是杭州西湖最佳季节，每天晚饭后，鉴定组的人就漫步在西子湖畔。一天正在散步，忽遇小雨，他们赶紧跑到西泠桥的亭子里躲雨。面对蒙蒙细雨，谢稚柳遇景生情，吟了一首诗：“乍暖还寒二月春，嫩黄渐见柳丝新。西泠桥下风吹雨，不为重衣惜路人。”诗成了，雨也停了。

9月，又赴山西太原鉴定书画。在太原鉴定，发现元人王渊的花鸟画《桃竹锦鸡图》真迹，谢稚柳极振奋。有一次去太原附近的晋祠参观，一到圣母殿，谢稚柳即被殿中的圣母塑像所吸引，他指着塑像兴奋地对同行者说，你们看，塑像的脸部造型与当地妇女形象真是惟妙惟肖，栩栩如生，如出一辙。他当即吟诗一首：“婆娑周柏绿参云，圣母殿高迴出尘。两列裙钗犹宋塑，俨然三晋眼前人。”

结束了山西鉴定工作，10月1日驱车去天津，一路上昼行夜宿，行程八百余公里，穿越太行山、五台山、恒山和燕山山脉，参观了许多名胜古迹，对山西的地理风光、乡土人情有了许多了解，虽风尘仆仆，有些甚至是山道泥路，十分颠簸，他和同车的杨仁恺仍精神矍铄，谈笑风生，没有任何倦容。

10月2日，谢稚柳一行离五台县至繁峙，在当地领导的建议下，驱车四十公里去参观岩山寺。此寺在县南谷口乡五台山麓天延村的毛球山上，山上原有一塔，“文革”期间为农民所炸，据说从此山村变成光棍村，即使偶有媳妇进门，不久也死去，当地农民认为是炸塔之故，因而又在原址竖一长杆，以杆代塔，据说现在好多了。寺院建于金正隆三年（1158），原名灵岩寺，经历代修葺，现仅存文殊院为金所建。殿四壁俱为金代壁画，有九十余平方米，均以青绿为主，极为工整，尚有北宋风貌。西壁南端上方，有“大定七年前□□二十八日，画于灵岩院□□画匠王逵年六十八”题款，并有同画人王建，塑像亦为金塑。繁峙在历史上颇出名人，金代诗人元好问是此地人，据说貂蝉也是此地人。自五台到繁峙县，谢稚柳道中得一诗：“车辙萦回绕岭行，恒山绵邈眼前明。滹沱河下匆匆过，一线潺湲断水声。”

参观灵岩寺，谢稚柳欣喜它没有在“文革”中被炸毁。然而赞叹之余，又甚为惋惜，因为寺院已经荒芜，杂草丛生，不要说维修，就连看管的人都没有一个，处于自生自灭的境况中。观此画，看此景，谢稚柳再三叮咛当地领导，对如此珍贵的文物遗迹一定要善加保护，否则对不起子孙后代，同时也嘱咐陪同他们的省文物部门同志，希望他们能拨专款维修。对谢稚柳急文物保护之所急，一片焦虑不安的心情，大家都为之感动。有关部门的领导也当即表示，一定要拨款，好好保护这一传世珍迹。

10月3日，谢稚柳一行离开繁峙赴天津，当天到达，第二天即开始天津的书画鉴定工作。11月28日，天津早雪，谢稚柳作《津门晴雪戏作》："昨暖今寒类转蓬，冰坚车滑雪霜浓。乃知世故流离久，原是炎凉自上穹。"谢稚柳回沪，向笔者出示此诗，对"原是炎凉自上穹"共同推敲，他说："炎凉自上穹句子，别人会不会误以为是对高层的影射？"足见这位在历次运动中都是挨整的、被博物馆称之为"老运动员"的人，吃了许多文字上的苦头，时至80年代后期，仍心有余悸。我说："前后句连贯，词意明确，不必再改了。"这样，他才保持原诗风貌没改。

1988年5月6日，谢稚柳离上海去济南，进行第十期书画鉴定，宿济南南郊宾馆。

这次济南之行，除了鉴定山东省博物馆和济南市文物单位的收藏外，并游了泰山，登上南天门。

鉴定书画并非像一般欣赏那样逍遥自在，不妨记述一下他们这一段时间内的行程，就可知他们的工作是何等紧张了：

谢稚柳率鉴定组在转移途中

5月20日夜，乘火车离济南去青岛，鉴定青岛博物馆收藏；

5月30日，离青岛去烟台，鉴定烟台市博物馆收藏；

6月2日夜，乘船渡海去大连，转赴旅顺鉴定旅顺市和大连市博物馆收藏；

6月12日晚，离旅顺，次日抵长春，鉴定吉林省博物馆收藏，同时鉴定黑龙江省博物馆送来的收藏；

6月28日夜，乘车自长春赴沈阳；

8月9日，乘飞机自沈阳返沪。

谢稚柳的学生劳继雄始终跟随鉴定，他在回忆这段时间的生活时写道：

由于鉴定的工作量大，每天都要求有一定的工作进度，因此鉴定书画，不似平时想象中欣赏书画那样悠闲轻松、逍遥自得，而是非常紧张。往往一个城市刚结束，马上又得向另一城市转移，旅途劳顿，不要说已是七十多岁的老人，就是年轻人也甚觉疲劳。记得1988年5月，我们刚刚结束济南的鉴定，就收拾行李奔青岛。青岛工作完毕就去烟台，而后再渡海去大连、旅顺工作，最后再赴长春和沈阳。紧张加劳累，在旅顺工作时老师发了一次病。早先在济南时，我们住在南郊宾馆1号楼，当时老师已觉身体不适。头胀，经常有嗡嗡之声，如同套了一紧箍咒。睡眠减少，特别是下午，原本午觉能睡到天黑，现在吃了安眠药，也只能维持少许时间。食欲也递减，晚上也不想抽烟。鉴定工作进展不顺利，老师尽管天天坚持上班工作，心里也是很不高兴，经常跟我讲工作上的问题，担心着工作的进度。我安慰他，要他休息几天，他说不行，并告诉我这一生理现象是在上海约4月中旬时就开始的，他不要我告诉组内同志，怕影响大家的工作。鉴定组到了旅顺，没有休整就又投入工作，一天晚上，我照例陪老师聊天，聊啊聊，忽然觉得老师谈话文不对题，我马上站起来，请老师休息，并扶他上厕所。这时，他走路已是高一脚低一脚，嘴里也不知在讲什么。上好厕所，扶到床上。

后来谢稚柳昏睡过去，血压不稳，我们和医务人员也在旁守候了一夜。组里已经讨论是否要中止这一期的鉴定，让老师回去养好身体再说。清晨老师醒后，很是疲劳，我们也不敢把实情告诉他，只是建议他回

谢稚柳和学生劳继雄在北京雍和宫

去。老师断然反对，而且情绪也很激动，说工作不能中断，全国还有好些地方等着我们去鉴定，本来说三年完成，现在已经不止三年了，不按计划进行，何年何月才能了结。他建议工作时可以不要那么太紧张。就这样，老师抱病继续工作，大家都很感动。类似的事，还在成都发生过，过后都照常工作。有时实在是因病住了院或留在宾馆休息，我就每天都向他汇报当天看画的情况，哪些是精品，哪些有争议，我自己有什么看法。然后待病好些，他再去抽看有争议的书画，以尽量避免有些真品因误看而被打入冷宫。老师一丝不苟的工作态度，带动了其他专家，使组内形成良好的工作气氛。

在沈阳鉴定期间，辽宁省博物馆等五个单位联合举办庆祝谢稚柳八十寿辰的“谢稚柳、陈佩秋书画展”，启功为画展题诗：“六法名言谢赫传，烟云满世宗前贤。一堂妙绘钦双管，神岳乔松寿比肩。一九八八年夏日谢稚柳先生暨陈健碧夫人举行伉俪画展，借以预祝稚兄八十荣寿属书俚言为颂，请两家兄嫂吟正　启功。”

1988年11月8日，谢稚柳乘飞机离沪去福州鉴定福建省的书画收藏。11月18日离福州，乘汽车，途经泉州、厦门、潮州、汕头、惠州，到达广州。11月27日，在广东省博物馆开始鉴定书画工作。在此，谢稚柳又看到戴进《山高水长图》卷。此卷原为容庚收藏，现为广州市美术馆收藏。谢稚柳对此卷曾两次鉴定，都认为不是戴进真笔。今日重睹此卷，又经过几天的审视，随弃前论，鉴定为戴进真笔。谢稚柳向鉴定组的专家讲了前两次鉴定的经过，而这次则认为是戴进的早年作品，在他传世的作品中不多见。鉴定组的专家亦有同识,遂定为“一级藏品”。

对一张古代书画,谢稚柳总是采取极为严肃慎重的态度。他曾和笔者交谈:“别人都说我看画时看得比较宽,其实不是我有意如此。对一件古人作品的真伪,如果采取严的态度,说它是假货,是伪作,那是很容易的事;要看真,要肯定它是很费工夫的。特别是有争议的作品,更不能轻率地把它否定,打入冷宫。有时不妨多看几遍,多想一想,有的画我是看了思索了若干年才决定的。有些画这一代人决定不了,让后来人再看。对画就像对人一样,要持慎重态度。”

1989年5月6日,谢稚柳赴成都,鉴定四川大学博物馆所藏书画。该馆藏有王蒙与黄公望合作山水一幅,谢稚柳鉴定为海内孤本。此画原为张大千收藏旧物,著录于《大风堂书画录》。谢稚柳曾经见过,现在重见,如遇故人。画上题识略记合作的经过,字虽有脱落,仍能明其意。王蒙以楷书题于画的右上方:“至正辛巳秋八月,黄鹤山人王蒙戏学大痴老人画,经营位置间,大痴适至,遂启玄钥,示其突奥□,相与共成此图。图成酒行,复相与□□□命画史朱生绘色,烟云之缥缈,山川之绮□,又当求之图画之外,故不□□□浓淡工拙之可计较也。因授笔书□□亭主寓舍。”赵晋楷书题于画的左上方:“山拥青青螺髻,云腾白白绵绵。湖海风烟未息,草庐曾着□眠。”下钤“竹村”印。牟鲁楷书题于画的左下方:“黄鹤山人天下士,大痴老子云间仙。共把溪藤写胸次,石林茅屋流寒泉。山青云白何可见,使我飞梦凌远天。寄语黄鹤早归来,结庐同隐南山边。”

在成都鉴定书画期间,谢稚柳偕鉴定组成员游杜甫草堂及武侯祠,作诗并序,以记此游:“己巳五月七日,重过成都,游杜甫草堂及武侯祠,回首前尘,匆匆已是四十五年前事,不觉作一诗。草堂重忆少陵诗,又过森

伪作难逃慧眼

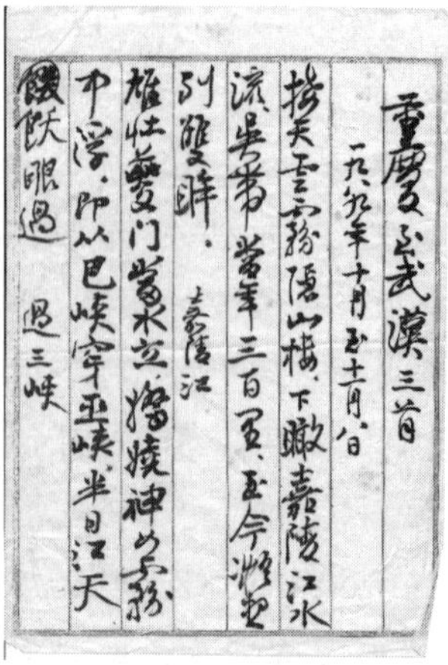

重庆至武汉 三首

一九八九年十月至十一月六日

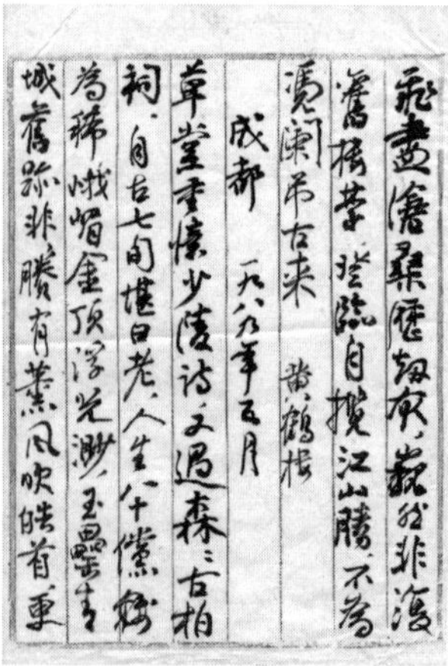

成都 一九八九年五月

草堂重读少陵诗，又过森森古柏祠。自古七旬堪曰老，人生八十傥为稀。峨眉金顶浮光渺，玉垒青城旧迹非。腾有薰风吹皓首，更

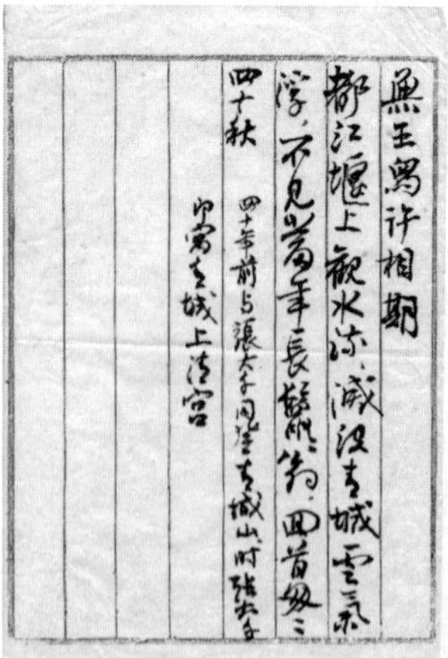

无王舄许相期

都江堰上观水流，灭没青城云气浮。不见当年长髯翁，回首匆匆四十秋

谢稚柳诗稿三页

森古柏祠。自古七旬堪曰老，人生八十倘为稀。峨眉金顶浮光渺，玉垒青城旧迹非。賸有春风吹浩首，更无王舄许相期。”

5月14日，游都江堰。忆及昔日旧游，谢稚柳不无感慨：“五月十四日，重过灌口，青城山在云雾中，曩余登兹山年三十，时故人张大千居青城山上青宫，此来不克登攀，回忆当年曾共游处，惘然久之。都江堰上观水流，灭没青城云气浮。不见当年长髯翁，回首匆匆五十秋。”对此，谢稚柳曾向笔者述说：张大千长髯，三十八岁时，谢稚柳曾建议用李贺“长鬣张郎三十八”诗句治印，大千从之，由乔大壮用此句为治一印。

6月4日，四川省书画鉴定工作结束，鉴定组拟赴重庆，因交通阻塞，重庆难以接待安排，未能成行，遂退去飞往重庆的机票。5日晚，他们宿双流机场。6日，谢稚柳乘飞机返沪。至上海虹桥机场时，又因交通阻塞无法进城，乘出租车到中山公园，改乘运货三轮人力车，至夜半方回到家中。

到10月，谢稚柳再率鉴定组赴重庆、武汉鉴定书画。

谢稚柳不只是鉴定家，而且是画家，所以鉴定组每到一地，他除了鉴定书画之外，还要奋力创作书画，酬谢当地书画家爱好者。大到地方首长，小到普通司机、理发员、宾馆服务员等，他总是有求必应，毫无怨言。画毕就请劳继雄去钤印，总要加上一句：“有没有遗漏的？”真是细心备至。鉴定工作结束之后，谢稚柳曾向笔者谈及此事，他很有感慨地说：“鉴定工作是结束了，我的画也画坏了。”言下之意，应酬作品太多，没有精力和时间再去研究创作的问题。

全国书画鉴定工作在谢稚柳的带领下，历时八年，跨越二十五个省市，对二百零八个单位所藏历代书画十余万件进行了系统的鉴定，编辑出版了大型图录《中国古代书画图目》《中国古代书画目录》，抢救出的稀世珍品有：扬州文物店的元倪瓒《苔痕树影图》轴，辽宁的宋马远《山水》轴，山西王渊《桃竹锦鸡图》轴。至于明、清诸大家的作品就更多了，为此全组受到国家文物局的表扬。鉴定组的领头人谢稚柳更是深深地吐了一口气，笑着对劳继雄说：原本在北京开会时估计三年完成，不期一发不可收，搞了整整七年（还有一年总结，故一般称之八年），现在总算完成了，诸位老先生也都安然无恙。说老实话，我真担心中途出什么差错，不好交代呢！鉴定工作结束后，大功告成，然而谢稚柳的心事并没因此就完全放下，对鉴定以后的出版问题，卡片、彩色底片的保管问题，都一直牵肠挂肚。他谆谆告诫鉴定组的青年人：卡片、彩色底片，都是你们辛勤劳动的成果，也是国家的一份财富，一定要妥善整理和保存好。他时时关心着图录的出版进程、排版和印刷的质量，关心着未来精品录的编辑出版。他还特别关照劳继雄："我是没有精力再去编写画家的专集了，图录出全后，你们可以一家家地去编写画家的专集，这是研究鉴定和出成果的最好机会啊！"

访美书画见闻

1985年5月下旬，美国纽约大都会艺术博物馆举办了"文字与图像：中国的诗、书、画"国际研讨会。为期三天的会程，吸引了五百余人与会，除中国学者外，尚有来自欧洲、日本的学者在会中宣读论文共计二十二篇。这在美国的中国艺术界掀起了一个高潮。谢稚柳、徐邦达、杨仁恺、杨伯达四人应邀参加，启功因病未能成行。除应邀与会宣读论文外，还走访在美国收藏中国书画的主要博物馆，因而备受瞩目。访美全程计二十二天，纳尔逊博物馆研究员张子宁始终与谢稚柳同行，按序纪实，以志国际研讨会、海外中国艺术史研究现况及四人书画鉴定组访美之经过。

纳尔逊博物馆：5月14—16日

四人书画鉴定组一行自北京经东京、旧金山，于5月14日傍晚抵达位于美国中部的堪萨斯，访问参观著名的纳尔逊博物馆。当晚在堪城国际机场相迎的有纳尔逊博物馆中国艺术部主任何惠鉴夫妇、堪萨斯大学李铸晋教授夫妇、中国中央美院美术史教授薛永年及张子宁。

5月15日。上午，由何惠鉴先生陪同会见馆长武丽生（Marc F. Wilson），随后由武馆长、何先生陪四老上楼参观陈列室中的各类中国艺术品收藏。纳尔逊博物馆的中国艺术品收藏，量虽不多而质却甚精，多由独具慧眼的前任老馆长史克门购入。史克门曾旅居北京多年，是美国购藏与研究中国艺术品的先驱之一，此时退而不休，仍致力于该馆藏品之研究，欲在有生之年完成一部详尽的目录。现任馆长武丽生曾任该馆东方艺术部主任，协助史氏购藏文物，主办过龚贤特展，并协办“八代遗珍”等重要展览，接任馆长后，致力于业务之扩展。

往后的两天在库房观画时均由何惠鉴先生接待。何先生早年治文史，曾任近代著名史学家陈寅恪之助教，来美后专攻艺术史，毕业于哈佛大学，曾任克利夫兰艺术博物馆中国艺术部主任二十余年，近年应纳尔逊博物馆礼聘来此。除文史造诣外，何氏于中国绘画之鉴赏亦堪称巨眼，克利夫兰艺术博物馆的藏品即为最好的说明。

纳尔逊博物馆所收藏之中国文物在美国中部系首屈一指，谢稚柳等一行在这里看了铜器、玉器、陶瓷、石雕、佛像、壁画、家具等，特别是传为李成的《晴峦萧寺图》轴、许道宁的《渔父图》卷、乔仲常的《后赤壁赋》卷等，也令他们一睹为快。

普林斯顿大学：5月17—18日

谢稚柳一行于17日清晨离堪城，首先飞抵费城，普林斯顿大学的方闻教授亲迎于机场而后转往普大。

在普大艺术与考古系执教的方闻教授，幼习书法，拜李瑞清侄子、弟子李健为师。十七岁即在上海开书法展览，为当时书家所赏识，曾有“上海神童”之誉。以“风格分析”的方法作中国山水画的断代准则，曾对宋元画及钱选、倪瓒、董其昌、“四王”、八大、石涛等作专题研究并

谢稚柳、徐邦达（坐者）在美国鉴定书画

发表论文。

谢稚柳一行在普大的两天参观行程，自然都由方闻教授亲自接待。普大的艺术与考古系，以其照片档案之完备闻名学术界，而照片档案中又以罗寄梅夫妇为该系所建立的敦煌艺术部分堪称独步，有关书法、绘画的照片亦颇富。他们在参观该系的教学设施时，一致认为这里的研究环境是理想的，而方教授则一再强调资料绝对公开以提供研究之原则。

其余的时间则多在普大美术馆的库房观画，在座者另有当时应邀讲学来自北京中央教育科学研究所的汪世清先生、英国的韦陀教授、德国的雷德侯教授，以及方教授的几位研究生。

普大美术馆所藏之中国书画精品亦颇多，如黄庭坚《赠张大同》行书卷、米芾《三札》册页、李公年《山水》轴、赵孟頫《幼舆丘壑》卷、石涛《致八大山人书札》册等。该馆收藏的另一特色是兼收伪作，如：石涛的《人物花卉》册有真伪两本（伪本系清道人李瑞清之弟李瑞奇所仿），《梅花》卷亦有真伪两本，另有张大千伪石涛的册页等，真伪并收或收伪作之目的不外乎是供教学上作印证对比之用。

谢稚柳一行于5月19日离普大抵纽约。是日下午，所有宣读论

谢稚柳在纽约的大都会博物馆

文的学者聚集一堂，听取这次大会主事者、大都会博物馆远东艺术部副主任姜斐德（Alfreda Murck）的简报，随后至讲台熟悉如何操作配合演讲的幻灯设施，以便展开自翌日起一连三天的国际研讨会。这次大都会博物馆的“文字与图像：中国的诗、书、画”国际研讨会，系配合顾洛阜捐赠该馆自宋以降的一百七十七件书画而举办，以向这位杰出的收藏家致敬。顾氏收藏精品大部分原属大风堂旧藏。张大千在1949年以后，曾旅居印度、南美等地，于1954年定居巴西并着手兴建八德园，由于筹集资金所需，于1955年在日本京都出版《大风堂名迹》四集后，开始出售其所藏。北京故宫博物院的传董源《潇湘图》卷、传顾闳中《韩熙载夜宴图》卷两件名迹即于此时辗转购得。由于顾洛阜的收藏以一批大风堂名迹为基础，加上历年的增购，遂在私人收藏家中以质量并精著名，诸如：郭熙《树色平远》卷、黄庭坚《廉颇蔺相如合传》草书卷、米芾《吴江舟中诗》卷、宋徽宗《翠竹双禽》卷、赵孟頫等《赵氏三世人马图》卷等。顾氏这批书画的捐赠，对大都会博物馆的意义非凡。

另外，还同时开了翻译人员的座谈会，以讨论翻译时如何操作频道的选择。这是因为与会者来自世界各地，大会特约译员多位，以中、日、英三种语言，按研讨会进行的程序做即时翻译，与会者在进场前可领取耳机，当学者以上述三种语言之一宣读论文，台下的听众可选择其母语频道了解内容。对译者而言，翻译论文可事先取得原稿准备，尚属易事，但在讨论时，由于问与答均为临时提出，必须即刻翻译，颇苦了译者。

5月20日上午8点30分起，与会者开始登记入场，事先已登记者可直接领取已备妥之名牌、开会程序表及论文复印本等有关资料，临时与会者亦可办理登记等事项。9点15分左右，由姜斐德宣布开始研讨会。接着方闻致辞，他首先对来自世界各地的远客表示欢迎，并谓对北京故宫博物院的杨伯达副院长和台北故宫博物院的江兆申副院长之与会尤感高兴，更荣幸的是请到了中国古代书画鉴定组的谢稚柳、徐邦达、杨仁恺诸位先生，并对启功先生临时因健康的原因不能前来深表惋惜，最后期望诸老能对中国艺术之研究在美国未来的发展，继续给予指导和支持。随后请大都会博物馆馆长致辞。

下午的讨论会，谢稚柳宣读了《北宋屈鼎〈夏山图〉之诗境与艺术渊源》。在赴美之前，向大会提供什么样的论文，谢稚柳颇费斟酌。由于研讨会的主题是“文字与图像：中国的诗、书、画”，谢稚柳也就老老实实地按会议主题做文章。谢稚柳曾对笔者说：诗书画是老生常谈了，不知有多少人写过这方面的文章，谁也写不出新意来了。笔者说：你还是用你的鉴定方法，通过具体的作品来谈。过了几天，笔者再去看他，论文已经写好了，即是《北宋屈鼎〈夏山图〉之诗境与艺术渊源》。他告诉笔者，1983年，大都会博物馆方闻来中国访问，在上海和谢稚柳

谢稚柳、杨伯达（右一）在美国鉴定书画

相见，方闻赠给谢稚柳大都会博物馆所藏《夏山图》卷影印巨册，谢稚柳由此得以从容审览这一人间孤本。他的学术论文就是看了这一影印本写成的。并世所传北宋画本，数到屈鼎，可谓凤毛麟角，绝无仅有。过去有的鉴定家认为《夏山图》是燕文贵手笔，这是因为历来提及屈鼎的不多，对它很生疏。

在这篇论文中，谢稚柳重点谈了中国诗与中国画的关系问题。他认为水墨山水的兴起，被骚人墨客奉为至高的艺术，与诗联袂接壤，出现了王维的山水诗与山水画，出现了苏东坡论述诗与画的名句："观摩诘之画，画中有诗；味摩诘之诗，诗中有画。"诗之于画，画之于诗，两者的对象同一，情境同一，虽然诗是以文字作为描写手段，而画是以笔墨付诸直接描写，由于两者不仅是同一对象，更由于两者的形象思维、艺术想象也是同一的，所以，画又称为"无声之诗"。

谢稚柳认为屈鼎的技法出于燕文贵，是"燕家景"的延续，《石渠宝笈续编》中记载燕文贵的《夏山图》："绢本，纵一尺四寸，横三尺六寸，水墨画，飞瀑双落，山中界画楼阁四五处，山下村桥帆樯森列，无名款。"如上记述，就是屈鼎的这幅画。

这篇论文的别致之处，作者引用了他的本家谢康乐的山水诗来描述这幅画："连障叠巘崿，清翠杳深沉。""密林含余清，远峰隐半规。""疏峰枕高馆，对岭临回溪。""侧径既窈窕，环洲亦玲珑，俯视乔木杪，仰聆大壑淙，石横水分流，林密溪绝踪。""山行穷登顿，小涉尽洄沿，岩峭岭稠叠，洲萦渚连绵，白云抱幽石，绿筱媚连涟，葺宇临回江，筑观基鲁巅。"

文章说："上列的清辞妙语，曲尽了山林之美，几乎是屈鼎这卷《夏山图》的意境。那么，谢康乐的诗是屈鼎的画呢，还是屈鼎的画是谢康乐的诗呢？因而，诗非诗，却是画；而画非画，却是诗。正所谓'诗中有画，画中有诗'。"

在诗与画的关系上，谢稚柳的论述比较具体、实际，这是从他的绘画与写诗相结合的实践中得出，因此没有故弄玄虚之感。

研讨会结束之后，谢稚柳、徐邦达、杨仁恺、杨伯达一行继续参观其他博物馆的收藏。

耶鲁大学：5月23日

离纽约不远的耶鲁大学美术画廊正有"玉骨冰魂"特展。该展包括自南宋以迄当代以梅花为主题的艺品，诸如：书画、陶瓷器、玉器、竹刻、墨、印等，计九十件，并有详尽目录配合展出。谢稚柳一行于参观“玉骨冰魂”展后，另到库房看画。

纽约大都会博物馆：5月24日

在研讨会期间，由于会程相当紧凑，中午休息空当儿仅能参观在画廊陈列中的顾洛阜捐赠藏画。方闻教授特邀四位至库房观画，与姜斐德女士共同接待展示，在座的还有王季迁等。印象较深者计有：韩幹《夜照白》卷、米友仁《云山图》卷、屈鼎《夏山图》卷、赵大年《江村秋晓》卷、夏珪《山水》扇页、赵孟坚《水仙》卷、钱选《归去来辞》卷、《羲之观鹅》卷、李衎《双钩竹》轴、罗稚川《古木寒鸦》轴、吴镇《松石》轴、倪瓒《虞山林壑》轴、董其昌《山水》册、王鉴《仿古山水》册、王原祁《辋川图》卷、石涛《十六罗汉》卷等。

曾为古董商的收藏家安思远(Robert H. Ellsworth)，于晚上为四老举行酒会以示欢迎，许多知名圈内人士应邀前往。

翁万戈收藏：5月25—27日

著名收藏家翁万戈先生邀约四老一行至其离波士顿不远的府上莱溪居观画。翁万戈，清末翁同龢五世孙，曾制作与中国文化有关的系列纪录片，并与杨伯达合编故宫藏品录。所观精品计有：宋梁楷《黄庭经神像图》卷，唐人小楷《灵飞经》，明谢环《杏园雅集图》、戴本孝《山水》册、八大山人《书画》册(书法特佳)等。

谢稚柳编《梁楷全集》时，翁万戈以《黄庭经神像图》原尺寸照片相赠，遂成契交。告别翁万戈的莱溪居时，谢氏题诗相赠：“乙丑五月在美国，翁万戈约过其莱溪居，信宿而别，临行赠此一诗：别业营城鬓不斑，枫杉郁郁水潺潺。辋川幽境龙眠胜，无分秋来看叶丹。”

波士顿美术馆：5月28—29日

四老与王季迁先生及佳士得(Christie's)艺术品拍卖公司的中国日本书画顾问黄君实先生一行，于27日下午自翁府抵波士顿。波士顿美术馆具有较悠久的收藏中国艺术品的历史，藏品甚多，且精品不少。较著名的有：传为阎立本的《历代帝王图》卷，宋徽宗摹《捣练图》卷、《五色鹦鹉图》卷，赵令穰《湖庄清夏》卷，夏珪《风雨行舟》团扇，陈容《九龙图》卷，石涛《鬼子母》卷等。其中以《历代帝王图》卷最引人注意，谢稚柳一行花了一上午反复观看讨论此卷。北京中央美术学院的金维诺教授于数年前曾观此卷，事后认为“曾修补填彩，特别是以朱色补绘衣缘”并有绘补前图片为证。这次也讨论到这一问题，该馆亚洲艺术部副主任说曾以此事求教摄影业者，所得结论乃是当时黑白底片对朱色的感光甚差，故衣缘未能显出。未知孰是。

29日下午，谢稚柳等曾到附近的哈佛大学福格美术馆观画。该馆以收藏青铜器、古玉、钧瓷著名，绘画较弱。所见佳作有：梁楷《柳鹭白鸭》团扇、李士行《枯树》轴、姚绶《墨竹》轴、龚贤《课徒画稿》卷等。梁楷一幅被谢稚柳收入《梁楷全集》中。

佛利尔美术馆：5月30日—6月1日

位于美国首府的佛利尔美术馆，是国立博物馆群中专收东方艺术品的。

四老走访佛利尔美术馆期间，该馆陈列室中正展出“明代书画特展”，不乏佳作，较精者有：沈周《江村渔乐》卷、唐寅《南游图》卷、陈淳《仿小米云山图》卷、《杜甫诗咏怀古迹》草书卷、陆治《浔阳秋色》卷、董其昌《山水》轴等。

在库房观画的两天中，该馆中国艺术部主任傅申更是尽出所藏，慷慨出示该馆所藏精品，诸如：宋摹本《洛神图》卷、宋李公麟《归去来辞图・李朋书辞》卷、郭熙《溪山秋霁》卷、李山《风雪松杉》卷、龚开《中山出游》卷、钱选《来禽栀子》卷和《贵妃上马》卷、赵孟頫《二羊图》卷、吴镇《仿荆浩渔父图》卷和《风雨墨竹》轴、王蒙《夏山隐居》轴等。

在佛利尔美术馆观画期间，大都会博物馆的远东艺术部另一位副主任何慕文（Mike Hearn）也自纽约赶来参加。在研讨会中发表论文的日本学者也同在库房的另一部门观画。傅申夫妇于31日晚间将中、日学者邀至其府上聚餐，这些名士济济一堂，另是一番盛况。

克利夫兰艺术博物馆：6月1—3日

谢稚柳一行访美的行程已渐近尾声，克利夫兰艺术博物馆是此行的终点站。该馆十余年来，一直是全美资金最富有的博物馆之一。在前任馆长李雪曼与中国艺术部主任何惠鉴先生的合作下，该馆中国古画的购藏迅速增加。1980年与纳尔逊博物馆合办“八代遗珍”展时，全部二百八十二件作品中有一百八十三件来自该馆。为配合“八代遗珍”展而举办的国际研讨会，实际上相当于继1970年台北故宫博物院召开的第一届国际中国古画讨论会之后的第二届国际中国古画讨论会。如今李、何两位先生已相继退休离去，新馆长并非东方艺术专家，而在东方艺术部主任尚未觅妥之际，四老一行由该部助理主任潘思婷（Elinor Pearstein）负责接待，另有在何惠鉴指导下取得艺术史博士学位的宋后楣在旁协助。所观精品计有：巨然《溪山兰若》轴、宋人《溪山无尽》卷、牧溪《龙·虎》二轴、任仁发《三骏图》卷、倪瓒《筠石乔柯》轴、董其昌《江山秋霁》卷和《青弁山》轴、陈洪绶《摹古》册、朱耷《菊石鱼图》卷等。其中董其昌的《青弁山》轴尤为众人到克馆所必观的一件。

6月4日之晨，谢稚柳一行结束了访美的全程，应加拿大多伦多皇家博物院之请前往，然后返京。

谢稚柳访美一行，全程计二十二天，经七大州，走访了八大博物馆，实际上每座博物馆仅有两天的看画时间，不足以尽观所藏。为了争取时间多看些名迹，离堪城后，连多年来午睡的习惯也被迫取消，每到一处必先观名迹精品，无暇他顾，薛永年则在旁笔录诸老见解。在克城的最后一天，经薛永年整理后，计所观书画约六百件，由谢稚柳题以《访美所见书画录》，其余三位都在原稿上面分别签名。

由于四位老人访美之行殊为难得，所到之处，各方争相邀请，除白天已安排好的观画、开会既定节目之外，晚间仍得聚餐谈论，薛永年与张子宁随行左右，每晚非到十一点左右不得返回旅馆休息。而薛永年于白天所做的笔录，必须利用晚间重新整理抄录，以呈诸老加注。

谢稚柳访美归来，可谓尘埃落定，回顾在美所见所闻，感慨良多，他曾对笔者说：“这么多的国宝级的书画流落国外，有的是强行掠夺，有的是收藏家辛苦经营所得，无论是哪种情况，都说明旧中国政府的腐败和无能。一个昌明廉洁的政府，对文化遗产定是倍加珍惜与保护。”这些珍品在国外博物馆中都得到很好的珍藏，这对他也是一种安慰，既去之，则安之，它们还是代表中国文化而存在着。对这些书画的研究，有外国人，也有居留在外国的中国人，这些中国人或执教于学界，或供职于博物馆，均为发扬中国文化而恪尽一己之力，研究的功底也更为深厚,比国内的做得要好。

1990年10月,国家文物局在北京召开中国古代书画鉴定小组会议,总结了七年来的鉴定工作,连这一次总结会也算上,历时八年的中国古代书法鉴定工作算是圆满结束。此时,谢稚柳已经八十岁了,不过,出版目录和图录事,时刻萦绕在他心头,他在次年五月给杨仁恺的信中有言:"……驾返沉想亦有日矣,郭熙事恐不好办,深佩勇气!鉴定组出书事,近无所闻,《图目》第八册后,似未闻有所继续出版,文字目录亦不知道出到几册,遑论其他哉。然俱不足为外人道也。"在关心中又怕惹出是非来,可见他这个组长当的是何等累顿。

谢稚柳从北京回到上海,有的记者访问他时问他:"全国书画鉴定工作是否到此结束了?"

他说:"鉴定这一阶段算是结束了,其他还有编目、出版、记录的整理工作,看来要到我九十岁才能结束。"

"谢老,这么多年来,搞书画鉴定,你不觉得苦吗?"记者又问谢稚柳。

"怎么说呢,有苦有乐。"谢稚柳仿佛瞬间又从漫漫长途走过来。

他简洁地说:"当我看见书画蒙尘,被歪曲、被阉割、被窜改、被掠夺,或者流离失所的时候,我心中痛苦不堪;当珍宝恢复了历史的本来面目,得到应有的归宿时,我感到无限快乐。"

谢稚柳的苦与乐,既是宏观的感受,也是微观的体验。至于平生遭受的困难和挫折、委屈和冤枉,他或者包裹起来,或者浑然忘却。

人类的历史分本体和认识两个方面。虽然历史本体是唯一的、永恒的,它一旦被创造出来就无可改变,但是,人们对历史的认识则是丰富多样、不断变化的,这样便演化出许多悲欢离合、酸甜苦辣来。苦也罢,乐也罢,人的一生,只要能正确对待历史,认识历史,秉以公心,在谢稚柳看来也就够了。谢稚柳在《落墨松歌》中抒发了这种历史的情怀和乐观:

结巢云松巅,天风拂五弦。
山东李白好,放笔夺诗篇。
我不能摧颓卧听老龙吟,又不能调徵弄商一曲琴。
君不见北海奔腾南溟翻,苍涛碧浪千叠山。

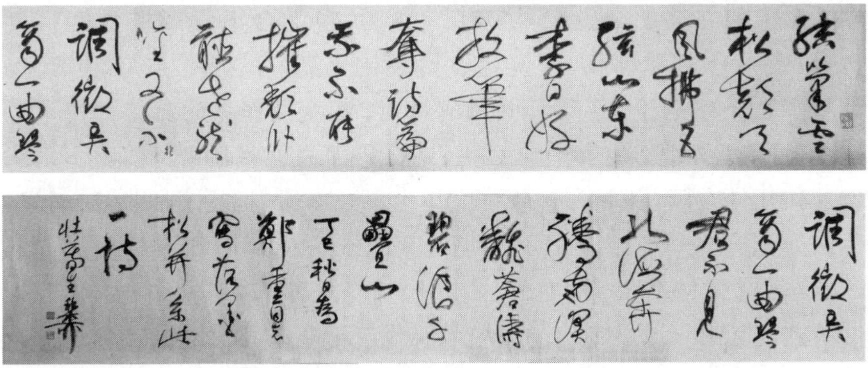

谢稚柳《落墨松歌》

为古代画家编全集

谢稚柳鉴定工作的另一重要内容：为古代画家编全集。

谢稚柳总结了自己几十年的创作生涯，深感对前人作品借鉴的重要。但是现在的中青年画家，看到一件古人的作品甚为困难。博物馆的陈列室，一年到头挂的就是那样几张画，出版的东西又不多，能有什么东西可借鉴呢？

谢稚柳下定决心给几位古代画家编辑全集。

在浩如烟海的书画作品中，谢稚柳对一些画家的作品总在寻踪觅迹，把能收集到的作品都收集起来。谢稚柳认为，历史上的诗人、文学家，历代都有全集，有的系生前自己编订，有的系同代或后人所收集。而绘画从未有以原作编过集子，有的只是历来收藏家的文字著录。现在，为古代一些著名画家收辑其存世之作，编印全集，使每一个画家从事绘画的先后行程之迹，渊源流派的趋向，昭然聚于一书，不但有可能，而且是完全必要的了。

然而，古代画家一生作品，当时不能聚集，后人的搜罗，又很难归之于一。随着时间的流逝，这些作品又流散到国内各地甚至国外，真是天涯海角，要寻到它们的踪迹又谈何容易。但是，谢稚柳还是把流散到国内外的名画作了详尽的统计，千方百计搞到照片。

谢稚柳在编的全集或合集有:《董源、巨然合集》《梁楷全集》《燕文贵、范宽合集》《郭熙、王诜合集》《赵佶全集》。这些全集或合集,他都写了数千字的论文,对其画风的特点、演变及作品的流传都作了考证。他所以要编这些古代画家的全集,是因为这些画家目前留下来的就这样几件东西,说是“全集”,大体上不致有所遗漏。对明清的画家,他认为无法编全集,因为这个时期画家的作品太多了,很难收全。

在编《梁楷全集》的时候,有些照片是从日本搜集的,日本收藏梁楷的东西较多。本来他以为梁楷的画作已搜集全了,并已经编好,忽然他又发现《夏景》《冬景》《秋景》三幅山水。过去都认为是宋徽宗的画笔。谢稚柳仔细鉴别之后,认为是梁楷的画笔,这是他从梁楷的笔法中得出的结论。1986年,他有一首诗并序记述在日本发现梁楷作品的经过:“世传有四景山水图,久已流入日本,三月二十六日在山梨县久远寺观元胡直夫《夏景》一图,二十九日在京都金地院观宋徽宗《秋》《冬》二景图,其春景不可复见矣。观此三图实并出于一手,稽其风貌,实为南宋,故,作此诗证之:‘浪说风流赵与胡,前贤放眼付虚无。试稽格律丹青手,除有渡南风子图。’”

还有一幅《黄庭经神像图》卷,为翁万戈收藏。翁万戈家中收藏甚富。这是一个佚名卷子,不知作者为谁,一些人看了都认为是无名的假货。

谢稚柳得知这一消息,就请人带信给翁万戈:能不能寄一张照片来看看?

翁万戈和夫人来中国时,带来了《黄庭经神像图》卷原大尺寸的照片,谢稚柳一看是梁楷的真笔,画得非常细致,准备收集到梁楷的全集中去。

“能不能发表?”谢稚柳很重视文物收藏者的道德修养,别人收藏的文物,不经过收藏者同意,他是不会轻率发表的。

“可以发表。”翁万戈表示赞成。

梁楷《黄庭经神像图》不但收入《梁楷全集》中,谢稚柳还把它推荐给《艺苑掇英》发表,并写了长题,对梁楷艺术渊源的来龙去脉作了考证:“那么,梁楷真的受到李公麟画派的影响没有?这就一定要有实物作凭证,自不能凭借文字记载。”

梁楷很幸运，一卷细笔白描的《黄庭经神像图》真本幸尚存于世，说他是受到李公麟的影响，这一卷正是证明，也是梁楷画笔中流传下来的唯一孤本。从而知道，导引梁楷的是李与贾（师古），这一卷精工白描的巨制，透露了他的来龙，九转还丹，奔腾变化，变而为豪放，减笔这才是他的去脉，没有见到过他的这一形体的，自不可能想象后来会转到如此放浪不羁，绝去畦径，而单凭文字只见他的后来，单凭文字的绘画史，真有徒托空言之叹！

谢稚柳鉴定古书画已经成为一种癖好，且有一种异样的感觉，有一股遏制不住的激情。漫长的鉴定之旅和无常的气候，他经过了；路途上形形色色的大苦大难、大喜大乐，他品味过、消化过了；像神话中的迷宫一样的大玄大奥大诡秘，都被他艰难地破解了；痛苦的逆境和甜美的顺境，都由他的心灵作了体验并且淘出了金沙，就像那些蒙尘的书画一样，现在他是拂土之珠。但是，他并不偃旗息鼓。在他的琴弦上，鉴定工作没有休止符，在浩瀚的古书画海洋里，他充满了渴望，充满了献身精神。他的心真诚、坦白，而又炽热得像太阳。

谢稚柳用砚中有一方奇特的砚，即产于安徽宿州的乐石砚。此乐石在古代即用作贡石。秦始皇的《峄山碑铭》标注“刻此乐石，以著经纶”。《汉书》亦记载：“梁水（宿州境内）至泗水，出乐石、美石，声如青铜，色如碧玉，扣之铮铮有声。”乐石音质淳美，古代主要用来作磬。唐代开始用乐石作砚，以后的宋、元、明几代都以乐石为砚，入清失传。苏轼出至徐州时，曾几次到宿州（宿县古称宿州）寻乐石制砚，他藏有两方乐石玉蓉砚，砚铭为“金声玉振，世垂于珍”，背面印记“石渠瓦阁”，皆落款“苏轼藏”。米芾所藏“砚山”，也以乐石制成。苏轼过镇江，米芾曾与他共赏砚山。谢稚柳得乐石砚即用来研墨作墨笔山水一幅，并称

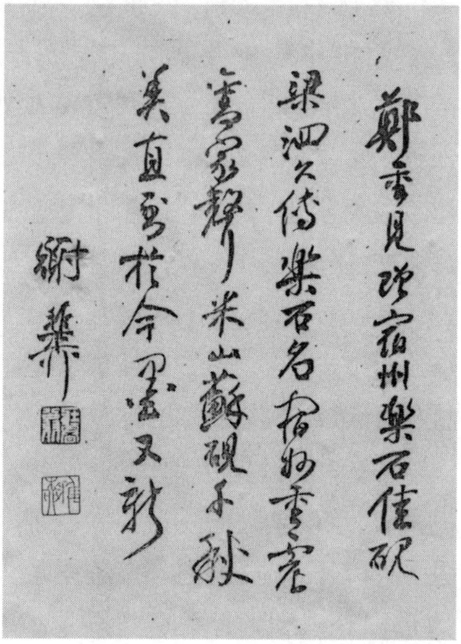

谢稚柳题乐石砚

赞说:“乐石砚发墨而不损笔,可称传砚。”随即作七言绝句一首:“梁泗久传乐石名,宿州重震旧家声。米山苏砚千秋美,直到于今墨又新。”

台湾之行:对董源绘画的再思考

1992年6月,谢稚柳在美国参加“董其昌研讨会”,又应台湾太平洋文化基金会和台湾省立美术馆之邀,赴台访问。大陆人去台湾,手续还是很烦琐的。本来谢稚柳想从美国或香港直接去台湾,但都不允许,一定要回到深圳,然后再转经香港去台湾。这次被邀请的画家中,还有上海中国画院院长程十髮、副院长施大畏和上海师范大学艺术系主任刘旦宅。程十髮和施大畏因故未能成行。

刚下飞机,谢稚柳被扶上轮椅。以他的身体而论,是不需要坐轮椅的。他本想推托,但又想到这可能是台湾的礼节,也就没有再作推辞。后来才知道这是对老年人的尊重,台湾机场很大,他们怕谢稚柳走不动。台湾人推崇传统文化、尊敬老人,给谢稚柳一行留下深刻印象。

这次台湾之行,谢稚柳的本意是看老朋友、看画、看风景。

谢稚柳第一要看的是老朋友,像张大千、黄君璧、台静农、徐悲鸿的前妻蒋碧薇,但这些老朋友都相继过世,他原以为可以和台湾作家高阳谈谈,那是他十年前在香港结识的新朋友,没想到他们去台湾之前两个星期,高阳也过世了,这许多想见的老朋友都没有见到,使谢稚柳有着许多的感慨。

但是,谢稚柳在台湾见到了老朋友郎静山,这位摄影大师此时已是一百零二岁的老人,身体非常硬朗。郎静山也是谢玉岑的朋友,见到谢稚柳仍然以“二弟”相称。

在一次朋友相聚的宴席上,郎静山对谢稚柳说:“我现在是两条腿的不吃,四条腿的不吃,硬的不吃,软的不吃,其他都吃。两条腿的是人,所以不吃;四条腿的是桌子,所以不吃;硬的是石头,所以不吃;软的是棉花,所以也不吃。”

郎静山的这四句话,使八十二岁的谢稚柳连连称赞:“你还是当年

谢稚柳、刘旦宅（左一）、江兆申（右一）在台北故宫博物院

的性格，一点没变。”

郎静山说：“这叫本性难移嘛。”

和谢稚柳同行的刘旦宅告诉笔者：看来我们的身体不如老先生，谢先生已经八十二岁了，行动灵活，谢先生的一位老朋友郎静山先生一百零二岁了，行动也很灵活。他和谢先生一样，当别人以为他们年老去照顾他们的时候，他们就行动缓慢，可是当他们一个人的时候，都非常灵活，谢先生一回到香港，西装不穿，领带也拿掉了，灵活得像个年轻人。

刘旦宅又把他的所见作了进一步的发挥：

郎先生和谢先生一样，能吃就吃，能干就干，不能干的就不干，顺其自然，不去强求，结果郎先生活到现在一百零二岁，可以说是耳聪目明。这就像画画一样，不是想了一套办法来吓唬人，你的学识修养，你的见解到了什么样的水平，在艺术上就表现了出来。如果你还没到这个水平，没有这个思想，就想做得与众不同，装出一副怪相来，这样的艺术就不真实，境界就不会高。顺其自然，到了什么程度，自然就会表现出来。虽然郎先生和谢先生都没有谈艺术，他们交流的是养生之道，但却表达了艺术真谛。许多成熟的艺术家，就在他们的谈笑中能给人以艺术启发，比谈艺术还好。在艺术技巧方面，都有一定的止境，一个人的艺术

谢稚柳、刘旦宅和郎静山合影

发展到后来就看境界，看修养，看心态平衡，不浮躁、不浮夸就是好，返璞归真，又回到童年、童心，很有风趣。

刘旦宅这次台湾之行，也以“好酒量”而驰名宝岛。在大陆，刘旦宅因肠子上有一个“小口袋”，经常发作，基本处于戒酒的状态，即使饮酒也十分节制，就是茅台酒也很少沾唇。可能是“酒逢知己千杯少”，在台北、台中和日月潭，刘旦宅酒禁大开，喝得名噪宝岛。一次在与台北老、中、青画家聚会席上，主人拿出“XO”，他情不自禁地像喝汽水一样，连饮数杯，搞得满座起立，举杯同乐。李奇茂还高举酒杯助兴说，怪不得旦宅兄的太白醉酒画得那样出神，原来自己也是一位酒仙啊！

笔者问他：“这次豪饮你是很得意的喽？”

刘旦宅说：“你知道，我这个人童心不改，有时会像小朋友一样‘人来疯’。”

谢稚柳这次在台湾奉行的原则是：只看画，不评论真假。这是由他的地位决定的。像他这样的鉴定家，他是不好随便发表评论的。这里有一个小小的插曲：刚下飞机时，刘旦宅的儿子刘天炜也去机场接他们。刘天炜问谢稚柳想看什么，谢稚柳就随便和天炜讲了几张画。谢稚柳和刘天炜随便说的话，台湾的一家报纸第二天报道了，报纸的标题是：《冲着故宫博物院来，谢稚柳未必能如愿》。报道中还谈到对古画“年代质疑讨论空间不小，学术争论，不容易有定论”。谢稚柳看了这个报道很不高兴，他说：“这样的报道是说我谢稚柳是来挑刺的了，使我无法看画了。”后来，台北故宫博物院原来的副院长江兆申请他吃饭，那位记者也被邀请，谢稚柳半认真半开玩笑地对那位记者说：“我给你说的你不写，我没有给你说的你倒写了。”江兆申说：“怕你砸饭碗来了！”旁边有人打圆场说：“他们吃记者饭的是语不惊人死不休。”这样，这桩事才算过去。这么一来，双方都很谨慎，台北故宫博物院给谢稚柳看什么很谨慎，谢稚柳看画也很谨慎。

鉴定家、收藏家和画家对书画的评论有着不同程度的自由。收藏家完全是以自己的爱好为标准的，他喜欢的就是好，就要花钱买，不要讲出好在哪里的道理，收藏家最自由；画家的自由度也很大，真的假的好的坏的，也是说不出道理，画家喜欢哪一家哪一派，就说哪一家哪一派好，也不需要讲出太多道理。

刘旦宅告诉笔者：鉴定家就不同了，真的假的好的差的，不能凭个人的兴趣下结论，要讲出道理，不讲出道理那就是武断，就是学阀，那是不受尊敬的。谢先生作为画家，他有自己的偏爱，他喜欢陈老莲、郭熙、王诜等人的作品，作为鉴定家，他就有科学冷静的态度，感情色彩较少，在书画鉴定界大家都佩服他。那天在台北故宫博物院看画，我看到一张画脱口而出：“这能是某某人的画吗？”谢先生拍拍我的肩膀，悄悄地说：“这话是不好随便讲的。”一个人说话都不能离开自己的身份地位，在这种场合评论书画，谢先生就不如我自由。

谢稚柳、刘旦宅去台北故宫博物院看画，由秦孝仪陪同，谢稚柳在机场和刘天炜说的阎立本的《萧翼赚兰亭》，董源的《龙宿郊民图》，马远的册页都已经陈列出来，谢稚柳仔细看了，然后又到库房去看了几张，在库房里看了《四库全书》。库房是在一个山洞里，有恒温设备，对画，谢稚柳没加评论，对库房的设施和保管，谢稚柳说：“这是第一流的。”

在台湾，谢稚柳对所看的作品没有发表任何评论的意见。回到上海后笔者对他有过一次访谈，曾见诸报端：

笔者：为什么要点看这几件呢？

谢稚柳：马远的册页是没有发表过的，我想看看，《萧翼赚兰亭》从画册上看像唐人的真笔,实际情况如何,我想看看原作。给我们看些什么,他们也是很谨慎的。这次在台湾,我是只是看画,不评论真伪。

笔者:我很想知道台北故宫博物院收藏的南唐董源的《龙宿郊民图》的情况。

谢稚柳:这张画我们也看了。董源存世的几件作品,一件是美国王季迁先生收藏的《溪岸图》,这是当年大千用金冬心的画从徐悲鸿手里换来的,一件就是台北的《龙宿郊民图》,一件是北京故宫博物院藏的《潇湘图》,一件是辽宁博物馆藏的《夏景山口待渡图》,再一件就是上海博物馆藏的《夏山图》,如今这几件作品我都看到了,原来的看法有些改变,产生了新的想法。

笔者:你的看法改变了,这可是个大新闻噢,请道其详。

谢稚柳:今天就不说了,改日再和你讨论。

隔了好长时间,谢稚柳才告诉我:《萧翼赚兰亭》《龙宿郊民图》都有问题,宋人摹本。

对这次的台湾之行,笔者也曾访问过刘旦宅。

笔者:台北故宫博物院藏有董源的《龙宿郊民图》,不知你们看到没有?我很想知道这张画的面貌如何。

刘旦宅:看到了。台湾方面认为这张画是南唐董源的原作。这张画的历史是很久了,从画面上可以看出是几经修裱的,裱一次就修补一次,还保留不少原始成分,左上角有些是原始笔迹,是不是董源画的,很难说,的确是原始笔迹,右上角都是经过修复的,和原来的笔迹相差太远。董源是江南画派的创始人,他是根据自己的理解去创作,没有什么框框,下笔很纯朴,不用花俏,气质就是大家风度。

笔者:谢先生和我谈到,他从印刷品上,曾考虑是唐人的摹本,看了之后,他认为够不上唐代的作品,可能是宋人的摹本。

刘旦宅:是啊,这张画看上去是很古的,但是线条画得不协调,肯定是后人的摹本,能不能到宋代也还是可以讨论的。我想这张画在唐代就有摹本,宋代又摹唐人的摹本,元代又摹宋人。我考虑这张画是元人的摹本。现在传世的阎立本的《历代帝王图》也是摹本,有的是一张名家的作品问世之后当时就有人摹。南京出土的砖画《竹林七贤图》，第一次出土的就非常好，后来又出土两块，就比原来的差得多了，显然是后者临摹前者。像唐画一样，阎立本是唐朝的宰相，他活着的时候就有许多人临摹他的画的。现在看到的虽然都是临摹本，也是很不容易的，可以从中分析阎立本的面目是什么样子。敦煌壁画中表现出阎立本的风格是千真万确的，当时也是经过许多工匠临摹的。从这里可以想象得出阎立本的真迹一定是好得不得了，一个人的名气不是无缘无故大得起来的。

张大千生前，曾托王南屏由台湾带信给谢稚柳："你告诉稚柳，董源的《夏山图》《潇湘图》和《夏景山口待渡图》都是假的。"谢稚柳把张大千的话告诉笔者，曾对笔者说："我不理解，张大千为什么要说这番话？现存的董源五件作品，我认为都是真迹。美国王季迁收藏的《溪岸图》，就是张大千用金冬心的画从徐悲鸿手中调换的，那是董源的早期作品。台北那件《龙宿郊民图》是董源的中期作品。上海博物馆的《夏山图》、故宫博物院的《潇湘图》、辽宁博物馆的《夏景山口待渡图》属于同一时期的后期作品。"而此时《溪岸图》的不真，已经是鉴定界比较一致的看法，因此大家对《龙宿郊民图》也产生了怀疑，谢稚柳说："看来，对董源要再研究，要重新认识。"但可惜，他没有机会再做这项研究了。

看了台北故宫的藏画，谢稚柳一行就去了台中，拜访了江兆申。江先生在埔里的别墅风光很美，张大千的摩耶精舍无法与之相比。车子由台中市区行向埔里，都市的喧嚣拥挤，渐渐被柳风茶香取代，坐拥山峦叠翠，比摩耶精舍开阔得多了。谢稚柳问江兆申自故宫博物院副院长退下来，怎么会想到住在乡间？江兆申说，这是他等了二十多年才完成的心愿。当时他替摄影家董敏证婚，上合欢山途经埔里，觉得和家乡安徽歙县的梅溪环境近似，一直想着，有朝一日要到埔里。江兆申引谢稚柳等人参观他自称"破烂的画室"，画室名号是他自书的"灵沤"，刘旦宅看到他那室外关刀山的青翠和鲤鱼潭的潋滟，就和他开玩笑："你的画室还不够破，不够烂吧。"江兆申说，外双溪是被张大千住贵的。谢稚柳说，我看埔里也会被你江兆申住贵的。不只是江兆申，台湾画家像李奇茂、李谷摩都有几处房子，而且都是自己买地建造的。这就是他

谢稚柳、刘旦宅和台湾画家江兆申(左一)

们富有经济实力的表现。

参观台北故宫博物院之后,秦孝仪请谢稚柳一行到张大千的摩耶精舍吃饭。摩耶精舍现属台北故宫博物院。那天张大千的夫人徐雯波也在。刘旦宅向笔者叙述:“老实说,张大千的摩耶精舍比我想象的要差,张大千是一代宗师,在摩耶精舍画出了那样多的艺术杰作,在我想象中摩耶精舍应该很宽敞,风景很美。可是到那里一看,使我感到惊奇:一代宗师的艺术杰作怎能会是在这样小的地方创造出来的?园子不大,石头树木花草摆得满满的,很拥挤。张大千的画室也不大,特别是张大千的那尊蜡像很不理想,蜡像作执笔作画的姿势,手和眼不是在一条线上,没有塑出大师的形象,看上去就是假的,没有生命力,挂在楼上的一张照片倒是表现出张大千的风神,有着大师的气派。”

许多老朋友相继过世,给爱朋友、重友情的谢稚柳带来许多伤感。在张大千的摩耶精舍,本来很健谈的谢稚柳,此时郁郁寡欢。在张大千的摩耶精舍拍照时,谢稚柳流泪了,还写了一首诗:“知己犹存海内亲,云天万里隔苍溟。今来泪洒梅丘土,恨不重逢是此生。”张、谢之间不只友情深厚,在艺术上,两人旗鼓相当,都达到相当高的水平。

一天晚上，谢稚柳一行在日月潭的哲园用餐后闲坐，皓月当空，整个月夜都是透明的，落地大玻璃窗，内外都是一片光明，正像陈亮的一首词写的“冰转斜展镜天长，江练隐寒光”那样，一片透明，日月潭水很好，山很好，谢稚柳注视着窗外，坐在那里陷入沉思，他的心胸就像陈亮的词，就像那个透明的月夜，光明磊落，他的艺术和人生都到了炉火纯青的时刻。刘旦宅此时就想到人家把他比作赵孟頫，他们很相似，赵孟頫是全能画家，人物山水花鸟走兽画得都好，谢先生也是，都画得很古雅，都达到最高境界。赵孟頫的号是“水精宫道人”，想到这里，刘旦宅对谢稚柳说：“你是当代的‘水精宫道人’，赵孟頫是全能画家，又是书家，你的书法也很好，是书协主席；赵孟頫的诗词很好，你的诗词境界也很深邃；赵孟頫的夫人管仲姬，你的夫人陈佩秋，都是画家，而管仲姬无法和陈佩秋相比。你和赵孟頫完全一样。”谢稚柳很客气，他说全能画家是张大千。刘旦宅说，张大千的画我很欣赏，但张大千的诗不如你，可以说张大千没有诗。

笔者和刘旦宅交谈时，也把张、谢作了比较，认为张大千创造了“泼彩”，谢先生创造了“落墨法”，使他的艺术走向高峰。

刘旦宅说：“是啊。在台湾，我也和谢先生谈到这些问题，‘落墨法’是他的创造，有几张画得特别好，可以说是前无古人。可惜他的这类画太少了。要创造一个流派，就要有一定的数量，不是一两张就能说明问题的，像李白、杜甫有数千首诗才能说明问题，李清照写的虽然不多，也有数百首词才能体现，张继的‘月落乌啼霜满天……’虽为千古绝唱，可惜只有一首，无法和李白、杜甫相比。谢先生的‘落墨法’应该有一大批画传诸后世。在台湾看了许多传世之作，回过头来再看谢先生的艺术，才感到他的‘落墨法’的可贵。”

这次，笔者感到刘旦宅的台湾之行，对艺术有许多新的领悟，就和他谈到画家的艺术气度问题。

刘旦宅说：“这和台湾之行有关系，也是我多年思考的问题，看了台湾故宫的许多真迹，更加触发了我这方面的思考。以书法而论，苏东坡的字，表现出他有多方面的修养，而且有着深入研究，他写字不是想盖过人家，而是一切修养都要从字中表现出来。要论写字，米芾最会写了，看起来他老是想盖过人家。苏东坡是内在的，米芾是外露的，而且是锋芒毕露，老是要盖过人家。像下棋一样，只想赢，不想输，这样的境界就低了。我只要下得漂亮，没有失误，即使输了，也很坦然，不要用急办法，抓别人的空子，把自己的胜利建筑在别人的失误之上。米芾要比人家好，苏东坡不想比人家好，结果他的字在宋四家中是第一位的。可见气质的重要。画中‘能’和‘妙’最重要，不但会画而且要画得好就不容易，有的画家能而不妙，而有的画家妙而不能。严格地说，金冬心是不大会画画的，但他的诗词、书法及学问修养好，画外的功夫很深，在扬州八怪中他的画境最高。罗两峰是他的学生，画得很好，在技法上比老师熟练，但韵味就不同了。任伯年也会画，是极能的画家，是全能的画家，但韵味不好。我还是喜欢金冬心。任伯年和谢稚柳都是出身于陈老莲，但两者不好相比，谢取陈老莲的境界，有自己的创造；任伯年却不懂陈老莲的境界，他的画就令人觉得没有修养。”

台湾之行后不久，江兆申率领弟子去黄山写生，曾经过上海，谢稚柳寓居洛杉矶，未能相遇，刘旦宅、刘天炜父子宴请江兆申。后谢稚柳从洛杉矶归来，才与江兆申相遇。江兆申要在上海展览，并拟出版画集，请谢

谢稚柳在张大千的摩耶精舍与徐雯波、秦孝仪（右二）等合影（中间为张大千蜡像）

稚柳作序，谢稚柳欣然答应，并当晚写就。刘天炜把序言取回，刘旦宅一看是用圆珠笔写在稿纸上，又携原稿至巨鹿园，请谢稚柳用毛笔宣纸重新写过。这对轻易不求人，而且又为友人所求的刘旦宅来说非常难得。因为谢稚柳晚年为他人作序或评画的文字，多由韩天衡、徐建融代笔，而此次又是亲手撰写，又是一个难得；写得速度之快，又用毛笔书写，真可谓“三难”矣。序文曰：“一九八五年五月，应美国纽约大都会博物馆之邀，参加诗书画国际学术讨论会，因得与江兆申先生相识。盖已久闻其诗画之名矣。近三年来，曾两过揭涉园，则层楼高阁，名作琳琅，竹石乔柯，远山近水，悠然清境，如在画图中。以赏其绘事，清峻其笔，磅礴其气，写山川之灵秀，骋艺术之高华，盖发于尚新不薄古，斯绘事之大道，信难能为，足佩叹矣。年来衰老日甚，思力日竭，草草数行，殊不能尽所愿言，深自怅然。一九九五年八月，壮暮翁谢稚柳时年八十有六，海上巨鹿园。”

实现夙愿：丝路之行看壁画

在敦煌壁画的研究中，谢稚柳虽然做了开创性的工作，取得了成就，但也有着许多遗憾。遗憾之一是未能对“丝绸之路”的壁画作全面观察。敦煌只能算是“丝绸之路”的起点，沿途的壁画怎样？和敦煌壁画有什么样的传承关系？西方文化对中国到底有什么样的影响，虽然看了别人的研究，但并未能回答他心中的疑问。

机会终于来了。

1991年盛夏，也就是在谢稚柳八十一岁的时候，他随一个文物考察团去了新疆，而且一定约笔者与他同行。应他之约，这是笔者第四次去新疆了，而考察壁画则是第一次。

乌鲁木齐不同于我们常见的中原城市，它具有鲜明的西域特色。

乌鲁木齐本是蒙古语的译音，其意为“优美的牧场”。早在两千多年前，这个优美的牧场周围就有卑陆、单桓、东且尔、西且尔等一些“行国”，即逐水草而居的游牧部落，总人口在四千余人。经过千余年的变

谢稚柳在新疆克孜尔千佛洞

迁，突厥族、蒙古族、回鹘族的游牧民相继进入乌鲁木齐河流域。在丝绸之路时代，来往商旅横渡乌鲁木齐河时，尚不见城郭。

来到这个美好城市的第一个夜晚，迎接我们的是烤全羊、抓饭和维族舞蹈。尊老是人类的共性，不管哪一个民族，在饭桌上老者只要在座，都要坐首席。八十一岁的谢稚柳是同行者中的长者，首席非他莫属。但是首席并不好坐，夜光杯中的葡萄美酒自然是要他先饮的。谢稚柳先生虽不善饮，两杯还不至于败下阵来。可是当那只全羊端了上来，并把羊头对着他时，那自然又是要他先动刀箸的了。熟读《庄子》的稚柳先生，对庖丁解牛的故事当然是了然于胸的，庖丁目无全牛，这时他目有全羊。正当大家出神的时候，他拿起莎车小刀，沿着羊的背脊直直地划了一刀，这一刀划得恰恰合乎当地习俗。到维族姑娘起舞的时候，那如风吹游丝般的舞姿，引得大家搁杯停箸，就连那全羊也不放在心上了。

宴会结束，回到我们下榻的国宾馆已经很晚了。深夜，谢稚柳走进笔者的房间，很高兴地说："席间我写了一首诗，给你看看。"他有这样的本事，可以一边与人聊天，一边酝酿诗词佳句。笔者细看他的诗弥漫着青春气息："淡淡纱衣袅袅手，凌波罗袜细腰支。新翻古调维吾尔，赚得尊前醉眼痴。"笔者说："好一个'醉眼痴'，谢公心不老，又遇东山之乐。"他嘿嘿地笑了起来。

新疆佛教石窟壁画主要有拜城的克孜尔，库车的库木吐拉、森木赛姆、克孜尔尕哈、玛札巴哈和苏巴什，新和的托克拉克埃肯，这些都属于古龟兹国，所以称之为“龟兹风”。东部有郑善的吐峪沟石窟和吐鲁番的伯孜克里克石窟。今日的吐鲁番即昔日的高昌国，为回鹘人所治理，所以人们就把这里的壁画归之为“回鹘风”。还有一种被称为“汉风”的，据说和以上两种风格迥异，是进入西域的汉人所作。

到了阿克苏，考虑到明日一早要去克孜尔，就匆匆上床。次晨即驱车上路，浩瀚茫茫的戈壁沙漠中，地上和天空都没有生命的痕迹，唯一的就是那条乌黑发亮的柏油马路象征着生命的活动。

新疆的神秘就在这里，正当那单调枯燥的旅途给人带来孤独与烦闷，而那种孤独与烦闷使你感到无法再生存的时刻，可能在几分钟内，又是一个充满生命的世界展现在你的眼前。绿荫掩盖中的克孜尔千佛洞研究所正是在这种心情下出现的。所谓研究所，只不过是一片瓦房，仍然被原始荒野景象包围着，只是它背后的泪泉，仍淙淙汩汩，潺潺水声把我们引入一个清凉湿润的世界。在这个世界的另一侧有一条被黄沙侵蚀燥热的山沟，闻名于世的克孜尔千佛洞就坐落在这山沟悬崖上。从沟底向佛像洞窟走去，已有水泥筑成的台阶，台阶旁装有栏栅，洞窟的门也都用水泥加固了。

克孜尔千佛洞是我国西部大型洞窟之一，东西排列约两公里长，目前已编号的洞窟共有二百三十六个。洞窟结构和敦煌相似，大多呈长方形，分前后两室，前室正壁凿龛有佛像座，可惜泥塑像已被破坏，连一尊完整的也看不到了。佛龛两旁有通道通后室。无论前室或后室、甬道墙上及券顶都有壁画。从上海出发的时候，谢稚柳就带来手电筒，现在可以用来照明。和敦煌一样，这里的壁画也遭到宗教性的破坏，当年，伊斯兰教西渐时，和佛教势不两立，佛像的眼睛及鼻子都被挖去，这不只是历史的遗憾，更是艺术的遗憾。

克孜尔千佛洞的洞窟都凿在悬崖上，墙壁就是用戈壁的石头一块一块砌成的，高低不平，根本无法作画。要在壁上作画，先得在墙上涂上泥巴，那泥巴用黄土和杂草搅拌而成，把墙刷平后再涂上石灰，壁画就画在石灰墙上。

从克孜尔残剥的墙壁上，可以隐约看出与敦煌有相一致的地方。谢稚柳说，壁画的画法是先在墙壁上画草稿时描一道线，到全部画好时，这起首所描的线条，已被颜色淹没不见，必须在颜色上再描一道，也就是完成时最后一道描。这种起首一道描有的用赭色，有的用墨描，也有用青色或白色描的，我们看到的克孜尔壁画的残剥处是用赭色描的。从敦煌壁画脱落的部分，发现唐画的起首一道描往往是马虎的，但是最后一道描却很精妙，而且在部分方面，与第一道描有时有出入。壁画是集体创作的，谢稚柳从艺术上判断，高明的作家，经常是只作决定性的最后一道描，克孜尔的壁画也是高手作此描。

壁画的题材，无非是如下几个方面内容：佛本生故事，描绘佛从生到死的各种故事，多为连环画的形式，依次成套；说法故事，描绘佛成道后到涅槃期间在各地对不同的人演说佛法、传播佛教的事迹；因缘故事，描写因果报应，故事都荒诞不经；涅槃故事，描绘佛涅槃后的有关事件及其时代环境的画，如弟子举哀图，就有多处可见；还有许多单幅故事。

艺术的沟通常常不在于表现的是什么内容，而在于如何进行表现，艺术的流派风格常常能点通人们心中的那一点灵犀。在观看的过程中，谢稚柳常常指着壁画对我说："你看那菩萨的造型、手的描绘、扭腰及衣服的褶纹，和敦煌隋唐流风有着一脉相通的亲切感。但它的独特的地方色彩也极为突出，那菱形格的布局为别处的壁画所少见。纵向券顶佛堂的主室内，两侧墙壁以象征性的山峦图案划为许多菱形小格，排列十分整齐，各斜行的菱形格颜色不同，有蓝、白、绿、赭、灰等几种。菱形格的多寡在各佛堂内并不一样，每侧少则二三十个，多则四五十个。每个菱形格画一幅画，多是佛本生的因缘故事。菱形格也有的画世俗人物，更有画动物的，如牛、羊、猴、鸟等。"

谢稚柳又告诉笔者："克孜尔壁画的许多内容、布局及描绘的方法，在敦煌壁画中都是见不到的。"编号一百七十五窟的《牛耕图》《锄地图》，从人物的服装到耕作的工具都极为别致；编号三十八窟的《双雉图》，表现风格完全是少数民族的手法，在汉画中不多见。还有那幅引路菩萨裸露着上身，披着飘带，高举双臂，两只手变为火把，给黑夜中行进的商旅带来了光明。特别引人感兴趣的是商旅穿的长袍，大翻领、窄袖、瘦腰、下摆宽大，衣领和衣襟镶以宽条花边，那长袍过膝，露出双脚，穿的是长筒靴。有的画面上，武士也着同类长袍，袍外束腰带，佩着短剑和刀。这种长袍有人称之为"龟兹长袍"，直到今天在新疆的西部乡

谢稚柳在新疆

村仍可看到它的遗韵。

结束了克孜尔的考察，我们就去库木吐喇石窟。这座石窟在新和和库车之间，距离库车县城二十一公里。石窟区西临木扎提河，河岸是高高低低的山崖，也是由砾石和砂土沉积而成的，结构松散，受风雨侵蚀后容易剥落崩塌。汽车只能到达库木吐喇水电站，剩下还有一段路程要乘马车才能抵达洞窟群区。

库木吐喇壁画早已遭受到严重的破坏，有不少洞窟写着龟兹文的题虽然历历在目，但是壁画已荡然无存，迎着我们的只是沙砾垒积而成的墙壁了。我们进入一个洞窟，两壁壁画全部脱落，只有拱形券顶壁画依然如故，飞天、佛祖、花草、飞禽，富丽堂皇，谢稚柳惊叫起来："啊，盛唐的风格！"

库木吐喇壁画和克孜尔壁画有着明显的不同。谢稚柳说："后者的地方特性比较突出，而库木吐喇的许多壁画则有着鲜明的中原色彩，跟敦煌壁画有着一脉相承的关系，而且唐代壁画更为引人注目。"这类洞窟的艺术表现出"汉风"。

我曾经看过一些研究者的文章，都强调整洞窟结构的不同，并以此来判断“龟兹风”、“汉风”和“回鹘风”，甚至从洞形的结构来判断洞窟的开凿年代。可是，当我看了克孜尔、库车吐喇，特别是和敦煌莫高窟比较时，很难从洞形上来判断是哪个民族或什么时代所作。诸如洞窟的长形或方形，各地都有长形和方形的洞子，再如洞窟内有中心柱，和我们同行的一位学者认为这是受希腊影响，是龟兹特色。笔者就此事请教过谢稚柳，他说：“有中心柱的洞窟不只是库木吐喇有，克孜尔有，就是敦煌的莫高窟、榆林窟，有的也有中心柱。我以为最重要的还是要从绘画自身的个性来认识、判断和确立它的艺术风格的归属。”

库木吐喇壁画浓郁的汉族绘画风格的旁证就是供奉人像，我们看到的几壁供养人像都是汉人装束及面相，而且是用汉文字题的发愿文，如第七十五窟，正壁画一高僧坐像，两旁配以六道壁画。僧像下有汉文经文一方。两侧壁下方供养人像，一律是供养比丘像，有汉文题字为“梵□□寺□道秀一心供养”。也有几窟是用汉文和回鹘文共同题识的，如七十九窟前壁和中心柱正面的壁画，是重绘供养人像，均着回鹘装。男像披发，着盘领长袍；女像着圆形交领长袍，头上插饰一梳。像旁题识就是用汉文和回鹘文书写的。

谢稚柳还告诉我，要注意图案的装饰。装饰图案的个性也是区别画派流风的标志之一。装饰图案虽没有独立主题内容，但它和绘画主题的格调相和谐，它对不同题材、不同部位的壁画，起着既分割又联系画面的作用，从而产生装饰的效果。从图案的花纹上，也可以看出不同民族欣赏的习惯不同，在纹饰的选择和运用上亦不相同。“龟兹风”石窟中多用几何纹和忍冬花纹；“汉风”洞窟中装饰纹样多用团花图案、卷草边饰和茶花边饰等植物纹样，有着鲜明的“汉风”特色。

库车壁画是多种风格并存的，从这一点来说，古龟兹是东亚中原文化和西亚文化交融地区。中原文化和龟兹文化的交流最辉煌的时期是在绛宾为龟兹王时代。他娶汉朝王室的外孙女弟史为妻。弟史是汉朝解忧公主和乌孙肥王翁归靡所生的女儿。解忧公主感到弟史学业未就，要她入汉继续学习鼓琴。龟兹王也随弟史同时入汉来长安，接受汉宣帝刘询所赠的金印紫绶，在长安居住一年，才回龟兹。史载他们乐汉衣服制度，“归其国，治宫室，作仿道周卫，出入传呼，如汉家仪。”

据有关文章介绍，专家们认为库车佛窟壁画是公元三世纪开始的，相当于东汉末年，到此也是晋代(265—420)，其典型代表是克孜尔第十七窟和四十八窟。这样，克孜尔佛窟的开凿比敦煌要早了。提出这种断代的根据一是佛教从汉宣帝开始由新疆东传，当然要经过龟兹；二是从窟形判断是汉末的建筑。我们考察了克孜尔第十七窟和四十八窟，从壁画的风格来看，绝不可能是汉画，谢稚柳先生悄悄告诉我："这是隋唐时代的画风，连北魏都够不上。"他还告诉我要注意壁画供养人像题识的年代，如能找到一个有年代的供养人像那就是断代的最好根据。窟形能不能断定年代？这个问题在敦煌近年的研究中也提出了类似的问题。稚柳先生研究敦煌莫高窟始建于苻秦建元二年（晋海西公太和元年，366），创始者为沙门乐僔僧，此事在《唐李怀重修莫高窟碑》有详细记载。近几年有人提出敦煌莫高窟最早始创于西魏，此论也是以窟形为依据的。经我们实地观察及查阅有关资料，都没有发现这里佛窟年代的记录。稚柳先生断定库车地区佛窟不会早于敦煌，最早的窟是在北魏时代，而且画风由东向西传播。

谢稚柳在新疆考察壁画时途中休息

交河古城离吐鲁番市区仅十公里。跨过一条深深的河谷，就来到了二千三百多年前的古城跟前。顺着一条缓坡，步入古城的南门，沿街走去，商铺依然，而封闭在高墙后面迷宫似的深院，庭院内的窑藏、水井，鳞次栉比的寺院，曲折而不见规律的小径，以及那在风沙撕扯下一道又一道深深蚀痕的危墙，这些遥远的历史痕迹，唤起沧桑之感。

汉文史籍中提到交河，最早是在公元前二世纪的西汉时期。《汉

谢稚柳、郑重在库车博物馆

书·西域传》中记载:“车师前国王治交河城。河水分流城下,故号交河。”我们登高远望,承载着交河古城的橄榄形土岗,仍然傲岸挺立在两条巨大的河谷之间。这个通往西域的枢纽,是历代兵家必争之地,汉王朝在此屯田,和匈奴逐杀长达五十年之久,历史上惯称的汉王朝与匈奴“五年车师”就发生在这里,最后以西汉王朝的胜利而告终。从公元前48年开始,交河成了西汉王朝派驻西域地区组织屯田事务的戍己校卫的驻所。

到了唐代,在平定高昌、统一西域之后,交河又一度成为唐王朝在西域的最高军事机构安西都护府的驻在地。唐朝几位有着军旅生涯的诗人,都曾随军涉足交河,留下了雄奇悲壮的诗句。诗人李颀的《古从军行》吟咏:“白日登高望烽火,黄昏饮马傍交河。”诗人岑参在交河城中住过不短的时间,他诗中有“平明发轮室,暮投交河城”,“曾到交河城,风物断人肠”等。使诗人断肠的是那乱飞的沙石,荒原上的白骨,萧瑟静夜的鬼哭。特别是发掘出土的一笔又一笔的马料支用账目,更是记录着诗人生活行踪的珍贵墨宝。

入疆以来,最使我们焦虑不安的时刻就是去火焰山前夕的夜晚。因为天气预报,火焰山明天有四十摄氏度的高温。笔者和稚柳先生的四公子定琦准备好水、降温的冰瓶,还带了一个氧气袋,并商量了急救措施。稚柳先生知道后,说:“我没有那样娇贵。”火焰山距离吐鲁番市区五十七公里,和高昌古城是同一方向。高昌古城是去火焰山的必经之地。和交河古城一样,高昌古城也是断垣残壁,蒙上了一层历史烟尘。只是它的规模之大，远非交河古城可比。周围五公里多的方形城墙，城内的街道、屋宇、宫殿及寺庙的遗迹，都清晰可辨。

火焰山通体赤红，起伏的岗峦，怪异的山石，层层叠叠。那灼人的热浪，使人感到沉闷、压抑、昏昏欲睡。这种单调的景色，直至折进一条大峡谷，才柳暗花明：火焰山与雪山红白相映，火焰山喷出来的不再是热风，不再是火，而是一渠清水，奔突流淌，沟谷两岸，绿树成荫，我们像虔诚的朝拜者，在经过长途跋涉，历尽黄沙大漠火浪热风之苦后，至此心情舒畅，感受到已接近佛祖的清净境界，一切超凡了。

柏孜克里克石窟壁画完全是中原风采，即使画着回鹘高昌国王、王后形象的壁画，在表现风格上也是中原气派。

值得注意的是，柏孜克里克壁画的描绘情景在史籍中都可以得到印证。窟内以经变为题材的壁画，人物的衣服大量使用石绿。谢稚柳告诉我：搞敦煌研究时，曾查过《大唐大慈恩寺三藏法师传》，在他的印象中好像有着身着绿装记载，要回去查一查。回到上海，我查了此书，果然如书中所记突厥叶护可汗“身着绿袍”的情景相一致。第二十窟内绘的是回鹘高昌王和王后的供养像，王后身穿橘红色窄袖通裙大襦，

谢稚柳八十一岁过火焰山

发髻两鬓包面，头顶金冠像一条上翘的金鱼，脑后垂一条长红绢。回鹘文题款意为：此是高贵王后之像。后来我查了《旧唐书·回纥传》记太和公主出嫁时的装束："……解前所服而披可敦服，通裙大襦，皆茜色，金锦冠如角前指。"与画面完全相符。

柏孜克里克壁画和龟兹壁画的许多不同之处，在同样题材的表现方式上也可看出。涅槃图在龟兹石窟中也是常见的题材，但举哀人物多是诸天、弟子，世俗人物甚少。柏孜克里克的涅槃图，世俗人物众多，并占据了显著位置，尤为突出醒目。这和敦煌莫高窟中的世俗举哀人物很相似。在谢稚柳看来，新疆壁画中的所谓"回鹘风"和中原汉画比较一致，而和"龟兹风"则有差别。这是因为回鹘佛教受中原佛教影响较深，许多回鹘文佛典译自汉文佛典，加之高昌回鹘受汉文化影响的历史时间较长。回鹘高昌时期与中原、河西往来频繁，关系极为密切，因而当地吸收汉佛教艺术的营养，绘制出具有汉风特点的佛窟壁画，乃是历史上文化交流的必然结果。谢稚柳还写了一首诗记述他的观感："贞观开元见笔敷，莫高遗格共清腴。任他烈焰成山积，尚有冰心照画图。"

关于中国壁画是否从印度传来的问题，谢稚柳先生认为：中国佛教是从印度传来，这是毫无疑问的，但以佛教为题材的壁画自身的艺术是否从印度传进来，这就值得讨论了。研究佛教艺术的专家常任侠先生曾到印度犍陀罗、秣菟罗考察，前者的特色是佛教建筑艺术，后者的特点是佛像雕刻艺术。这两个佛教艺术中心虽有壁画，但不是主要的，而表现形式和敦煌佛窟艺术相近。印度艺术家认为，那里的壁画是请中国人去画的。这个说法的充分根据，我们尚未见到资料，但它对我们研究佛教与表现佛教的艺术还是有启发的。

在研究敦煌壁画时，谢稚柳就曾提出过：绘画题材与表现风格之间的联系与区别，正如现在用中国画画外国风物，但不能因为画的内容就说是外国人画的。

多少年来，佛学研究者总认为中国佛教及其艺术受犍陀罗影响，由西域东传。可是，在我到新疆来的前夕，得到了中国佛教南传系统的资料，最早的佛像并不在西北的丝绸之路，论风格也不属于犍陀罗类型，促使中国佛像出现的是秣菟罗，而且在魏晋期间，已将中国的佛教艺术掀起了小小的高潮。秣菟罗在中印度，传入中国则由南方而向东，与稍后而起的西北系统并行向东发展，在时间与速度上，南传系统遥遥领先。犍陀罗美术受西方影响较深，可称之为革新派，秣菟罗则属保守性的。这样，在中国，就形成了黄河流域和长江流域两个不同教派的佛教，同时也孕育了两个不同佛教艺术流派。笔者把这一情况告诉谢稚柳先生，他说："这个材料很重要，我现在力不从心了，你将来可写一本中国的壁画，从敦煌写到新疆。"

此次新疆之行，谢稚柳感慨很多，沿途写了五首诗。回到上海后，他将这五首诗写了一个长卷送给我留念，在诗前的小序中写道："辛未（1991）七月二十七日至八月五日游新疆，过库车吐鲁番观唐代石窟及龟兹、高昌、交河古城，西域风光，连山广漠，付诸诗，可以为歌行，为长律。属在衰年，诗思日竭，不能成篇，仅得七绝五首，去所感怀远矣。"

从这小序中可以看出，谢稚柳的新疆之行，留下的仍然是遗憾。人生百年，永远不会有个圆满的时候。

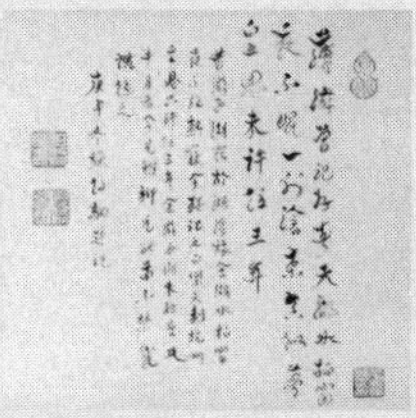

第十章

人生何似百篇诗

过眼年光又一时，紫芝无力变霜丝。春风有意回青柳，浓雪多情绽粉枝。　　山万仞，路双歧，人生何似百篇诗。镜中已分皤须发，不觉秋来白到眉。

这是谢稚柳1975年写的《鹧鸪天》词。词前有小序云："顷就医，谓余须发日皤，且及眉间。归而持镜，始自见之，不觉赋此词。"他当时的处境并不佳，这首因事感怀的词，没有伤感，没有牢骚，可是那"人生何似百篇诗"的佳句，却是他人生的写照。他有过烦恼，有过困境，有过坎坷，这一切都无法抵挡他那读万卷书，行万里路，写万张画，赋万首诗，交万千友，吃万种宴的乐趣。此数种"万"，语有夸大，但他的的确确是这种样子。在他的壮暮堂中悬挂着恩师钱名山手书对联：

绚烂归平淡
真放本精微

这是他最喜欢的句子，他的人生是这样，艺术也是这样。

行万里路：画风嬗变之路

经过多年的读书看画，谢稚柳的眼界开阔了，为他的绘画打下了扎实基础。但是，谢稚柳并不以此为满足。他没有忘记走出书斋和画室，到大自然中去，从行万里路中吸取更多的营养。蜀山秦岭，皖山云路，渤海苍涛，粤江帆影，长风大漠的塞外，所到之处，他都写诗作画，这些地方的风物人情，山光水色，在他的作品中都有所表现。

谢稚柳的行万里路，所得成绩总是从他的绘画上表现出来。

1950年前后，谢稚柳研究江南画派，开始还是董源的传人巨然入手。其实，谢稚柳对巨然画派并不陌生，他从陈洪绶花鸟转山水，第一次临摹的就是巨然的《秋山问道图》，但未能深入下去。1953年，他又重新从巨然画派开始画了近百幅。1953年画《云壑松风》，自题："此癸巳所作，时

《富春山色图》

予方研治巨然画派，目有所染，不觉事濡。”在另一幅山水作品中，他自题云：“米元章谓江南画派，自东晋顾恺之至宋初巨然皆是一样，试以其体写《秋后林邱图》并记。”直到他临摹巨然的《万壑松风图》，才有所悟得，巨然其他诸图“皆同一面貌”，“点苔并以退笔焦墨信手散落”，而《万壑松风》“丘壑之美尤在诸图之上”，“则并用泼墨直点，尤为奇绝。”对谢稚柳关于巨然山水画这一新的体悟，陈佩秋称赞说：“可知壮暮翁观察古画之精，直是洞察秋毫。”

1954年，谢稚柳由巨然走近董源，深入江南画派，在他画的一幅山水上自题云：“退墨枯笔写远山，清秋兴发绿波间，应怜老董风流尽，平淡多奇下笔难。”接着又画了《山溪清胜》，对前诗有所改动，题于画端：“为写江南一片山，苍茫咫尺与相看。应怜老董风流尽，平淡天真下笔难。苦篁斋写山溪清胜，并赋此诗。米元章云，董源平淡天真，一片江南景，古来论画独推米芾为知言。”这时，谢稚柳对江南画派的理解更为深入，抓住其“平淡天真”的本质和他原来的习惯的北方山水有所不同。但这都是纸上功夫，只是照本宣科，缺少身临其境的感受。1956年，谢稚柳有桐庐之游，泛舟富春江上，饱览山色水光，归来画了一本册页，计十六开并题曰：

丙申之春，在杭州小住，复有桐庐之游，舟游富春江中，望两岸积翠浮空，江山信美。数年来频有行役粟下，于他事归来，偶就灯下，点缀一二，积成此十六图，盖皆自杭州至桐庐道中所见，追写其景，寄意而已，亦不能尽合耳。

富春江之游，对江南的真山真水有了切身体察，所作山水，丘陵相连，烟水浮空，真是“平淡天真”的一片江南景色了。

1957年5月，徐森玉长公子伯郊夫妇由香港来沪，临行时约谢稚柳、陈佩秋夫妇同游广东罗浮。临行的前一天，5月21日，书画收藏家朱省斋由香港到了上海，邀谢稚柳至上海大厦小坐，罄谈一切。在抗日战争期间，朱省斋主办《古今》杂志，娶梁鸿志之女为妻。抗战胜利前夕，曾一度北上，后即移居香港沙田，周旋于张大千、谭敬等名流藏家之间，旋即从事书画收藏鉴赏和经营，和徐森玉、张大千都较为熟悉。谢稚柳对朱久闻其名，未见其面，这次是徐森玉介绍才有第一次见面。朱省斋在回忆时也说：“神交已久，今日一见，真有快慰平生之感。知稚柳明日也要离沪，去罗浮写生，相约去广州相见。”

5月22日，谢稚柳去罗浮，行前送朱省斋扇面一叶，并题诗曰：

省斋先生香岛客，十载遨游归乡国。
为道故人长髯郎，白雪年来添鬓发。
并世作者推吾师，大千画笔好风格。
相送南行任好风，为我挥毫写离阔。

率成八句，送别省斋先生，兼怀大千。

罗浮亦称东樵山，原为两山，在传说中，罗山自古有之，浮山从东海飘来，倚于罗山东北，由横贯的铁桥峰将两山连接，东晋咸和年间，葛洪在这里修道炼丹。谢稚柳登上罗山主峰飞云顶，遥望浮山顶峰的上界三峰，与飞云顶鼎足峭立，层峦积翠，云气往来，四百多个大小峰峦，形态各异，变化无穷，气象万千。在这个被道教称为“第七洞天”的地方，谢稚柳流连不去，山川云气，尽藏胸中。谢稚柳从罗浮山下来，即挥毫写大幅青绿山水《罗浮》。为了详细记述这次游兴，谢稚柳在画上题

谢稚柳《粤北锦江山色》图

记："罗浮传为二山，而实相依附，罗山最高处为飞云顶，浮山为上界三峰，自来游踪以飞云顶为止，浮山盖不可登。"以后，谢稚柳又写水墨《粤北锦江山色》长卷，在卷尾又详细题记了此游胜景："自英德至连江口，江上丛山千叠，景色奇绝，丁酉四月，南游罗浮，将至广州，侵晓，见此奇景，而车行甚速，窗中凝望，信如驹隙，不得逗留片刻以穷其目，真王晋卿《烟江叠嶂图》好画本也。""色渥如丹，灿若明霞"，这是世人对丹霞山的写照。谢稚柳来到丹霞山，只见山峰耸立，如入天表，山势蜿蜒变化，像一条龙，又像一条船。谢稚柳由龙尾登山，宝珠峰峙其右，海螺峰居其中，长老峰在前引路，峰林陡峭，红崖丹碧。山上有别传寺，为清初澹归和尚建立。谢稚柳游罢丹霞，曾画《高阁峰云》以志其态，并以重彩画了《丹霞》立轴。谢稚柳在此幅题记中写道："从丹霞别传寺对望得山泉，自仁化舟行锦江数十里，两岸峰峦如画，光景奇丽，苏东坡题王晋卿《烟江叠嶂图歌》称'武昌矾口幽绝处'，不知有此奇绝否？"游罢罗浮，谢稚柳、陈佩秋即到广州小住，于弟子吴子玉斋中作《罗浮山水》，有王诜神韵。画后，谢稚柳、陈佩秋、李天马、梁纪、冼玉清、商承祚、徐伯郊夫妇在广州西湖林苑共进晚餐。次日，谢稚柳、陈佩秋与中山大学教授、考古学家容庚相见于容氏"五千金石书屋"，容氏出示新藏珍品供谢稚柳、陈佩秋观赏。其中有一幅明人戴进山水卷，谢稚柳鉴定为伪作。中午，商承祚、容庚相请于中

谢稚柳《粤北胜景图卷》

山大学校园共进午餐。

告别广州回沪后，陈佩秋作《墨兰图》赠容庚，并题识曰：“丁酉夏，南游罗浮，天雨居广州，过希白先生高斋，得观所藏历代名画，并承惠赠马钦山册页，尤深感佩，谨以拙作《墨兰》寄呈，盖欲少答情厚于万一也。辛丑岁四月初六日，南阳陈佩秋并记于秋蕊香室。”此图后来流入画肆，为香港一位收藏家所得，陈佩秋又题曰：“健碧高花阁三十三年后重睹旧作，并加盖乂之、健碧、长年、大乐等四印，因识。”

谢稚柳富春江之游，山水为之一变；而粤北山水清音，唤醒了他的艺术感觉，使他从临摹中走了出来。从他画的粤北山水中可以明显看到他用笔松动了，破除了一些格式，自我抒发、自我制造的因素多了起来，画也更有生机，可以说这在谢稚柳绘画艺术中绝对是个飞跃。粤北山水对谢稚柳山水画的影响，陈佩秋评论说：“自五十年代后期开始，谢氏多次往返体察英德、罗浮、连江口、西樵山等地山川名胜，得大自然风物熏陶启示，于是画格大变，所画连江口横卷，其山石结体皴笔，竹林丛树，蒹葭堤柳，其面目已非古人所有，而用笔之精到，几与古人在伯仲间。”

1961年，全国文联组织内蒙古观光团，谢稚柳应邀参加，同行者有叶圣陶、老舍、梁思成、林风眠、曹禺、徐平羽。历时一月，行程数千里。

谢稚柳敦煌之行，对大漠风光颇有好感，这次参观内蒙古，虽非故地，亦有故地重游的急切心情，想饱览那塞外风光。

火车驰出居庸关，经过一段崎岖的山路以后，面前便敞开了一片

谢稚柳《内蒙山景图》(1962)

广阔的原野，一片用望远镜都看不到边际的原野。啊，古塞外！谢稚柳向往的地方，终于来到了眼前。

从居庸关到呼和浩特有一千多里的路程，火车都在这个广阔的高原上奔驰。他很想从铁道两旁看一些塞外风光，亦如他去敦煌所见到的黄沙白草之类，然而这一带既无黄沙，亦无白草，只有肥沃的田野，栽种着各种各样的庄稼：小麦、荞麦、谷子、高粱、山药、甜菜等。如果不是有些地方为了畜牧的需要而留下了一些草原，简直要怀疑火车把自己带到了河北平原。

过了集宁，就隐隐望见了一条从东北向西南伸展的山脉，这就是古代的阴山，现在的大青山。大青山是一条并不很高但很宽阔的山脉，这条山脉像一道墙壁把集宁以西的内蒙分成两块。山的南北，自然条件迥乎不同。山的北边，是暴露在寒冷的北风之中的起伏不大的波状高原。这一带在古代就是一个“少草木，多大沙”(《汉书·匈奴传》)的地方。山的南边，则是阴山屏障之下的一片狭长的平原。呼和浩特和包头这两个城市，就建筑在大青山南麓的沃野之中。呼和浩特，蒙古语意思是“青色的城”；包头这地名的意思是“有鹿的地方”。这一带地方，在十三世纪或者更晚的时候，有森林，有草木，有鹿群出没。

秋天的阴山，像一座古老的青铜屏风，它从阴山高处拖下来像一条深绿色的飘带，飘拂到黄河岸上，沐着灿灿的秋光。

大青山脚下，有一个著名的古迹——青冢，即昭君墓。在内蒙古人民心中，王昭君已经不是一个人物，而是一个象征，一座民族友好的历史纪念塔。青冢在呼和浩特市南二十里左右。据说清初墓前原有一个享殿，现在，却只有一个石虎伏在阶石下陪伴这位远嫁的姑娘，其他的东西都没有了。据内蒙古的同志说，除青冢外，在大青山南麓还有十几个昭君墓。谢稚柳他们看到的昭君墓，其中一个在包头市的黄河南岸。昭君墓的出现，反映了内蒙古人民对王昭君这个人物颇有好感，他们都希望昭君埋葬在自己的家乡。

关于昭君出塞，古来传说纷纭，杜甫有首七律云："群山万壑赴荆门，生长明妃尚有村。一去紫台连朔漠，独留青冢向黄昏。画图省识春风面，环珮空归月夜魂。千载琵琶作胡语，分明怨恨曲中论。"(《咏怀古迹》五首之一)这首诗表现出昭君恨出塞和亲的观点。与谢稚柳同行的历史学家翦伯赞，则另有高见。谢稚柳当然也有自己的看法，他的《内蒙古纪行》九首之一的《昭君墓》诗曰：

可有明妃怨旷歌，画图省识事如何？
不须辛苦辨疑冢，留与游人漫记多。

《内蒙古纪行》其余八首，或写牧区草原骏马，或记蒙古歌筵奶酒马头琴，或情系弯环河流，或欣赏道中花卉，或吟唱兴安岭秋色，或赞叹

谢稚柳于1979年在日本热海温泉浴罢

扎兰屯春光，或把玩湖中美景……

从内蒙古归来，谢稚柳画了《红莲湾》立轴。在《红莲湾》这幅画中，谢稚柳题跋曰："辛丑之秋，有内蒙古之行，过通辽，游莫力庙湖，时红莲盛开，紫燕群飞，不知身在塞外也。"这虽然是一幅画家的写生之作，却有着深刻的意境，表现了一片江南景色，但又不失"塞外江南"的特性。要把"杏花春雨"的江南和"塞外江南"的气氛从画面上表现出来，那是要画家有深刻入微的体会的。

祖国山水，除了巴山蜀水，谢稚柳游历最多的要数粤中的青山秀水了。1963年，谢稚柳南行鉴定之际，游了粤北水鼎湖、丹霞。1979年冬，谢稚柳、陈佩秋夫妇又作西樵山之游。

西樵山在南海，与罗浮（也称东樵山）齐名，自古就有"南粤各山数二樵"的佳句。山不甚高，以景色清幽秀丽而出名。山中有白云洞，始名于明嘉靖年间，有"盛甲西樵"之称，古人有诗赞曰："欲揽西樵胜，应先访白云。"西樵山有守真阁，为明代建筑。谢稚柳游西樵山，没有作画，但是他写了三首游西樵山的绝句，其中一首为："丛篁密树碧相交，石径参差度曲凹。坦腹守真阁上卧，邯郸无梦别西樵。"

在他们下榻的东山宾馆，谢稚柳作《广州东山》诗："壮心七十未堪老，自笑还来避岁寒。小住为佳花竹国，客斋容榜谢东山。"七十岁不老，还在守真阁上坦腹而卧，又忆及谢安的东山之乐，可见稚柳心境的轻松潇洒了。

"东山之乐"是晋室南渡后谢安寄情于东山山水的代名词。

东西晋之交，衣冠南渡，民族之间的矛盾也从北方转移到南方，不但北方南渡的民族之间有矛盾，北方民族与南方土著之间也有矛盾。为了避免与太湖流域原有的江南土著民族发生利益冲突，北来的民族大多去开发东土会稽郡。即以绍兴为中心，上虞、宁波、舟山一带，王谢等世家大族都在这里求田筑屋，繁衍生息，把这里当作第二故乡。这里是江南风景集中的地区，有会稽山、四明山、浦阳江、曹娥江等佳山丽水，重峦叠嶂，急流飞瀑，奇洞幽穴，使名士们流连不返。顾恺之有一次到了会稽，赞美那里的山溪云泉，王献之曾说："从山阴道上行，山川自相映发，使人应接不暇。"（《世说新语·言语》）

于是便有一郡之长的王羲之，入仕以后被称为风流宰相的谢安，以赋名于世的世家子弟孙绰，有神童之称、终身不仕的许洵，既精佛典又通庄老的名僧支遁。这些人聚集在一起或寻幽青山，或坐钓水滨，或清谈玄理，或吟咏诗章，或有兰亭雅集之乐。

在政治舞台上姗姗来迟的谢安，筑室于四明山麓，他在住宅附近修建了条小路和“白云”“明月”二亭。谢东山也就成了谢安的代名词，“东山之乐”也就成了谢氏的山水丝竹之乐。追求向往“东山之乐”也就成了谢氏家族性格中不可缺少的因素，被他们视作传统与风采。

谢稚柳在1979年在广东自榜“谢东山”，1981年到了日本，再遇“东山之乐”。他在一首诗并序中写道：“辛酉（1981）一月八日，再过日本京都，客舍窗外青山巍然，问之名东山。又两过此地，主人宴客均有艺妓侑酒，因戏用东山丝竹故事。　　楼下鸭川鸥聚浴，窗前青岭射浓光。暮年再遇东山乐，丝竹暂忘是异乡。”

1982年冬，谢稚柳再度避寒广州南湖宾馆，与学生吴子玉小住数日，合作《竹石图卷》。翌年9月，再作西安之游，参观了半坡村博物馆、秦陵兵马俑、茂陵，还攀登秦岭、游终南山。

由西安返沪后，作《唐宗圣观遗址银杏》图，洋洋洒洒地写了三百多字的题跋：“楼观台在陕西盩厔终南山麓，世传老子西游至函谷关，令尹喜迎老子于此，因著道德五千言以授尹喜。至东汉张道陵创道教，以老子为教主，此台遂为道教之发源地。盖自秦始皇首为建庙，至唐，以老子姓李，奉为远祖，名此庙为宗圣观。历宋元代有兴建，凡楼台殿阁、宫观池洞至五十余处，今皆已为陈迹，独楼观台巍然犹存。宗圣观蔓草没径，断碑残碣，沉埋其下。古银杏树即在此。世传此树已一千六百余年，盖犹是唐以前之遗植，翠干扶疏，荫及数亩，为樵父牧竖过息之地。十余年前，此树突遭火焚，焦断中空，离为两半。壬戌九月，余来陕观秦始皇兵马俑、霍去病墓石马、懿德太子等三墓壁画及秦岭之胜。将行，复来盩厔登楼观台，寻唐宗圣观遗址，徘徊其间，抚兹焦柯，则新枝浓绿，遍护其身。千年历劫，其生机固未泯也。然比之大椿八千岁为春秋者，犹小苗耳。既还上海，越一月为写此图，以纪清游。”

1985年盛夏，谢稚柳赴山东石岛消夏，同行的有徐子鹤夫妇和刘旦宅夫妇。而此时，陈佩秋在稚柳的弟子劳继雄陪同和照料下作敦煌之游，大有“君向潇湘我向秦”的味道了，但谢稚柳的心境更加走向豁达、平和、纯净。从上海到青岛的船中，他作诗云："乙丑七月上海酷暑，友人约往山东石岛避暑，先渡海赴青岛，舟中夜醒得此一诗。　　枕上风声杂水声，眼前空阔失宵明。海天日夜波涛涌，老去胸中似镜平。"在石岛消夏，每天吃海鲜，散步观海，他在《石岛海滨晚步》一诗中写道："石岛临清夏，凉风晚兴赊。云蒸山幻影，海激石生花。浩荡天无极，汪洋目有涯。夕阳金一色，冉冉共年华。"

荣城为胶东富庶之地，农村经济特别发达。谢稚柳一行前往参观，作《自崖头至院夼奇村道中》，其中有句云"尽说客来观海上，不知清峭有槎山"，遂为槎山命名为"东黄山"，并书"东黄山"三字匾额及跋语："自荣城至院奇道中，左为黄海，槎山在其右，绵延数十里，光景殊美，其峰峦清峭奇绝，大似安徽黄山，而槎山在黄山之东，足为并美，因名之东黄山。荣城为海滨胜地，来游者尽说观海，未当一及槎山。因标出之以告来者：不独左顾银涛雪浪之壮美，右复有奇峰怪石之胜景也。"

突破成规的《西湖小景》

"绘画贵有自己的面貌，但是老是一个面貌，也会使人望而生厌，有些倒胃口的。"谢稚柳的这番话，自是本身的体验而言，在他的山水制作中，面目繁多。但是完全脱去他旧有面貌的，当数《西湖小景》。

谢稚柳《西湖小景》(局部)

全卷高八寸，长七尺。卷首即是湖面，有两艘游船，船公摇浆。卷首的上面是尽染的丛林，红绿相间，完全用笔点成。丛林连绵不断，似乎是随着游船向前走去，观看湖岸的景色。到了卷中，即湖心亭。湖心亭上，树林茂密。他原来那种洋溢着宋人笔意的屈曲树干，在这里已不多见，而是两条直直的线勾成的树干，树叶也改变了卷首用笔点染之法，而是用墨彩晕烘。船过湖心亭，景色移到卷下，上面是空阔的湖面，下面是湖岸。岸边的几只空船，用洗练的线条勾成。到了卷尾，是一丛垂柳。枝干用浓墨大笔，一挥而成，柳枝和柳叶，则采用山水披麻皴的笔法，用干笔擦成。这是在写实的基础上“得之于象外”之作。这种风格，在谢稚柳的山水中很少见到。

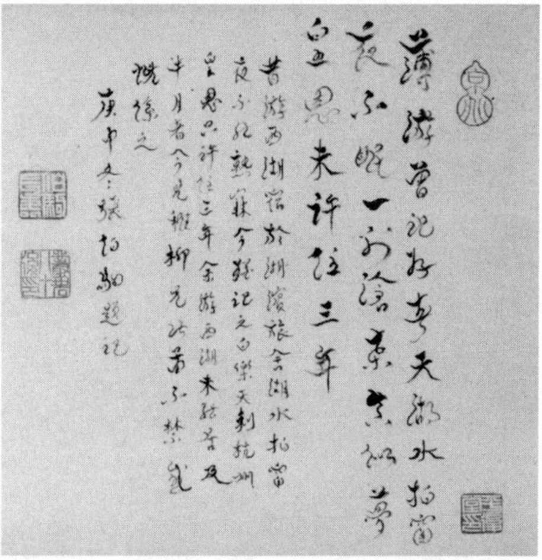

张伯驹题《西湖小景》

经过“十年浩劫”，西泠印社首次恢复活动，全国金石家及书画艺术家雅集西子湖畔，谢稚柳也应邀参加，杭州归来后，为笔者作此画卷，卷尾并书两诗：

十年不过西湖路，雾散楼台树色清。
久别湖山饫渴眼，强支腰脚事攀登。

回黄转绿意匆忙，饫眼娇红雨一场。
不为春归悔轻别，秋丛倚杖赏严霜。

后来，笔者携此卷到北京，请壮暮翁旧交作题，张伯驹首先看到，题曰：

薄游曾记好春天，湖水拍窗夜不眠。一别沧桑真似梦，皇恩未许住三年。昔游西湖，宿于湖滨旅舍，湖水拍窗，夜不能熟寐，今犹记之。白

在西泠印社林中漫步

乐天刺杭州，皇恩只许住三年，余游西湖未能居及半月者。今见稚柳兄此图，不禁感慨系之。庚申冬张伯驹题记。

词人夏承焘题《西湖小景》诗：

别有诗心画不成，听人吹笛过西泠。梦中岩漱茫茫绿，枕角吴山宛宛青。

断云别我向西峰，绕过孤山却又逢。正有一诗无觅处，杖头飞堕凤林钟。

夏承焘八十二岁

山水画家陆俨少，由海上移居杭州，居于湖上，见了此卷，也为谢稚柳的新腔所动。他作了长题：

予居西子湖上，日对阴晴雨雪，而熟稔其淡妆浓抹也。今观稚柳友兄创为此图，新调是主，则非予所习见，其得象外之意乎？夫屏去常法，不拘形似，直抉大千，此九方皋相马之术也，何足怪乎！东坡有云，观士人画如阅天下马，取其意象所到。稚柳此卷，意气所到，突破陈规，下士闻道则大笑，故自不凡。

壬戌十二月获观并题。陆俨少。

海上年轻女词人蔡慧萍，用长歌短调，写了西湖的烟雨湖水，赞叹此卷的秀美。

此卷之前，谢稚柳的山水中此种风格少见，此卷之后，也不多见。将来历史沧桑，恐无人能识此卷的面貌，又不知要为鉴别事费多少口舌！

“你是否有意要为后人鉴定你的画，制造一件笔墨官司？”笔者曾指着此卷问谢稚柳。

他只是摇头，笑而不答。

相得益彰　各显风流

在北京鉴定书画告一段落，谢稚柳回到上海，给谢端如写了一封信，曰：

端如：我昨天才回上海，见到你的信，知你很好，甚慰。

此次北京住了两个多月，真老了，精神越来越差，健忘，工作时间越来越短，出门玩，应该是很快乐的，但也感到吃力。我现在既怕热又怕冷，因此到夏天、冬天，就想到冷的地方和暖的地方，原因是前年夏天一热，我发了三个月的烧；去年冬天一冷，伤风引起肺炎，若家中有冷暖的设备，我真也不想出门。

近来画也退步了，写文章，写一段忘一段，吃力得不得了。眼睛老花，又有白内藏（障），怕写字，小一些的字，多看一点就糊涂了。七十六岁了，可人家还说我很不差呢。可笑吧，你近来身体如何，娘的身体倒还这样好，快一百岁了吧？真是了不起。小璎能出国否？小珏想时有信回来。今天上午，开了半天会，吃力了，不多写，即祝好！稚柳九

谢稚柳在乌鲁木齐路寓所

月十七日。

谢稚柳此时仍然居住在乌鲁木齐南路，家中没有空调设备，常南上北下地躲在宾馆之内避寒消暑。

诚如致谢端如信中所云，在谢稚柳的诗词题跋中，常常流露出“吾已老矣，不复当年”的心情。1985年岁末，也就是给谢端如写信这一年，谢稚柳作诗述怀：“乙丑岁阑，坐壮暮堂作，时年七十六。　　年华过羽掠霜辰，水绕山回路转新。短发已如松积雪，双眸浑似月藏云。何时方袖阑珊手，几日能闲南北人。自许心情犹壮暮，人间最重晚天晴。”此时，谢稚柳因为鉴定全国书画重任在肩，所以才有“自许心情犹壮暮，人间最重晚天晴”的心境。其他如“腰脚龙钟发堕颠，眼中峦色露中妍”“身同槁木浑无垢，目失灵光近不穹”“饮啜每嗟齿摇落，老夫于此复何求”“老去渐于诗律细，人生何处不如斯”，都在感叹时光已逝。

由乌鲁木齐路迁居巨鹿路时，名其居为“巨鹿园”“雅须室”，谢稚柳请陈佩秋书一对联悬挂在壮暮堂中，其联语为：

何愁白发新添老
须信黄金不买闲

这一联语一方面再现了谢稚柳的心情，更重要的是表现了他对陈佩秋书法艺术的欣赏。陈佩秋的艺术信念中有一条，字写不好，画艺也无法提高。所以，她在六十年代，每日练字不辍。谢稚柳看她作画的时间很少，就说：“你要当书法家了，不想当画家了。”陈佩秋不听，仍然坚持练字。对陈佩秋写的这副对联，谢稚柳总是以赞赏的语气对笔者说：“佩秋的用笔及结字的方法都有新创。”

陈佩秋的书法，同样应多从她的画幅中去观赏。她广摘博取，泼墨作书，笔走龙蛇，气魄豪迈。她在书法上下的功夫很多，先取法倪瓒，后有怀素等大师风貌。楷书上承晋唐书法，蕴藉清雅的风气和晋唐人信札写经的手法，带有浓郁的“古而媚”的艺术特色。它参以行书的笔意，既有楷书的严谨，又有行书的流便，笔画驻笔转折处，力量加大，与细挺的基调笔画形成和谐的对比，从而别具一番风韵。她的行楷有独

谢稚柳和陈佩秋

到而高超的个性，"洗尽尘滓，独存孤迥"，简淡清素，闲雅透逸，或疏竹明月，或流水清箫，或远坡，或闲云。历代书坛高手，皆善小行书，陈佩秋的小行书堪称上乘。其草书笔淡意浓，体静神跃，表现了由动转静的更高层次的草书境界。

1987年，谢端如患肺癌，需要住院治疗。当时谢稚柳在外地鉴定书画，无法脱身回来。陈佩秋知道此事，马上与胸科医院原来的院长顾恺时联系，把谢端如送到胸科医院治疗。顾恺时看到陈佩秋为谢端如安排得那样精心周到，就问："她是你什么人，照顾得这样周到？"陈佩秋说："她是谢稚柳的夫人。"后来顾恺时与笔者谈及此事，仍然赞叹说："陈佩秋很善良，真不得了。"对此，谢璎和谢珏也对陈佩秋表达了谢意。

中国绘画史眷属画家不少，但夫妻俩能旗鼓相当者很少，大多是女画家依附男画家，或者妻子的画多为丈夫润色或干脆代笔，均为闺中游戏之作。而谢稚柳和陈佩秋却是旗鼓相当，各领风骚，陈画谢题，谢画陈补，互为渗透。

陈佩秋画山水，寥廓的江河向远方流去，江心一叶扁舟横渡，驶向汀渚，茂林杂树，触发无限田园诗意。谢稚柳看了，击掌叫好，顺手在卷

陈佩秋：给谁打电话，这样高兴

上题写“清溪泛舟图”。

陈佩秋写团扇及方册八帧，自题云：“右早岁所写，摹宋人花鸟画八页，笔致虽未尽善，然皆用意之作。尔来老眼迷朔，未复能此，检出展玩，亦足养心怡目，因为之跋。高花阁健碧。”谢稚柳题写了扉页“花鸟传神”四字。

1952年，是陈佩秋从古代绘画中吸取营养最用心思的时期，仿了许多宋元山水、花鸟。她的《仿钱选八花图卷》，忠实地再现了钱选的高古风格，细致的描写、优美的线条及淡雅的色彩令作品充满静谧气氛，印证了她对表现完美的信念。此卷原迹中有赵孟頫的题跋：“右吴兴钱选舜举所画八花真迹，虽风格似近体，而傅色姿媚，殊不可得。尔来此公日酣于酒，手指颤掉，难复作此，而乡里后生多仿效之，有东家捧心之弊，则此卷诚可珍也。至元廿六年九月四日，同郡赵孟頫。”

题跋用工整小楷，和赵题几可乱真。卷尾，谢稚柳也作了长题：“右雪溪翁《八花卷》，今在张氏韫辉阁。壬辰秋日，予自北京还归海上，此卷并得假置行箧，展赏累月。佩秋因为摹写一过，亦复得其八九。花鸟自蜀黄筌独号写生，而江南徐熙以落墨为世推重，盖传神守真，法有殊而同所归。徐、黄旧迹已似空烟，论说虚悬，莫可遐想。尝见北宋人《墨花卷》，用笔秀润温凝，墨法亦婉媚独绝，体制高妙，实与南宋院画大异其趣，虽未可究其流派，要为中古写生绝调。雪溪翁此卷，花叶文理繁密，傅色艳丽，亦靡不出之于真，信为难能，代移时异，流派变迁，盖已别开门户，倡为新声。故松雪谓其风格似近体，然自今观之，亦犹律绝诗之为近体矣。壬辰冬日，谢稚柳书。”

此卷后为香港名医黄贵权所得，1997年（丁丑），此卷将付装裱，陈佩秋又补题：“钱舜举《八花卷》，原为张葱玉氏所藏。五零年代初，余借临二本，其一酬赠张氏，款书谢稚柳作。其二为此本，颇得大书家潘伯鹰赏识，并为赋诗赐题，现藏香江黄贵权大博士处，已十二寒暑，兹将付褙，属余题记，时丁丑十二月，高花阁健碧在海上巨鹿园。”

陈画谢题，谢画陈补，书画眷属，尽显风流。

1960年，陈佩秋写《蕙兰花蝶图卷》，她自己题款“佩秋作”，谢稚柳看了，欣喜无极，遂于画的左侧题：“健碧缤缤叶，斑红浅浅芳。此徽州墨兰，以杨万里句题之，谢稚柳秋兰室并记。”陈佩秋也极欣赏杨万里的这首诗，她自此以后的画为什么自属“健碧”，可以从谢稚柳的题跋中透露出些许春信。

1961年，陈佩秋作《红叶秋蝉图卷》，卷尾题写：“客去波平槛，蝉沐露满枝。永怀尚此节，倚立自移时。北斗兼春远，南宁寓使迟。天涯占梦数，疑误有新知。忆谢堂制。”用印有“南阳”“陈佩秋印”“秋兰室”“忆谢堂”“秋蕊香室”。

这首诗是李义山的落花诗，画家显然画的是诗意图。但值得注意的是画家自署“忆谢堂”，同时又用了一方“忆谢堂”的斋名印。这里的谢是否指谢稚柳呢？

1987年，陈佩秋作《四君子图卷》，谢稚柳题跋：“中国自有绘事，初用重色，而后演进为墨笔，所谓墨分五彩也。此健碧写《四君子图》，全用墨笔，全出于写生，而饶有宋人韵致也。乙亥秋雨，壮暮翁稚柳八十有六题。”

谢稚柳为陈佩秋题的画还有《蛱蝶图》《柳浪鸣禽》《双鱼吉庆》《高阁临江》《山光水态》《竹禽图》《秋山无尽》《春暖香深》《陈健碧翠滴浓荫图妙迹》等。

《山光水态》图卷，谢稚柳题于1991年（辛未），这四个字把陈佩秋的画的特色概括出来。陈佩秋的山水多从拟古中来，她常细心揣摩董源、巨然、燕文贵、李成及王蒙的画，八十年代后期试图变法。1991至1993年，她努力从拟古中走出来，摆脱前窠，探索自己的轨迹，采用了非传统设色，大量施以土黄、绿或蓝，使色调变为明晰。《山光水态》图卷写于1986年（丙寅），她自己题跋："山光积翠遥疑逼，水态寒青近若空。丙寅初夏日，高花阁健碧写此却暑。"

1990年（庚午），陈佩秋在卷尾又补题："予习山水，自清六家四僧而上溯宋元，每有名山大川之游，反复体察前人'外师造化，中得心源'之说。至于古稀之年，犹未悟得其间精髓。迩来画人多以西洋彩影摄像为师，于是搜尽奇峰打草稿，疲于奔命之苦，遂一去不返，从此弃古奉新，舍中就外，穷尽移花接木之能，而颇以匠心独运自诩。殊不知此中奥秘，人竟皆为是，难免又有山阴道上之患。而我辈从事绘事者，能不以之自勉乎？庚午新春，自题《山光积翠》小卷，健碧高花阁。"

《陈健碧翠滴浓荫图妙迹》题于乙亥（1995），是谢稚柳为陈佩秋的画所作的最后一次题跋。此图是陈佩秋的精心之作，山光水色，丛林密树相交，一人在林中行走，两人坐于石坪之上，把酒临江，一侍女前立。在此画中，陈佩秋特别强调了山石的质感及山势连绵的动感，此图是应王世涛之属而作，陈佩秋在图上题前人诗句："兴来不觉衣裳湿，翠滴浓荫望里收。"谢稚柳题为"妙迹"，非眷属情感所系，而是一位鉴赏家的冷静所作的客观评论。

在艺术上，谢稚柳和陈佩秋是平等的，题画时也是对等的。谢为陈题画，同样陈也为谢题画。他们之间的感情传递与交流，是在艺术创作之间进行的。

小园蕉竹自生凉

1985年1月，谢稚柳有乔迁之喜，举家由乌鲁木齐南路迁居巨鹿路，名其居为"巨鹿园""雅须室"。虽说是从公寓迁到新式工房，没有公寓的那种优雅，但他毕竟有了自己的书房和画室，还是有着满意的地方。

为了纪念这次乔迁之喜，谢稚柳还请吴子建为他治印两方："巨鹿园""雅须室"。吴子建少年时代即学治印，吸收青铜器花纹于篆刻，鸟篆自成一家。谢稚柳最常用的要算吴子建的印了。他曾为吴子建的印集作序，对吴氏印艺极为称赞："子建刻印初不在石上书而直以刀刻之，此不特于字体之简者如此，其繁杂者亦如此；不特于白文如此，即朱文乃至如鸟篆屈曲绵密者，亦无不如此。""尝观其所作，磅礴其势，洋溢其情，粗者如倡条错干，细者如金线蚕丝；动如急湍骤雨，而静如凝云轻涟；外若拙而内灵秀；貌若柔而质清遒，纵变化多端，要在粗者不坠于肿重犷野，细者一归于清隽凝重，风格新奇，卓然自立。"

最使谢稚柳自鸣得意的，所居有了花园。谢稚柳爱花，于竹尤为欢喜。客居重庆及寓居虹口时，他都曾热心种竹，但均未能成活，因之榜其斋为"苦篁斋"。住在乌鲁木齐南路时，谢稚柳、陈佩秋曾苦心经营了一方屋顶花园，养过不少名花佳蕙，后因阳台上又加建瓦屋两间，屋顶花园的面积缩得很小。这次有了几十平方米的花园，该是何等高兴。

花园中本来就有两株参天树，成了许多花卉天然棚幕。园内栽有山茶、丁香、兰花、芙蓉、凌霄、杜鹃、梅花，真可谓花香四季。特别是那几十盆五针松，都是他用高价从各地买来，奇妙的造型，苍翠欲滴的绿意，成了主人向朋友展示的骄傲。更为可喜的是小园的一角，有一簇翠竹，清风拂云，婆娑有声，伴着几株芭蕉，婀娜多姿，躲在太湖石后，给壮暮翁送来许多欢乐。

"巨鹿园"中还有一绝，即那株盆栽的雪松。雪松的尖端已被剪去，嫩枝向四周伸展，像一顶圆圆的华盖。壮暮翁的这一得意之作，观者无不赞美，唯独高花阁健碧不以为然，

谢稚柳爱吃东坡肉

并和壮暮翁多有争论，她认为："好好的一棵雪松，栽在泥土中，可以根深叶茂，其势凌云，为什么非得要把它移栽到花盆里，限制它的自然生长。"和谢稚柳相比，陈佩秋更崇尚自然。但对大自然的爱好，又是两个人的共性。1998年，谢稚柳驾鹤而去之后，陈佩秋又把那盆雪松移栽到花园的泥土中，让它回归自然。

长子定琨、次子定玮定居美国之后，谢稚柳、陈佩秋也常去探亲，但每次往返签证给他们带来许多麻烦。为了能来去自由，他们在美国申请了绿卡，可以在美国住的时间相对地长一些，享受天伦之乐。

美利坚的山水，自然有着它美的地方。在儿子的陪同下，谢稚柳的足迹又遍及山川峡谷，也画过几张表现美利坚风光的山水。在洛杉矶，华人组织的艺术社也不少，诸如美国中华书画会、南加州华人美术学会、加州中国书法学会、中华文物鉴赏学会及美华艺术学会等，有时也组织活动，请谢稚柳前往演讲书画鉴定问题。在演讲会上，谢稚柳做到有问必答。演讲结束，旅居美国的肖一苇题诗相赠："襟尘坦荡绝尘纷，道在丹青不废勤。范水模山移造化，挥毫落纸动风云。鉴裁别具清明眼，咳唾皆成黼黻文。夙昔闻名今识面，心香长拜挹兰芬。"谢稚柳亦作诗相答。

1992年，旅美华人雷静波拜谢稚柳为师。雷静波1918年生于福建宁化，小稚柳八岁，此时已是七十四岁老人，担任美国中华书画学会会长，他的拜师自述云："经过多次拜访聆诲，深觉不但其学问渊博，待人处世，宽宏大量，尤足效法。乃于六月十五日，在太平洋酒家'大成至圣先师孔子神位'前二跪拜师，正式成为壮暮堂入室弟子。"在谢稚柳的弟子中，雷静波年岁最长，而列位则居最后。谢稚柳虽名震华宇，而真正的学生一共不过四五人。

在寓居美国的日子里，不像在上海那样，壮暮堂内总是高朋满座，而是每天只能用看报、看武打电视剧来消磨岁月，谢稚柳说："在美国最大的收获，是把每天的报纸从头看到尾。"

谢稚柳在美国有了绿卡，可以定居，美国的风景也曾使他留恋，和儿子生活在一起，又可享受到不是所有人都能享受到的天伦之乐，但他念念不忘的还是上海。他并非有意留居美利坚，他的那张绿卡，不是为了久住，而是为了暂停，可以来去自由，避免每次往返签证的麻烦。他有一首诗，题为《寓洛杉矶十一日，甲戌四月始还海上巨鹿园》，诗云：

云气沉沉隐日光，小园蕉竹自生凉。
重归车水马龙地，正是江南梅子黄。

久游归来，有着何等愉快的心情。

绚烂后的平淡

1996年7月，谢稚柳又将去美国休息，行前到医院作了身体检查。此时，他的胃部已感到不适，经医生检查，也提出可疑现象，建议他再做进一步检查。因时间仓促，未能再做检查，他就到美国去了。

初到美国洛杉矶，谢稚柳精神甚佳，记忆力也良好，只是下半身感到怕冷，上半身有些怕热。这种现象已有几年，所以他也就没有放在心上。8月9日，吴燕如给他排了一下紫微，很惊奇地说："谢先生，你前几年就应该开刀，为什么没开呢？"谢稚柳就问："你算一算我能不能活到九十岁？"吴燕如含糊地说："可以活到九十几岁吧。"谢稚柳对这种事只是一笑而过，并没有放在心上。8月14日，他忽然感到不舒服，血压降低，遂进嘉惠尔医院进行初步检查，发现有严重贫血，化验大便也带血，再转送加州大学附属医院检查。由于他不懂英文，医生向定琨、定玮作的病情交代，他听不懂，只知道自己的胃出了问题，并不知道患的是何病。徐大卫医生给他做了胃镜，发现他有严重胃溃疡，并在彩色屏幕上指给他看哪几个地方有问题，需要进行手术治疗。谢稚柳随即住进医院。8月21日开刀，结果发现胃部十六个淋巴，已有十二个淋巴生有癌细胞。手术很顺利，也很成功，8月31日就出院回家了。但9月3日又突然发高烧，再次被送进医院，发现胰腺已经损坏。高烧中谢稚柳出现幻觉，他对儿媳庞沐兰说："徐悲鸿来了，他在那里开画展，墙上挂的都是他的画，我们看画展去。"在医院住了几个星期，身体恢复得不错，就回家静养。出院回家休养，谢稚柳胃口又恢复如初，不久，又能下馆子请朋友吃饭，再次遇到吴燕如时，他说："我要表扬你提醒我检查身体，也要批评你，你来过之后我就进院开刀。"此时，他已能提笔作画，画几幅图送给为他治病的医生和朋友。

11月间，旧金山亚洲艺术博物馆举办“中华瑰宝展”，共展出元明清书画六十七件，展品均为台北故宫博物院收藏，谢稚柳率领全家前往观看。谢稚柳只重点地看了唐孙过庭《书谱》，北宋黄庭坚《寒山子庞居士诗卷》，南宋马远《华灯侍宴图》《山水人物》，马麟《秉烛夜游图》，元赵孟頫行书《前赤壁赋》《后赤壁赋》及《重江叠嶂图》等，其他未能逐幅细看，遂请台北故宫博物院赠一份展品清单。这些展品，有的早在1949年之前他已看过，1992年，应太平洋文化基金会之邀访台时，在故宫博物院再度见到，这次在旧金山已经是三见了，仿佛旧友重逢，格外亲切。

从旧金山回到洛杉矶，当地的华人艺术团体举行学术会议，题目是“从旧金山‘中华瑰宝展’谈书画鉴定”，谢稚柳、陈佩秋应邀到会作演讲。他们认为这些展品中以黄庭坚《寒山子庞居士诗卷》、马远《华灯侍宴图》、沈周《写生册》、吴历《云白山青图》等最为精品。

在洛杉矶养病的情景，女儿谢小珮在回忆中记述道：

去年（1996）9月，我从澳洲飞去美国，父亲在洛杉矶切去三分之二的胃。他看上去十分虚弱，满面汗流，满腹牢骚。茫然不知自己患的是什么病，他反反复复地问我：“想不想回家过年？”我鼻子酸酸的，父亲他从来没有这么急迫过。过去，父亲在我眼里是不知老之将至的。他一生珍重，倾心于他的书画，享受于他的伟绩，老来才有闲暇和儿孙们多一点点亲情。每逢周末，他必和我们一起吃馆子。这是他最大的嗜好，他几乎不吃素菜和水果，他吃肥肉皮和吃蹄筋的劲头叫我看得心发慌，因为我多半吃素、吃水果，只要餐桌上有红得发黑的酱油色，我就直摇头，而他则兴致勃勃地连说蛮有味；只要餐桌上有青菜，我就大开胃口，而他则说前一夜闹肚子恐怕是吃了一筷子蔬菜。

我总共在洛杉矶住了九十天。交通工具是一辆蓝色的女式脚踏车。每天蹬上它匆匆地赶去哥哥家与父亲相会。上午，他躺着，我坐在床边的椅子上，对话不太热烈，有一句没一句的，直觉上我是他的看护人，小心翼翼地选着话题；下午，他斜倚在沙发上读报，拿着放大镜一字不漏地浏览每一条新闻。我静悄悄地扭开电视机，他立刻抬头扫一眼屏幕，半晌，才将视线转回到报纸上。我时不时地调换频道，他也随着荧屏的节目变换而不断放下报纸。我们之间的沉默自有一点灵犀。

这年的12月底，谢稚柳由洛杉矶返回上海，准备过春节。回到上海，他的身体恢复得很好，他自信这次胃出血的娄子已经治愈，以后就可以平安无事了。平时他以美食自豪，能吃大块“东坡肉”，此时又恢复嗜肉的习惯了。

但癌细胞是人体内的定时炸弹，谁也无法断定它什么时候发作。医生为了保险，动员他到医院去“化疗”。其实他本意是不再到医院，想在家中用中药调理。著名中医颜德馨上门为他诊断处方，服用数帖，他自感舒服。但是在医生的一再劝说下他还是住进了瑞金医院外宾病房，开始进行化疗。

1998年5月8日，是谢稚柳的八十八岁生日。此时，经过几个疗程的化学药物的治疗，谢稚柳头发脱落，舌苔剥离破碎，不思饮食，真可谓病体支离了。大家都为他的身体担心，希望他象征性地到生日宴会上稍坐片刻，接受家人、亲友的祝寿。但是，他不愿意，认为那样不礼貌，一定要见见许多老朋友。其实，老朋友们特别想见他，即使不作交谈，

谢稚柳在八十八岁生日宴会上

能上前对他拜上一拜，也算实现一种心愿。5月8日那天，他在他的推拿医生裘人干的搀扶下走进宴会厅，祝寿者列队迎接。他被拥在花团锦簇之中。他一生爱朋友、爱热闹，这时显得特别高兴，频频扬手点头，向朋友们问候。后来，裘人干告诉笔者，那天是他用手托着谢稚柳的腰，才使谢走进宴会厅的。

人生得一知己足矣。谢稚柳一生的知己是张大千。除张氏之外，谢稚柳也谈到他的三五知交，裘人干是其中之一。裘人干出生在一个镖局人家，全家习武，其母有浙东“女响马”之称，身手不凡。裘人干自幼练武，学中医骨科，善推拿整骨，有几手绝技。但他不以行医为生，只是为了救人济世。谢稚柳搬进巨鹿园，只要不外出鉴定或去美国小住，裘人干总是隔天为他推拿一次。推拿后，两人就在灯下海阔天空地清谈。裘人干能刻微型石壶，爱玩奇石，谢稚柳在美国市场上给他购来号称大峡谷奇石。谢稚柳去世前三天，为裘人干留下了绝笔墨迹。

再有一位被谢稚柳视为晚年挚友的就是徐建华了。徐建华是在上海市外国投资部门工作的干部，不从事书画，只是喜欢收藏，与程十髮、刘旦宅亦有交往，帮助画家做了许多事情，为人诚实，深得谢稚柳的喜欢。谢稚柳不但为他作画写字，并把沈尹默、张伯驹、潘素、唐云、白蕉、潘伯鹰等老朋友送给他的书画扇面转送给新朋友徐建华，足见他对这位年轻朋友的器重。

在瑞金医院的情况，谢小珮写道：

父亲他历来以健康自居，以美食自豪。他的好胃口，是众所周知的，住院后，他抱怨医生弄坏了他的胃，埋怨医院弄出他一身不适。大家像哄小孩一样哄着他，知道他肯听好话。对于即将到来的尽头，他毫无准备。我的内心充满了凄凉。父亲习惯于尽量不去麻烦别人，虽然他并不会照顾自己，哪怕他动了手术必须少食多餐，他还是宁可夜半饿肚而不按铃叫醒护士。他是天底下最怕麻烦人的人，在他体力衰退的情况下，他仍然坚持自己梳洗，半点不马虎。看着他气喘吁吁的样子，我的心像扭曲似的难受。

父亲患病住进医院的消息不胫而走。源源不断的来访者，花束排山倒海般地涌来。日复一日的鲜花，日复一日地枯萎；一样的美丽，一样地衰

谢稚柳和女儿谢小珮

败。父亲他感受到花的精神，满以为会有重出江湖的一天。我每天默默地守在他身边，直到四面街灯亮起，才弯下身轻轻对他说："爸爸，明天再会。"触着他眷恋的目光，使我不忍关他在门里，背转身，带上房门，禁不住热泪盈眶。感怀父亲的重病，念他生命之血在缓缓地耗竭，我的心收得紧紧的。

追思从我探望父亲的第一天起，到我跨出病房的第一百二十一天，父亲那温和的目光，像一根细细的银丝，牵连着我的心。父亲他一直希望长寿，盼望病愈。每听他问起："下个月我可以出院吗？"或计算着："我已经在此住了一百天了。"真是苦不堪言。

对于病，谢稚柳似乎是早有预感的。在生病的前一年，他做任何一件事情都带着急切的心情。他把旧诗加以整理补充，准备把诗集重新出版时说："我这是整理后事。"《鉴余杂稿》要再版，他准备把《水墨画》及其未收入的论文一并收入时，也说："我这是整理后事。"一些老朋友请他写字或作画，其中有些是积久未报，他忙着赶写赶画，又说："这是还债，恐怕是无法还清了。"那时他做这些事情虽然乐观，但在旁的人总能感到一种伤感。他的书法作品多是散落在朋友手中，一时无法集中起来出一本书法集，他有些心神不宁。后来许多朋友协助出版社加以收集，书法集可以成书了，他的心事才放下。但他又不断地追

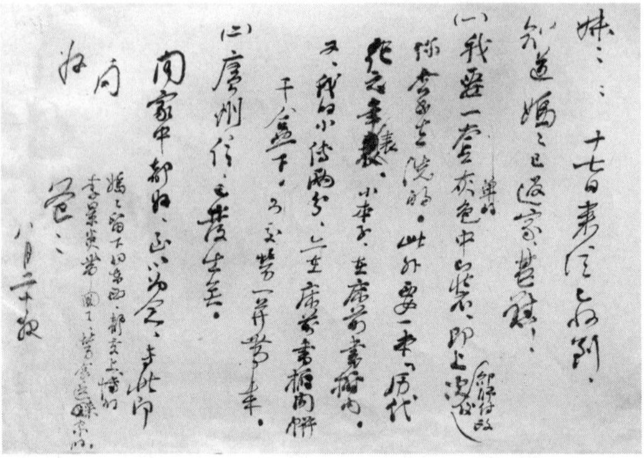
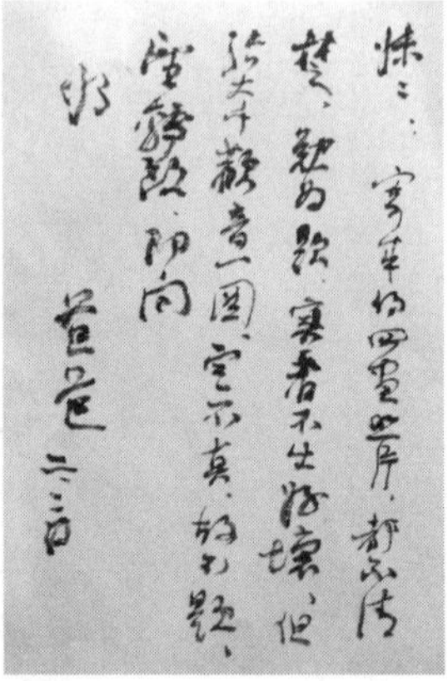

谢稚柳致谢小珮信

问："什么时候可以出来？"他急于想看到。

在他弥留之际，笔者曾在病床前陪伴着。

还是在住院的时候，我每次去看望他，他都说很想回家，或者说是很快就可回家了。一次去看他，他说这次吊针后手发软，捏不住笔，还有几张字没法写，看来要等出院回家后再写了。又是几天过去了，他的手怎样了呢？

1998年5月31日下午，笔者就是带着这几天的思念，又一次走进病房，他坐的那张沙发空着。平时他都坐在那张沙发上，面对着门，就像他在壮暮堂坐在那张明式红木椅上那样，客人一进门就可看见，他就高兴地打招呼。

他是一个喜欢朋友、喜欢谈天、喜欢热闹的人，常常会沉浸在高朋满座、说天道地讲古论今清谈的愉快中，在医院里也是这样。

可是这一天，他没有坐在沙发上，而是躺在病床上，被许多橡皮管子折磨着。笔者走近他的身边，看到他的眼眶周围在充血，又红又肿，没有戴墨镜，一双怕光的眼睛闭着。笔者说："谢先生，我来看您了。"他扬扬手说："你几天没来了。"这时他不断地咳嗽，喉咙里都是痰。他很风趣地说他现在是痰嘴巴、气肚皮（他的肚皮在胀气）。他用手拍拍腹部，本来是便便的大腹，这时更加突起了，他说它现在不是"北苑山"了。他有一首题为"水墨山水"的诗，其实是调侃自己的身体，其中有一句"卧腹浑如北苑山"，是说他的腹部像董北苑的山水，连绵起伏。他就是这样，常常进入艺术与自我无差别的混沌境界。

虽是受这样的折磨，可他风趣不减。要不是他家小弟定琦的诉说，我怎能相信昨天晚上医生还在对他进行抢救呢？

他突然又问笔者，你那本李义山写得怎样了？你去给我买一本《李义山集》。笔者心中一惊，他这时候为什么会想起二十年前的事？

那是在"文化大革命"期间，笔者帮他整理《鱼饮诗稿》和《甲丁诗词》时，我们常在一起论诗，我们都喜欢李义山的诗，受他的启发，我着手写《李义山传》，在这以后的几次通信中，他常问我写得怎样了。其实，我只写了一半。"文革"结束后，进入改革开放的历史时期，我的工作就忙了，没有继续写下去，而他一直鞭策我把此传写完。现在，他仍然没有忘记，使我惶然难过得落下泪来。

他又一次问笔者，看到他为刘旦宅《水墨荷花》册页作的题跋没有？其实他已经几次提到这则题跋，笔者想这可能是他的得意之作。直到1998年初冬，在刘旦宅刘天炜书画展上，笔者才在展厅中看到这则题跋，云："一花一世界，一叶一如来。此册所写风裳水珮，著笔无多，妙得真谛。俨少谓似貌姑射仙子。然则佛耶？仙耶？质之刘旦宅，曰：唯唯否否。不然乃温泉浴罢天然真态也。丁丑新正壮暮翁赞叹因题，时年八十八。"这是他患病前不久的题跋，真不知是用何种心境写出如此潇洒脱尘之文。

这天晚上九点多钟，陈佩秋带着他们家老三定玮来了。定玮和他那不满三岁的女儿庄庄刚刚下飞机回到上海。庄庄喊了一声爷爷，就跑到病床前，谢稚柳高兴地拉着她的小手。定玮也在叫着他。陈佩秋

谢稚柳和陈佩秋合影

站在床前静静地看了他一阵，终于不忍看他因受病魔的折磨而显出的痛苦神情，面壁哽咽，清泪如铅，但又怕惊扰他，强忍着不哭出声来。

6月1日整整一天，笔者没能去看他，可脑子里都是他的音容笑貌。黄昏，笔者又走进病房，看到他还是静静地躺着，从监护仪器上看，他的心跳血压都很正常。守护在周围的人说他今天一天都不安宁，有一次想吃刘旦宅夫妇送来的瓯柑，他说那是好东西，可以清火，但是没能吃进去。自他的病情转向恶化后，从未提及身后事，定玮问他还有什么话要说吧，他说："没有，等想起来再告诉你们。"有一次，他把陈佩秋叫到床前，大家都以为他有什么话要说，他对她说世涛来了，你陪他坐坐，晚上请他吃饭。其他没有任何嘱咐。他是在等待，等待大儿子定琨到来，他已经知道定琨正在归来的途中。

九时十五分，定琨到了。定琨奔到病床前呼唤着他，他已不能应答，眼角挂着泪珠，只是他的手微微动了动，表示知道了，接着就像入睡那样，渐渐地睡熟了。直到这时，谢稚柳还不知道自己患的是什么病。

谢稚柳先生走了。陈佩秋对笔者说："你去通知小璎吧。"我到了溧阳路，把这个消息告诉小璎。待她到了医院，她的父亲已经在人生的最后一站，平静地躺在那里，似乎在等待着她来送行。她伤恸不已，没有想到父亲走得这样快。

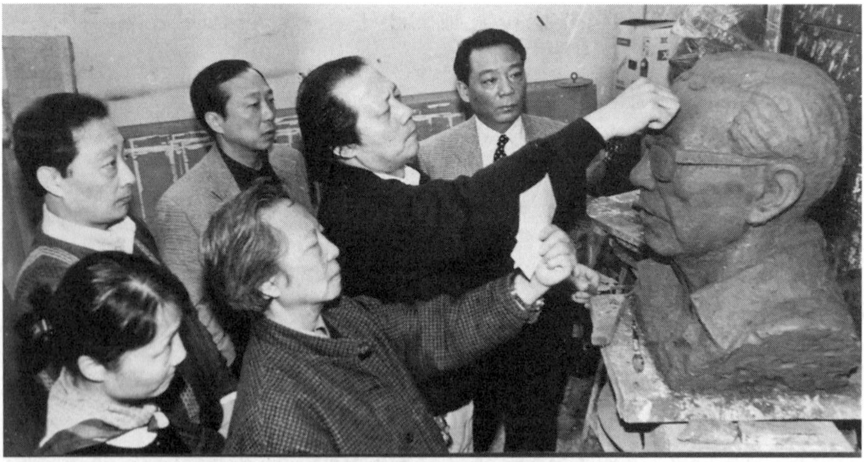

陈佩秋率子女谢定琨、谢小珮、谢定玮、谢定琦在谢稚柳墓前，中立者为雕塑家陈古魁在为谢稚柳塑像（恽甫铭摄影）

谢稚柳所要料理的四件后事，有三件已经完成。他都已看到，并签名送给朋友，感到放心了。唯独书法集，他还念念不忘，曾几次问笔者进展的情况。此时，笔者心里在说：谢先生，对书法集你也可以放心了。如今就摆在灵堂里对你祭奠。你闻到了那一缕书香了吗？我给你找到新的校刊本《李贺诗歌编·李商隐诗集》，没有烦琐的注释，薄薄一本，你带走吧。

灵堂就设在他的画室壮暮堂内，前来吊唁的人络绎不绝，有的前来守灵，有的三跪三叩首，伏地恸哭，诉说着谢先生给他们的恩典。告别仪式上，七百多只花篮，一千余只花圈，许多朋友相对而泣，自发地诉说着谢先生给予的一件件、一桩桩恩德。此时，人们想着的似乎不是他那载入史册的灿烂辉煌的业绩，而是他给人间的真情，人间的温暖。和他的业绩相比，那是最平淡的，却是永久地载入人们的心史。

在上海万国公墓的名人墓园，虽然面积只有小小的四平方米，却是最好的地脉，背有依托，前有出路，安静而又风雅，他那花岗岩头像，神情仍然是温婉可亲。雕像两旁的花岗岩镌刻着悬挂在壮暮堂他的恩师手书对联：

绚烂归平淡

真放本精微

后 记

我还是在满头青丝的时候，常听谢稚柳先生用杜甫"春水船如天上坐，老年花似雾中看"的诗句，来表述自己的心情；再后来又读到他的词"无尽流光，总是抛人老""头上霜丝梳更少"；对他如此的暮年感怀，当时总感到无法体味。而如今我也是白发如雪，比起谢先生当年吟诗填词时，两鬓更多星星，深感那些古诗妙词仿佛就是为我而吟写的。

我最早为谢先生写传记文章是在20世纪80年代初，那篇《画家·理论家谢稚柳》，曾在《朵云》丛刊上连载。后来友人曲章富兄又策划成《从寄园到壮暮堂——谢稚柳艺术生涯》一本小书，由上海书画出版社出版，还请著名学者王蘧常先生题写了书名。这本小书虽然比在《朵云》上连载的内容有了一些增补，仍然显得较为粗简单薄，但后来还在新加坡被翻译成英文发表。

我后来从前人的经验中感悟到，要做传记当先写年谱。受此启发之后，我就开始留意收集谢先生的资料、信札、诗文、题跋等，见者必录，集腋成裘。最令我为之受益的是和谢先生促膝相对，谈古说今。谢先生有着非凡的记忆力且又健谈，如果提及某些陈年往事，他都能将来龙去脉说得一清二楚。当时还有他的三姐，我们称为"三姑"的女诗人、女画家谢月眉也坐在一旁，时时予以插话补充，此情此景，近来回想，犹如昨日。每当畅谈之后，我在沉沉的夜色中走向回家的路上，满天星斗，一城月色，内心时常充溢了难以忘却的温馨。经过几年的精心准备，可谓有志者事竟成，终于写成了《谢稚柳系年录》书稿，后由俞子林、沈叶青二兄的鼎力支持，由上海书店出版社1991年出版发行，2009年再版了增补本。

在《谢稚柳系年录》出版后，谢先生感到很高兴，他为此购买了许多本赠送故朋新友，但他又风趣地对我说："我还活着，你就把我装进

‘棺材’里了。”他的意思是，有了《系年录》就如同对他的一生做了盖棺论定。他还告诉我，按古人的规矩，人活着的时候是不能做年谱的。我笑着对他说：“前人不是在活着的时候就自订年谱吗？我做的不是终极式，而是进行式。只要您的生命还在健康地继续，我的写作工作就要不断进行下去。”所以，我们两人的交谈并没有因《系年录》的出版而停止，反而比以往更深入地进行着。当时我套用他青年时的“年来持镜颇有须”闲章印文，说自己“年来持镜华发生”。他笑着说：“你这是自讨苦吃。”

在1996年，东方出版社中心的资深编辑范文渊女士，有一天来到我的办公室，当她知道我已经写有《杭人唐云》之后，还在筹备写作另外两位画家的传记，她于是就建议我，除了将《杭人唐云》做进一步修订外，再撰写《林风眠传》《谢稚柳传》二本传记。在1998年，唐云、林风眠、谢稚柳三本传记作为画家传记系列同时出版了。我曾在三本传记的《后记》中写道：“写完《谢稚柳传》，似乎走完了一个艰难里程。没有写《唐云传》那样潇洒，也没有写《林风眠传》那样凝练。为什么这样艰难，我自己也说不清楚。”

我后来想过，我是想通过谢稚柳现象来描述中国文化的传承问题。为此我曾设想写“画史三家”，即将谢稚柳、赵孟頫和董其昌放在一起进行比较。他们都博古通今，从传统中开拓新路，治书画鉴定之学，沙里淘金或金里剔沙，辨真伪，鉴优劣，常有英雄所见略同之妙。在中国书画史的宝库里，他们都各自留下了璀璨的光影。特别是北宋王诜的《烟江叠嶂图》卷，或鉴赏，或临仿，或题咏，寄以无限钟情，他们彼此都是“心有灵犀一点通”的共鸣。而对前代艺术之恋，赵、董所见所识还仅局限于楮绢之间，对“丝绸之路”上的石窟丹青，可以说是闻所未闻。就此而言，赵、董的鉴别眼力当不如谢稚柳之开阔。虽然我为此查阅了许多的文献资料，但不知何故，在《谢稚柳传》的写作过程中，竟然没有将赵、董、谢三家加以比较。这或许是谢先生在冥冥之中，不愿让我做此“画史三家”的阐述吧？

在写完唐云、林风眠、谢稚柳三家传记之后，我曾在三本传记的封底上，写下了这样的一段文字：“在历史长河中，一个人的生命历程并不能说明什么。如果把许多人的生命历程和活动环境及其彼此的关系真实地描绘出来，那么从事传记文学写作的人应以此而自慰。”由于范女士锲而不舍的督促，我对此三家传记又做了进一步的补充和修订，连同新写的《程十髮传》，东方出版中心于2008年再次重新排印出版，这也算是人们常说的“十年磨一剑”吧？

谢稚柳先生逝世已近二十年了，但其书画艺术和书画鉴定的精华，并没有因此而烟消云散，而是更为世人所彰显。所以我对他的资料继续予以收集补充。尤其是陈佩秋先生由绘画转向书画鉴定之学，她为我讲述了谢先生绘画发展的几个阶段和几次画风的转变，使我对谢先生有了更深入一步的了解。另外，由于书画市场的繁荣，也将他许多的书画、题跋、信札等呈现给了世人，其中有些是谢先生生前未曾谈及的珍贵史料都一一披露了出来。今年文汇出版社鲍广丽女士真诚倡议再版《谢稚柳传》，我欣然允诺并再次对原书进行了较多的补充和修订，对我来说是一本“终极式”的《谢稚柳传》。

琐琐烦言，讲述了几十年来《谢稚柳传》一书写作过程中的心路历程和温馨往事。我无非是想对读者交代几句：过去的《谢稚柳传》都是所谓“进行式”的，不断发现资料，就不断予以修订补充，乃至几经再版，也给我带来了诸多快乐的回忆。如今，我已须发日皤，且及眉间。现在如愿完成了这本“终极式”的《谢稚柳传》，也应该可以在百里溪畔歇脚为安了。

鄭重

丙申腊月吉日于百里溪

图书在版编目(CIP)数据

江南画派第一人：谢稚柳传 / 郑重著. — 上海：
文汇出版社，2017.4
ISBN 978-7-5496-2020-3

Ⅰ. ①江… Ⅱ. ①郑… Ⅲ. ①谢稚柳(1910-1997)
-传记 Ⅳ. ①K825.72

中国版本图书馆CIP数据核字(2017)第039042号

江南画派第一人
——谢稚柳传

作　　者 / 郑　重
特约审读 / 万君超
责任编辑 / 鲍广丽
封面装帧 / 王　翔

出 版 人 / 桂国强

出版发行 / 文匯出版社
上海市威海路755号
(邮政编码200041)
经　　销 / 全国新华书店
排　　版 / 南京展望文化发展有限公司
印刷装订 / 上海新文印刷厂有限公司
版　　次 / 2017年4月第1版
印　　次 / 2025年4月第2次印刷
开　　本 / 640×960　1/16
字　　数 / 342千字
印　　张 / 23.25

ISBN 978-7-5496-2020-3
定　　价 / 88.00元